기독교문서선교회(Christian Literature Center: 약칭 CLC)는 1941년 영국 콜체스터에서 켄 아담스에 의해 시작되었으며 국제 본부는 미국 필라델피아에 있습니다.
국제 CLC는 59개 나라에서 180개의 본부를 두고, 약 650여 명의 선교사들이 이동도서차량 40대를 이용하여 문서 보급에 힘쓰고 있으며 이메일 주문을 통해 130여 국으로 책을 공급하고 있습니다. 한국 CLC는 청교도적 복음주의 신학과 신앙 서적을 출판하는 문서선교기관으로서, 한 영혼이라도 구원되길 소망하면서 주님이 오시는 그날까지 최선을 다할 것입니다.

추천사

정성구 박사
전 총신대학교 총장, 전 대신대학교 총장

나는 20여 년 전에 웨스트민스터신학교에서 교수하던 성경적 상담학의 거장인 J. 아담스(J. Adams) 박사와 만났고, 그와 의견을 나눈 적이 있다. 상담은 오늘과 같은 정신적으로 피폐해진 사회에서 상담의 사역은 너무도 중요해졌다.

상담학의 이론 중에는 칼 로저스(Carl Rogers)의 내담자 중심의 방법과 힐트너(S. Hiltner)의 비지시적 방법 등이 있다. 대개 일반 대학교의 상담학은 주로 로저스와 힐트너의 방법을 그대로 사용한다. 그러나 개혁주의자의 입장에서는 J. 아담스의 성경적 상담 방법이 있다. 결국 상담학은 인간의 심리적 치료만 중요한 것이 아니고, 성령의 사역이 있어야 진정한 치유가 이루어진다는 것이다.

그런데, 이번에 백석대학교 교수인 전형준 박사님이 『마음을 바꾸면 인생이 달라집니다』란 기독교상담학의 걸작을 내셨다. 전 박사님은 총신대학교와 신대원과 석사, 박사 과정을 필자에게서 수학했다. 그래서 나는 누구보다 전형준 박사님의 인품과 신앙 그리고 학문의 열정을 잘 알고 있다.

전 박사님은 웨스트민스터신학교에서 기독교상담학으로 박사학위를 받았다. 또한 그는 백석대학교에서 상담학 교수로 일하기 전에, 실제로 군목과 충현교회의 부목사로, 창신제일교회와 현대교회의 담임목사로 목회경력을 쌓았다. 그는 목양의 현장을 잘 알고 거기다가 개혁주의적 세계관으로 준비된 학자이다. 이 책을 읽어보니 특히 칼빈의 상담 방법을 비롯해서 개혁주의 생명신학에 근거한 방법론까지 제시한 걸작이었다.

이 책은 학문적이고 실제적이어서 일선 목회자들은 물론 상담사들과 신학생들의 필독서로 아주 적절한 줄 알고 강력히 추천하는 바이다.

한 성 열 박사
고려대학교 심리학과 명예교수, 미국 미드웨스턴침례신학교 겸임교수

이사야 선지자께서 이미 예언하신 것처럼 '예수님은 탁월한 상담자(Wonderful Counselor:NIV)'이시다(사 9:6). 예수님은 자신이 하시는 상담의 정의를 분명하게 내리셨다.

"수고하고 무거운 짐진 자들아. 다 내게로 오라. 내가 너희를 쉬게 하리라" (마 11:28-30).

수고하고 무거운 짐을 지고 힘들어하는 사람들에게 쉼을 주시는 것이 예수님의 사역의 진수(眞髓)이다. 요즘 우리 사회에는 수고하고 무거운 짐을 지고 힘들어하는 사람들이 너무나 많이 있다. 그리고 앞으로는 더욱더 늘어날 전망이다. 이들은 어디에서 진정 쉼을 얻을지 몰라 여기저기 기웃거리거나, 오히려 결과적으로 더 힘들게 하는 술과 마약, 성 등에 탐닉하고 있다.

예수님은 "온유하고 겸손하신 분"이다. 권위자가 강요하는 계율을 지키고, 사회의 인정을 받기 위해 애쓰면서 힘들어 하는 사람들에게 예수님은 "나의 멍에는 가볍다. 나는 너희들이 계율을 지키지 못했다고 비난하거나, 인정을 받지 못한다고 무시하지 않는다"라고 공감해 주시고 위로해 주신다. 온유하고 겸손한 마음은 상담자에게 꼭 필요한 태도이다.

예수님께서는 "나에게 배우라"라고 말씀하신다. 참된 쉼은 예수님께 배울 때만이 가능하다. 1988년 독일성서공회에서 발행한 성경에 의하면, "나에게 배우라. 그러면 너희 삶이 충만히 실현된다"고 되어 있다. 예수님의 상담의 목적은 우리 각자가 하나님께서 주신 달란트, 즉 잠재력을 충분히 실현하도록 하는 것이다.

교회의 주인은 예수님이시다. 당연히 교회의 주인인 상담자 예수님을 만나 상담 받을 수 있는 곳이 교회다. 그렇기 때문에 교회는 상담소다. 나는 병들어 신음하는 한국사회를 살릴 수 있는 유일한 조직은 교회라고 생각한다. 그리고 교회가 해야 할 가장 근본적인 책무는 수고하고 무거운 짐을 지고 힘들어하는 사람들이 예수님을 만나 쉼을 얻고, 그 분에게 배워 각자 하나님께서 주신 은사를 충분히 실현하며 살도록 도와주는 것이라고 생각한다.

오늘날 많은 성도들이 교회를 떠나고 있고, 새로운 신자들은 크게 증가하고 있지 않은 실정이다. 특히 젊은이들이 많이 떠나고 있는 안타까운 실정이다. 청년들이 교회를 찾는 제일 큰 목적은 "마음의 평안을 얻기 위해서"다. 동시에 교회를 떠나는 이유도 크게 다르지 않다. 결국 교회에서 그리고 신앙생활에서 기대했던 마음의 평안을 얻지 못했기 때문이다.

전형준 박사님의 저서 『마음을 바꾸면 인생이 달라집니다』를 접하고 든 생각은 "우리 사회와 교회에 꼭 필요한 책"이라는 것이었다. 그리고 신학과 심리학을 두루 공부

하신 분이 아니면, 그리고 하나님에 대한 깊은 신앙심과 인간에 대한 해박한 지식과 깊은 애정이 없다면 나올 수 없는 작품이라는 생각이 들었다. 그래서 고마웠다.

상담 사역은 제4차 산업사회와 코로나바이러스감염증-19(COVID-19) 이후 변화된 목회 현실에서 제일 절실히 요구되는 사역일 것이다. 이 책을 통해 상담자로서의 예수님을 닮은 목회자와 성도들이 많이 나오기를 바란다. 그래서 예수님을 만난 삭개오처럼 '즐거워하고' '항상 기뻐하는' 기독교인들을 통해 하나님 나라가 이 땅에 속히 이루어지기를 바란다. 예수님을 만나 즐거워지는 교회와 가정은 상담소(相談所)일 뿐 아니라 상담소(相談笑)다.

김준수 박사
아세아연합신학대학교 기독교상담학 교수, 한국기독교상담학회 초대회장

코로나바이러스감염증-19 팬데믹으로 인한 전 세계적인 재앙이 인류를 덮치고 일상이 중단되었다. 사회적 거리 두기가 일상화되어서 모임 자체를 꺼리는 분위기가 늘어가고 교회 예배도 정상적으로 드리지 못하는 현실이 지속되고 있다. 눈에서 멀어지면 마음에서 멀어진다는 말이 있듯이 물리적 거리 두기가 서로의 마음도 멀어지게 만들고 있다.

이러한 사회적인 분위기 속에서 많은 사람들이 우울을 호소하고 있으며 불확실한 미래로 인한 불안도 확산되고 있다. 모든 위기는 위험과 함께 기회를 포함하고 있다. 그리스도인들이 예수님의 사랑으로 이웃을 섬기고 세상의 빛과 소금의 역할이 필요한 시기다.

이러한 시기에 전형준 박사님이 『마음을 바꾸면 인생이 달라집니다』를 출간하였다. 제목이 마음에 든다. 인생은 내가 어떤 마음으로 사느냐에 달려 있다. 어려울 때 일수록 신자들은 자신의 마음을 지켜야 한다. 전 박사님이 평소에 발표하신 귀한 논문들을 모아서 편집한 저서다. 특히 성경적 상담을 전공하시고 활발하게 글을 쓰시고 있는 전 박사님의 글들을 한 책에서 만나니 반갑다. 성경적 상담의 다양한 주제들을 접할 수 있는 책이다. 이 책이 특히 어려운 시기를 사는 성도들과 기독교상담자들에게 큰 유익이 되기를 기대한다.

전요섭 박사
성결대학교 교수, 한국복음주의상담협회 이사장, 전 한국복음주의상담학회 회장

금번에 전형준 박사님이 『마음을 바꾸면 인생이 달라집니다』라는 제하에 신간을 발행하게 된 것에 대하여 매우 기쁘게 생각한다. 전 박사님은 한국기독교상담학회의 감독상담사로서 그동안 꾸준히 논문을 발표하고, 양서를 출간하는 한국의 대표적인 기독교상담학자다.

기독교상담학계에 전 박사님의 영향력은 상당한데 금번에 또 다시 이 책을 통해 기독교상담학도들에게 큰 영향을 미치게 되었다. 전 박사님이 발간한 이 신간을 통해 기독교상담학계에 학술적인 진보를 나타내는 밑거름이 되기를 바란다. 많은 상담학도들이 이 책을 통해 상담에 관한 다양한 주제의 정보를 얻고 성경적 원리의 기독교상담학에 대한 이론과 실제를 확보하는 지침을 얻기 바라면서 이 책을 기쁘게 추천하는 바이다.

류응렬 박사
와싱톤중앙장로교회 담임목사, 고든콘웰신학교 객원교수, 전 총신대학교 설교학 교수

책을 펼치는 순간 기쁨의 물결이 밀려온다. 인간이 세상의 중심이라는 시대 속에 저자는 잠시 멈춤 표지를 세워놓고 성경의 프리즘으로 인간을 보라고 외친다. 그때 진정한 인간의 고귀함이 드러나기 때문이다.

성경적 상담의 신학적 뿌리와 역사적 과정의 탐구를 거쳐 실천적 과제라는 전 영역을 이 한 권의 책 안에 담아내었다는 것이 놀랍다. 신학도든 목회자든 일반 독자 누구라도 이 책에서 인간 이해에 대한 새로운 창을 만나게 된다. 그때 가장 행복하고 가치있는 인생이 펼쳐질 것이다.

심수명 박사
칼빈대학교 대학원 상담심리학 교수, (사)한국인격심리치료협회 회장

신학자 마르셴 푸르트는 "진정한 발견은 새로운 땅을 발견하는 것이 아니고 새로운 눈으로 보는 것이다"라고 말했다. 그렇다. 지금 우리는 한 치 앞을 볼 수 없는 혼란스러운 현실 속에 살고 있으며, 미래 세계가 어떻게 될지 그 누구도 예측할 수 없다. 그러기에 사람들은 더욱더 불안해하고 심리적, 정신적인 문제 또한 다양하게 나타나고 있다. 그래서 상담적 도움은 더욱더 필요하다. 사람을 돕기 위한 상담도 기준이 제 각각인 인본주의 상담만으로는 부족하다. 진리의 말씀인 성경에 근거한 상담이 혼란 속에 있는 사람들에게 진정한 새로운 눈을 열어줄 것이다.

이런 때에 나와 오랫동안 학문과 우정을 함께 나눈 존경하는 교수요, 성경적 상담학자인 전형준 박사님의 『마음을 바꾸면 인생이 달라집니다』라는 귀한 책이 출간된 것은 너무나도 반가운 일이 아닐 수 없다. 상담은 한 개인과 가정, 그리고 교회와 사회를 건강하게 만드는 일에 큰 기여를 하고 있다. 그러나 상담을 성경적 관점으로 재해석하는 과정 없이 적용한다면 자칫 인본주의로 빠질 위험성이 너무 크다. 그러므로 상담을 사용하는 상담자는 성경과 복음적 관점에 근거한 상담을 하려고 노력해야 한다.

그렇다면 성경적 상담이 무엇이며, 그 실제는 어떠해야 하는지에 대한 연구가 필요한 바, 전형준 박사님은 이 한 권의 책에서 그 일을 먼저 수행하여 후대 기독교상담자들에게 어떠한 관점으로 상담을 수행해야 하는지 안내하고 있다. 그리고 그 내용에 있어서도 성경적 상담을 개혁주의적 관점에서 심리학과 통합하여 제시하였고, 현대에 꼭 생각해봐야 하지만 어려운 주제인 동성애, 자살, 이단 문제 그리고 청소년, 다문화 가정, 노인 문제까지 섭렵하여 목회상담적 관점에서 구체적인 대안을 제시한 점은 높이 평가할 만한 업적이라 생각한다.

우리 그리스도인들은 무슨 일을 하든지 하나님이 보시기에 올바른 관점으로 바라보고 생각해야 한다. 이 방향으로 사람을 돕고 교회와 사회를 세워 가야 한다. 그러할 때 하나님이 주시는 은혜와 복음 안에서 우리의 삶은 든든히 세워져 갈 것이다. 이러한 일에 큰 도움이 되는 이 귀한 저서를 추천할 수 있어 기쁘게 생각하며 상담으로 영혼들을 돕고 싶어 하는 모든 사람들에게 이 책을 적극 추천하는 바이다.

마음을 바꾸면 인생이 달라집니다

If You Change Your Mind Your Life Will Change
Written by Hyung Joon Jun Ph.D., D.Min.
All rights reserved.
Korean Edition Copyright ⓒ 2020 by Christian Literature Center, Seoul, Korea

마음을 바꾸면 인생이 달라집니다

2020년 10월 12일 초판 발행

지 은 이 | 전형준

편　　집 | 곽진수
디 자 인 | 서보원
펴 낸 곳 | (사)기독교문서선교회
등　　록 | 제16-25호(1980.1.18.)
주　　소 | 서울특별시 서초구 방배로 68
전　　화 | 02-586-8761~3(본사) 031-942-8761(영업부)
팩　　스 | 02-523-0131(본사) 031-942-8763(영업부)
이 메 일 | clckor@gmail.com
홈페이지 | www.clcbook.com
송금계좌 | 기업은행 073-000308-04-020 (사)기독교문서선교회

ISBN 978-89-341-2201-2 (93230)

이 도서의 국립중앙도서관 출판예정도서목록(CIP)은 서지정보유통지원시스템 홈페이지
(http://seoji.nl.go.kr)와 국가자료공동목록시스템(http://www.nl.go.kr/kolisnet)에서 이용하실 수
있습니다. (CIP제어번호: CIP2020037016)

이 책의 저작권은 저자와 (사)기독교문서선교회가 소유합니다. 신저작권법에 의하여 한국 내에서 보
호받는 저작물이므로 무단 전재와 무단 복제를 금합니다.

마음을 바꾸면 인생이 달라집니다

전형준 지음

CLC

목차

추천사   1
    정성구 박사, 한성열 박사, 김준수 박사,
    전요섭 박사, 류응렬 박사, 심수명 박사

저자 서문   12

제1부 한국교회와 성경적 상담   17
    제1장 한국교회와 성경적 상담의 이해와 과제   18
    제2장 한국 장로교회 100년의 역사에 나타난 목회상담학의 흐름과 전망   47

제2부 통합주의와 성경적 상담   68
    제3장 기독교상담의 통합 모델에 관한 성경적 상담학적 조명   69
    제4장 웨스트민스터 신앙고백서에 나타난 성경적 상담 원리   96

제3부 동성애·자살·이단과 성경적 상담   119
    제5장 동성애에 대한 복음주의 상담적 접근   120
    제6장 자살에 대한 목회상담학적 대책   147
    제7장 이단자들의 심리 이해와 목회상담학적 대책   167

제4부 청소년과 개혁주의 목회상담   186
제8장 청소년 자녀교육을 위한 기독교상담학적 조명   187
제9장 다문화 가정의 청소년 자녀를 위한 개혁주의 목회상담 방안   224

제5부 노인과 성경적 상담   246
제10장 노년기의 분노에 대한 성경적 상담 방안   247

제6부 개혁주의 생명신학과 성경적 상담   273
제11장 성경적 상담 운동과 개혁주의 생명신학과의 상관성   274
제12장 목회상담의 역사에 나타난 개혁신앙   297

제7부 종교개혁자 존 칼빈과 성경적 목회상담   322
제13장 목회상담자로서의 칼빈 재조명   323

제8부 강해설교와 성경적 상담의 통합: 성경적 상담설교   348
제14장 성경적 상담과 설교의 통합 방안   349
제15장 치료자 예수에 대한 마태의 관심과 성경적 상담설교의 실제   372

미주   397
참고 문헌   443

저자 서문

전 형 준 박사
백석대학교 기독교학부 실천신학 교수, 성경적상담학회 회장

> 모든 지킬 만한 것 중에 더욱 네 마음을 지키라 생명의 근원이 이에서 남이니라(잠 4:23).
>
> 게으른 자는 마음으로 원하여도 얻지 못하나 부지런한 자의 마음은 풍족함을 얻느니라(잠 13:4).
>
> 마음의 즐거움은 얼굴을 빛나게 하여도 마음의 근심은 심령을 상하게 하느니라(잠 15:13).
>
> 도가니는 은을, 풀무는 금을 연단하거니와 여호와는 마음을 연단하시느니라(잠 17:3).

인간은 마음에 따라서 생각하고 행동하게 된다. 즉, 모든 인간은 자신이 마음 먹은대로 인생을 살아가게 된다. 물론, 인간이 마음 먹은 대로 매사가 다 이루어지는 것은 결코 아니다. 그러나 한 사람의 인생에서 '그의 삶의 발자취가 어떠하였느냐?' 하는 것이 중요한 것은 그 사람이 어떤 마음으로 인생을 살았는가를 보여 주기 때문이다. 그러므로 인간의 변화는 마

음에서 시작되는 것이다. 인간의 마음이 변화될 때, 변화된 마음에 따라 행동이 변화되고 한사람의 인생이 달라질 수 있는 것이다.

『마음을 바꾸면 인생이 달라집니다』는 "인간의 문제는 마음의 문제이다"라는 성경적 관점 아래 그 마음의 문제를 어떻게 하면 해결할 수 있는가를 다루었다. 인간의 마음을 어떻게 변화시킬 수 있는가 하는 것이다. 결론을 먼저 말씀드린다면 인간은 인간을 변화시킬 수 없다. 인간의 변화는 오직 하나님의 말씀과 성령의 역사로 가능한 것이다. 그런데, 성령께서는 그 변화의 과정에서 인간을 도구로 사용하시길 원하신다는 것이다.

본서는 지난 2010년부터 2020년에 이르기까지 학계에 발표한 개혁주의 기독교상담학과 성경적 상담학에 관한 글들을 주제별로 모아 정리한 것이다.

"제1부 한국교회와 성경적 상담"에서는 "한국교회와 성경적 상담의 이해와 과제"와 "한국교회 100년의 역사에 나타난 목회상담학의 흐름과 전망"을 다루었다. 여기서는 한국교회와 성경적 상담의 관련성을 이해할 수 있고 한국교회 100년의 역사에 나타난 목회상담학의 흐름을 이해하며 미래를 전망할 수 있도록 하였다.

"제2부 통합주의와 성경적 상담"에서는 "기독교상담의 통합 모델에 관한 성경적 상담학적 조명"과 "웨스트민스터 신앙고백서에 나타난 성경적 상담 원리"를 다루었다. 여기서는 소위 '통합주의 상담'이라고 불리는 기독교상담의 통합 모델에 관하여 이해할 수 있고 그 강점과 한계를 성경적 관점으로 조명하였고, 개혁신학의 근간이 되는 웨스트민스터 신앙고백서에 나타난 성경적 상담의 7대 원리를 볼 수 있도록 하였다.

"제3부 동성애·자살·이단과 성경적 상담"에서는 "동성애에 대한 복음주의 상담적 접근"과 "자살에 대한 목회상담학적 대책" 그리고 "이단자들의 심리 이해와 목회상담학적 대책"을 다루었다. 여기서는 오늘날 중요한 이슈가 되는 동성애에 대한 성경의 가르침과 복음주의 상담의 역할을 알 수 있으며, OECD 국가에서 자살률 1위를 기록하고 있는 대한민국에서 자살문제에 대한 목회상담적 대책을 살펴봄으로 어떻게 자살을 예방할 수 있으며, 자살자가 있는 가정을 목회상담적으로 어떻게 돌볼 수 있는지를 다루었다. 그리고 신천지 등 이단이 성행하는 시대 상황 속에서 이단자들의 심리를 이해하면서 그들을 목회상담자들이 어떻게 도울 수 있는지에 관하여 다루었다.

"제4부 청소년과 개혁주의 목회상담"에서는 "청소년 자녀교육을 위한 기독교상담학적 조명"과 "다문화 가정의 청소년 자녀를 위한 개혁주의 목회상담 방안"을 다루었다. 여기서는 청소년 자녀를 둔 부모들이 청소년들을 어떻게 이해하며 자녀교육을 해야 하는지에 관한 성경적 방안을 제시하였고, 특히 해외 외국인 근로자들이 급증하여 다문화 가정이 증가하는 시대 상황 속에서 그들을 이해하고 도울 수 있는 목회상담 방안을 제시하였다.

"제5부 노인과 성경적 상담"에서는 "노년기의 분노에 대한 성경적 상담 방안"을 다루었다. 여기서는 노인의 인구가 크게 증가하는 초 고령 사회를 맞이하여 노인을 이해하고 특히, 그들의 분노의 원인을 살피면서 성경적 상담의 원리와 방법으로 노인을 어떻게 섬길 수 있는지에 관하여 살펴보았다.

"제6부 개혁주의 생명신학과 성경적 상담"에서는 "개혁주의 생명신학과 성경적 상담의 상관성"과 "목회상담의 역사에 나타난 개혁신앙"을 다루었다. 여기서는 백석학원의 설립자이신 장종현 박사께서 주창하신 16C 개혁신학의 실천 운동인 개혁주의 생명신학과 성경적 상담이 어떤 상관성이 있는가에 관하여 대표적인 성경적 상담학자들의 저서를 통하여 살펴보았고, 목회상담의 역사속에 나타난 개혁신앙에 관하여 조명하였다.

"제7부 종교개혁자 존 칼빈과 성경적 목회상담"에서는 "목회상담자로서의 존 칼빈 재조명"을 다루었다. 여기서는 『기독교 강요』를 저술한 조직신학자요, 강해설교가로서 잘 알려진 존 칼빈을 재조명하면서 최초로 목회상담자로서의 칼빈의 모습을 발견하게 되었다.

"제8부 강해설교와 성경적 상담의 통합: 성경적 상담설교"에서는 "성경적 상담과 설교의 통합 방안"과 "치료자 예수에 대한 마태의 관심과 성경적 상담설교의 실제"를 다루었다. 여기서는 현대 설교학의 방향인 강해설교와 성경적 상담을 어떻게 통합할 수 있는지에 관하여 살펴보면서 특히, 성경적 상담설교의 5대 구조를 제안하게 되었고 마태복음 11:28-30의 본문으로 성경적 상담설교의 실제를 제시하게 되었다.

이와 같은 연구를 통하여 실천신학 분야에서 특히 개혁주의 목회상담학의 발전이 이루어지길 기대하며, 수 많은 목회상담자와 기독교상담자들, 그리고 성경적 상담자들에게 학문적으로 그리고 임상현장에서 도움이 되길 희망한다.

부족한 사람을 실천신학 교수로 초빙하시고 따뜻한 사랑과 배려로 후원해 주시는 백석대학교 설립자이시며 총장이신 장종현 박사님께 감사드리며, 40년 전 영안장로교회를 개척하시어 대형 교회로 성장시키시고 부족한 필자를 신학담당목사로 협력할 수 있도록 동역의 기회를 주신 강해설교의 대가 양병희 담임목사님께 깊이 감사드린다.

본서를 기쁜 마음으로 추천해 주신 분들께 감사의 마음을 전하고 싶다. 먼저, 한국 실천신학의 개척자이시고 개혁주의 설교학과 칼빈주의의 대가이시며, 현재는 칼빈주의연구원 원장으로 섬기시는 은사 정성구 총장님께 깊이 감사드린다.

고려대학교 심리학과 교수로서 필자에게 상담심리학의 오묘한 세계를 열어주셨고 현재는 상담목회아카데미 "예상" 원장으로서 상담을 배우고자 하시는 목회자들을 가르치고 세우시는 성격심리학의 대가이신 한성렬 교수님께 감사드린다.

한국기독교상담학회의 초대 회장으로 섬기셨고 성경적 상담학의 대가이신 ACTS 김준수 교수님께 감사드린다.

한국복음주의상담협회 이사장이시며, 한국복음주의상담학회장을 역임하신 기독교상담학의 대가, 성결대학교 전요섭 교수님께 감사드린다.

또한, 탁월한 성경적 설교학자이시며, 총신대학교 신학대학원 설교학 교수를 거쳐 현재는 미국 와싱턴중앙장로교회를 담임하시는 신실한 목회자 류응렬 목사님께 감사드린다.

그리고 인격치료 분야의 권위자이시며 한밀교회를 설립하시고 담임하시는 상담목회의 대가이신 심수명 목사님께 깊이 감사드린다.

그리고 한국과 미주의 성경적상담학회에서 함께 동역하는 동역자들과 제자들에게 지면을 통하여 감사의 마음을 전한다.

끝으로 결혼 30년 동안 변함없는 기도와 헌신으로 내조해 준 아내 한영승과 올해 미국 오티스예술대학교(Otis College of Art & Design)를 졸업하고 필자에게 삶의 기쁨과 보람을 안겨 준 장녀 전예지와 너무도 사랑스러운 차녀 전예은에게 감사드린다. 가족은 언제나 힘과 위로를 주는 천국과 같은 공동체다.

이 모든 영광을 성삼위 하나님께 올려 드린다.

백석대학교 연구실에서
2020. 8. 30.

제1부

한국교회와 성경적 상담

제1장 한국교회와 성경적 상담의 이해와 과제
제2장 한국교회 100년의 역사에 나타난 목회상담학의 흐름과 전망

제1장

한국교회와 성경적 상담의 이해와 과제

여는 말

최근 한국 사회에 목회(기독교)상담학이 급속히 확산되고 있다. 1951년부터 한국 사회에 목회상담학이 태동하기 시작했고, 1980년 이후 약 20년간 목회상담학이 급속히 발전했다. 그러나 이와 같은 한국 목회상담학의 발전에는 목회심리학(Pastoral Psychotherapy)이나 임상목회교육(Clinical Pastoral Education), 또는 목회신학(Pastoral Theology)이나 소위 통합주의(Integration)로 명명되는 기독교상담 학파(Christian Counseling)와 같이 주로 심리학을 중심으로 목회상담학을 했던 진보적 실천신학자나 목회심리학자들이 주류를 이뤄 왔다.

한국 사회에 개혁신학 또는 복음주의 신학을 바탕으로 한 목회상담학은 2000년대 이후에 발전해 갔다고 볼 수 있다. 짧은 역사에도 불구하고 복음주의 상담은 크게 발전했으며, 한국 사회에 공헌하고 있다. 한국복음주의기독교상담학회를 중심으로 복음주의 상담은 급속히 확산되고 있다. 교수 회원이 증가하고 있으며, 감독상담사인 교수 회원이 꾸준히 증가하면서 복음주의 상담전문가와 상담자격증을 취득하는 상담사들도 그 수가 증가하고 있다. 또한, 성경적 세계관과 일치하는 상담 원리의 제시로 목회현장에 있는 목회자의 목회상담 사역에 크게 기여하고 있다.

그러나 반면, 심리학 원리를 성경적 관점으로의 재해석하는 과정 없이 상담에 적용하는 심리상담이나 목회심리학에 비해 상대적으로 역사가 짧은 복음주의 상담은 시대적 과제가 있음을 인식하고 그 과제들을 착실히 수행해야 할 시점에 와 있다. 이러한 상황 속에서 한국 복음주의 상담이 무엇인가를 이해하고 그 과제를 생각해 보는 일은 매우 의미 있는 일이다. 왜냐하면, 한국 복음주의 상담학을 깊이 이해하고 그 과제를 살펴봄으로써 복음주의 상담자들의 현재의 모습에 대한 진단과 사명을 확인할 수 있고, 오늘의 과제를 더욱 충실히 준비할 수 있는 지혜를 얻을 수 있기 때문이다.

2000년에 출현한 한국 복음주의 상담을 이해하고 그 과제를 살펴봄에 있어서 복음주의 상담 전체를 살펴보는 일은 매우 광범위하다. 왜냐하면, 복음주의 상담이란 통일성 안에서도 다양한 상담의 흐름이 공존하고 있기 때문이다. 그러므로 본 장에서는 그 범위를 좁혀서 복음주의 상담 가운데 성경적 상담의 관점에서 성경적 상담의 이해와 과제에 관하여 고찰해 보고자 한다.

본 장에서 다루고자 하는 것은 다음 네 가지로 요약할 수 있다.

첫째, 복음주의 신학의 정체성은 무엇인가?
둘째, 성경적 상담의 인간 이해는 무엇인가?
셋째, 한국 성경적 상담의 역사는 어떻게 전개되었는가?
넷째, 성경적 상담의 과제는 무엇인가?

이러한 연구를 통하여 성경적 상담의 발전을 도모하고, 한국 사회에 성경적 상담학이 더욱 유용하게 사용되기를 희망한다.

펴는 말

1. 복음주의 신학의 정체성

한국 복음주의 상담의 과제를 성경적 상담의 관점에서 고찰함에 있어서 먼저 한국 복음주의 신학의 정체성을 점검하는 일은 시의적절한 것이다. 한국복음주의신학회에서는 복음주의 신학의 정체성을 정립하기 위한 노력으로 몇 차례의 학회를 가진 적이 있다.[1] 그 학회에서 논의된 내용은 다음과 같다.

김영한은 한국 복음주의 신학의 정체성 규정이란, 주류적 흐름인 박형룡의 개혁신학적 유형을 계승하는 것이라 전제한 후, 한철하의 복음주의 신학을 웨슬리의 경건을 가미한 형태라고 평가했고, 문화 해석학적 반성을 첨가한 자신의 복음주의 유형을 제시하기도 했다.[2]

한철하는 복음주의 신학의 중심이란 종교개혁적 이신칭의의 교리요 이것이 유일성의 진리라는 사실을 강조한다.[3] 그는 박형룡을 "20세기 최대의 신학자"[4]로 말하면서 그 이유를 네 가지로 말했다.[5]

첫째, 박형룡의 신학은 바르트신학같이 오류나 반틸의 신학같이 결함이 없는 "진리로운 신학"이다.

둘째, 그의 신학은 변증학적 신학이다. 그의 신학은 바르트신학, 진화론, 과정신학, 상황윤리 등 한국교계에 스며들어 오는 신학사상에 대하여 기독교 진리를 수호한다.

셋째, 이신칭의의 교리를 고대, 중세, 종교개혁 및 현대에 이르는 교회 신조에서 확인한다.

넷째, 이신득의의 신앙에 기초하여 신학을 세우고, 감동과 부흥의 근원으로 파악하며, 정통신앙보수의 열정과 성경신앙보수를 하고 있다.

한철하는 바울신학을 기독교의 중심 진리로 보았다. 즉, 디모데후서 2:2에서 '사도 바울의 가르침,' 다시 말하면 바울신학을 '기독교의 중심 진리'로 삼았고, 이 신학이 고대교회와 중세교회, 개신교회, 보수신학을 일관하는 '진리'로 보았다.[6] 더 나아가 그는 박형룡신학을 한국 복음주의 신학의 기초로 보면서 다음과 같이 말했다.

> 박형룡 박사가 해방 직후에 한국교회에 들어오는 김재준 교수를 주축으로 하여 밀려들어 오는 자유주의 신학과 싸워서 정통신학을 보수하는 한편, 18세기 신앙 대각성 운동을 한국 땅에서 계속 꽃피우고, 한국교회의 계속적 성장을 일으키는 데 결정적인 공헌을 했다고 아니할 수 없습니다.[7]

그러면 박형룡신학의 구체적인 내용은 무엇인가?

> 복음주의 기독교 신앙은 하나님께서 우리 사람을 위하여 구속을 준비하셨다는 좋은 소식, 기쁜 소식이다. 이 신앙은 죄로부터의 구원은 사람의 어떤 선행이나 공로에 의해서 얻는 것이 아니라, 전적으로 하나님의 은혜로 말미암아 주어진다고 한다.[8]

이에 근거하여 한철하는 복음주의 신학의 진리는 "복잡한 신학"이 아니며, "죄인이면 누구나가 기뻐해야 할 진리"라고 말한다. 이것은 예수 그리스도로 말미암아 죄 사함을 얻는 진리이다. 한철하는 이 진리가 바로 이천 년 서구 기독교와 한국교회가 믿어 왔던 진리라고 해석한다.

> 이것은 바로 바울-어거스틴-루터-칼빈-웨슬리를 일관하는 '오직 믿음'의 진리다.[9]

그러므로 한철하에 의하면 복음주의 신학의 정체성이란 "교회사를 일관하는 유일의 진리"인 이신득의 진리를 오늘날 진리를 떠난 인류에게 전파하는 것이다.[10] 이 진리에 대하여 한철하는 박형룡의 문장을 인용하면서 구체적으로 표현한다.

> 이 신앙은 삼위일체, 그리스도의 신격, 성경의 완전영감, 이적, 그리스도의 자기 백성의 죄를 속하는 대신적 수난과 죽음, 그의 부활과 승천, 그리고 그의 신체적 영광스러운 재림, 모든 사람의 부활과 심판, 천당과 지옥 같은 교리들을 기독교의 기초적 진리들로 확집(確執)한다.[11]

그러므로 복음주의란 기독교의 근본진리를 확신하는 사도적 종교개혁적 신앙체계이다.[12]

이상에서 살펴본 것처럼, 복음주의 신학의 정체성이란 믿음으로 구원 얻는다는 이신득의의 진리를 믿음이 없는 불신자에게 전파하는 것이요, 믿음의 내용은 예수 그리스도의 하나님 되심과 그의 고난과 죽음, 부활과 승천, 재림을 믿으며, 모든 죽은 자의 부활과 심판, 그리고 모든 인류가 믿음에 따라 천국과 지옥으로 나뉘게 될 것을 믿는 것이다.

더 나아가 김영한은 한국복음주의 신학의 정체성의 기준을 제시했는데, 그 내용은 성경, 구원, 성결, 문화적 섬김이라 했다.[13]

첫째, 성경은 성경의 영감과 권위, 그리고 해석학적 방법이 중요하다[14]고 강조했다.

둘째, 칭의, 구원으로서의 은혜를 강조하면서 하나님의 주권이나 개인의 결단은 상호 모순되지 않는다고 했다.

셋째, 성결은 도덕성의 새로운 강화인데, 개인적 성결만이 아니라 사회정의에 대한 관심과 소외자에 대한 관심을 확대해야 할 것을 강조했다.

넷째, 문화적 섬김에서는 성경을 기반으로 한 문화 해석과 문화 변혁의 신학으로서 인터넷 기술과 유전학 기술에 대한 바른 해석학이 필요하다고 봤다.[15]

이러한 복음주의 신학의 정체성은 매우 의미 있는 것으로 성경의 영감을 강조하고, 믿음으로 얻는 칭의에서 하나님의 주권과 인간의 결단이 상호 모순되지 않는다는 점을 강조하면서 균형적 입장을 취했으며, 성결에서 개인적 성결과 함께 사회 정의와 소외자에 대한 관심을 확대할 것을 제안했으며, 문화적 섬김은 김영한의 문화해석학[16]을 반영한 독특한 내용이라고 해석된다.

2. 성경적 상담을 위한 인간 이해

1) 심리치료적인 인간 이해에 관한 성경적 상담의 관점

상담자가 인간을 어떻게 보느냐 하는 인간관은 매우 중요하다. 왜냐하면, 상담자가 피상담자를 어떤 존재로 이해하느냐에 따라서 상담의 방법과 내용이 달라질 것이기 때문이다. 상담 이론을 발전시키는 과정에서 필연적으로 전제되어야 하는 것이 인간 이해다. 인간이 어떠한 존재인가를 규명한 후에 상담자는 피상담자를 그 틀 속에서 이해하고 필요한 도움을 주게 된다.

이러한 맥락에서 다양한 심리치료법들은 나름대로의 인간 이해를 가지고 있다. 예를 들면, 고전적 정신 분석학의 인간 이해는 인간의 행동이 정신 에너지와 어린 시절의 경험에 의해서 결정된다는 것이다. 이러한 인간 이해의 전제 위에 다양한 이론들을 세워 가고 있다.

심리학을 말할 때, 열 명의 심리학자가 있으면 열 가지의 다른 심리학 이론들이 나온다고 한다. 그 이유는 인간을 세분화해서 한 단면을 파고들기 때문에 그 영역에 대해서는 이해를 하지만 인간을 전 인격적인 존재로 이해하지 못한다. 각자가 인간을 바라보는 관점이 다르기 때문에 각자가 이해한 인간의 한 영역을 토대로 이론을 세워 가게 된다.

그러나 인간의 한 단면을 보고 마치 전부라고 말할 수 없다.[17] 현대 심리치료 이론들의 두드러진 특징 가운데 하나는 전체적인 인간에 대한 이해를 무시하는 것이다.[18] 인간의 한 단면을 보고 전체적인 인간을 이해할 수 없다. 인간을 전체적이고 근본적으로 이해할 수 있는 방법은 인간을 창조하신 하나님의 말씀에 근거해야 한다. 즉, 올바른 성경적 상담을 위해서는 성경적인 인간관을 깊이 이해해야 한다.

먼저, 심리치료에서 전제하는 인간관을 성경적인 관점에서 평가해 보는 일이 필요하다.

첫째, 고전적인 정신 분석학에서 보는 인간 이해의 핵심은 결정론적인 인간관이다. 인간의 행동은 정신 에너지와 초기 유아 시절의 경험에 의해서 결정된다는 것이다. 지그문트 프로이트(Sigmund Freud)에게 인간을 움직이는 힘은 공격성과 성적인 충동과 관련이 있는 본능이다. 프로이트에 의하면 인간은 본능을 만족시키기 위해서 행동하고 움직이는 존재다. 관계는 본능을 충족하기 위한 수단으로만 사용되어진다.[19]

이러한 프로이트의 인간 이해는 학문적인 심리학자들로부터는 비과학적이라는 비평을 받았고, 인문주의 심리학자들과 유신론적 심리학자들로부터는 지나치게 축소주의라는 평가를 받았고, 행동주의 학파 사람들로부터는 충분히 축소주의 적이 아니라는 평가를 받고 있다.[20]

성경적 관점으로 보면, 그의 인간 이해는 인간의 한 단면만을 바라본 부분적이고 왜곡된 인간 이해라 평가할 수 있다. 기독교적인 인간관에서 인간은 과거에 의하여 결정된 존재가 아니며 본능에 의하여 지배되는 존재가 아니다. 프로이트의 인간관은 본능 중심적인 인간관이다. 그러나 인간은 하나님의 은혜로 창의적으로 미래를 열어갈 수 있으며, 본능을 극복하고 믿음으로 영적인 삶을 살아갈 수 있으며, 하나님이 주신 선한 마음의 법인 양심과 성령의 인도하심에 따라 아름다운 삶을 살아갈 수 있는 존재다.[21]

둘째, 행동주의 요법은 "오랜 과거의 역사이자 짧은 역사"[22]를 가지고 있는 것으로 묘사돼 왔는데, 행동 요법에서는 인간을 단순하게 기계적인 반응을 하는 존재로 본다. 행동주의 심리학에서 인간에게 자아는 중요한 것이 아니다. 자아는 단순하게 경험의 집합체로 본다.

그러므로 인간의 행동은 단순하게 자극에 대한 반응의 결과다. 행동의 변화는 칭찬에 의해서 강화되고 처벌에 의해서 감소할 수 있다. 행동주의 요법의 인간에 대한 근본적인 시각은 도전적인 환경에 성공적으로 적응하기 위하여 생존과 충동에 의해 동기가 부여되는 일시적인 존재들로 보는 것이다. 행동주의 심리치료에서도 인간을 결정론적인 존재로 본다. 인간은 자신이 스스로 선택하는 존재가 아니며 다만 환경에 의해서 만들어지는 존재다.

그러므로 인간의 책임성을 논할 수가 없게 된다. 잘못에 대하여 처벌할 수가 없다. 다만 새롭게 교정돼야 할 행동들만이 존재할 뿐이다. 기독교적인 관점에서 볼 때, 물질주의와 결정주의에 대한 행동주의의 주장들은 쉽게 배격되어진다. 물론 인간의 피조성과 일시성에 대하여 깨우쳐 주는 역할을 한다. 인간은 초월적인 존재이면서 초월적이지 않은 부분이 있다.[23]

행동주의자들은 인간을 너무 단순화시켰다. 그들은 인간의 감정, 사고, 의지, 경험들을 제외시켰는데, 인간의 내면세계는 단순하지 않다. 그들은 인간의 단면만을 보았다. 환경이 인간에게 부분적으로 영향을 주기는 하지만, 인간은 하나님의 형상대로 창조됐으므로 얼마든지 창조적으로 바뀔 수 있다.[24]

하나님께서는 인간을 하나님보다 조금 못하게 하시고 영화와 존귀로 관을 씌우셨다(시 8:4-9). 특히, 성경은 인간이 죄를 범했으므로 구원자가 필요한 것인데, 행동주의의 인간 이해는 환경에 의하여 만들어졌으므로 죄의 책임성을 부인하게 되므로 구원자의 필요성이 없게 되는, 성경적 인간관과 충돌하는 위험한 결과를 초래하게 되는 것이다.

셋째, 인본주의 심리치료다. 인본주의 심리치료에는 내담자 중심 요법, 실존주의 요법, 게슈탈트 요법, 교류분석법 등이 있다. 인간의 자유를 부인하는 정신 분석이나 행동주의 심리학과는 달리 인본주의 심리치료의 특징은 인간의 자유를 극대화하는 것이다. 실존주의 요법도 비슷한 인간 이해를 가지고 있다. 즉 인간은 기본적으로 모든 선택에 있어서 외부의 영향과는 상관없이 무엇이든지 선택할 수 있는 완전한 자유를 가지고 있는 존재이며 자신의 존재가 추구하는 방향과 맞는 선택을 할수록 자신의 본연의 존재에 더욱 가깝게 다가서게 된다.

다른 인본주의 요법들도 세부적인 설명에서는 분명한 차이점을 가지고 있지만 근본적인 인간 이해에서는 일맥상통하는 인간의 완전한 자유의 선택과 의지적인 기능을 강조한다.[25]

이 전통에 서 있는 상담가는 자신을 현명하고도 인내 있는 친구가 된다는 것이 무엇을 의미하는지를 보여 주는 한 좋은 모델이 된다. 주의 깊게 경청하며 존경심을 다해 들어주는 대단한 능력을 가진 사람으로서 많은 이들에게 감명을 줄 것이다. 대인적인 접촉과 친밀감이 빠져 버려 상실될 수 있는 문화에서 이 같은 자질들은 매력적이라고 여겨질 것이다. 인간 중심적 요법이 종교적인 공동체에서 환대를 받았던 이유는 불행과 고통에 빠져 있는 이들에게 어떻게 반응할지에 대한 가치 있는 단서와 안내들을 제공하고 있는 듯이 보이기 때문일 것이다.[26]

인본주의 심리치료는 인간을 무한한 자유를 가지고 있는 존재로 보고 인간의 문제는 인간의 자유가 구속당하거나 침해를 받았을 때에 발생한다고 본다. 내담자 중심 요법을 주창한 칼 로저스(Carl Rogers)는 인간은 자아실현을 이루기 위한 방향으로 부단히 움직이는 존재로 본다. 인간에게 자아실현을 할 수 있는 능력과 자유가 부여됐다는 것이다. 인간 중심적 요법에서 배울 수 있는 것은 인간에 대한 존 중심과 경청의 중요성일 것이다.[27]

그러나 기독교적 관점에서 볼 때, 인간 중심적 요법의 철학적인 전제들에 우려를 제기할 수밖에 없다.

첫째, 인간 중심 요법은 인간은 자신의 종국에 대한 궁극적인 힘과 유일한 주인이라고 가정한다. 모든 권위가 인간 안에 있다.[28] 이것은 성경적인 세계관과 충돌한다. 성경은 하나님만이 역사의 주가 되시고 그의 주권에 따라 세계의 역사와 인생이 진행된다. 그러므로 자아는 존재하는 모든 것이 아니며 존재하는 것의 중심이 되어서는 안 된다.

둘째, 인간 중심 요법에서는 "종교와 도덕 양자 모두에서 삶의 진리란 개인의 내면적인 주관성을 통하여 묵상되어진다"라고 지적했다. 그러나 기독교 전통은 진리란 언제나 신적 계시와 성경의 권위에 의존하는 것이다. 로저스는 인간의 경험을 진리를 결정하는 기초로 보았으며, 교리에 대해서는 비판적이다.

셋째, 인간 중심 요법에서 사람은 궁극적으로 자기 자신에게만 책임이 있다. 그들은 인간이 자신을 낳는다고 한다. 그러나 그리스도인에게 있어서 우리를 낳으시는 분은 하나님뿐이시다.

넷째, 인간 중심적 요법에서는 인간의 자유에 대하여 한계가 없다. 그러나 기독교 전통에서는 인간의 자유에 대한 한계점을 표현하고 있다.[29] 인간은 제한적인 자유가 있는 것이다. 인간은 완전한 자유를 소유하고 있지 않으며 하나님의 주권 아래에 있다.[30]

로저스는 율법적인 기독교 집안에서 자랐으나 하나님이 없이 인간 안에도 소망이 있다고 보았으며, 내담자의 말이 중요하며 상담자의 말은 부수적인 것이라 생각했다. 그는 인간은 우주의 중심이며, 인간의 내면세계 속에 하나님이 있다고 주장했다.

성경적인 관점에서 볼 때, 로저스는 인간의 경험과 그 의미에 따라서 심리학의 초점이 결정되므로 매우 위험하다. 하나님이 없이는 인간은 소망을 발견할 수 없다. 또한, 내담자의 말이 중요하나 상담자의 말은 더욱 중요하다. 상담자가 하는 하나님의 말씀은 내담자의 마음을 치료하는 결정적인 역할을 하게 된다. 인간은 우주의 중심이 될 수 없고 피조물에 불과하며 성삼위일체 하나님이 우주의 중심이 되는 것이다.[31]

2) 성경적 상담을 위한 인간 이해

성경적 상담을 위한 인간 이해는 성경에 기초해야 한다. 성경에서 제시하는 인간관을 어떻게 보아야 할지에 관하여 살펴보는 일은 매우 중요하다. 본 장에서는 로렌스 크랩(Lawrence J. Crabb)과 제이 아담스(Jay E. Adams)의 인간관 그리고 미국 웨스트민스터신학교의 성경적 상담학자들이 정립한 성경적 상담의 원리에 나타난 인간관을 살펴보겠다.

김준수는 크랩과 아담스의 인간론을 비교 분석했다.[32] 먼저 로렌스 크랩의 인간 이해는 인간 내면 깊은 곳에는 채움을 받아야 하는 빈 공간이 있음을 전제하고 있다. 크랩은 요한복음 7:37-38에 나타난 " … 누구든지 목마르거든 내게로 와서 마시라 나를 믿는 자는 성경에서 이름과 같이 그 배에서 생수의 강이 흘러나리라 하시니"의 말씀을 인용하면서 '그 배'를 빈 공간[33]이라고 해석한다. 이 빈 공간이 채워질 때 인간은 진정한 만족과 충만을 경험하게 된다. 그러나 이 빈 공간이 채워지지 않으면 인간은 영혼의 목마름을 경험하게 된다는 것이다.

그렇다면 이 목마름은 무엇에 대한 목마름인가?

첫째, 크랩은 인간이 하나님의 형상대로 지음 받았기 때문에 하나님과의 의미 있는 관계를 통해서만 채워질 수 있는 하나님과의 친밀한 관계에 대한 목마름이라고 한다. 하나님 자신이 관계적인 속성을 가지고 계신 것처럼 인간도 하나님과의 바른 관계를 통해서만 삶의 안정감을 경험할 수 있다.

둘째, 인간이 가지는 목마름은 의미 있는 존재가 되고 싶은 갈망이다. 하나님은 인간을 목적을 가지고 창조하셨다. 인간은 생물학적으로 진화되어서 이루어진 존재가 아니라, 하나님의 섭리 가운데 목적 있는 존재로 지음 받았다.

그러므로 인간은 목적 지향적인 존재다. 이 땅에서 하나님이 의도하신 목적을 이루어 드리기 위해서 방향성을 가지고 살아가는 존재다.[34]

더 나아가 크랩은 인간을 사고하는 존재로 보았다. 인간은 사물을 보고 끊임없이 분석하고 해석하는 과정을 통해서 이해를 한다. 인간이 사물을 이해하는 과정은 단순하게 객관적인 사건이 여과 없이 받아들여지고 이해되는 것이 아니라 사건이 분석되고 해석되고 난 후에 받아들여진다. 그렇기 때문에 인간 개개인은 각기 다른 이해의 틀을 가지고 살아간다.

크랩은 인간의 사물에 대한 이해에 영향을 주는 요소를 우선, 심리적인 표상과 믿음으로 보았다.[35] 또한, 크랩은 인간의 마음은 능동적으로 환경을 해석하고 받아들인다고 보았다. 그는 '인간이 희생자인가, 주체적 행위자인가?'라는 질문에 인간은 희생자이지만 시종일관 행위 주체자라고 답한다. 즉 인간은 결과에 책임을 지는 자유 행위자다. 한편, 인간은 사람들의 부당한 대우에 상처를 쉽게 받는다. 그러나 궁극적으로 인간은 자신이 선택한 전략과 행위들에 대하여 책임을 지는 행위 주체자들이다.[36] 끝으로 크랩은 인간은 이타적인 존재가 아니라 자기 중심적인 존재로 보았다.[37]

크랩은 기독교상담자로서 성경에 근거한 인간 이해를 하기 위하여 노력했다. 성경은 인간의 기원과 존재 목적과 가치를 잘 표현하고 있다. 그러므로 성경을 떠나서 인간을 바르게 이해한다는 것은 불가능하다. 그런 점에서 크랩은 성경적인 인간 이해의 한 모델을 제시하고 있다. 크랩의 인간 이해에서 성경과 일치하는 긍정적인 요소들을 발견하게 된다.

첫째, 인간을 기계적인 존재가 아니라 관계적 속성을 지닌 존재로 본 것은 바른 관점이다. 인간은 하나님과의 바른 관계, 그리고 이웃과의 바른 관계를 통하여 참 행복을 느끼는 존재다.

둘째, 인간을 반응적 존재가 아니라 목적 지향적인 존재로 본 것은 옳은 지적이다. 인간은 행동주의 심리학에서 말하는 것처럼 단순히 자극에 대하여 반응하는 존재가 아니라, 하나님이 뜻하신 바를 이루어 드리기를 원하는 목적의식적 존재다. 인간이 하나님을 떠나게 되면 우상을 섬기게 되는데, 크랩은 이 과정을 잘 설명했다. 인간이 죄악을 범하게 되는 원인은 하나님을 떠나서 하나님으로부터 독립된 존재로 살아가는 데 있다.

셋째, 인간은 충동적인 존재가 아니라 사고하는 존재로 본 것도 바른 관점이다. 정신 분석학에서 말하는 것처럼, 인간은 성과 공격성에 의해서 지배받는 존재가 아니라, 충동을 이겨 내고 사고하는 존재다. 왜냐하면, 인간은 하나님의 형상대로 지음 받았기 때문이다.

이처럼 크랩의 인간 이해가 성경적인 인간 이해의 한 모델을 보여 줌으로써 성경적 상담자들에게 많은 유익을 줬음에도 불구하고, 그의 인간 이해에는 몇 가지 보완할 점이 있다.

첫째, 크랩이 임상심리학자이며 심리치료를 오랫동안 경험한 것이 그의 인간 이해에 영향을 주었다는 점을 지적할 수 있다. 예를 들면, 크랩이 주장하는 인간의 목마름, 즉 관계의 욕구와 존재의 의미를 찾으려는 욕구는 현실 요법을 창안한 윌리엄 글래서(William Glasser)의 인간의 기본적 필요와 일치한다.[38]

둘째, 인간의 마음을 구조화해서 각각의 층으로 도표화해서 설명하는 것도 심리학적인 인간 이해의 영향이라고 볼 수 있다.[39] 크랩이 인간 이해를 위한 중심적인 개념으로 주장한 인간 내면의 빈 공간은 성경적인 개념이라 보기 어렵다. 그가 인간 내면의 빈 공간을 설명하기 위해 사용했던 성경 구절인 요한복음 7:37-38, 로마서 16:18, 빌립보서 3:19은 크랩의 인간 내면의 빈 공간 개념을 명확하게 표현하고 있지 않다.

데이비드 파울리슨(David Powlison)은 이 개념이 성경의 다양한 마음의 표현들을 묶어 놓은 것이라고 주장했다. 예를 들면, 육체의 정욕, 인간의 헛된 경험, 인생의 다양한 상처들, 그리고 하나님의 의와 긍휼에 대한 목마름들이 있다. 인간 내면의 이러한 다양한 욕구들을 크랩은 소위 빈 공간이라는 개념으로 단일화시킨 것이다. 파울리슨은 크랩의 빈 공간 개념에 대하여 평가하기를 "성경에서 제시하는 개념이 아니라 심리치료적인 개념에 대하여 성경 구절을 사용하여 개념화한 것"⁴⁰이라고 했다. 필자는 이러한 파울리슨의 지적은 타당성이 있다고 본다.

셋째, 크랩은 인간을 이타적인 존재가 아니라 자기 중심적인 존재로 보았는데, 인간이 성경 말씀과 성령의 활동으로 인하여 마음이 근본적으로 변화되면 자기 중심적인 삶이 아니라, 이타적인 삶을 살아가며 섬기는 삶을 살아갈 수 있다.

아담스는 성경적 인간 이해를 제시한 상담자이다. 그는 성경이 상담의 교과서가 되어야 한다고 주장한다. 인간의 의미와 목적 그리고 존재 자체가 하나님에게서 나왔기 때문에 성경의 내용에 근거하여 인간을 이해하여야 하며 기독교상담을 위해서 상담신학을 개발하여야 한다고 역설한다. 더 나아가 계시된 성경 말씀에 뿌리를 두지 않은 상담을 받을 수 없다고 했다.⁴¹

아담스의 인간 이해는 조직신학에 근거하고 있다. 인간은 하나님의 형상으로 지음 받았다. 특히, 하나님의 형상이 무엇이냐는 질문에 대하여 아담스는 인간이 동물과 구별된다는 것이며, 인간은 도덕적으로 책임 있는 존재로 지음 받았다고 말했다.

아담스는 프로이트의 정신 분석 심리치료를 고고학자의 삽으로 비유하고, 로저스의 내담자 중심 상담을 거울로, 스키너(Skinner)의 행동주의 요법을 비스켓으로 비유하며, 이들 모두가 인간을 도덕적으로 책임지는 존재로 보지 못하고 비인간화시켰다고 지적했다.

아담스는 존 칼빈(John Calvin)의 신학에 영향을 받아 아담의 원죄가 인간의 물질적인 요소에 타락을 가져왔으며, 인간의 비물질적인 영역인 인간의 마음이 타락함으로 인해 타락한 마음에서 나오는 모든 의도와 계획과 생각이 악하게 되었다고 진단했다.⁴²

예수께서도 인간이 마음에 가득한 것을 입으로 말하게 된다고 말씀하시며, 선한 사람은 마음에 쌓은 선에서 선을 내고 악한 사람은 그 쌓은 악에서 악한 것을 낸다고 말씀하셨다(눅 6:43-45; 마 12:34-35). 인간은 전적으로 타락했기 때문에 죄를 지을 수밖에 없는 존재다. 이 상태를 벗어날 수 있는 유일한 길은 마음이 변화되어 새로운 마음을 갖는 것이다.

그런데 인간의 마음을 새롭게 하는 것은 성령의 역사이다. 그 결과로 인간은 더 이상 정욕대로 살지 않고 하나님의 뜻을 따라서 살 수 있게 되는 것이다.[43]

그렇다면 성령의 역사로 거듭나서 새 마음을 가진 그리스도인이 왜 완전하게 새로워지지 못하는가?

아담스는 그 이유에 대하여 옛사람으로 살 때 습득된 악한 습관이 남아서 옛 성품대로 사고하고 행하게 된다고 보았다. 마음은 새로워졌지만 아직도 옛 마음 아래서 살 때에 몸에 젖은 방식대로 생각하고 행동하기 때문에 상담을 통해서 구체적으로 옛사람의 습관들을 버리고 새사람의 습관들을 익히는 것이 상담의 과정이며, 성화의 과정으로 보았다. 즉 아담스의 상담의 개념은 옛 악한 습관을 점차 줄여 가는 과정과 새로운 거룩한 습관을 습득하는 과정을 함께 진행하는 과정이다.[44]

이처럼 아담스는 철저하게 성경에 제시된 인간론이 상담을 위한 인간 이해가 돼야 한다고 믿은 사람이다. 이 점에서 필자는 전적으로 동의한다. 심리학적인 인간 이해는 인간을 부분적으로 이해하면서 성경의 인간관과 충돌한다. 필자는 복음주의 기독교상담에서는 철저히 성경적 인간관을 따라야 한다고 믿는다. 이러한 아담스의 상담 이론은 복음주의 신학의 토대 위에 상담 이론을 세우는 결정적 전기를 마련했다. 특히, 아담스는 성경을 해석하는 과정에서 일관성 있는 해석으로 성경 말씀이 제시하는 메시지를 간파했다고 볼 수 있다.

에드워드 웰치(Edward Welch)는 아담스가 인간의 마음이 새로워진 후에는 죄가 더 이상 마음에 거하지 못한다고 보았기 때문에 그의 상담에서 인간의 마음에 더 이상 관심이 없게 됐고, 옛 마음에 의하여 길들여진 뇌의 습관적인 작용들, 즉 행동적인 습관이나 사고적인 습관에만 관심을 갖게 되었다[45]고 평가하면서 이러한 아담스의 권면적 상담(Nouthetic Counseling)에 몇 가지 보완점이 있다는 점을 지적했다.

첫째, 상담이 하나님과의 관계나 그의 은혜보다는 스스로 고쳐야 할 부분들을 지속적인 노력으로 바꾸어 가는 훈련 프로그램이 되었다는 점이다.

둘째, 상담 과정에서 내담자가 지속적으로 예수를 바라보는 과정이 불필요하게 되었다. 왜냐하면, 이미 변화된 사람의 마음은 그리스도로 향했기 때문에 상담 과정은 단순히 옛 습관을 버리고 새 습관을 입는 기계적인 과정이 되었기 때문이다.

셋째, 아담스는 행동주의적인 기독교상담자라는 오해를 받게 되었다. 왜냐하면, 인간 내면세계에 대한 무관심과 행동적인 습관과 사고의 습관들을 반복적인 연습을 통해서 새로운 습관들로 변화시키는 상담 과정은 행동 요법 또는 인지적-행동 요법의 기독교적인 적용을 시도한 상담이라는 평을 듣게 되었다.

넷째, 그의 상담 모델은 특정한 이상행동에 포함된 다양한 원인과 의미들을 노출시키고 이해하는 데 한계를 드러내게 되었다.[46] 필자가 한 가지 덧붙인다면, 아담스가 심리학 이론에 바탕을 둔 상담을 사탄적이라고 표현함으로써 수많은 심리상담자의 공격을 받게 되었는데, 이러한 극단적 표현보다는 복음주의 상담에서 인간 이해를 성경적 인간관을 따르는 것처럼, 성경적 관점으로 심리상담을 재해석함으로써 성경의 메시지와 충돌하지 않는 심리학의 정보들을 조심스럽게 수용하는 입장을 취하는 것이 바람직하다고 본다.

현재, 미국의 웨스트민스터신학교(Westminster Theological Seminary)의 실천신학(목회상담학) 교수들로 이루어진 CCEF(Christian Counseling Educational Foundation)의 성경적 상담학자들은 일곱 가지의 상담 원리를 제시했다.[47] 그 가운데 인간관과 관계된 내용이 다섯 가지나 된다.

첫째, 인간은 하나님의 형상대로 지음 받았다는 것이다.[48]

인간이 하나님의 형상대로 지음 받았다는 것은 창세기 1:26-28에 근거한다. 인간은 하나님의 형상을 닮은 존재로서 하나님의 뜻을 받들어 만물을 다스리는 것이며, 하나님을 예배하고 모든 영광을 하나님께 돌려야 한다. 이 원리는 인간은 하나님을 떠나서는 살 수 없다는 의미가 포함되어 있다.

둘째, 인간은 죄로 인하여 타락한 존재라는 것이다.[49]

인간이 죄로 인하여 타락한 존재라는 것은 창세기 3:1-13에 근거한다. 인간은 하나님의 상담에 의존하여 살고 있었으나 최초의 인간 아담과 하와가 거짓 상담자인 사탄의 유혹에 미혹되어 하나님께 불순종함으로써 하나님과의 관계가 깨어지고 죄인이 된 것이다.

셋째, 인간의 문제는 마음의 문제라는 것이다.[50]

인간의 문제는 마음의 문제이다. 이 원리는 누가복음 6:43-45에 근거한다. 이것은 상담을 위한 성경적인 인간 이해의 핵심이다. 마음은 성경에서 매우 많이 사용되는 단어로서 인간행동과 뜻을 정하고 인간 인격의 중심이 되는 단어이다. 인간 인격의 중심인 마음은 하나님의 피조물로서 하나님 앞에서 어떻게 사느냐 하는 도덕적 실체로서의 인간 존재의 중심을 보여 준다.[51]

인간은 마음에서 악이 나오고 동시에 하나님을 향한 사랑이 표출된다. 한 사람을 이해하는 것은 결국 그 사람의 마음을 이해하는 것이다. 그 마음에서 한 사람의 모든 삶이 결정된다. 성경에서 말하는 인간의 마음은 능동적이며 주도적인 존재다.[52]

그러므로 성경적 상담의 궁극적인 대상은 인간의 마음이다. 마음의 변화가 상담의 목표이다. 우상을 섬기는 마음을 하나님을 예배하는 마음으로 변화시키는 것이다. 부패하여 어두워진 마음을 성령의 조명으로 밝히는 것이다. 불순종하는 마음을 순종하는 마음으로 변화시키는 것이다.

넷째, 인간은 이 세상에서 고통당하는 존재라는 것이다.[53]

인간은 세상에서 고통당하는 존재라는 것은 인간은 삶의 모든 영역에서 다양한 고통에 직면하고 있다는 것이다. 상담자는 인간의 고통을 깊이 이해하고 상담에 임해야 한다. 성경적 상담자는 인간의 고통에 대하여 하나님께서 위로자가 되신다(고후 1:3-7)는 것을 보여 주어야 한다.

다섯째, 인간의 진정한 변화는 성령의 역사로 이루어진다는 것이다.[54]

인간의 변화는 성령의 역사를 통하여 이루어진다는 것은 변화의 주체가 누구인가를 보여 주는 것이다. 즉 인간의 마음이 새롭게 변화되는 것은 심리학이나 상담학과 같은 이론에 근거한 것이 아니라, 하나님의 말씀과 성령의 역사를 통하여 전 인격적인 변화가 일어나게 되는 것이다.

필자는 이와 같은 성경적 상담의 원리에 나타난 인간관이 성경적 인간관을 가장 명확하게 표현하고 있다고 믿는다.

3. 한국 성경적 상담의 역사

한국 기독교상담의 역사를 이해하려면 상담학회의 흐름을 파악하는 것이 바람직하다. 한국 기독교상담은 다양한 학회가 활동하고 있다. 가장 먼저 발족한 것은 한국목회상담협회(Korean Association of Pastoral Counselors, 1982)이다. 이는 처음 한국의 목회상담학자들의 모임이 되었다. 한국목회상담협회에는 다양한 목회상담학자들이 함께 모였다.

그 다음은 한국성경적상담협회(Korean Association of Biblical Counseling, 1995)가 창립하며 심리학 중심의 목회상담학을 지양하고, 성경 중심의 성경적 상담 운동을 전개했다. 또한, 기독교와 심리학의 통합 입장을 견지하는 한국기독교상담심리치료학회(Korean Association of Christian Counseling and Psychotherapy, 1999)가 생겨났다. 이곳에는 주로 기독교와 심리학의 통합적 입장에 있는 학자들이 모였다.

그리고 21세기 영성에 대한 관심이 증가하며 영성과 심리치료를 통합하고자 하는 학자들이 중심이 되어 한국영성및심리치료협회(Korea Association of Spirituality & Psychotherapy, 2000)를 설립했다.

같은 시기에 개혁신학과 복음주의 신학에 바탕을 둔 목회상담학을 지향하는 한국복음주의기독교상담학회(Korea Evangelical Theological Society, 2000)[55]를 창립하여 오늘에 이르게 된 것이다.

필자를 포함한 대부분의 성경적 상담학자들은 한국복음주의기독교상담학회에서 함께 활동하고 있다. 이상에서 열거한 학회와 협회들은 각각 학회의 분명한 정체성을 만들어 가는 데 집중하며 학술발표회, 상담세미나, 전문상담자 교육을 실시하고 있다. 그러나 학회들 간의 상호 교류와 협력은 비교적 부족한 가운데 있다고 볼 수 있다.[56]

특히, 한국에서 복음주의 상담 운동이 시작된 것은 2000년대 이후이다. 한국복음주의신학회(Korea Evangelical Theological Society)를 중심으로 복음주의 상담학이 출현하게 되었다. 한국복음주의신학회는 성경적 복음주의 신학의 정립을 목적으로 1981년 14명의 신학대학 교수들의 모임으로 시작되었다. 1997년 10월 24일 당시 학회장이던 성기호 박사의 제안에 따라 처음으로 분과 학회가 창립되었는데, 이때 구약신학회, 신약신학회, 조직신학회, 역사신학회, 실천신학회, 선교학회, 교육학회, 윤리학회 등이 창립되었다.

2000년 11월 목회상담학과 기독교상담학을 전공한 교수들을 중심으로 한국복음주의기독교상담학회(Korea Evangelical Counseling Society)를 창립하기로 하고, 한국복음주의신학회의 분과 학회로 독립하여 심리학이나 진보적인 신학에 기초를 둔 목회상담학을 탈피하고 개혁신학과 복음주의 신학에 근거한 목회상담학의 학술 연구와 전문 목회(기독교)상담자 배출을 위해 매진하게 되었다. 한국복음주의기독교상담학회는 2003년 11월 논문집 「복음과 상담」을 창간하고 17권의 논문집을 발행했다.

그동안 다룬 「복음과 상담」의 주제들을 보면 다음과 같다. 신학과 심리학의 통합(제1권), 기독교상담과 목회현장(제2권), 기독교상담과 변화(제3권), 기독교상담과 직면(제4권), 기독교상담과 한국문화(제5권), 기독교상담과 교육(제6권), 기독교상담과 가정(제7권), 기독교상담과 스트레스(제8권), 기독교상담과 정신장애(제9권), 기독교상담과 결혼(제10권), 기독교상담과 영성(제11권), 기독교상담과 죽음(제12권), 기독교상담과 직업(제13권), 기독교상담과 청소년(제14권), 기독교상담과 중독(제15권), 기독교상담과 폭력(제16권), 기독교상담과 다문화 가정(제17권), 기독교상담과 노인(제18권) 등이다.

한국복음주의기독교상담학회는 2003년 첫 목회(기독교) 상담전문가를 배출한 이후, 해마다 목회상담전문가를 훈련하여 목회(기독교)상담사 자격증을 수여하고 있다. 한국복음주의기독교상담학회에는 30여 명의 목회상담학 전임교수들과 500여 명의 회원들이 활동하고 있는데, 필자도 학회의 감독상담사로서 활동하면서 개혁신학과 복음주의 신학에 입각한 목회상담학을 연구하고 있다.

복음주의 상담 운동은 성경적 상담 운동과 함께 발전했다고 볼 수 있다. 성경적 상담은 본래 미국 웨스트민스터신학교의 실천신학 교수였던 제이 아담스(Jay E. Adams)가 1966년 성경적 상담과 훈련을 위한 기구의 필요성을 인식하고 White Oak Ridge Community Chapel 건물에서 CCEC(Christian Counseling and Educational Center)를 시작했다. CCEC에서 훈련받은 첫 번째 목사인 존 베틀러(John Better)가 아담스의 사역에 동참하게 되었다.

1968년에 CCEC를 CCEF(Christian Counseling and Educational Foundation)로 이름을 바꾸고 좀 더 적극적인 상담 사역을 하게 되었다.[57] 현재는 데이비드 파울리슨(David Powlison), 폴 트립(Paul D. Tripp), 에드 웰치(Edward Welch), 티모시 레인(Timothy Lane)이 미국의 웨스트민스터신학교와 CCEF에서 성경적 상담 교수 사역과 상담 사역을 병행하고 있다.[58]

한국의 성경적 상담은 총신대학교의 정정숙 박사가 아담스의 *Competent to Counsel*을 『목회상담학』[59]이라는 이름으로 번역 출간하면서 처음 소개했다. 정 박사는 총신대학교에서 성경적 상담을 가르치고 정년 은퇴했고, 현재는 한국상담선교연구원에서 성경적 상담을 교육하고 있다. 미국에서 사역하던 황규명 박사는 1994년에 미국 웨스트민스터신학교의 실천신학

교수인 파울리슨, 트립, 웰치 박사와 함께 내한하여 서울 횃불회에서 성경적 상담 세미나를 개최한 후, 1995년에는 수영로교회에서, 1996년에는 사랑의교회에서, 1997년에는 남서울교회에서 평신도를 대상으로 개최했다.

그 후 2002년에 황 박사는 총신대학교에 상담대학원(Graduate School of Biblical Counseling)이 신설되면서 전임교수로 초빙되어 2012년 5월까지 성경적 상담교육을 실시하였으며 정년 후 현재는 성경적상담연구원 원장으로 섬기고 있다.

1998년에는 아세아연합신학대학교 대학원에 상담학과를 신설하고 웨스트민스터신학교에서 목회상담학 박사학위를 취득한 김준수 박사를 중심으로 성경적 상담을 교육하게 되었다.[60]

그 후 미국 한인성서교회(Korean Bible Church) 담임목사로 목회 사역을 하며, 오리건성경대학 및 신학교(Oregon Bible College & Seminary)의 상담학 교수 사역을 하던 필자가 2006년에 미국 웨스트민스터신학교에서 목회상담학 박사학위를 취득하고, 2007년 귀국하여 서울기독대학교와 숭실대학교 기독교학대학원에서 성경적 상담학을 가르쳤으며, 2011년부터는 백석대학교로 옮겨 기독교학부와 신학대학원(M.Div.), 그리고 기독교전문대학원 석사(Th.M.)와 박사 과정(Ph.D., Th.D.)에서 성경적 상담학을 교수하고 있다.

최근에는 성경적 상담학 이론과 설교를 통합하여『성경적 상담과 설교』[61]를 통하여 성경적 상담설교(Biblical Counseling Preaching) 방안을 제시했다.[62]『성경적 상담과 설교』에서는 성경적 상담설교의 성경적, 신학적 근거를 제시하고, 성경적 상담설교의 새로운 구조와 설교 분석을 통하여 성경적 상담설교의 바람직한 방향을 제안했다.

현재, 성경적 상담과 설교의 통합 형태인 성경적 상담설교를 백석대학교 신학대학원생들과 박사 과정에서 연구하는 목회자들에게 가르치고 있으며, 설교 실습을 통한 코칭을 병행하며 성경적 상담설교자 양성에 주력하고 있다. 2012년 4월에는 백석성경적상담학회를 발족시켜 성경적 상담학 교육과 학술활동을 활발히 전개되고 있다.

2012년 3월에는 미국 웨스트민스터신학교에서 상담학 석사와 미국 보스톤대학교에서 박사학위를 마친 김준 박사가 총신대학교 상담대학원 교수로 와서 성경적 상담학을 가르치고 있다.

이렇듯 현재, 한국 사회에서 복음주의 상담과 성경적 상담 운동이 활발하게 전개되고 있는 것은 심리학 중심의 목회상담학이 주류를 이루었던 한국 사회에 성경과 복음주의 신학에 입각한 성경적 상담학에 대한 관심을 증대시키고 있다.

4. 성경적 상담의 과제

성경적 상담의 과제를 논함에 있어서 다양한 주제를 다룰 수 있으나, 본 장에서는 한국 목회상담학의 역사 속에서 중요한 이슈가 되었던 과제와 성경적 상담학자들의 저서와 논문을 통하여 제시된 과제들을 근거로 다음 일곱 가지 과제를 중심으로 논술하고자 한다.

1) 성경적 상담신학을 정립해야 하는 과제

먼저 성경적 상담의 최우선 과제는 성경적 상담신학을 정립하는 것이라 할 수 있다. 안경승은 한국 복음주의 목회상담학의 과제는 복음주의 신학과 신앙의 확립을 통하여 이루어 나가야 한다고 역설했다. 그는 이를 위하여 세 가지 과제를 제시했다.

첫째, 복음주의 상담 이론과 신학적 지식이 균형 있게 발전해 가야 할 필요성을 제시했다.
둘째, 복음주의 신학 이론이 복음주의 상담이라는 실제가 되기 위해서 복음주의 전통 속에 발견되는 영적 자원들을 지혜롭게 활용하는 방법에 대한 연구가 필요함을 제시했다.

셋째, 복음주의 신앙을 상담학에서 구현하기 위해 기독교상담자가 성령의 능력에 의해서 영원한 생명을 허락하신 예수님과의 개인적인 관계의 중요성을 인식할 필요가 있음을 강조했다.[63]

안경승의 복음주의 상담에 대한 과제 인식에서 첫 번째가 복음주의 상담 이론과 신학 지식이 균형 있게 발전해야 한다는 것은 바른 제안이다. 필자는 이것을 한마디로 성경적 상담신학의 정립이 필요하다고 제안하고 싶다. 아담스 역시 성경이 상담의 교과서가 되어야 한다고 강조하면서 올바른 기독교상담을 위해서 상담신학을 개발하여야 한다고 역설한 바가 있다.[64] 성경적 상담신학이 바로 정립되어야만 그 신학을 바탕으로 성경적 상담을 발전시킬 수 있기 때문이다. 그러므로 성경적 상담의 첫 번째 과제로써 성경적 상담신학 정립의 필요성을 강조하고 싶다.

2) 교회를 위한 과제

성경적 상담의 두 번째 과제는 교회를 위한 과제가 있다. 오성춘은 목회상담의 과제에 관한 연구에서 목회상담은 하나님의 교역이라는 특수성을 가지며, 하나님이 돌보시고자 하는 사람들을 돌본다는 특수성과 교회라는 공동체적인 맥락에서 수행한다고 전제하면서 목회상담의 교회를 위한 과제에 대하여 역설했다. 교회는 그리스도의 증인으로서 사역을 두 가지 차원에서 수행한다.

첫째, 복음을 전도하는 것이다.
둘째, 성육신하신 예수 그리스도를 본받아 그리스도의 증인이 되는 것이다.[65]

성경적 상담도 교회를 위한 과제가 있다. 모든 교회를 위하여 존재한다. 신학이 교회를 위한 신학이 되어야 하는 것처럼, 성경적 상담은 교회를 세우기 위한 상담이 되어야 한다. 먼저는 교회를 목회하는 목회자들에게 성경적 상담 교육을 실시해야 한다. 그래서 훈련받은 목회자 자신이 성경적 상담자로서 그리스도의 증인이 되어 복음을 확산하고, 더 나아가서는 그리스도 앞으로 나아온 영혼들의 성화를 위한 성령의 도구가 되어야 할 것이다.[66] 그래서 만백성에게 신뢰받고 사랑받는 교회 공동체를 이루는 데 상담이 쓰임 받아야 한다.

3) 인간의 존엄성 회복을 위한 과제

성경적 상담의 세 번째 과제는 인간의 존엄성 회복을 위한 과제가 있다. 하나님은 인간을 창조하신 창조주이시며, 동시에 인간이 존엄성을 가지고 존중받으며 살기를 원하시는 분이시다.

성경적 상담의 원리에서 첫째가 인간은 하나님의 형상대로 지음 받았다는 것이다.[67] 그러나 둘째 원리는 죄로 인하여 타락한 존재가 되었다는 것이다.[68] 세상을 사랑하신 하나님께서는 독생자 예수 그리스도를 보내시어 고난당하시고 십자가에 달려 죽게 하시므로 그 십자가의 은총을 통하여 인간의 죄를 사하시고 용서하셔서 잃어버린 하나님의 형상을 회복게 하신 분이시다.

그러므로 성경적 상담을 통하여 인간의 존엄성과 하나님의 형상을 회복하는 것이 하나님께서 우리를 통하여 이루시고자 하는 과제임을 인식해야 한다. 잃어버린 한 영혼이 상담을 통하여 하나님을 만나고 예수 그리스도를 영접하여 새로운 피조물이 될 때 천국에서는 잔치가 열리게 될 것이다. 한 영혼이 온 천하보다 귀한 존재이기 때문이다.

4) 건강한 가정 회복을 위한 과제

성경적 상담의 네 번째 과제는 건강한 가정 회복을 위한 과제이다. 하나님께서는 가정을 창조하신 분이요, 가정을 위한 놀라운 계획을 가지고 계신 분이시다. 결혼과 가정은 하나님께서 가장 먼저 만드신 공동체이다. 하나님은 가정 속에서 인간이 행복을 누리도록 창조하신 분이시다.

그러나 오늘날 가정이 깨어지고 있다. 이혼 가정이 급격히 증가하고 있고, 청소년 학교 폭력 문제,[69] 노인 문제, 결손 가정의 자녀 문제, 가정 폭력, 다문화 가정의 문제,[70] 성폭력[71] 등으로 가정은 심각한 위기[72]를 맞고 있다. 이에 성경적 상담은 위기의 가정을 성경적 가정 사역[73]을 통하여 건강한 가정으로 회복시켜야 하는 과제가 있다. 위기의 가정들이 건강한 가정으로 회복될 때, 건강한 교회와 건강한 사회를 이루게 될 것이다.

5) 전인 건강을 위한 과제

성경적 상담의 다섯 번째 과제는 전인 건강을 위한 과제이다. 성경적 상담의 일곱 가지 원리에서 셋째가 인간의 문제는 마음의 문제라고 진단한다. 여섯째가 인간은 고통당하는 존재라고 진단한다. 그리고 일곱째가 인간의 마음의 변화는 성령의 역사로 이루어진다는 것이다.

그러므로 인간이 온전히 건강하게 되기 위해서는 고통당하는 사람들의 마음의 문제를 풀어 주어야 하는데, 그 문제 해결 방법이 하나님의 말씀을 도구로 상담하는 성경적 상담이며, 그때에 인간의 마음을 변화시키는 주체는 말씀을 통해 역사하시는 성령님인 것이다.

교회 목회자의 사명도 복음 전도 하는 일에 머물러서는 안 되며, 목양이 뒤따라야 한다. 그것은 한 사람의 삶을 돌보고 그들의 생명을 돌보고, 그들의 아픔과 부르짖음을 들으며, 그들의 상처를 치료하며, 그들의 정신 건강에도 힘쓰며, 그들을 전인적으로 건강한 사람으로 세우는 일에 힘써야 한다.

한 사람의 영혼을 전인적으로 건강한 사람으로 세울 때 이 세상은 더욱 밝아질 것이다. 한 사람을 전인적으로 건강하게 하는 일은 복음이신 예수 그리스도를 만나게 하고, 그 안에서 자라게 하는 일일 것이다. 목회자의 자녀들도 건강한 자아 형성을 위한 상담의 과제[74]가 있으며, 모든 교우를 건강한 사람으로 세우기 위한 성경적 상담의 노력이 절실하다.

6) 중독 치료를 위한 과제

성경적 상담의 여섯 번째 과제는 중독 치료를 위한 과제이다. 중독은 현대인의 심각한 문제로 파고들고 있다. 세속화된 현대 사회는 인간의 이기심을 자극하고 죄성을 드러내게 하여 중독 증상이 만연되어 나타난다. 중독자는 인지 왜곡과 사고 장애를 일으키고 가족을 조종하여 자신의 욕구인 중독 행위를 지속하려 한다. 다른 가족들은 자존감을 잃고 무력해져서 중독자의 요구를 들어주거나 책임을 자신에게 돌리고 죄책감 속에서 중독의 결과들을 대신하기도 한다. 좌절감 속에서 자녀에게 분노를 표출하고 상처를 입히고 조종하며 지나치게 훈육하여 결국 중독이 지속되게 돕는다.

부모나 가족이 동반 의존의 덫에 걸리는 이유는 가정의 역기능 속에서 생존 역할 찾기에 급급하기 때문이고 또한 낮은 자존감으로 생각이나 감정을 드러내거나 직면하지 못하기 때문이다.[75] 김영희는 이러한 현상에서 벗어나게 하려면 자아분화를 통해 감정적 밀착에서 자유하고, 그리스도 안에서 자신의 정체성을 확립함으로써 자신의 생각과 감정을 직면함이 필요하다고 보았다.[76]

미국의 중독 연구가 앤 윌슨 샤프(Ann Wilson Schaef)는 중독을 물질 중독과 과정중독의 두 가지로 정의했다.[77] 물질 중독은 섭취된 물질에 대한 중독이다. 예를 들면, 술, 마약,[78] 니코틴, 카페인, 음식 등이 해당된다. 과정 중독은 구체적인 행동들과 상호 작용에 대한 중독을 일컫는 개념이다. 도박 중독,[79] 성 중독, 일 중독, 종교 중독 등이 여기에 해당된다. 이러한 다양한 중독의 치료를 위한 성경적 상담의 과제가 있다.

성경적 상담학자 에드워드 웰치(Edward Welch)는 알코올 중독에 대하여 질병으로 보지 않고 동기와 욕구가 중요하다고 보았다. 더 나아가 중독은 하나님과의 관계에 달려 있다고 보았다. 성경적 관점은 우리의 선택을 지배하는 동기가 하나님을 향하도록 인도한다고 보았다. 근본적인 치료는 역시 환자의 마음을 변화시키는 성령의 역할에 의존해야 한다고 보았다.

죄를 미워하시는 하나님의 마음을 알고 하나님의 용서를 받아들이는 것이다. 용서를 확신하는 자에게 임하는 것이 평화와 기쁨과 즐거움이다. 하나님의 영원히 친절하신 성품은 마음의 가장 깊은 곳까지 변화가 가능하도록 강력한 것이다.[80] 이러한 웰치의 성경적 견해를 지지한다. 진정 영성과 신앙[81]을 통해서 근본적으로 중독을 극복할 수 있는 길이 있다.

7) 영성 형성과 발달을 위한 과제

성경적 상담의 일곱 번째 과제는 영성 형성과 발달을 위한 과제이다. 개혁주의 신앙이나 복음주의 신앙을 상담학에서 구현하기 위해서는 성경적 영성 형성과 발달을 도모해야 한다. 달라스 윌라드(Dallas Willard)의 영성에 관한 글은 상담자에게 필요한 영성 형성에 통찰을 제공한다.[82]

첫째, 영성 형성은 영적 활동을 통한 훈련으로 생각할 수 있다.
둘째, 영성 형성을 내적 세계, 영, 또는 인간 존재의 영적인 측면을 조성해 가는 것으로 생각하는 것이다.
셋째, 영성 형성은 성령과 하나님의 말씀에 의해서 형성되는 것이다. 오늘날 성령의 이런 능력을 상담 중에 활용할 수 있는 성경적 상담자를 필요로 한다. 기도, 묵상, 금식, 단순성, 복종, 봉사, 고백, 예배, 교제 등이 기본적인 영적 훈련이다.

영적으로 상담자가 성령과 동행하며 지혜가 충만할 때 성장 과정을 통해 내담자에게 이런 점들이 전달 될 수 있을 것이다.[83] 복음주의 상담자는 영성 형성뿐 아니라 영적 성장까지 가져와야 하는 책임이 있다.[84]
윌라드가 강조한 것처럼 영성 형성은 인간의 영적인 측면을 조성해 가는 것이란 견해에 공감하며, 영성 형성이 성령과 말씀에 의하여 형성되는 것이란 견해에 동의한다. 성경적 상담의 원리에서 발견할 수 있는 것처럼 성경적 상담은 성경 말씀을 도구로 하여 성령의 역사를 의지하여 인간의 마음을 변화시키는 것을 목적으로 하는 상담이다.
 이점에 대하여 성경적 상담학자들은 일치된 견해를 가진다. 필자도 여기에 동의한다. 하나님의 말씀과 성령의 역사를 통하여 인간의 마음이 변화된다는 것에 말이다. 그리고 마음이 변화된 사람이 행동과 삶이 변화된다는 사실에 동의한다. 그러므로 영성 형성과 발달을 위한 성경적 상담의 과제가 있다.

닫는 말

 한국 복음주의 상담 가운데 성경적 상담의 이해와 과제를 살펴본 것은 매우 뜻 깊은 연구가 되었다. 왜냐하면, 현시점이 성경적 상담의 과제를 새롭게 인식하고 구체적으로 미래를 준비해야 하는 시기라고 판단되기 때문이다. 본 연구의 결과는 다음과 같다.

 첫째, 복음주의 신학의 정체성을 살펴보았다. 복음주의 신학의 정체성이란 믿음으로 구원 얻는다는 이신득의의 진리를 불신자에게 전파하는 것이요, 믿음의 내용은 예수 그리스도의 하나님 되심과 그의 고난과 죽음, 부활과 승천, 재림을 믿으며, 모든 죽은 자의 부활과 심판, 그리고 모든 인류가 믿음에 따라 천국과 지옥으로 나뉘게 될 것을 믿는 것이다.
 둘째, 성경적 상담을 위한 인간 이해를 살펴보았다. 이를 위해서 심리치료적인 인간 이해에 관한 성경적 상담의 관점을 다루었으며, 성경적 상담을 위한 인간 이해는 성경적 인간관을 따라야 한다는 결론을 얻었다.
 셋째, 한국의 목회상담학회의 흐름을 살펴보면서 복음주의 상담의 정체성과 한국 성경적 상담의 역사를 자세히 살펴보았다.
 넷째, 성경적 상담의 과제를 다음과 같이 살펴보았다.

① 성경적 상담신학을 정립하는 과제.
② 교회를 위한 과제.
③ 인간의 존엄성 회복을 위한 과제.
④ 건강한 가정 회복을 위한 과제.
⑤ 전인 건강을 위한 과제.
⑥ 중독 치료를 위한 과제.
⑦ 영성 형성과 발달을 위한 과제.

본 연구의 의의는 성경적 상담의 인간 이해를 깊이 고찰해 보면서 심리 상담의 인간 이해의 문제점을 확인했다는 점과 성경적 상담의 과제가 무엇인가를 새롭게 인식하여 복음주의 상담과 성경적 상담의 미래를 준비하는 계기가 되었다는 점이다.

향후 한국복음주의기독교상담학회를 중심으로 복음주의 상담 운동과 성경적 상담 운동이 확산되어 복음주의 상담과 성경적 상담이 꽃을 피우고 이를 통해 건강한 교회, 건강한 사회를 이루게 되기를 간절히 열망한다.

본 연구에 이어서 후속 연구를 위한 제언을 한다면 다음과 같다.

첫째, 복음주의 신학과 성경적 상담신학의 내용을 정립하는 연구가 필요하다.
둘째, 복음주의 신학과 성경적 상담의 관점으로 정신 분석이나 심리치료에 대한 정교한 재해석이 필요하다.
셋째, 필자가 제시한 성경적의 상담의 과제를 온전히 감당하기 위하여 현 단계에서 준비할 것이 무엇인지를 깊이 살펴야 할 것이다.

제2장

한국 장로교회 100년의 역사에 나타난 목회상담학의 흐름과 전망[1]

여는 말

한국 장로교회 100년의 역사에 나타난 한국의 목회상담학은 놀라운 성장을 거듭했다. 한국교회가 세계의 이목을 집중시킬 만큼 눈부신 성장을 한 것과 같이 한국의 목회상담학도 최근 빠른 성장을 보이고 있다. 목회상담학은 다른 신학 분야보다 한국 사회에 늦게 소개되었으나 1990년 이후에 크게 발전했고, 2000년 이후부터는 여러 신학대학교와 기독교대학에서 가장 많은 지원자들이 몰리는 전공 분야로 떠오르고 있다.

현재 목회상담학과 관련된 협회와 학회들이 증가되고 있으며, 각 교회마다 상담센터나 상담실을 두고 교우들에게 상담 사역을 제공하고 있다. 목회상담이나 기독교상담을 제공하는 상담 기관이 증가하고 있다. 목회자들 가운데 목회상담을 목회에 적용하여 사역하는 상담목회자가 많아지고 있다.

이러한 시대 상황 속에서 한국 장로교 역사에 나타난 한국 목회상담학의 흐름을 진단하고 미래를 예측해 보는 일은 매우 의미 있는 일이다. 왜냐하면, 교회의 역사에 나타난 목회상담학의 흐름을 살펴봄으로써 현재의 모습을 진단할 수 있고, 향후 미래에 나타날 현상을 예측함으로써 오늘의 과제를 준비할 수 있는 지혜를 얻을 수 있기 때문이다.

본 장을 통해서 한국 목회상담학의 역사를 분류하고 한국 목회상담학과 관련된 학회의 흐름을 살펴보되, 성경적 세계관에 입각한 개혁신학의 관점에서 진단하면서 2000년에 출현한 한국복음주의 목회상담학의 흐름과 성경적 상담학 운동에 초점을 맞추고자 한다. 더 나아가 목회상담학이 급속히 성장한 요인을 분석해 보고 한국 목회상담학의 미래를 전망해 보고자 한다. 이러한 연구를 통하여 한국 목회상담학의 발전을 도모하고, 한국 장로교회에 목회상담학이 더욱 유용하게 사용되어 건강한 교회를 이루게 되기를 희망한다.

펴는 말

1. 한국 장로교회 역사에 나타난 목회상담학의 흐름

1) 한국 장로교회의 태동

한국 장로교회 100년의 역사가 흘렀다. 개신교 선교사로서 한국에 제일 먼저 방문한 사람은 1832년 7월 영국 동인도회사 요청으로 통역 겸 선의(船醫)로 군함에 동승해서 중국, 한국, 일본과 타이완을 순방했던 독일 출신 칼 구즐라프(Karl F. A. Gutzlaff) 목사였다. 구즐라프는 충청도 홍주만 고대 도에 한 달간 머물며 주기도문을 조선어로 번역하고 감자 심는 법, 포도주 만드는 법을 가르쳐 주고 떠났다.[2]

알렉산더 윌리엄슨(Alexander Williamson)은 1865년 가을, 죽음을 무릅쓰고 황해를 건너온 한국인 두 사람을 만나 그들을 로버트 토마스(Robert J. Thomas) 목사에게 소개했다. 토마스는 윌리엄슨의 후원으로 한문 성경을 가지고 한국 방문길에 올랐는데, 그가 바로 한국에서 순교한 최초의 개신교 선교사가 되었다.[3]

1862년 중국 선교를 개시한 스코틀랜드 연합장로교회는 10년 후인 1872년에 존 매킨타이어(John Macintyre)와 존 로스(John Ross)를 중국 선교사로 파송했고, 중국에서 선교하던 로스는 1874년 청과 조선의 국경으로 양국 사이에 합법적 교역이 이루어지던 곳인 고려 문까지 방문했다. 그 때 그는 자신을 찾아온 한국 상인 한 사람에게 한문으로 된 신약성경을 전해주고 돌아왔다.

이 한국인은 그 책을 자기 아들 백홍준과 그 친구들에게 주어 읽게 했는데, 이들이 후에 한국 최초의 개신교 수 세자들이 되었다. 1876년 고려 문을 두 번째 방문한 존 로스는 평안도 의주 상인 이응찬을 만나 한국어를 배우기 시작했고, 1878년 봄에는 이응찬의 도움으로 요한복음과 마가복음을 번역했다. 1879년 백홍준, 이응찬을 비롯한 네 명의 한국인이 매킨타이어에게 세례를 받았다. 백홍준이 의주로 돌아가 활발한 전도와 요리문답반 운영을 시작한 결과 1885년에 18명의 한국인들이 예배 처소를 마련하게 되었다. 그 결과 의주에는 국내 개신교 최초의 자생적 신앙공동체가 형성되었다.[4]

1879년 로스는 『한국고대와 현대사』를 출간했고, 1881년 9월에 『예수성교문답』과 『예수성교요령』 수천 권을 인쇄 반포했는데 그것은 한글 최초의 문서라는 역사적 의미를 갖는다. 그리고 『예수성교 누가복음전서』, 『요한복음』 3,000부가 또 인쇄되었다. 1882년 10월 서상륜이 한국 최초의 권서인으로서 대영성서공회의 파송을 받았다. 서울에서 400권의 복음서를 반포한 결과 여러 명의 개종자를 얻은 그는 로스에게 편지를 보내 서울로 와서 13명의 친구들에게 세례를 주고 교회를 조직해 줄 것을 요청했다.

당시 서울에 와 있던 서경조는 형으로부터 신약전서를 받아 소래로 돌아온 후, 그 책을 몇 번 읽은 후 결신했다. 주위 사람들에게 전도를 시작한 그는 1885년 초 20여 명의 세례 청원자를 얻었다. 그해 소래로 돌아온 서상륜은 그들에게 성경과 교리를 가르쳤다. 개인의 집들을 돌아가면서 예배드리던 그들은 1886년 예배처소를 마련하여 소래에 신앙공동체를 형성했다.[5] 이 공동체가 한국장로교 최초의 교회인 소래교회다.

미국장로교회에서는 1884년 봄 의사 헤론(John W. Heron)이 한국 최초의 선교사로 임명되고 뒤이어 호레이스 언더우드(Horace G. Underwood)가 7월에 한국 최초의 목사 선교사로 임명되었다.

그러나 한국 땅에 가장 먼저 상륙했던 선교사는 1883년 중국 선교를 위해 떠났던 호레이스 알렌(Horace N. Allen)이었다. 그는 한국에 상주하는 최초의 개신교 선교사가 되었다. 그는 1885년 2월에 한국 최초의 병원인 광혜원을 설립했고 4월에는 그 이름을 제중원으로 개칭했다. 이 병원은 한국 최초의 근대식 병원이었다.

1887년 알렌은 미 국무성 한국 담당 서기관으로 채용되어 선교사직을 사임했다. 그리하여 헤론이 알렌의 후임으로 제중원의 책임을 맡게 되었다. 제중원은 1894년부터는 애비슨(O.R. Avison)이 운영하게 되었다. 애비슨은 1895년 한국 전역에 콜레라가 발생해서 서울에서만 5,000명이 사망했을 때, 헌신적 활약을 통해 한국인들의 신뢰와 존경을 얻었다. 그 후 제중원은 1904년 세브란스(Severance)의 기부금을 확보하여 세브란스기념병원으로 발전했다.

1889년 호주 장로교회의 데이비스(J.H.Davies) 목사와 누이가 입국했다. 그러나 데이비스 목사는 천연두로 사망했고 누이도 귀국해 버렸다. 그러나 데이비스 목사의 사망이 호주 장로교회 안에 한국에 대한 관심을 불러일으켜 호주 장로교회는 1891년 여러 선교사를 파송하여 본격적인 한국 선교를 시작했다. 1892년에는 미국 남장로교회가 호남 지방에 선교사를 파송했다. 1898년에는 캐나다 장로교회가 함경도에서 선교를 시작했다.[6] 이러한 역사적 발자취의 결과로 한국 장로교회가 태동한 것이다.

2) 한국 목회상담학의 역사

(1) 한국 목회상담학의 태동기(1951-1979)

현대적 의미에서의 목회상담학은 미국에서 1920년대 임상목회교육의 시작과 함께 발전하기 시작하여 1980년대까지 전성기를 이루었다. 한국에서의 목회상담학은 다른 신학 분야보다 늦게 도입되었다. 한국 목회상담학이 본격적으로 소개되고 발전된 것은 1990년대 이후라고 볼 수 있다.[7]

1951년 유학 후 돌아온 이환신은 연세대학교 신과대학에서 문의학(問議學)이란 과목을 강의했다. 이것이 목회상담학에 관련된 첫 강의였다. 그는 전쟁 중 부산으로 피난했던 연희대학교 임시 교사에서 강의했다. 온 민족이 전쟁으로 쓰라린 상처를 입고 있던 시절에 개설된 문의학은 한국에서 상처 입은 사람들을 돌보고 치유하는 목회상담학의 씨앗이 되었다. 그러나 현대적 의미에서 목회상담학이 한국에 소개되는 데는 많은 세월이 필요했다.

목회상담학에 대한 소개는 먼저 번역서를 통하여 이루어지기 시작했다.[8] 이환신은 1962년에 캐롤 와이즈(Carrol Wise)의 *Pastoral Counseling: Its Theory and Practice*를 『목회 문의학』이란 제목으로 번역 출판했다.[9] 그 후에 김관석은 폴 존슨(Paul Johnson)의 *Psychology of Pastoral Care*을 『종교심리학』이란 제목으로 번역했다.[10] 민경배는 시워드힐트너(Seward Hiltner)의 *The Preface to Pastoral Theology*를 『목회신학원론』이란 제목으로 번역했다.[11] 한승호는 일반 심리상담학자인 칼 로저스(Carl Rogers)의 *Counseling and Psychotherapy*를 『상담과 심리치료』라는 제목으로 번역했다.[12] 마경일은 힐트너의 *Pastoral Counseling*을 『목회 카운셀링』이란 제목으로 번역했다.[13]

1960년대에 소개된 위의 책들은 목회상담학, 종교심리학, 상담학의 상호 연관 분야의 대표적인 책들로 한국에 목회상담학을 소개하는 데 큰 역할을 했다.[14]

그러나 개혁신학의 관점에서 보면, 전술한 책들은 인본주의 심리학에 근거하여 목회상담학을 소개하고 있다는 한계가 있다. 이어서 박근원은 1979년에 하워드 클라인벨(Howard Clinebell)의 *Basic Types of Pastoral Counseling*을 『현대목회상담』이란 제목으로 번역하여 목회상담학에 대한 관심을 높이는 데 기여했다.[15] 그러나 하워드 클라인벨의 한계는 그가 진보적인 목회상담학자로 지그문트 프로이트(S. Freud)의 정신 분석학을 무비판적으로 수용하며, 성경보다는 심리학에 치우친 목회상담학을 추구했다는 데 있다.

이와 같은 번역이 진행되었음에도 불구하고 1970년대와 1980년대에는 목회상담학의 발전이 둔화되었다. 그 이유에 대하여 손운산은 두 가지 원인을 지적했다.

첫째, 목회상담학 전공 교수들이 많지 않아서 신학대학교에서 목회상담학 과목들을 많이 개설할 수 없었고,
둘째, 한국교회가 교회 성장에만 초점을 맞춘 나머지 사람을 돌보는 목회상담에 큰 관심을 두지 못했다는 것이다.[16]

이러한 지적은 매우 의미 있는 것이다. 여기에 한 가지 원인을 추가한다면, 당시의 한국교회의 대부분의 목회자들이 목회에서 상담의 중요성을 인식하지 못했고, 한국교회의 대부분이 개척 교회 또는 소형 교회인 소위, 생존형 교회들이 주류를 이루었기 때문이라고 진단할 수 있다.

이러한 번역서들이 소개되는 과정에서 한국인으로서 한국적 상황을 고려한 목회상담학 저술들이 나왔다. 황의영은 1970년에 『목회상담원론』[17]을 저술했고 반피득은 1978년에 『목회상담학개론』[18]을 출판했다. 이러한 목회상담학 저술들도 성경보다는 심리학에 큰 영향을 받았다는 한계가 있다.

특히, 반피득(Peter Van Lierop) 박사는 1968에 연세대학교 학생상담소를 개설하여 임상적인 환경을 조성했고, 1974년에는 최초로 임상목회교육(Clinical Pastoral Education) 과정을 개설하여 병상에서 목회상담을 실천할 수 있는 장을 마련하기도 했다.[19] 이러한 대학에서의 상담소 개설과 임상목회교육의 실시는 목회상담학 분야에서 이론적 소개뿐만 아니라 임상을 통한 실천을 시도했다는 데 의의가 있다.

(2) 한국 목회상담학의 발전기(1980-1999)

이 기간은 실천신학의 목회신학 분야의 한 부분으로 자리 잡고 있던 목회상담학의 영역이 독립적인 목회상담학의 영역으로 전문화 작업이 진행되었다. 이러한 전문화를 촉진하는 과정에서 목회상담학과 관련된 학회들

의 창립과 연구 활동이 큰 계기가 되었다.

　한국목회상담협회가 1982년에 창립되어 한국의 목회상담의 기초를 다졌다. 특히, 1997년 아시아태평양목회상담대회(Asia Pacific Congress on Pastoral Care and Counseling)를 서울에서 개최하면서 활성화하는 계기가 되었다. 이 대회에 세계의 목회상담학자들이 폭넓게 참여했고 세계에 한국의 목회상담학을 소개하는 중요한 기회가 되었다.[20]

　목회상담학회(The Korean Society for Pastoral Care and Counseling)는 1997년에 창립되어 「목회와 상담」이라는 학회지를 창간했고 오늘날까지 지속적으로 출간하고 있다. 목회상담학회는 주로 진보적인 신학과 심리학에 바탕을 둔 학자들의 연구 모임이 되었고, 기독교와 심리학의 통합주의 입장을 취하는 목회상담학자들이 함께하는 한계를 가졌고 복음주의 기독교상담학자나 개혁신학에 근거한 목회상담학자들은 별도의 학회를 조성해야 할 필요가 있었다.

　한국기독상담심리치료학회가 1999년에 창립되어 기독교정신을 가지고 상담영역에서 사역하는 학자들과 상담자들이 모인 학회로 발전했다. 이 학회에서 발간된 「기독교상담학회지」(Journal of Korean Christian Counseling)는 한국의 기독교상담학을 학문적으로 체계화하고 기독교상담학자들의 학술적 연구들을 발표하고 토론하는 장이 되었다. 그러나 이 학회의 한계는 주로 심리학을 전공한 기독교 학자들이 주류를 이루고 있으므로 개혁신학에 입각한 목회상담학자들과는 깊은 학문적 교류를 나누지 못하고 있다.

　현대적 의미의 목회상담학은 1990년대 이후 빠르게 발전했다. 목회상담학 전공으로 박사학위를 받은 학자들이 많아지면서 많은 신학대학교와 기독교대학의 기독교학과에 목회상담학 전임교수들이 초빙되고, 목회상담학을 전공하는 대학원생들의 숫자가 급격히 증가했다. 한국교회도 상담과 치유에 대한 관심이 증대되면서 교회 상담실을 두고 많은 상담 프로그램을 개발하고 목회에 활용하게 되었다.[21]

　이 시기에 목회상담학이 급격히 발전한 배경에 관하여 손운산은 크게 두 가지 원인으로 진단했다.

첫째, 한국 사회의 급격한 변화다.

다양한 분야에서의 빠른 변화는 누구도 심리적으로 감당해 내기 어려운 충격이고 위기였다는 것이다. 정치적 갈등과 혼동, 경제 발전, 사회 문화의 변화, 경쟁적 사회 구조, 가족 구조의 변화 등은 개인의 삶을 송두리째 흔들어 놓았고 자아에 많은 상처를 주었다는 것이다. 이로 인하여 사람들은 상처 입은 자아의 문제로 힘들어했고, 영혼 구원에서 강조하는 죄책감의 문제보다 상처 입은 자아의 문제를 더 시급하게 생각했다는 것이다.[22]

이와 같은 진단에서 한국 사회의 급격한 변화로 인한 목회상담의 발전 부분에서는 전적으로 동의하나, 영혼 구원에서 강조하는 죄책감의 문제보다 상처 입은 자아의 문제를 더 시급하게 생각했다는 진단은 문제가 있다. 왜냐하면, 인간은 하나님의 형상으로 지어진 존재이나 죄로 인하여 타락한 존재가 되었으므로 죄의 문제에 대하여 해결을 받았을 때, 비로소 상처 입은 자아의 문제를 근본적으로 해결받을 수 있기 때문이다.

둘째, 교회나 사회 모두 상처 입은 사람들을 치유할 수 있는 전문성을 갖추지 못했기 때문이다.[23]

교회의 목회자들이 목회상담에 대하여 전문성을 가지지 못했고 사회에서도 상처 입은 사람들을 치유하는 일에 대한 관심이 부족했다. 이러한 때 목회상담학이 소개되어 상처 입은 개인과 가족을 돌보고 치유하는 교육과 훈련을 제공하게 된 것은 매우 다행스러운 일이다.

(3) 복음주의 목회상담학의 출현과 성경적 상담 운동(2000-현재)

이 기간에는 대학과 교회 안에 상담센터들이 생겨나고 각 신학대학마다 목회상담학과 기독교상담학 과목들이 다양하게 개설되어 적극적으로 운영되기 시작했다. 신학대학과 기독교대학, 일반대학 그리고 교회에서 상담센터를 운영하면서 이론적인 것뿐만 아니라, 임상적인 영역에 관심을 두기 시작하여 더욱 전문화된 영역을 세워 나갔다. 이 기간에는 여러 학회에서 목회상담학의 정체성을 모색하는 활동을 통해 한국 목회상담학이 자리매김하는 데 큰 공헌을 했다.[24]

특히 이 시기에 한국복음주의신학회(Korea Evangelical Theological Society)를 중심으로 복음주의 목회상담학이 출현하게 되었다. 한국복음주의신학회는 성경적 복음주의 신학의 정립을 목적으로 1981년 14명의 신학대학 교수들의 모임으로 시작되었다. 1997년 10월 24일 당시 학회장이던 성기호 박사의 제안에 따라 처음으로 분과 학회가 창립되었는데, 이때 구약신학회, 신약신학회, 조직신학회, 역사신학회, 실천신학회, 선교학회, 교육학회, 윤리학회 등이 창립되었다.

2000년 11월 목회상담학과 기독교상담학을 전공한 교수들을 중심으로 한국복음주의기독교상담학회(Korea Evangelical Counseling Society)를 한국복음주의신학회의 분과 학회로 독립하여 심리학이나 진보적인 신학에 기초를 둔 목회상담학을 탈피하고 개혁신학과 복음주의 신학에 근거한 목회상담학의 학술 연구와 전문 목회(기독교)상담자 배출을 위해 매진하고 있다.

한국복음주의기독교상담학회는 2003년 11월 논문집 「복음과 상담」을 창간하고 17권의 논문집을 발행했다. 그동안 다룬 「복음과 상담」의 주제들을 보면 다음과 같다.

신학과 심리학의 통합(제1권), 기독교상담과 목회현장(제2권), 기독교상담과 변화(제3권), 기독교상담과 직면(제4권), 기독교상담과 한국문화(제5권), 기독교상담과 교육(제6권), 기독교상담과 가정(제7권), 기독교상담과 스트레스(제8권), 기독교상담과 정신장애(제9권), 기독교상담과 결혼(제10권), 기독교상담과 영성(제11권), 기독교상담과 죽음(제12권), 기독교상담과 직업(제13권), 기독교상담과 청소년(제14권), 기독교상담과 중독(제15권), 기독교상담과 폭력(제16권), 기독교상담과 다문화 가정(제17권), 기독교상담과 노인(제18권) 등이다.

한국복음주의기독교상담학회는 2003년 첫 목회(기독교) 상담전문가를 배출한 이후, 해마다 목회상담전문가를 훈련하여 목회(기독교)상담사 자격증을 수여하고 있다. 한국복음주의기독교상담학회에는 30여 명의 목회상담학 전임교수들과 500여 명의 회원들이 활동하고 있는데, 필자도 학회의 감독상담사로서 활동하면서 개혁신학과 복음주의 신학에 입각한 목회상담학을 연구하고 있다.

이와 함께 이 시기는 성경적 상담 운동이 전개되는 시기라고 볼 수 있다. 성경적 상담은 본래 미국 웨스트민스터신학교의 실천신학 교수였던 제이 아담스(Jay E. Adams)가 1966년 성경적 상담과 훈련을 위한 기구의 필요성을 인식하고 White Oak Ridge Community Chapel 건물에서 CCEC(Christian Counseling and Educational Center)를 시작했다. CCEC에서 훈련 받은 첫 번째 목사인 존 베틀러(John Better)가 아담스의 사역에 동참하게 되었다.

1968년에 CCEC를 CCEF(Christian Counseling and Educational Foundation)로 이름을 바꾸고 좀 더 적극적인 상담 사역을 하게 되었다.[25] 현재는 데이비드 파울리슨(David Powlison), 폴 트립(Paul D. Tripp), 에드 웰치(Edward Welch), 티모시 레인(Timothy Lane)이 미국의 웨스트민스터신학교와 CCEF에서 성경적 상담 교수 사역과 상담 사역을 병행하고 있다.

한국의 성경적 상담은 총신대학교의 정정숙 박사가 아담스의 *Competent to Counsel*을 『목회상담학』[26]이라는 이름으로 번역 출간하면서 처음 소개했다. 정 박사는 총신대학교에서 성경적 상담을 가르치고 정년 은퇴했고, 현재는 한국상담선교연구원에서 성경적 상담을 교육하고 있다. 미국에서 사역하던 황규명 박사는 1994년에 미국 웨스트민스터신학교의 실천신학 교수인 파울리슨, 트립, 웰치 박사와 함께 내한하여 서울 횃불회에서 성경적 상담 세미나를 개최한 후, 1995년에는 수영로교회에서, 1996년에는 사랑의교회에서, 1997년에는 남서울교회에서 평신도를 대상으로 개최했다.

그 후 2002년에 황 박사는 총신대학교에 상담대학원(Graduate School of Biblical Counseling)이 신설되면서 전임교수로 초빙되어 2012년 5월까지 성경적 상담교육을 실시하다가 정년 후 현재는 성경적상담연구원 원장으로 섬기고 있다. 1998년에는 아세아연합신학대학교 대학원에 상담학과를 신설하고 웨스트민스터신학교에서 목회상담학 박사학위를 취득한 김준수 박사를 중심으로 성경적 상담을 교육을 하게 되었다.[27]

그 후 미국 한인성서교회(Korean Bible Church) 담임목사로 시무하던 필자가 2006년에 미국 웨스트민스터신학교에서 목회상담학 박사학위를 취득하고, 2007년 귀국하여 서울기독대학교와 숭실대학교 기독교학대학원에서 성경적 상담학을 가르쳤으며, 2011년부터는 백석대학교로 옮겨 기독교학부와 신학대학원, 신학전문대학원 석사와 박사 과정에서 성경적 상담학을 교육하고 있다. 최근에는 성경적 상담학 이론[28]과 설교를 통합하는데 성공하여 성경적 상담과 설교의 통합 형태인 성경적 상담설교[29]를 신학대학원생들과 박사 과정 목회자들에게 가르치고 있으며, 2012년 4월에는 백석성경적상담학회를 발족시켜 성경적 상담의 교육과 학술활동을 활발히 전개하고 있다.

2012년 3월에는 미국 웨스트민스터신학교에서 상담학 석사와 미국 보스톤대학교에서 박사학위를 마친 김준 박사가 총신대학교 상담대학원 교수로 와서 성경적 상담학을 가르치고 있다.

이렇듯 현재, 복음주의 기독교상담과 성경적 상담 운동이 활발하게 전개되고 있는 것은 심리학 중심의 목회상담학이 주류를 이루었던 한국 사회에 성경 중심의 개혁신학에 입각한 복음적인 목회상담학에 대한 관심을 증대시키고 있다.

3) 한국 목회상담학의 학회 및 기관 흐름

한국의 목회상담학과 관련된 학회 및 협회는 다음과 같다. 가장 먼저 발족한 것은 한국목회상담협회(Korean Association of pastoral Counselors, 1982)이다. 이는 처음 한국의 목회상담학자들의 모임이 되었다. 그 다음은 한국성경적상담협회(Korean Association of Biblical Counseling, 1995)가 창립하며 심리학 중심의 목회상담학을 지양하고, 성경 중심의 성경적 상담 운동을 전개했다. 또한, 기독교와 심리학의 통합 입장을 견지하는 한국기독교상담심리치료학회(Korean Association of Christian Counseling and Psychotherapy, 1999)가 생겨났다.

그리고 21세기 영성에 대한 관심이 증가하며 영성과 심리치료를 통합하고자 하는 학자들이 중심이 되어 한국영성및심리치료협회(Korea Association of Spirituality & Psychotherapy, 2000)를 설립했고, 같은 시기에 개혁신학과 복음주의 신학에 바탕을 둔 목회상담학을 지향하는 한국복음주의기독교상담학회(Korea Evangelical Theological Society, 2000)[30]를 창립하여 오늘에 이르게 된 것이다.

필자를 포함한 대부분의 성경적 상담학자들은 한국복음주의기독교상담학회에서 함께 활동하고 있다. 이상에서 열거한 학회와 협회들은 각각 학회의 분명한 정체성을 만들어 가는 데 집중하며 학술발표회와 상담세미나, 그리고 전문상담자 교육을 실시하고 있다. 그러나 학회들 간의 상호 교류와 협력은 비교적 부족한 가운데 있다고 볼 수 있다. 향후 학회와 협회들 간의 학문적 교류와 대화를 통하여 한국의 목회상담학을 더욱 발전시켜야 한다고 본다.

한국의 목회상담학과 관련된 기관 및 상담센터는 학교 기관, 교회 기관, 독립 기관으로 분류할 수 있다.

첫째, 대표적 학교 기관과 상담센터로는 연세대학교 연합신학대학원의 연세상담코칭지원센터, 백석대학교의 백석학생생활상담센터와 백석대학원의 백석상담센터, 총신대학교의 총신상담센터, 아세아연합신학대학교의 기독상담센터, 감리교신학대학교의 영성심리치료센터, 장로회신학대학교의 학생생활상담소, 횃불트리니티신학대학원대학교의 횃불상담센터가 상담서비스를 제공하고 있다.

둘째, 교회에 설립된 상담센터로는 영락교회 상담센터, 사랑의교회 상담실, 남서울교회 상담센터, 온누리교회 두란노상담센터, 남서울은혜교회 뉴라이프상담실, 한밀교회 다세움상담교육센터, 예정교회 기독교치유상담교육연구원, 소망교회상담실, 명성교회 상담실, 새중앙교회 상담센터, 할렐루야교회 상담센터, 예심장로교회 예심상담센터 등이 있다.

셋째, 어느 기관에 소속되지 않은 독립 상담 기관으로는 한국상담선교연구원, 피스메이커상담센터, 한사랑기독상담실, 김영애가족치료센터, 한국영성치유연구소, 한국정신치료연구원, 기독교여성상담소, 행복한가정연구소, 기독교집단상담센터, 서울대상관계정신분석연구소, 크리스챤 치유상담연구원, 하이패밀리: 사랑의가정연구소, 한국가족상담센터, 한국웃음치료복지연구소, 한국치유상담연구소, 햇살청소년신앙상담소 등이 있다.[31]

이러한 상담센터들은 교육과 상담 그리고 연구 활동을 통하여 목회상담 및 기독교상담서비스를 제공하고 있다.

2. 한국 목회상담학의 성장 요인

한국의 목회상담학의 성장 요인에 관한 분석에서 유영권은 네 가지 요인으로 나누었는데 의미 있는 분석이라고 본다.

첫째, 시대적 필요성이다. 위기의 시대를 살아가는 현대인들은 하루가 다르게 더 깊은 불안과 혼돈 속에 살아가고 있다. 그럴수록 마음은 더욱 병들어 가고 있다. 그 결과 개인적 가정적 병리현상과 집단 이기주의로 치닫는 냉담한 현실은 인간의 삶을 소외시키고 있다. 이러한 때에 세상의 빛과 소금의 역할을 감당해야 하는 교회는 성장 지상주의로 인하여 한 개인의 문제를 풀어주는 일에는 큰 관심을 기울이지 못했다.

이렇듯 개인주의, 자기 중심주의, 반권위주의, 반제도 태도가 팽배한 시대 속에서 물질주의와 쾌락주의로 타락이 더욱 심화되었다. 특히 감정적이며 충동적 행동을 많이 할 뿐 아니라 생명을 쉽게 포기하는 경향들이 도처에서 나타나고 있다. 직장에서 퇴직한 노동자들은 핵가족화가 이루어진 후 더욱 심한 소외의식으로 고통받으며 노년을 외롭게 살아간다.

이러한 상황 가운데 현대인들은 인생을 포기하거나 불안과 초조 속에서 떨면서 인생을 살아간다. 현대를 사는 인간들은 정체성의 위기를 겪으며 자신의 존재의 본질을 상실한 채 살아갔고 관계성의 위기를 겪으며 개인과 개인의 관계의 위기, 가족관계의 위기, 그리고 직장과 사회관계의 위기를 겪으며 정신적, 심리적 질병이 깊어 가게 되었다.[32] 이러한 위기의 시대를 살아가는 시대적 상황으로 인하여 목회상담의 필요성이 더욱 증대되었다고 볼 수 있다.

둘째, 한국교회의 급격한 성장이다. 한국의 목회상담은 한국교회가 양적으로 급격히 팽창하는 과정 속에서 상대적으로 결핍되었던 질적인 성장에 대한 욕구에 응답하면서 성장했다고 볼 수 있다. 한국교회의 양적 성장이 정체되었던 기간에 신자들에 대한 질적인 돌봄에 관심을 가지고 교회성장의 또 다른 돌파구를 찾는 과정에서 신자들에 대한 질적인 돌봄의 사역인 목회상담이 도입되어 발전하여 왔다.

이러한 목회 돌봄을 통한 질적 성장을 위하여 상담세미나, 부부 행복 만들기 세미나, 아버지 학교, 어머니 학교, 결혼 예비학교, 신혼 가정 세미나, 자녀교육 세미나 등을 통하여 교우들에게 자신들의 상태와 관계를 살필 수 있는 기회를 제공하여 주었다. 더 나아가 한국교회의 성장에 따라 교회 안에 상담센터나 상담실을 두면서 목회상담 사역에 대한 경제적 지원을 할 수 있는 든든한 기초가 마련되었다.[33] 이렇듯 한국 목회상담학의 성장은 한국교회의 성장과 함께 진행되었음은 부인할 수 없는 사실이다.

셋째, 한국 경제 성장과 더불어 발전했다. 한국 목회상담학의 성장은 한국의 경제성장과 더불어서 발전하여 왔다. 한국의 급격한 경제성장과 지나친 경쟁 속에서 타인에게 자신의 부족한 부분을 보여 주기 싫어하는 심리 때문에 비밀이 지켜질 수 있는 안전한 곳을 찾아 자신의 개인적 문제를 이야기하고 싶어 하게 되었고, 그러한 이야기를 들어줄 수 있는 안식처가 필요했다.

더 나아가 경제성장으로 인하여 전통적인 가족체계가 무너지면서 확대가족에서 담당해 왔던 상담적인 기능이 어려워지면서 상담에 대한 수요가 늘어났다고 볼 수 있다. 즉 지금까지 가정에서 담당하던 정서적 지지 체계가 사라지면서 상담에 대한 필요와 욕구가 늘어나게 되었다.

특히, 1997년 IMF 위기를 겪으면서 경제적, 심리적, 영적 공황상태를 경험하는 한국기독교인들에게 목회상담은 그 필요와 요구에 부응하여 성장 발전하게 되었다.[34] 이처럼 한국 목회상담학의 발전은 한국의 경제적 성장과 관련이 있다고 볼 수 있다.

넷째, 사회적 현상 요인이 있다. 산업화와 과학 기술의 발전은 인간에게 엄청난 부작용을 가져다주었다. 인간은 그의 본질인 영적, 정신적 작용을 상실하게 되었고 인간도 이용성과 효율성이란 관점에서 계량적으로 취급되고 있다. 모든 것을 능률적으로 처리하기 위해서는 기술이 요청되고 기술화, 산업화가 이루어지려면 신속화, 기계화, 자동화, 분업화, 물량화, 규격화, 대중화 등이 요구된다. 그 결과 인간경시풍조가 만연하게 되었다. 이처럼 현대의 문제는 과거와는 달리 너무나 심각하고 다양하며 복잡해졌다.

급격한 변화의 물결로 인해 가족 간, 세대 간 겪어야 하는 여러 갈등과 위기가 표면 위로 급속히 떠오르고 있다. 많은 사람들은 절대적인 가치가 존재할 수 있다는 것을 의심하며 상대주의적인 가치관에 빠져 있다. 이러한 한국인의 가치관의 혼란의 원인은 권위의 부재 현상, 상대적 빈곤감의 문제, 급속한 사회변동으로 인한 가치관의 혼란이 나타났다.

이와 같은 사회적 현상으로 인하여 현대인들은 고통을 호소하게 되었고 이러한 현대인들에게 정체감을 갖게 하고 고통을 극복하게 하기 위하여 목회상담의 필요성이 증가하게 되었다.[35] 이처럼 한국의 목회상담의 급격한 발전요인은 한국 사회와 한국교회의 급격한 변화와 깊은 관련이 있다.

다섯째, 한국 목회상담학의 발전은 한국교회에 목회상담학을 전공한 상담 목회자의 증가와 한국교회 성도들의 영적, 심리적 필요성 증가 그리고 여러 기독교대학과 신학대학교에서 교수하는 목회상담학자와 기독교상담학자들의 땀과 노력의 결실이라고 보아도 지나치지 않을 것이다.

3. 한국 목회상담학의 전망

1) 신학교육에서 목회상담학의 확산

한국에서 1980년대 이전까지는 목회상담을 가르치는 교수가 거의 없었다. 과목도 개설되지 않았을 뿐만 아니라 개설되었다고 해도 일반상담학을 가르치는 외부 교수가 초빙되어 가르쳤다. 그러나 1990년대 이후 목회상담학 전공으로 유학하고 들어온 학자들에 의하여 목회상담학이 급격히 발전되었고 현재는 대부분의 신학대학교와 기독교대학에서 목회상담학과 또는 기독교상담학과를 두고 있다.

연세대학교와 이화여자대학교를 비롯하여 숭실대학교, 총신대학교, 백석대학교, 장로회신학대학교, 고신대학교, 아세아연합신학대학교, 한국성서대학교, 한영신학대학교, 서울신학대학교, 성결대학교, 국제신학대학원대학교 등에서 목회상담학 전임교수들이 목회상담을 교육하고 있다. 위의 대학 가운데 여러 대학이 상담대학원을 두어 상담전문가를 양성하고 있다. 앞으로 지속적으로 신학교육에서 목회상담 전공학과와 지망생들이 증가할 것이고, 관련 과목들이 늘어남으로써 목회상담학이 확산될 것이다.

2) 교회 목회에서 상담 목회의 증가

한국교회에서 목회상담에 중점을 두는 상담목회가 증가할 것이다. 이미 어느 목회 사역보다 상담, 치유, 회복을 강조하는 교회들이 있다. 목회자는 치유와 회복의 관점에서 설교하고 성경공부를 인도하고 심방한다. 상담목회의 관점에서는 제자훈련도 집단상담의 형태이며, 심방도 목회상담 사역이다. 상담 사역을 교회의 가장 중요한 사역으로 실천하는 교회들이 늘어나고 있다.

한밀교회는 목회상담을 전공한 담임목사를 중심으로 다세움 상담목회대학원을 두고 다양한 상담세미나와 상담교육을 실시하며, 상담 목회 사역을 진행하고 있다. 분당 구미교회도 목회상담을 전공한 담임목사를 중심으로 상담목회에 중점을 두고 있다.

새중앙교회는 "삶에 행복을 주는 치료 사역"을 교회의 섬김 사역의 중심에 두고 상담과년 프로그램들을 운영하고 있다. 새중앙상담실은 50여 명의 상담전문가들이 있으며 상담전문가를 양성하는 프로그램을 운영하고 있으며, 가정 사역원을 두고 부부학교, 자녀학교, 아버지학교, 어머니학교 등을 운영하고 있다.

온누리교회는 가정 사역을 강조하는 교회이다. 생애주기에 맞춘 가정 사역을 진행한다. 결혼예비학교(결혼예정자), 젊은 부부학교(30-39세), 하나님의 가정훈련학교(40-65세), 모세대학(65세 이상)을 운영한다. 그뿐만 아니라, 싱글, 이혼자, 사별자, 재혼자를 위한 프로그램도 운영하고 있다.

치유, 회복, 돌봄에 초점을 두고 목회하는 목회자들이 늘어나면서 서로 경험을 나누고 프로그램을 교환하고 새로운 프로그램을 개발하기 시작했다. 그들은 2011년 7월에 한국상담목회자협회를 조직하여 한국교회에 상담목회의 모델을 제공하려 한다. 또한 교회 상담실을 통한 전문상담이 늘어나고 있다. 중대형 교회들은 교회에 전문 상담실을 두고 운영한다. 사랑의교회의 경우 5명의 전문 상담사가 교회의 직원의 신분으로 활동하고 있다. 2011년 9월에는 한국교회 상담실 연합회가 창립되었다.[36]

한 가지 주목할 것은 기독교대학이 아닌 고려대학교에서 상담심리학 석사 과정을 마친 목회자들이 고대 상목회[37]를 조직하여 상담목회에 관한 정보를 교환하고 2012년 가을 상담목회 학술세미나를 준비하고 있는데, 상담심리학 석사학위를 취득한 목회자 정회원의 수가 60명에 이르고 있다. 이들 가운데 한국교회의 중대형 교회의 담임 목회자들이 많이 배출되었고 목회상담학 교수도 배출되었다. 이처럼 교회목회로서의 목회상담은 점차 확대되고 있으며, 앞으로 그 속도는 더욱 가속화될 것으로 전망된다.

3) 목회상담전문가의 증가와 과제

향후 자격증을 갖춘 목회상담전문가들은 급격히 증가하게 될 것이다. 현재 대학과 대학원에서 목회상담을 전공하는 사람들이 증가하면서 목회상담전문가들이 늘어나고 있다. 신학생들 가운데 목회상담을 전공한 사람들은 목회에 적용하여 상담목회자가 증가함과 동시에 평신도 가운데 기독교상담전문가들이 증가할 것이다. 이들을 위해서 중요한 과제가 있다.

첫째, 전문 자격증의 제도화이다.
둘째, 상담센터의 설립과 운영이다.
셋째, 전문 분야와 봉사 영역의 확장이다.[38]

첫째, 자격증의 제도화는 협회나 학회를 통하여 이루어지고 있다.
1982년 창립된 한국목회상담협회는 자격증을 수여하고 관리한다. 1999년 기독교 정신에 입각한 상담과 심리치료 연구, 교육 보급을 목적으로 창립된 한국기독교상담심리치료학회에서도 자격증 제도를 실시하고 있다. 2000년에 성경적 복음주의 기독교상담학의 정립과 발전을 도모하기 위해 창립된 한국복음주의기독교상담학회에서도 자격증 교육과 시험을 통한 자격증을 수여하고 관리하고 있다. 앞으로 이러한 전문 자격증을 보유한 목회상담전문가들이 크게 증가할 것이다.

둘째, 상담센터의 설립과 운영이 중요한 과제다.
한국에서 상담전문가들이 활동할 수 있는 장이 그리 넓지 않다. 특히 목회상담은 종교적 특성 때문에 더 많은 제한을 받고 있다. 목회상담전문가들은 교회 상담실에서 활동하기도 하고 상담실을 설립하여 운영하기도 한다. 향후 이와 같은 목회상담소나 상담실이 크게 증가할 것으로 전망된다.

셋째, 전문 분야와 봉사 영역의 확장이 필요하다.
목회상담가들은 자신들의 관심과 재능에 따라서 다양한 전문 분야의 자격증을 취득하고 활동한다. 예들 들면, 음악치료, 미술치료, 놀이치료, 웃

음치료, 가족치료, 아동상담, 청소년상담, 노인상담, 다문화상담 등의 전문 분야를 통하여 활동한다. 앞으로 이와 같은 자격증을 갖춘 전문 목회상담자들이 증가할 것으로 전망된다.

4) 한국적 목회상담의 출현과 발전

목회상담자에게 가장 큰 과제 중의 하나는 미국에서 발전된 목회상담을 어떻게 한국적 상황에 접목시킬 것인가 하는 것이다.[39] 목회상담 1세대 가운데 자신들의 박사학위 논문을 한국 문화 또는 한국인의 심성과 관련시켰다. 한의 문제를 목회상담의 입장에서 다루기도 했다.[40] 한국 사람들을 고려한 목회상담은 죄의 문제가 아니라 한의 관점에서 전개했던 특징을 발견하게 된다. 한국인의 정이나 수치심을 다룬 논문[41]들도 있으며, 한국 가족의 특성을 다룬 논문[42]과 한국인의 하나님 이미지에 대한 연구도 있다.[43]

이것은 미국의 목회상담이 주로 심리치료 이론들을 중심으로 발전한 것과 대조되는 것이며, 한(恨)을 비롯한 한국적 주제들이 사용되고 있음을 발견할 수 있다. 이와 같이 서구의 목회상담과 구별되는 한국적 목회상담의 연구가 증가할 것으로 전망된다.

5) 한국교회 강단에서 상담적 설교의 증가

한국교회 강단에서 상담적 관점으로 설교하는 목회자들이 증가할 것으로 전망된다. 오늘날 수많은 현대인이 고통을 호소하고 있다. 그 이유는 사회적, 심리적, 영적 문제 때문이다. 21세기 인류의 문명은 매우 발달했으나 인간의 고통은 감소하지 않고 점점 더 증가하고 있다. 이러한 때 설교를 통하여 회중의 심령을 치유하고 회복시키는 상담적 관점의 설교가 증가할 것으로 전망된다.

상담적 관점의 설교에는 '상담설교'[44]와 '상담적 설교'[45] 그리고 '성경적 상담설교'[46]가 있다. '상담설교'(counseling preaching)는 상담 주제를 설교하는 것이다. '상담적 설교'(preaching of counseling)는 상담적 관점으로 성경을 해석하고 상담 기법을 반영 또는 발휘하여 설교하는 것을 의미한다. 전요섭은 이렇게 말했다.

> 상담적 설교는 새로운 설교의 유형이라기보다는 종래의 강해설교의 형태를 손상시키지 않으면서 적용점을 풍성하게 이끌어 주는 설교이다.[47]

상담설교와 상담적 설교의 공통점은 모두 심리상담 이론을 바탕으로 한다는 점이다. 반면, 성경적 상담설교(biblical counseling preaching)는 개혁신학에 근거한 목회상담학인 성경적 상담학 이론의 관점에서 성경을 해석하고 성경적 상담 기법을 적용하여 설교하는 것을 의미한다.[48] 이때 설교자는 설교를 듣는 청중을 대상으로 의사소통하는 집단상담자가 되는 것이다. 이와 같이 상담적 관점으로 회중을 치유하는 설교가 증가할 것으로 전망된다.

6) 개혁주의 목회상담학의 출현과 발전

지금까지 한국의 목회상담학은 진보적 신학을 한 실천신학자나 심리학 이론을 바탕으로 한 목회자와 기독교신자에 의하여 연구되고 교육되는 것이 주류를 이루었던 것이 사실이다.

그러나 21세기인 2000년 이후에 한국 목회상담학계에도 반 심리학의 물결이 일어나면서 복음주의 기독교상담학이 크게 발전했고, 개혁신학을 이론적 바탕으로 한 성경적 상담학과 개혁주의 목회상담학이 활발히 연구되고 교육되고 있다.

향후 심리학 이론을 중심한 목회상담학과 기독교와 심리학을 통합하고자 하는 통합주의가 지속될 것이 예상되고 있으나, 이와 함께 성경과 개혁신학을 바탕으로 한 개혁주의 목회상담학이 크게 발전할 것으로 전망된다. 개혁신학을 신학적 입장으로 한 목회상담학자들이 이 분야의 학문발전에 크게 기여하게 될 것이 기대되며, 그 사명을 충실하게 감당해야 한다.

닫는 말

한국 장로교 100년의 역사에 나타난 한국 목회상담학의 역사는 짧다. 지금까지 한국 장로교의 태동 배경과 한국의 목회상담학의 역사, 그리고 한국 목회상담학의 흐름과 성장 요인, 한국 목회상담학에 대한 전망을 통해 미래를 내다보았다. 지금까지 한국의 목회상담학은 짧은 역사에도 불구하고 빠르게 성장하고 발전했다. 많은 학자들이 배출되었고, 목회상담 관점으로 목회하는 상담목회자들이 증가하고 있다. 목회상담전문가들도 계속 증가하고 있다. 이러한 한국 목회상담학의 발전은 더욱 가속화될 것이다.

필자가 본 장에서 강조한 것처럼, 심리학 이론을 바탕으로 한 심리상담은 치료에 한계가 있다. 왜냐하면, 심리학에서는 하나님의 존재를 인정하지 않고 성령의 활동에 대하여 무지하기 때문이다.

그러나 성경적 인간관은 심리학적 인간관과 큰 차이를 보인다. 성경적 인간관에 따르면, 인간은 하나님의 형상대로 지음 받은 영적인 존재이며, 죄로 인하여 타락한 존재다. 인간에게 구속자가 필요한 이유가 여기에 있다. 인간의 영적 문제와 죄의 문제를 해결하기 위해서는 성경적 세계관과 성경적 인간관을 바탕으로 목회상담에 임해야 하며, 바른 신학에 근거한 개혁주의 목회상담학이 절실히 필요하다.

이를 위해 목회상담자들은 상담뿐 아니라, 성경에 전문가가 되기 위하여 더욱 노력하고 기도를 통하여 깊은 영성을 소유하기 위하여 정진해야 한다. 그리하여 예수 그리스도께서 한 영혼을 돌보며 치유하셨던 목회상담 사역이 구체적으로 실현되도록 하는 성령의 도구가 되어야 할 것이다. 이후로 개혁신학에 입각한 성경적 상담과 개혁주의 목회상담학이 꽃을 피워 이를 통해 한 영혼이 치유되고 회복될 뿐만 아니라, 한국교회가 건강해지고 한국 사회가 더욱 밝아지게 되기를 간절히 열망한다.

제2부

통합주의와 성경적 상담

제3장 기독교상담의 통합 모델에 관한 성경적 상담학적 조명
제4장 웨스트민스터 신앙고백서에 나타난 성경적 상담 원리

제3장

기독교상담의 통합 모델에 관한 성경적 상담학적 조명

여는 말

현대 기독교상담학 분야에는 여러 학파가 있어서 상호 논쟁을 통해서 비판하기도 하고 상호 보완해 가기도 한다. 사실 가장 격렬한 논쟁의 대상은 심리학에 대한 접근 방법이다. 실제로 기독교상담학자들에 따라 심리학에 대한 접근 방법에 다양한 견해를 가지고 있다.

어떤 학자들은 심리학 중심으로 상담을 하고 또 다른 학자들은 성경을 중심으로 상담하는 성경적 상담을 지지한다. 그리고 이 양자 사이 즉, 기독교와 심리학을 통합하고자 하는 통합 모델이 나타났다.

프리츠 쿤켈(Fritz Künkel)이 '통합'이란 용어를 처음 사용했다.[1] 그 후에 기독교와 심리학의 통합에 대해서 많은 혼란과 어려움이 있어 왔다. 어떤 학자들은 이론적 접근을, 또 다른 학자들은 실제적 접근을 선호 한다. 어떤 학자들은 어떻게 통합할 것인가에 관심을 보이고 다른 학자들은 무엇을 통합할 것인가에 관심을 보인다.

학자들에 따라 통합의 방식과 내용이 매우 다양하기 때문에 통합의 방향을 한마디로 표현하는 것은 쉬운 일이 아니다. 기독교와 상담의 통합은 이론과 실제의 통합, 믿음과 실천의 통합, 정치와 경제의 통합과 같이 인간의 삶에 있어서 매우 중요한 부분이다.

본 장은 기독교상담의 통합 모델에 관하여 성경적 상담학적 관점으로 재조명하며 평가하고자 연구되었다. 이를 위해 본 장에서는 먼저 기독교상담과 통합에 있어서 통합의 역사, 개념, 내용들을 살펴보았다. 더 나아가 다양한 학자들의 통합적 모델들을 보았다. 이와 같은 기독교상담의 통합 모델에 관하여 성경적 상담학적 관점으로 재조명하고자 한다.

본 장은 크게 세 부분으로 구성되어 있다.

첫째, 통합의 내용에 관한 부분이다.
둘째, 통합의 모델에 관한 부분이다.
셋째, 전체적으로 성경적 상담학적으로 재조명하는 부분이다.

본 장을 통해서 통합의 내용과 모델을 이해한 후에, 성경적 상담학적 관점으로 기독교상담의 통합을 재조명하고 평가해 보고자 한다.

펴는 말

1. 기독교상담과 통합

1) 통합의 역사

목회상담은 주로 심리상담과 심리치료를 수용하는 방향에서 발달해 왔다. 이와는 대조적으로 기독교상담은 심리상담 및 심리치료와 신학 혹은 기독교의 원리를 통합하는 방향에서 발달했다고 할 수 있다. 목회상담은 1900년대 초부터 발달하기 시작했으므로 1970년대부터 발달하기 시작한 기독교상담에 비하여 역사가 오래되었다. 기독교상담은 목회상담에 뿌리를 두면서 어떤 경우에는 대화했고, 또 다른 경우에는 반기를 들기도 하면서 발달해 왔다.

기독교상담을 통합의 관점에서 역사적으로 연구하는 학자들이 있다. 그 대표적인 학자들이 R. F. 허딩(R. F. Hurding)과 헨드리카 반데 켐프 (H. Vande Kemp), R. K. 버포드(R. K. Bufford)이다. 이들의 통합에 대한 관점을 살펴보는 것은 기독교상담의 통합에 관한 역사를 이해하는데 도움이 될 것이다.

첫째, 허딩은 목회상담의 역사를 다음과 같이 세 가지로 구분했다.

① 순응(assimilation).
② 반발(reaction).
③ 대화(dialogue).[2]

순응을 주장하는 학자들은 안톤 보이손(Anton Boison)과 레슬리 웨더헤드(Leslie Weatherhead)인데 이들은 심리상담을 성경적으로 조명하지 않은 채로 사용하는데 초점을 두었다.

이러한 흐름에 반기를 들고 반 심리치료의 역사를 주도했던 학자들이 호바트 모우러(Hobart Mowrer)와 폴 비츠(Paul Vitz), 윌리엄 커크패트릭(William Kirpatrick)이었다.

모우러는 일리노이대학 교수로서 프로이트가 인류의 죄라는 개념에서 풀려나게 했다고 비판하면서 심리학에 대하여 반대했고, 죄의 문제와 책임의 문제를 강하게 주장했다.

비츠는 뉴욕대학교 심리학과 부교수로서 심리학의 위험성을 경고했다. 그는 인본주의 심리학이 하나님 대신 인간 자신을 예배케 하는 것임을 지적하면서 심리학이 하나님의 종교가 되었다고 비판했다.

커크패트릭은 교육심리학자이며, 기독교가 심리학이 줄 수 없는 더 유익한 것을 줄 수 있다고 하면서 세속적인 심리학에서 정통 기독교 교리로 돌아와야 한다고 했다.[3] 세 번째 이 둘을 조화시키기 위해서 노력한 학자들은 대화를 시도했다. 대표적 학자는 게리 콜린스(Gary Collins), 토마스 오든(Thomas Oden), 말콤 지브스(Malcom Jeeves)이었다. 이들은 기독교와 상담을 접목시킴으로서 독창적인 기독교상담을 개발했다.

둘째, 반데 켐프는 미국에서의 임상심리학과 기독교 간의 통합의 역사를 보여 주고 있다.[4] 그녀는 기독교상담의 역사를 통합의 관점에서 잘 정리해 주고 있다. 반데 켐프는 미국심리학회에서 출판한 *Religion and clinical practice of psychology*에서 통합의 역사를 소개하고 있다. 즉, 용어의 정착, 전문학회의 조직, 학위과정과 교수직, 전문학술지, 문헌과 교과서의 출현, 실제의 발달 순이다.[5]

쿵켈이 통합이라는 이름을 처음으로 사용하기 전에도 여러 학술 단체들을 중심으로 통합의 노력은 있어 왔다.[6] 예를 들면, 심리학의 연구를 위한 기독교 학회, 종교와 정신 건강을 위한 전미 학회, 종교와 정신과를 위한 미국 재단, 종교와 심리학을 위한 친선 학회, 상담에 있어서 종교와 상담적 가치를 위한 학회, 종교의 미국 학회 내에 문화와 종교 분과 학회, 여러 가지 종교적 주제를 다루기 위한 미국심리학회 산하 36개 분과 학회 등이다.

그 후 여러 기관들이 출현을 하면서 학위 과정 프로그램들이 생겨나게 되었다.[7] 풀러신학교는 최초로 통합 박사학위 과정을 미국심리학회에서 인준을 받게 되었다. 바이올라대학교의 로즈미드심리학대학원이 그 다음으로 미국심리학회의 통합박사 과정을 인준받게 되었다. 그 외에도 베일러대학교의 박사학위 과정, 조지폭스대학교의 학위 과정, 휘튼대학의 박사학위 과정이 인준을 받게 되었다.

또한, 통합에 관한 학술지들이 발표되고 출간되었다. 1937년에 발표된 「종교와 정신 건강에 관한 친구들 학술대회의 학술지」(*Journal of Friends Conference on Religion and mental health*), 1956년에 발표된 「전미 가톨릭 가이드 대회 학술지」(*The National Catholic Guidance Conference Journal*), 1961년에 발표된 「종교와 정신 건강에 관한 분기별 보고서」(*Quarterly Review of Religion and Mental Health*), 1973년에 발표된 「심리학과 기독교 학술지」(*The Journal of Psychological and Christianity*), 1976년에 발표된 「심리학과 유대주의 학술지」(*The Journal of Psychological and Judaism*), 1969년에 발표된 「초개인 심리학 학술

지」(*The Journal of Transpersonal Psychological*) 등이다.[8]

셋째, 버포드는 "신성한 상담: 기독교상담의 독특성에 관한 반영"(Consecrated Counseling: Reflections on the Distinctive of Christian Counseling)이라는 논문에서 통합의 역사에 관하여 기술하고 있다.[9] 그는 기독교상담이 제이 아담스(Jay E. Adams)가 *Competent to Counsel*을 출판하면서 시작되었다고 생각한다. 아담스의 책이 출판되기 전에 진보적 교단에서는 임상목회교육이 있었다.

그런데, 버포드는 아담스의 *Competent to Counsel*을 기독교상담의 통합의 역사에 중요한 관심을 불러일으킨 책으로 평가했다.[10] 왜냐하면, 아담스의 책이 출판된 이후에 기독교상담은 통합의 관점에서 많은 연구가 이루어졌기 때문이다. 성경적 상담의 전신인 권면적 상담의 주창자인 아담스의 저술로서 통합 논의가 촉발되었던 기독교상담의 역사는 주목할 만한 일이다.

2) 통합의 대상

어떠한 영역들이 통합의 대상이 되는가 하는 주제는 통합에 있어서 자연스럽게 떠오르는 물음이다. 여러 학회와 학자들은 통합의 대상이 되는 영역들을 제시하고 있다. 미국심리학회는 1996년에 출판된 *Religion and clinical practice of psychology*에서 통합의 영역을 세 부분으로 제시하고 있다.

① 종교와 심리학.
② 종교와 실제.
③ 종교와 사람.

첫 번째 부분은 통합에 관한 개념적, 문화적, 역사적 맥락을 다루고 있다. 이 부분은 통합의 배경에 관한 많은 주제들을 포함하고 있다.
두 번째 부분은 임상적 실제를 다루고 있다. 이 부분은 심리치료에 있어서 종교적인 요소들을 다루고 있다.

세 번째 부분에서는 기독교인과 관련된 임상적 기술에 관한 주제들을 다루고 있다. 이러한 주제들은 상담자 자신들이 상담이나 심리치료에 있어서 어떻게 통합적 인간이 될 것인가에 관한 내용이다.[11]

콜린스는 통합의 영역을 일곱 가지로 제시하고 있다.[12] 그 일곱 가지는 목표, 신학, 가정, 실제, 내용, 경향, 개인적 가치들이다.

첫째, 통합의 목표는 과학적 방법과 해석적 방법을 사용해서 하나님과 그의 창조된 세계에 대한 진리를 이해하고 찾기 위함이다. 과학적 방법은 경험연구, 임상 실제 연구, 현장관찰 등이다. 해석적 방법은 성경 해석을 위한 타당한 원리를 말한다. 발견된 결과들을 일정한 체계적 결론으로 엮어내어 발견된 결과들 사이에 발생되는 모순들을 해결할 수 있는 방법을 발견하기 위해서이다. 발견된 결론을 통해 내담자들이 심리적이고 영적인 전체성을 향해 나아갈 수 있도록 돕는다.

둘째, 통합을 위해서는 복음주의 신학이 필요하다는 것이다. 복음주의 신학이란 성경을 하나님의 말씀으로 받아들이며 진리의 책으로 받아들이는 신학이다. 성경은 단순히 흥미로운 책이 아니라 인간의 본성과 행동 등 인간 삶의 진리를 기록한 책이다. 성경은 하나님의 유일한 특별계시이다. 통합하기 위해서는 이런 기본적인 신학적인 원리를 가지고 있어야 한다는 것이다.

셋째, 통합을 위해서는 심리학과 신학이 가지고 있는 기본적 가정을 알아야 한다. 각각의 철학적 가정들을 이해하고 이를 날카롭게 다듬어서 기독교상담학을 위한 새로운 가정을 만들어야 한다.

넷째, 통합을 위해서는 임상 실제에 관한 논문들이 있어야 한다. 이를 위해서는 응용된 내용, 기술, 방법들을 발전시켜야 한다.

다섯째, 통합을 위해서는 기독교상담의 내용을 발전시켜야 한다. 상담의 내용으로는 기독교상담의 이론, 예배심리학, 성 심리학, 영적 성숙, 목회심리학, 인간의 본성, 해석학적 변증법에 대한 심리학적 관점 등이 있다.

여섯째, 기독교상담 분야에서 전체적 경향성을 알고 있어야 한다. 전문적 경향과 비전문적 경향을 모두 알아야 한다.
일곱째, 상담자의 개인적 통합이 필요하다. 종교적 가치가 기독교상담에 어떻게 적용되는지 알아야 한다.

이러한 콜린스의 통합의 영역에서 성경적 상담에서도 동의하는 부분은 성경 해석을 위한 타당한 원리인 해석적 방법을 사용한다는 점과, 성경을 하나님 말씀으로 받아들이는 복음주의 신학 또는 개혁신학의 필요이다. 심리학과 신학의 기본 가정부분에서는 성경과 신학에 위배됨이 없는 심리학의 내용만을 받을 수 있다는 점 등이다.

에버렛 워싱톤 주니어(Everett L. Worthington, Jr.)는 기독교상담의 영역으로 목적, 기초, 무게를 지탱하는 기둥들, 틀, 범위를 제시하고 있다.

첫째, 기독교상담에는 일반적 목적과 특수적 목적이 있어야 한다. 일반적 목적이란 그리스도를 존중하면서도 효과적 상담을 제공하는 활동을 말한다. 특수적 목적은 성격, 방식, 내담자 집단, 공동체, 상담 상황 등을 말한다.[13]

둘째, 기초는 예수 그리스도이다. 그는 모든 기독교상담 이론에서 기초 역할을 한다. 기독교상담자들은 하나님과 인간이 무엇인가에 대한 인류학적 관점을 예수 그리스도를 통해서 제공하게 된다.

셋째, 기독교상담 이론의 기둥은 곧 구조를 말한다. 이 구조는 기독교에 근본적 믿음과 관련이 있는데, 이에 대해서는 세 가지 긴장이 존재한다. 즉, 특별계시인 성경의 권위와 일반계시인 자연의 권위에 대한 긴장, 상담에서 성경의 역할에 대한 긴장, 상담에서 하나님의 본질과 역할 그리고 인간의 본질과 역할에 대한 긴장이다.

넷째, 기독교상담의 틀은 목표와 방법과 관련이 있다. 상담의 목표는 두 가지 방향으로 나누어진다. 하나는 제자 됨, 거룩, 전도를 목표로 하는 성장 중심의 상담이고, 다른 하나는 내담자들의 문제를 해결하는 치료 중심의 상담이다. 상담의 방법은 맥락, 내담자 전체, 공동체, 자신 등과 관련이 있다.

다섯째, 기독교상담의 틀은 기독교상담이 포괄할 수 있는 상담의 내용을 말한다. 상담의 내용으로는 용서, 구원, 믿음, 죄, 후퇴, 회개, 구원이다.

로저 K. 버포드(Rodger K. Bufford)는 기독교상담에서 일곱 가지 영역을 제시하고 있다. 그것은 우수성의 추구, 기독교세계관, 기독교 가치들, 상담자의 개인적 믿음, 상담자의 개인적 소명, 하나님의 인격과 일, 영적 개입과 자원이다. 이 일곱 가지 영역 가운데 네 영역은 상담자와 관련이 있다.

기독교상담자는 기독교 세계관, 소명 의식, 복음주의 신학, 하나님과의 개인적 관계, 상담에서의 우수성 등을 갖추고 있어야 한다. 하나의 영역은 치유와 관련이 있다. 상담에서 성령의 개입을 통한 치료적 효과에 대한 영역이다. 다른 하나의 영역은 자원과 지원 체계의 활용과 관련이 있다. 기독교상담자들은 기독교 자원만이 아니라 일반 상담 이론들, 상담 방법들, 상담기술들을 사용할 수 있어야 한다. 최근에 기독교상담자들은 영성 지향의 목표들, 방법들, 기술들을 개발하여 사용하고 있다.[14]

버포드의 일곱 가지 영역에서 성경적 상담에서 수용하는 부분은 기독교 세계관, 기독교 가치들, 개인적 믿음, 소명 의식, 복음주의 신학 또는 개혁 신학, 하나님과의 관계 등이 중요하다고 보며, 치료에 있어서 성령의 개입에 관한 부분이다.[15] 인간의 마음을 치유하고 변화시킬 수 있는 능력은 오직 성령의 역사에 의하여 가능하다는 것이다.

3) 통합의 내용

기독교상담의 통합의 내용은 매우 다양하다. 왜냐하면, 학자들 자신이 통합에 대하여 어떤 입장을 가지고 있느냐에 따라서 통합의 내용이 달라지기 때문이다. 통합에 대한 기독교상담학자들의 견해를 살펴보면, 크게 보수적인 학자들과 진보적인 학자들로 나눌 수 있다. 먼저 보수적인 경향의 학자들의 경우에는 인본주의 심리상담의 내용을 평가하고 정제하기 위하여 성경의 절대성을 강조한다. 성경적 상담이 여기에 해당한다.

이와는 다르게 진보적 경향을 가진 학자들은 인본주의 심리상담의 이론이나 상담기술들을 내담자를 돕는 데 있어서 더욱 많이 활용하는 방향으로 통합하고자 한다. 가장 보수적인 입장에 서 있는 기독교상담은 아담스의 권면적 상담(Nouthetic Counseling)이다. 권면적 상담은 세 가지 요소가 있다.

첫째, 권면적 상담은 항상 문제를 내포하고 있으며 극복해야 하는 장애물을 전제로 하고 있다.
둘째, 권면적 상담은 문제를 언어적 수단에 의해서 권면적으로 해결한다.
셋째, 권면적 상담은 피상담자를 괴롭히는 그의 생활을 변화시키는 것을 의미한다.[16]

아담스는 권면적 상담의 가장 중요한 목적은 바울 사도가 디모데전서 1:5에서 말한 '사랑'이다. 즉 '경계의 목적은 청결한 마음과 선한 양심과 거짓이 없는 믿음으로 나는 사랑'이다. 이 말에 '권위 있는'이라는 말을 첨가하여 '권위 있는 경계의 목적은 사랑이다'라고 규정하고 있는데 이것은 단순한 경계 이상의 의미이다. 상담의 목적은 하나님이 명령하신 하나님과 이웃에 대한 사랑을 촉진시키는 것이다.[17]

권면적 상담의 전개에서는 문제에 직면하는 것이 필요한데, 문제해결 과정에서 경청하고 이해하며, 명료화, 권면, 문제를 해결하고 습관화시키기가 중요하다.[18] 아담스는 성경적 변화를 가져오도록 습관화시키는 구체적 일곱 가지 단계를 제시했다.

첫째, 벗어버려야 할 습관의 유형들을 인식하는 단계.
둘째, 성경적 대안을 발견하는 단계.
셋째, 변화를 위한 전체적 상황을 구조화하는 단계.

넷째, 죄의 나선형에 연결되어 있는 고리를 깨뜨리는 단계.
다섯째, 가족, 친구 등 다른 사람들의 도움을 얻는 단계.
여섯째, 그리스도에 대한 전인격적인 관계를 강조하는 단계.
일곱째, 새로운 성경적인 의의 유형을 연습하는 단계.[19]

성경적 상담학자인 데이비드 파울리슨(David Powlison)과 폴 트립(Paul D. Tripp), 에드워드 웰치(Edward Welch), 티모시 레인(Timothy Lane) 등은 일곱 가지 성경적 상담의 원리와 성경적 변화의 역동적 과정 여덟 단계를 제시했다.

성경적 상담의 원리는 인간은 하나님의 형상대로 지음 받았다. 인간은 죄로 인하여 타락한 존재다. 인간의 문제는 마음의 문제이다. 상담의 주요 도구는 성경이다. 성경적 상담의 본보기는 예수 그리스도이다. 인간은 고통당하는 존재다. 인간의 변화는 성령의 역사이다.[20] 성경적 변화의 역동적 과정은 어려운 상황(열), 나쁜 열매, 나쁜 뿌리, 나쁜 결과, 하나님이 보여 주시는 것(성경적 권면), 선한 뿌리, 선한 열매, 새로운 결과이다.[21]

이러한 성경적 상담의 원리와 성경적 변화의 역동적 과정을 통하여 인간의 마음을 변화시켜서 내담자의 행동을 변화시키고 새로운 결과를 가져오는 상담 방법이다. 성경적 상담법으로는 사랑하라, 알라, 말하라, 행하라는 네 단계의 과정[22]이 있다.

로렌스 크랩(Lawrence J. Crabb)은 성경적 상담학자로 분류되지는 않으나 성경적 상담에 매우 근접한 보수적 성향을 가지고 있는 상담학자이다. 그는 1977년에 *Effective Biblical Counseling*을 출판했다. 크랩은 이 책을 통해서 골로새서 1장 28절, "우리가 그를 전파하여 각 사람을 권하고 모든 지혜로 각 사람을 가르침은 각 사람을 그리스도 안에서 완전한 자로 세우려 함이니"라는 말씀을 제시하면서 "오직 성숙한 신자만이 인생의 궁극적 목표 즉 예배와 봉사에 더욱 집중할 수 있다"[23]라고 전제한 후, 그러므로 상담의 주된 전략은 영적이며 심리적인 성숙을 증진시키는 것으로 보았다. 그러면서 상담자는 다른 내담자와 대화할 때, 항상 그들이 하나님을 더욱 기쁘시게 해드리는 존재가 되도록 돕는 데 그 목적이 있다는 것을 명심해야 한다고 했다. 특히, 성숙이란 말은 두 가지 요소를 포함하고 있다.

첫째, 특수한 환경 속에서의 즉각적인 순종이다.
둘째, 장기적인 안목에 있어서의 인격의 성장이다.[24]

크랩은 효과적인 상담을 위해서 알아야 할 인간의 필요에 대한 중요한 세 가지 개념을 제시했다.

첫째, 개인적인 필요들.
둘째, 우리가 행동하는 이유와 목적이 되는 동기.
셋째, 성격의 구조.[25]

이 세 가지 개념들은 학문적 통합의 주요 내용들이라 할 수 있다.
크랩은 문제의 전개 방법을 설명하면서 인간에게 인격적인 필요인 욕구가 있는데 이것이 동기가 되어 기본적인 가정을 하고 목표를 향한 행동을 하는데, 이때 장애물을 만나면 좌절하게 된다. 장애물의 범주에는 세 가지가 있다.

첫째, 도달할 수 없는 목표로 인해 죄책감을 가지게 된다.
둘째, 외부적인 환경으로 인하여 원망한다.
셋째, 실패에 대한 두려움으로 불안을 겪게 된다.[26]

이러한 문제들을 해결하기 위하여 상담이 필요하다.
크랩은 상담을 위한 7단계 모델을 제시했다.

제1단계: 문제 감정들을 확인하라.
제2단계: 문제 행동을 확인하라.

제3단계: 문제 사고를 확인하라. 제3단계까지 확인했으면 가르침이 필요하다.
제4단계: 성경적 상고를 명백히 하라.
제5단계: 안전한 결단.
제6단계: 성경적 행동을 계획하고 수행하라.
제7단계: 영적인 조절된 감정들을 확인하라.[27]

더 나아가 크랩은 지 교회에서의 상담 프로그램을 제안하면서 상담을 세 단계로 나누어 설명했다.

제1단계는 격려에 의한 상담이다. 이 상담에서는 격려를 통하여 문제 감정들을 성경적 감정들로 변화시키는 것이다.
제2단계는 권고에 의한 상담이다. 이 단계에서는 문제 행동들을 권고를 통하여 성경적 행동으로 바꾸어 주는 것이다.
제3단계는 교화를 통한 상담이다. 이 단계에서는 교화를 통하여 문제 사고를 성경적 사고로 변화시키는 것이다.[28]

상담자들은 이러한 문제들을 해결할 뿐만 아니라 내담자들을 성숙으로 인도할 것을 강조하고 있다.

게리 콜린스는 중도적인 입장에서 통합을 시도하고 있다. 콜린스는 일반심리학을 수정하고 보완해서 기독교상담의 기술로 삼아야 한다고 주장한다. 심리학이 가지고 있는 철학적 개념들을 기독교 시각에서 비판적으로 검토하는 일이 중요하다는 것이다. 신학에서 가지고 있는 학문적 체계들과 심리학의 학문적 체계들을 비교함으로써 기독교상담의 철학적 내용들이 결정된다는 것이다. 각 학문이 가진 인식론, 기본 개념들, 철학적 가정들, 세계관 등이 기독교상담의 내용이 된다는 것이다.[29]

콜린스는 1980년에 *Christian Counseling: a Comprehensive Guide*를 출판했다. 그 후 2008년에 *New Christian Counseling*(3rd edition)[30]을 출판했다.

콜린스는 이 책을 통해서 기독교상담의 내용을 통합적으로 제시하고 있다. 그 내용들은 상담 분야에서 일어나고 있는 변화들과 상담자와 상담, 기독교 상담의 이슈들에 대한 서론적인 주제들을 다룬 후, 대표적인 문제들로 우울증, 불안, 분노, 죄와 용서, 외로움의 문제들을 다루었으며, 발달상의 문제들은 아동기, 청소년기, 초기 성인기, 중년기, 노년기를 다루었다.

대인관계 문제들로서 갈등과 대인관계, 결혼과 상관없는 성관계, 결혼 내의 성, 동성애, 학대와 방치를 다루었다. 정체감에 대한 문제들로서는 열등감과 자존감, 신체적 질병, 슬픔, 독신, 결혼 상대자 고르기를 다루었고, 가족에 대한 문제들로서는 결혼 예비 상담, 결혼과 관련된 문제들, 임신과 관련된 문제들, 가족 문제들, 이혼과 재혼 문제를 다루었다. 통제에 대한 문제들로서 정신장애, 알코올과 관련된 문제점들, 중독, 재정 상담, 직업 상담을 다루었다. 결론적인 문제들로 위기, 트라우마, 테러, 테러리즘, 영적인 문제들, 상담자 상담과 그 외 다른 문제들을 다루었고, 미래에 대한 문제들에서 미래의 상담을 전망하면서 글을 맺고 있다.

콜린스는 기독교상담의 내용들이 실천적 관점에서 이루어져야 한다고 강조한다.

M. E. L. 홀(M. E. L. Hall)과 T. W. 홀(T. W. Hall)은 임상적 통합(clinical integration)이라는 용어를 통해서 기독교상담의 실천적 내용을 제공하고 있다.[31] 그들은 가치와 믿음의 내용, 영성 지향의 내용, 영성 지향의 목표와 기술, 통합의 임상적 고려 등을 제시하고 있다.

첫째, 가치와 믿음의 내용에는 기본적 종교 가치 체계에 대한 상담자의 지식, 종교적 가치와 믿음이 치료의 과정에 미치는 영향에 대한 인식, 종교적 가치관에 대한 자기 인식 등이 있다.

둘째, 영성 지향의 내용에는 가치 명료화, 영적 메마름, 삶의 의미와 방향, 권위에 대한 신뢰와 의존이 등이 있다.

셋째, 영성 지향적 목표와 기술에서는 임상 현장에서 기도하기, 성경과 영적 자원을 활용하기, 목회자나 다른 영적 지도자들에게 연결하기 등이 기독교상담의 내용이 된다.

넷째, 임상적 고려에서는 자신감, 믿음과 가치에 대한 존중, 상담의 효과성을 말할 수 있다.

최근에 학자들은 영성과 상담과의 관계를 다양한 방식으로 연구하고 있다.

예를 들면, 2000년에 하워드(Howard), 맥민(McMinn), 비셀(Bissel), 페어리(Faries), 밴미터(VanMeter)는 상담전문가들과 영성과의 관계를 연구했다.[32]

2001년에 슬레이터(Slater), 홀(Hall), 에드워드(Edward)는 영성 개념과 관련된 측정 도구에 대한 연구를 실시했다.[33]

2002년에 데커 주니어(Decker, Jr.)는 영성과 상담의 관계를 연구한 논문들에 대한 연구를 했다.[34]

2001년에 엘라이슨(Eliason), 핸리(Hanley), 레벤티스(Leventis)는 이론적 개념 속에 있는 영성에 대한 연구를 했다.[35]

2005년에 스페리(Sperry), 샤프란스케(Shafranske)는 전통적 이론들과 영성과의 관계를 연구했다.[36]

1997년에 문(Moon)은 영적 개입의 윤리적 측면에 관한 연구를 실시했다.[37]

2001년에 로즈(Rose), 웨스테펠트(Westefeld), 앤슬리(Ansley)는 영성과 내담자의 선호도에 대한 연구를 했다.[38]

2000년에 보이드(Boyd)는 시편의 영혼 개념과 코후트(Kohut)의 자기심리학 개념인 자기와의 관계를 연구한 논문이 있다.[39]

많은 학자가 영성의 다른 측면인 죄와 상담을 통합하려는 노력을 해오고 있다. 주로 복음주의 신학자들은 죄의 개념과 성질, 영향, 죄성 등과 같은 개념들을 정립해 왔다. 상담학자들이나 심리학자들은 죄의 영역에 대하여 상대적으로 노력을 기울이지 않았다고 볼 수 있다. 그러나 영적 의미의 상담에는 죄의 개념이 반드시 포함되는 것이다.

부트만(Butman)은 죄와 병리학에 대한 일곱 가지 지침을 제공하고 있다.[40]

첫째, 상담학자들은 죄의 문제를 다루는데 더 열심을 내고 더 나은 방법을 제시한다는 것이다.
둘째, 인간의 병리에는 여러 가지 원인이 있음을 인식한다는 것이다.
셋째, 죄의 문제를 직면하는데 가장 이상적인 장소는 교회라는 것이다.
넷째, 죄의 문제를 다루는데 지나치게 징벌적이거나 허용적인 방법은 도움이 되지 않는다는 것이다.
다섯째, 좋은 도덕적 판단을 형성하기는 매우 어렵다는 것이다.
여섯째, 자신감과 교만에 대해서 조심하라는 것이다.
일곱째, 기만, 악, 죄가 상담자나 내담자 모두에게 영향을 미친다는 사실을 인식하라는 것이다.

앤더슨(Anderson)은 죄의 개념에 대해서 단지 인간의 내부에 존재하는가 외부에 존재하는가 하는 방식의 이해만이 아니라 영적 차원을 가지고 있음을 인식할 필요가 있다고 보고 있다. 즉, 죄는 하나님의 은혜와 용서라는 점에서 접근되어야 한다. 그러므로 상담은 전인적인 접근이 필요하다.[41]

맥민(McMinn)은 많은 학자들이 죄의 심리학에 대하여 말하고 있지만 심리학의 죄에 대해서는 말하고 있지 않다고 주장한다. 심리학자들이 죄에 대해서 도외시하거나 연구를 하지 않는 현상이 곧 심리학의 죄라는 것이다. 죄의 심리학에 대해서는 개인적 죄와 보편적 죄를 구분하여 적용하도록 한다. 죄는 죄성, 죄의 선택, 죄의 결과로 구분된다. 죄성이란 인간 안에 들어 있는 경향성이며, 죄의 선택이란 의지적으로 죄가 되는 행동을 하는 경우를 말한다. 죄의 결과는 죄를 짓고 나서 발생되는 현상을 의미한다.[42]

엘리슨(Ellison)은 원죄로 인하여 발생되는 즉각적 결과들과 부정적 발달 경험들을 제시하고 있다.[43]

그 외에도 휴스(Hughes)는 정신 병리의 일곱 가지 범주와 죄의 관계를 논의하고 있다. 일곱 가지 범주는 탄생 시나 초기에 발생된 장애, 유전적

장애, 성격장애, 정서장애, 만성장애, 신체화 혹은 해리장애, 성적 장애와 정체성 장애이다.[44]

알렌더(Allender)는 악으로부터 인간이 구원 받기 위해서는 믿음, 희망, 사랑이 필요하다고 생각한다.[45]

에드워즈(Edwards)는 기독교상담을 발전시키기 위해서는 죄와 정신병리, 은혜와 개인적 책임, 행동변화와 성격개조, 과거에 초점을 맞출 것인가 현재에 초점을 맞출 것인가에 대한 진지한 고려가 있어야 한다고 주장한다.[46]

또 다른 학자들은 기독교의 전통적 가치들과 도구들을 상담에 통합시키고자 하는 노력을 기울이기도 한다. 맥민은 그의 저서 *Psychology, Theology, and spirituality in Christian Counseling*[47]에서 기독교상담의 내용들로 기도, 성경, 죄, 고백, 용서, 구속을 제시하고 있다. 그는 이러한 기독교의 전통적 가치들을 상담에 어떻게 활용할 것인지에 관한 예를 제시해 주고 있다.

베너(Benner)는 전통적으로 목회자나 기독교상담자들에 의해서 오랫동안 사용된 개념인 영혼의 돌봄을 기독교상담에 사용하고 있다. 그는 "상담은 곧 영혼의 돌봄이다"라고 주장 한다. 베너는 그의 저서 *Care of Souls: Revisioning Christian nurture and counsel*[48]을 통하여 영혼 돌봄에 대한 역사적 이해, 영혼의 개념, 영혼과 기독교 영성과의 관계, 심리학과 기독교 영성과의 관계, 영혼 돌봄에 대한 심리 영적 초점에 대해서 설명하고 있다.

탄(Tan)은 기독교상담학자들이 통합에 대해서 외현적 통합과 내포적 통합을 한다고 주장 한다. 특히, 전통적 기독교 도구와 가치들인 기도, 성경, 대사명, 종교공동체인 교회 등은 상담에 있어서 중요하다고 지적했다.[49]

이와 같이 전술한 기독교상담의 많은 연구 내용들은 세 영역으로 나눌 수 있다.

첫째, 학문적 영역.
둘째, 실천적 영역.
셋째, 개인적 영역.[50]

학문적 영역에서는 심리치료의 세속 이론에 대한 비판을 하고 대안을 제시해야 할 것이다. 새로운 기독교상담의 개념 만들기, 죄와 자기의 개념을 통합하기, 죄와 병리성을 연결하기, 영혼 돌봄을 상담적으로 사용하기 등이 학자들의 관심사이다.

실천적 영역에서는 성령, 기도, 성경, 구속, 대사명, 교회 등과 같은 전체 기독교 가치나 도구를 활용하기, 일반 상담의 내용들인 죄책감, 불안, 분노, 결혼문제, 가족문제, 대인 간 갈등, 정체성과 같은 내용들을 기독교적으로 해석하여 상담에 활용하기 등의 주제들을 연구하고 있다. 개인적 영역에서는 성화, 성숙, 전체성, 자유, 그리고 상담자와 내담자의 가치관의 교류 등이 일반 학자들의 주된 관심사와 연구 주제들이다.

2. 통합적 모델

1) 다양한 통합적 접근들

아담스가 권면적 상담의 모델을 제시한 후에 여러 학자들은 기독교상담의 모델을 발표했다. 크랩은 기독교상담의 모델을 다음과 같이 제시했다.

첫째, 분리되었으나 동등한 모델(Separate but Equal).
둘째, 던져진 샐러드 모델(Tossed Salad).
셋째, 오직 유일한 모델(Nothing buttery).
넷째, 애굽인에게서 빼앗은 약탈물 모델(Spoiling the Egyptians).[51]

분리되었으나 동등한 모델은 기독교와 세속주의 심리학은 서로 겹치지 말아야 한다는 생각에서 나왔다. 성경은 인간의 삶과 신앙에 유일한 표준이 된다. 심리학은 인간의 행동과학을 연구하는 학문 분야이다. 그러므로 서로 존중하되 성경이 모든 학문의 우위에 있다.

던져진 샐러드 모델은 한 그릇에 여러 가지 영양소를 한꺼번에 넣고 맛있는 음식을 만들려고 하는 것이다. 이 두 요소를 적절하게 섞어서 내담자의 심리적 문제를 해결하기 위한 것이다. 그러나 이러한 방식은 기독교와 심리학 모두의 정체성을 잃어버릴 수 있는 위험이 있다.

오직 유일한 모델은 영적인 주제를 극대화하고 세속적인 심리학의 주제들을 최소화하려는 생각이다. 이 모델의 기본 성격은 "오직 은혜, 오직 그리스도, 오직 믿음, 오직 말씀"으로 모든 문제를 해결하고자 하는 의도이다.[52]

크랩은 이 모델이 세속적인 모든 지식을 더럽고 불필요한 것으로 불신하고 있다고 지적했는데, 성경적 상담은 이와는 다르다. 왜냐하면, 성경적 상담은 세속적인 지식을 더럽거나 불필요한 것으로 생각하지 않기 때문이다. 오히려 성경적 관점으로 재해석하여 취사선택하여 사용할 수 있다는 것이 성경적 상담의 입장이다.

애굽인에게서 빼앗은 약탈물 모델은 심리학적 내용들을 주의 깊게 걸러내어서 성경이나 영성과 통합하려는 생각이다. 이와 같은 생각은 매우 훌륭한 것이다. 그러나 많은 경우, 기독교상담학자들이 성경과 신학 훈련을 충실히 받지 못했으므로 심리학의 이론과 정보들이 성경적 세계관과 충돌하고 있음에도 불구하고 무비판적으로 수용하는 경우가 많다. 이것이 문제가 되는 것이다.

물론, 개혁주의 신학 또는 복음주의 신학의 원리에 맞는 심리학적 이론이나 정보들은 기독교상담에서 활용할 수 있을 것이다. 그러나 필자는 이렇게 하기 위해서 기독교상담학자들은 성경에 전문가가 되어야 하고, 심리학적 내용들을 성경적 관점에서 평가하고 재조명할 수 있는 신학적 훈련과 해석 능력을 갖추어야 한다고 생각한다.

콜린스는 기독교와 심리학의 통합에 관한 여섯 가지 접근들을 제시했다.

첫째, 부인 접근.
둘째, 철로 접근.
셋째, 분석 수준 접근.

넷째, 통합적 접근.
다섯째, 애굽의 약탈물 접근.
여섯째, 재건 접근.[53]

부인 접근을 주장하는 학자들은 기독교와 심리학은 각각 자체적으로 모순이 없기 때문에 통합이 필요치 않다고 주장한다. 이들은 심리학 또는 기독교 하나만을 주장한다.

철로 접근 학자들은 기독교와 심리학은 서로 공통점이 없기 때문에 통합이 필요치 않다고 주장한다. 그들은 서로는 각자의 영역을 존중하면서 심리학의 문제는 심리학으로, 기독교의 문제는 기독교로 해결하면 된다고 생각한다.

분석 수준의 접근 학자들은 기독교와 심리학은 같은 수준에서 통합이 이루어져야 한다고 생각한다. 그들은 통합은 심리학과 신학과 같이 학문적 수준에서 이루어져야 한다고 생각한다.

통합적 접근의 학자들은 기독교와 심리학은 서로 동등하기 때문에 지퍼와 같이 통합을 할 수 있어야 한다고 주장한다.

애굽의 약탈물 접근의 학자들은 성경의 권위 아래 심리학은 주의 깊게 걸러져야 한다고 주장한다.

재건 접근을 주장하는 학자들은 통합은 기독교와 심리학의 기본적 전제로부터 출발해야 한다고 믿는다. 이 입장을 대표하는 학자로는 콜린스가 있다.

카터스(Carter)와 나라모어(Narramore)는 기독교상담의 모델을 네 가지로 제시했다.

첫째, 반대 모델.
둘째, 소속 모델.
셋째, 평행 모델.
넷째, 통합 모델.[54]

먼저 반대 모델은 기독교와 심리학에 서로 통합이 불가능하다는 입장이다. 반대 모델의 세속 편에 서 있는 학자들은 기독교의 생각이나 원리들은 상담이나 심리치료를 하는 데 필요가 없고 오직 심리학적 이론과 생각만 필요하다는 입장을 견지한다. 대표적 인물은 앨버트 엘리스(Albert Ellis)이다.

반대 모델의 신성 편에 서 있는 대표적 학자가 제이 아담스(Jay Adams)라고 할 수 있다. 그는 심리학적 이론과 생각들은 세속적이기 때문에 상담에 전혀 필요 없고, 하나님의 진리인 성경만이 모든 것을 해결할 수 있다고 믿는다. 그러나 아담스도 심리학의 정보는 사용할 수 있다고 심리학에 대한 수용가능성을 열어 놓았다.

소속 모델은 '종교심리학'을 발전시키거나 '종교속의 좋은 심리학'을 발견하려는 노력이다.[55] 이 입장을 고수하는 학자들은 초자연적인 현상을 부정하고 자연적이고 인본주의적인 현상을 선호한다. 에릭 프롬(Eric Fromm), 폴 틸리히(Paul Tillich), 시워드 힐트너(Seward Hiltner) 등이 이 모델의 대표적 학자이다.[56] 많은 자유주의 학자들이 이 입장을 취하고 있다.

평행 모델은 기독교와 심리학이 서로 중복되지 않는다는 입장이다. 각각은 서로 존중하면서 서로의 영역에 충실하면 된다는 것이다. 이 입장의 학자들은 프레데릭 손(Frederick Thorne), 고든 올포트(Gordon Allport), 폴 클레먼트(Paul Clement) 등이다.

통합 모델은 기독교와 심리학 사이에는 서로 통합할 수 있는 많은 내용이나 영역들이 존재한다는 것이다. 하나님은 진리의 원천이기 때문에 심리학이 존재할 수 있다는 입장이다. 폴 투르니에(Paul Tournier), 윌리엄 흄(William Hume), 로렌스 크랩(L. Crabb) 등이다.[57]

커원(Kirwan)은 기독교상담의 네 가지 입장에 관하여 다음과 같이 제시했다.

첫째, 비기독교 관점.
둘째, 영화 관점.
셋째, 평행 관점.
넷째, 통합 관점.[58]

비기독교 관점의 학자들은 심리학은 성경보다 더 근본적이고 종합적이며 실용적이라고 주장한다. 영화 관점의 학자들은 특별계시인 성경이 절대적 진리이므로 인간의 문제를 해결하는 데 있어서 심리학이 설 자리는 없다고 주장한다. 평행 관점의 학자들은 신학과 심리학은 모두 각각 중요하고 서로는 중복되지 않는다고 주장을 한다. 그들은 각각의 분야는 인간의 문제를 해결하는 데 있어서 고유한 영역이 있다고 생각한다. 통합 관점의 학자들은 하나님은 특별계시인 성경과 심리학 모두를 허락하셨다고 믿는다.

판즈워스(Famsworth)는 기독교상담의 여섯 가지 접근 방법에 대하여 모델을 제시했다.

첫째, 신용 모델.
둘째, 전환 모델.
셋째, 적응 모델.
넷째, 병립 모델.
다섯째, 보완 모델.
여섯째, 내재 모델.[59]

신용 모델의 학자들은 성경의 권위를 가지고 심리학적 사실들과 생각들을 통제하려고 한다. 크랩이 대표적이다.

전환 모델은 신용 모델의 반대로 심리학의 권위를 가지고 성경적 지식들을 거르려고 노력한다.

적응 모델의 학자들은 심리학적 사실들을 신학적으로 조망하려는 노력이다.

신용 모델의 학자들은 심리학적 사실들이 신학적 관점과 맞지 않으면 심리학적 사실들을 버린다. 반면, 적응 모델의 학자들은 심리학적 사실들을 신학적 관점에서 재조명하려는 노력을 한다.

병립 모델의 학자들은 심리학적 지식들과 신학적 지식들은 둘 다 중요하기 때문에 각각 존중받아야 한다고 생각한다. 즉 신학과 심리학은 각각 독자적이다.

보완 모델의 학자들은 신학과 심리학은 서로 다른 수준에 있다고 생각한다. 그들은 심리학은 하위에 신학은 상위에 있다고 주장한다.

내재 모델의 학자들은 통합이란 "건전한 방법론에 의한 발견들과 이러한 발견들이 삶에 적용되도록 만드는 개념적 연결이라고 생각한다. 그들은 통합이란 학문과 삶으로부터 나오는 개념들의 연결이라고 생각한다.

문(Moon)은 통합의 네 가지 모델을 제시했다.

첫째, 실천적 통합.
둘째, 개인적 통합.
셋째, 고전적이면서 영혼 돌봄의 통합.
넷째, 현대적 통합.[60]

실천적 통합이란 영적 주제들을 상담의 실제에 적용하고자 하는 노력이다.

개인적 통합은 상담자 개인의 삶을 상담이라는 임상적 활동에 적용하려는 노력이다.

고전적이면서 영혼 돌봄의 통합은 고전적인 기독교 개념인 영혼을 상담에 적용하려고 노력을 한다.

현대적 통합은 과학적 근거의 조작과 높은 윤리적 실천 사이의 연결을 시도한다. 상담의 실제에서도 과학적 발견들을 적용하게 되는데 이때 높은 윤리적 기준을 따라서 적용을 해야 한다. 즉 현대적 통합은 임상 현장에서 여러 심리치료의 기술들이 적용될 때 하나님의 대 계명인 사랑의 원리에 따라서 이루어지도록 노력하는 방법이다.

3. 기독교상담과 통합에 관한 성경적 상담의 조명

지금까지 기독교상담의 통합 모델에 관하여 살펴보면서 통합의 역사, 통합의 개념, 통합의 내용들을 전체적으로 볼 수 있었다. 또한, 통합에 관한 학자들의 다양한 접근들을 살펴보았다.

그러면 이와 같은 기독교상담의 통합 모델에 관하여 성경적 상담의 관점으로 조명할 때 어떠한 원칙들을 세울 수 있겠는가?

다음과 같은 중요한 원칙을 정리할 수 있다.

1) 성경의 진리가 훼손되어서는 안 된다

성경적 상담의 첫 번째 관점은 기독교와 심리학의 통합으로 인하여 정확 무오한 하나님의 말씀인 성경의 진리가 훼손되어서는 안 된다는 것이다. 성경적 상담학자 데이비드 파울리슨(David Powlison)은 다음과 같이 말했다.

> 하나님은 우리가 스스로를 진정으로 알고 변화될 수 있도록 진리를 말씀하신다. 사람의 인격을 다루는 성경의 이론은 사람에 대한 진정한 진리가 무엇인지 판단할 수 있는 유일한 기준이다.[61]

즉, 이 진술 속에서 하나님의 말씀은 진리라는 것이 강조되어 있으며, 성경 말씀은 사람에 대한 진리를 판단할 수 있는 유일한 기준이라는 것이다.

트립(Tripp)도 십 대 청소년들을 지도함에 있어서 심리학적인 접근보다는 성경적인 접근을 통해 성경적인 자녀양육을 할 것을 제안한다.[62] 개혁신학[63]에서는 성경은 정확 무오한 하나님의 말씀이며, 인간의 삶과 신앙에 유일한 표준이 됨을 강조한다. 그러므로 성경의 진리가 훼손되는 통합이란 있을 수 없는 것이다.

2) 성경과 심리학의 권위가 동등하게 취급될 수 없다

성경적 상담의 두 번째 관점은 성경과 심리학의 권위가 동등하게 취급될 수 없다는 것이다. 즉, 성경의 절대권위가 행동과학으로서의 심리학의 권위보다 우위에 있다는 것이다. 파울리슨은 다음과 같이 말했다.

> 성경적인 모델은 단순히 많은 성격이론들 중에 또 하나의 모델을 더 하는 것이 아니다. 진리는 우리에게 살아 역사하시는 구원자 한 분을 가리킨다.[64]

즉 성경적인 모델은 다양한 학문 가운데 또 하나의 모델을 보여 주는 것이 결코 아니다. 폴 트립(Paul D. Tripp)도 역시 성경적인 모델에 따라 상담을 진행해야 함을 강조한다.[65] 그러므로 기독교와 심리학을 통합하고자 한다고 해서 성경의 권위와 심리학의 권위를 동등하게 취급하여 통합할 수는 없다는 것이다. 심리학은 성경의 절대권위 아래에 놓여 있는 것이다.

3) 성경적 세계관과 충돌하는 심리학적 지식과 정보를 수용할 수 없다

성경적 상담의 세 번째 관점은 성경적 세계관과 충돌하는 심리학적 지식과 정보를 수용할 수 없다는 것이다. 파울리슨은 "성경의 진리는 심리학의 이론들과 치열한 싸움을 벌인다"[66]라고 전제하면서 다음과 같이 평가했다.

> 하나님의 진리를 억압하는 모든 심리학 이론이나 심리치료는 예외 없이 육체의 기호에 맞는 욕망과 거짓을 섬긴다.[67]

특히, "고전적인 심리치료 이론들-정신 분석이론, 실존주의, 인지심리학, 도덕주의적 이론들은 육체의 보다 정제된 욕망에 호소한다"[68]고 했다.

세속심리학은 자신이 제시하는 진단을 통해 인간의 죄에 대한 자각을 가로막는다. 이 진단에 따라 예수 그리스도의 구속 사역과는 거리가 먼 치료 방법을 내놓는다. 그러므로 성경적 상담에서는 성경적 세계관, 성경적 인간관과 충돌하는 심리학적 지식과 정보를 수용할 수 없는 것이다. 성경의 진리를 따라야 하기 때문이다.

4) 성경적 렌즈를 통하여 심리학을 재조명한다

성경적 상담의 네 번째 관점은 성경적 렌즈를 통하여 심리학과 상담을 재조명한다는 것이다. 파울리슨은 다음과 같이 말했다.

> 상담이란 의도적으로 도움을 주고자 하는 대화인데 당신이 이 대화를 하나님의 시각으로 보기 시작한다면 상담이란 것이 다르게 보일 것이다.[69]

여기서 말하는 하나님의 시각이란 말이 성경적 시각을 의미하는 것이다. 성경적 시각으로 심리학과 상담을 다시 조명하게 되면 심리학과 상담이 다르게 보일 것이라는 점이다. 더 나아가 파울리슨은 이렇게 말했다.

> 이것은 일반적인 상담 과정에 나타나는 현상들을 성경의 관점을 통해 다시 해석할 것이다.[70]

여기에서 명백히 밝히고 있는 것처럼 심리학과 상담 과정에서 나타나는 현상들을 성경적 관점을 통해 재조명하고 해석하는 일이 필요하다.

5) 성경에 위배되지 않는 범주에서 심리학의 이론과 정보를 사용할 수 있다

　성경적 상담의 다섯 번째 관점은 성경에 위배되지 않는 과학으로서의 심리학의 이론과 정보를 사용할 수 있다는 것이다. 성경적 상담학자들도 심리학 분야를 전공한 후, 신학을 공부한 학자들이 있다. 아담스의 경우는 존스홉킨스대학교에서 헬라어를 전공하며 심리학 과목을 택하여 공부했다. 에드워드 웰치(Edward Welch)의 경우도 델라웨어대학을 졸업하고 비블리칼신학교에서 목회학 석사를, 유타대학교에서 박사학위를 받았는데, 상담과 생리학에 전문가이다. 파울리슨의 경우도 하버드대학교에서 심리학을 전공했고, 웨스트민스터신학교에서 신학을, 펜실베니아대학교에서 철학 박사학위를 받았다.

　그들은 행동과학으로서의 심리학을 이해하고 있으며, 동시에 개혁주의 신학을 공부했다. 성경적 상담학자들도 하나님께서 특별계시인 성경과 함께 일반은총의 영역을 선물로 주셨음을 부인하지 않는다. 그러므로 심리학을 전적으로 무시하거나 주변학문들을 배격하는 것이 결코 아니다. 중요한 것은 계시에 근거한 상담을 해야 한다는 것이고, 심리학의 이론과 정보사용도 성경에 위배되지 않는 범주 내에서 가능하다는 것이다.[71]

닫는 말

　개혁주의 신학을 견지하는 기독교상담학자들에게는 통합이라는 용어는 매우 중요하다. 아담스가 처음 권면적 상담을 발표한 후에 기독교상담은 통합이라는 이름으로 많은 갈등을 거듭했다. 그러나 통합이란 개념은 학자들마다 다른 의미로 받아들이고, 다른 방향으로 사용되었다. 사실상 아직도 학자들은 통합이 무엇을 의미하는지 온전한 합의를 이루지 못하게 되었다. 통합의 초기에는 구조 통합을 많이 연구했다. 그러나 시간이 지나

감에 따라서 기독교상담의 내용에 더 많은 관심을 가지게 되었다. 연구의 결과, 성경적 상담학적 관점으로 기독교상담과 통합을 살펴보면서 다음과 같은 결론을 얻었다.

첫째, 통합으로 인하여 정확 무오한 하나님의 말씀인 성경의 진리가 훼손되어서는 안 된다는 것이다.
둘째, 성경과 심리학의 권위가 동등하게 취급될 수 없다는 것이다.
셋째, 성경적 세계관과 충돌하는 심리학적 지식과 정보를 수용할 수 없다는 것이다.
넷째, 성경적 렌즈를 통하여 심리학과 상담을 재조명해야 한다는 것이다.
다섯째, 성경에 위배되지 않는 범주에서 과학으로서의 심리학의 이론과 정보를 사용할 수 있다는 것이다.

후속 연구로서 성경적 상담의 관점으로 심리학의 여러 다양한 분야를 재조명함으로써, 성경에 위배되지 않는 심리학의 정보를 활용할 수 있는 가능성을 살펴보고, 고통 속에 있는 목회자와 성도들을 세우고 섬겨야 할 것이다. 그것이 주님께서 분부하신 하나님 나라의 일이기 때문이다. 끝으로 파울리슨의 말이 생각난다.

> 우리의 시각이 하나님의 시각을 통해 깨어날 때 우리는 진정으로 보기 시작한다. 진실을 명확하게 볼 때야 비로소 우리는 진정으로 사랑할 수 있다.[72]

제4장

웨스트민스터 신앙고백서에 나타난 성경적 상담 원리

여는 말

오늘날 현대인들은 사회적, 경제적, 문화적, 심리적 이유로 인하여 고통을 호소하는 사람들이 많아지고 있다. 우울증 환자와 자살을 기도하는 사람들이 증가하고 있으며, 이러한 현대인들의 문제를 해결하려는 전문 상담가의 노력도 늘어나고 있다.[1]

이미 한 세대를 풍미했던 미국의 목회상담학이 심리학 중심으로 연구되어 왔던 것이 사실이다.[2] 그러나 현대의 목회상담학은 비기독교적인 심리학의 확산을 막고 비성경적인 상담학의 범람을 제어하면서 복음의 확산과 인간의 성화[3]를 이루게 하는 신학 중심의 성경적 상담학으로 가고 있다.[4]

파울리슨(David Powlison)[5]은 다음과 같이 말했다.

> 상담이란 의도적으로 도움을 주고자 하는 대화인데 당신이 이 대화를 하나님의 시각으로 보기 시작한다면 '상담'이란 것이 다르게 보일 것이다.[6]

이것은 파울리슨이 상담을 심리학적 관점이 아닌 하나님의 관점으로 보고자 한 것이며, 상담이라는 상황 속에서 하나님을 볼 수 있도록 돕고자 의도한 것이다.[7]

그는 "우리가 어떻게 그가 보는 것을 보고, 그가 말하는 것을 듣고, 그가 하는 일을 할 수 있을까?"라고 질문하면서 이 해답을 발견할 때, 비로소 사람들이 사려 깊게 이해하고, 영혼을 치료하는 데 더 능숙해질 것[8]이라 말한다. 파울리슨의 말처럼 상담은 하나님께서 보는 것을 보고, 말씀하시는 것을 듣고, 하나님께서 하시는 일을 할 수 있도록 돕는 과정이라 할 수 있다. 이것은 교회가 조직적으로 성경적 상담을 제공할 수 있도록 모델을 제시해 주는 것이다.[9]

심리학의 다양한 성격 이론들과 심리치료 이론들은 사람의 속성을 설명하고 해결책을 내놓는 방법에 있어서 성경과 다를 뿐 아니라, 성격 이론 상호 간에도 매우 다르다.[10]

성경의 진리는 이런 심리학 이론들과 치열한 싸움을 벌인다. 하나님은 우리가 스스로를 진정으로 알고 변화될 수 있도록 진리를 말씀하신다. 사람의 인격을 다루는 성경의 이론은 사람에 대한 진정한 진리가 무엇인지 판단할 수 있는 유일한 기준이다.[11]

로렌스 크랩(Lawrence J. Crabb)[12]은 "상담이란 상담자의 신학적인 확신과 피상담자와의 관계 그리고 다른 여러 요인들에 따라 다르다"[13]고 했다. 크랩의 상담에 관한 정의에서 알 수 있는 것처럼, '상담은 상담자의 신학적인 확신'이 중요한 것이다.

성경적 상담(Biblical Counseling)은 메뉴에 나와 있는 것을 택하는 것이 아니라, 하나님 말씀 안에서 원리와 방법을 찾는 것이다.[14] 미국의 웨스트민스터신학교(Westminster Theological Seminary)[15] 교수로 구성된 상담 기관인 기독교상담교육재단(Christian Counseling Educational Foundation)[16]에서는 성경적 상담의 원리를 일곱 가지로 제시했다. 놀랍게도 이러한 성경적 상담의 원리는 웨스트민스터 신앙고백서에 나타난 진리들이다.

따라서 본 장은 웨스트민스터 신앙고백서에 나타난 성경적 상담 원리를 고찰해 봄으로서, 심리학에 초점을 맞춘 비성경적인 상담 원리가 아닌, 정확 무오한 하나님 말씀인 성경과 개혁신학 위에 세운 성경적 상담 원리가 웨스트민스터 신앙고백서의 내용과 깊은 관련이 있음을 입증하고자 한다.

이것을 연구함으로써 개혁신학의 바탕 위에 상담의 준거 틀을 마련하고, 성경적 상담에 관한 후속 연구를 위한 기초 자료를 제공하고자 한다.

1. 웨스트민스터 신앙고백과 성경적 상담 원리

1) 인간은 하나님의 형상대로 지음 받았다

웨스트민스터 신앙고백서 제4장은 다음과 같이 기록하고 있다.[17]

> 1. 하나님, 곧 성부, 성자, 성령(히 1:2; 요 1:2, 3; 창 1:2; 욥 26:13; 33:4)은 그의 영원한 권능과 지혜와 선하심의 영광을 나타내시기 위하여 태초에 이 세상과 그 안에 있는 모든 것, 즉 보이는 것과 보이지 않는 모든 것을 6일 동안에 무로부터 창조하셨으니 지으신 모든 것이 좋았다(창 1장; 히 11:3; 골 1:1, 6; 행 17:24).

> 2. 하나님께서는 모든 피조물들을 창조하신 후에 사람을 창조하시되 남자와 여자로 지으셨다(창 1:27). 그런데 하나님께서는 이 인간을 자신의 형상(창 1:26; 골 3:10; 엡4:24)을 따라 창조하셨다. 즉, 이 인간에게 이성을 부여하셨고 불멸의 영혼을 주셨고(창 2:7; 전 12:7; 눅 23:43; 마 10:28), 지식과 의와 참된 거룩 성을 부여 하셨고, 이 인간의 마음속에 하나님의 법을 기록하셨고(롬 2:14, 15), 그것을 성취 할 수 있는 능력을 주셨다(전 7:29).

웨스트민스터 신앙고백서 제4장의 내용에는 "하나님께서는 이 인간을 자신의 형상을 따라 창조하셨다"[18]는 표현이 나타나고 있다. 이 표현에 대한 하지(A.A. Hodge, 1823-1886)[19]의 해설을 보면 이 명제에 다음과 같은 요소들이 포함되어 있음을 설명하고 있다.

① 사람은 신체를 가진 존재이지만, 그 본성은 하나님과 같이 창조되었다. 즉 사람은 이성적이며, 도덕적이며, 자유로우며, 인격적인 영이다. 이 사실은 하나님을 알 수 있기 위해서, 또 하나님의 도덕적 지배를 받을 수 있기 위해서, 필수적인 조건이다. 그리고 이 점에서 이 유사성은 파괴할 수 없다.[20]

② 사람은 그 본성이 완전하고 순수한 점에서 하나님과 같이 창조되었다. 여기에 포함된 것은 다음과 같다.

첫째, 지식이다(골 3:10), 즉 영적인 일들을 바르게 이해하는 능력이다. 죄인이 영적인 조명을 은사로 받아 중생할 때에, 이 능력이 회복된다.

둘째, 의와 진정한 거룩함이다(엡 4:24).[21] 즉 영혼의 완전한 도덕적 상태인데, 특히 지배적인 감정과 의지의 성격이 완전하다.[22]

③ 피조 세계의 이 부분에서 머리로서의 존엄성과 권위를 받았다(창 1:28).[23]

하지는 "하나님의 형상대로" 창조되었다는 선언에 대하여 에베소서 4:24, 골로새서 3:10의 중생한 사람은 "하나님의 형상을 좇아" 다시 창조된다는 말씀과 비교하면서 "중생은 인간성을 순수했던 원시 시대의 상태로 회복시키는 것이며, 인간성을 새로운 형태로 바꾸는 것이 아니다"라고 하면서 사람이 타락해서 잃어버린 하나님의 형상은 우리가 새로 남으로써 회복하는 그 상태와 같은 것이라고 전제, 이 회복되는 것을 "지식과 의와 진정한 거룩함"이라고 했다.[24]

성경적 상담학자인 폴 트립(Paul D. Tripp)[25]은 "인간이 하나님의 형상으로 창조되었다"는 원리에는 "인간은 하나님을 떠나서는 살 수 없다"는 의미가 포함되어 있다고 했다. 그리고 "첫 번째 상담자는 하나님이시다"라고 했다.[26] 즉 최초의 인간인 아담과 하와는 그들이 하나님의 형상대로 완벽한 존재로 창조되었으나, 그들이 스스로 삶을 해결할 수 없는 의존적인 존재로 창조되었음을 의미한다.[27]

인간이 다른 피조물과 다르게 만들어진 특징은 다음과 같다.

첫째, 인간은 계시 받은 자이다.
둘째, 인간은 해석자이다.
셋째, 인간은 예배자이다.

그러므로 인간은 하나님의 진리를 떠나서는 살 수 없는 것이다.[28]

인간이 하나님의 형상을 입은 자로 산다는 것은 하나님의 임재 가운데서 즐거워 하는 것이요, 그분을 사랑하는 것이며, 우리 자신의 영광이 아닌 하나님의 영광을 위해서 사는 것을 의미한다. 그러므로 인간 존재의 가장 기본적 질문은 "하나님이 어떻게 나의 심리적 필요를 채워 주실까" 하는 것이 아니라, "내가 어떻게 하나님께 영광을 돌리며 살 수 있을까?" 하는 것이다.[29]

이처럼, 성경적 상담의 첫 번째 원리인 "인간은 하나님의 형상대로 지음 받았다"는 것은 웨스트민스터의 신앙고백서에 나타난 진리이며, 성경적 상담을 통해서 인간을 변화시키고자 하는 방향도 본래의 하나님의 형상을 회복하도록 하는 데 있다.

2) 인간은 죄로 인하여 타락한 존재다

웨스트민스터 신앙고백서 제6장에 보면 다음과 같이 기록하고 있다.[30]

> 1. 우리의 최초의 조상은 사단의 간계와 시험에 의하여 유혹을 받아 금단의 열매(창 3:13; 고후 11:3)를 먹는 죄를 범했다. 하나님께서는 그의 지혜롭고 거룩한 계획에 따라 저들의 범죄를 기쁘게 허락하셨고 그것을 그의 영광을 위하여 섭리 하셨다(롬 11:32).
>
> 2. 최초의 인류의 조상은 이 원죄로 말미암아 그들의 원의와 하나님과의 사귐으로부터 떨어졌고(창 3:6-8; 전 7:29; 롬 3:23). 죄로 말미암아 죽을 수밖에 없게 되었고, 죽음의 상태에 처하게 되었고(창 2:17; 엡 2:1; 롬 5:12). 영혼

과 몸의 모든 기능과 모든 부분들이 죄로 오염되고 말았다(딛 1:15; 창 6:5; 렘 7:9; 롬 3:10-19).

3. 우리의 처음 조상은 인류의 뿌리가 되므로 이들의 죄책이 우리 후손들에게 전가 되었고(창 1:27, 28; 2:16, 17; 행 17:26; 롬 5:12, 15-19; 고전 15:21, 22, 45, 49). 죄안에서의 죽음과 부패한 본성이 정상적인 생식 방법에 의하여 우리 후손에게 전해지는 것이다.

4. 모든 실제적인 범죄들은 이 원죄로 말미암은 근원적 부패에서 오는 것이다(약 1:14, 15; 엡 2:2, 3; 마 15:19). 그도 그럴 것이 우리는 이 근원적 부패로 말미암아 모든 선에 대하여 싫증을 내고, 불능해졌고, 반대하게 되었고, 악의 성향을 갖게 된 것이다(창 6:5; 8:21; 롬 3:10-12).

하지는 1절이 가르치려고 하는 것에 대하여 다섯 가지로 설명했다.

첫째, 아담과 하와는 죄를 지었다.
둘째, 그들이 지은 특별한 죄는 금지된 과일을 먹은 것이었다.
셋째, 그들은 사탄의 간계와 시험에 유혹되어서 죄를 지었다.
넷째, 이 죄는 하나님의 주권적 목적에 포함되어 허락된 것이었다.
다섯째, 하나님은 그렇게 하심으로써 자기의 영광이 되도록 그 죄를 정리하실 계획이었다.[31]

이처럼 아담과 하와는 죄를 범했고, 그것은 사탄의 간계와 시험에 유혹된 결과였다.
2절의 내용에 담겨 있는 것처럼, 최초의 인류의 조상은 이 원죄로 말미암아 하나님과의 사귐으로부터 떨어졌고, 죄로 말미암아 죽을 수밖에 없게 되었으며, 영혼과 몸의 모든 기능과 부분들이 죄로 오염되고 말았다.

3절의 내용에서 그 죄책이 후손들에게 전가되었고, 죽음과 부패한 본성이 후손들에게 전해지는 것이다.

4절은 모든 범죄들이 이 원죄로 말미암은 근원적 부패에서 오는 것이며, 선에 대하여 반대하고, 악의 성향을 갖게 된 것이라 설명했다.

이러한 웨스트민스터 신앙고백서 6장의 내용이 성경적 상담의 제2원리인 인간은 죄로 인하여 타락한 존재로 귀결된 것이다.

에드워드 웰치(Edward Welch)[32]는 인본주의 심리학에서 인간이 본질적으로 선하다고 주장 하는 이론을 강하게 비판했다. 즉, 심리학에서는 인간은 스스로 성장과 적응과 자립을 위해 움직이며, 자기구현이 인간 속에 기본 동기를 부여한다는 것이다. 여기서 자기구현이란 자기 속에 선한 것, 좋은 것을 실현하고 가시화하려는 경향을 말하는데, 이 경향을 마음껏 발휘하도록 해 주면 밖으로 열매를 맺고 훌륭한 사람이 되며, 문제를 스스로 해결하게 된다는 이론이다. 이것은 인간이 하나님의 명령에 불순종 하여 선악과를 따 먹고 죄를 진, 타락한 존재라는 것을 부정하는 이론이다.[33]

또한, 웰치는 기독교인들이 '자기사랑' 이론 따르는 것에 대하여 비판했다. 소위, '자기사랑' 이론은 공동체보다 개인주의를 숭배하는 이론에서 나온 것을 모르고, 그와 같은 원리가 성경에서 나온 것처럼 생각하고 있다. 그러나 성경은 '자기사랑을 더욱 증진시키는 것'은 실제로는 '마음의 병을 더욱 심화시키는 것'임을 지적한다. 인간이 죄 문제의 심각성을 인식하지 못하면, 하나님보다 사람을 더욱 중요한 존재로 여기게 될 것이다.[34]

물론, 성경에서 자기사랑을 금하고 있는 것은 아니다. 문제는 자기사랑을 지나치게, 바르지 않게 하는 것이 문제이다.

> 네가 이것을 알라 말세에 고통 하는 때가 이르리니 사람들은 자기를 사랑하며 돈을 사랑하며 자긍하며 교만하며 훼방하며 부모를 거역하며 감사치 아니하며 거룩하지 아니하며(딤후 3:1-2).

이 말씀에서 인간의 대표적인 악한 행위들을 말하고 있는데, 그 첫 번째가 '자기사랑'인 것이다. 올바른 자기사랑은 자기 존재의 근원이시며, 자기를 지극히 사랑하시는 하나님을 사랑하는 것이며, 더 나아가 자기와 같은 존재인 이웃을 사랑하는 것이다.[35]

인간이 죄로 말미암아 하나님의 형상을 잃어버렸다면 그리스도의 십자가 앞에 나아와 죄 사함을 받을 때 그 형상이 회복될 수 있을 것이다. 인간은 영적인 필요를 가지고 있는 죄인들이다. 그리스도의 죄 사함과 구속의 사역이 없다면, 우리는 영적으로 죽은 자들이다. 우리는 예수님을 필요로 한다. 우리는 예수님을 배워야 하고, 주님에게서 떨어져 나갔을 때 마땅히 책망을 받아야 한다.[36]

이처럼 "인간은 죄로 인하여 타락한 존재이다"는 성경적 상담의 두 번째 원리는 웨스트민스터 신앙고백에 나타난 진리이다.

3) 인간의 문제는 마음의 문제이다

웨스트민스터 신앙고백서 제4장 2절에는 다음과 같이 기록되어 있다.[37]

> 2. 하나님께서는 모든 피조물들을 창조하신 후에 사람을 창조하시되 남자와 여자로 지으셨다(창 1:27). 그런데 하나님께서는 이 인간을 자신의 형상(창 1:26; 골 3:10; 엡 4:24)을 따라 창조하셨다. 즉, 이 인간에게 이성을 부여하셨고 불멸의 영혼을 주셨고(창 2:7; 전 12:7; 눅 23:43; 마 10:28), 지식과 의와 참된 거룩성을 부여하셨고, 이 인간의 마음속에 하나님의 법을 기록하셨고(롬 2:14, 15), 그것을 성취할 수 있는 능력을 주셨다(전 7:29).

이 고백에서 볼 수 있는 것처럼 하나님께서는 인간을 하나님의 형상대로 창조하셨는데, 그것은 인간에게 이성과 영혼을 주셨고, 의와 참된 거룩성을 부여하셨는데, 특히 인간의 '마음' 속에 하나님의 법을 기록하시고 그것을 성취할 수 있는 능력을 주셨다고 했다.

하지는 2절에 대하여 해설하면서 다음과 같이 말했다.

> 아담이 자기를 인도하기에 충분한 지식을 받았으리라는 것은, 아담이 거룩한 도덕적 행위자요 하나님이 의로운 도덕적 지배자시라는 사실에 필연적으로 포함되었다. 아담의 부패하고 타락한 후손들까지도 그 마음에 율법이 기록되고 빛이 되어서 '핑계치 못하게' 되었다(롬 1:20; 2:14, 15).[38]

하나님께서는 인간의 마음속에 하나님의 법을 기록하셨는데, 인간은 그 마음속에 기록된 하나님의 법을 따라야 함에도 불구하고, 그것에 불순종하여 죄를 범하고 말았다. 여기서 인간의 마음의 문제를 볼 수 있다.

웨스트민스터 신앙고백서 제10장에는 다음과 같이 기록되어 있다.[39]

> 1. 하나님께서는 생명에로 예정된 사람들만을 그의 지정하신 적당한 때에 그의 말씀과 성령에 의하여 본성상 처해 있는 죄와 죽음의 상태로부터 예수 그리스도로 말미암아 은혜와 구원에로 부르셨다. 또한 하나님께서는 이들의 마음을 영적으로 조명하시고 구원하사 하나님의 일들을 이해케 하시고 (행 26:18; 고전 2:10, 12; 엡 1:17, 18), 돌과 같이 굳은 마음을 살과 같이 부드러운 마음으로 만드시고(겔 36:27; 엡 1:19; 요 6:44, 45) 저들의 의지들을 새롭게 하사 그의 전능하신 권능에 의하여 이들로 하여금 선을 향하여 방향 잡히게 하시고 효과적으로 이들을 예수 그리스도에게로 이끄신다(겔 11:19; 빌 2:13; 신 30:6; 겔 36:27; 엡 1:19; 요 6:44, 45). 이때에 그들은 하나님의 은총에 의하여 자원하는 마음이 생긴 나머지 아주 자유롭게 예수 그리스도에게로 나아온다 (사 1:4; 시 110:3; 요 6:37; 롬 6:16-18).

이 말씀에 보면 "하나님께서는 이들의 '마음'을 영적으로 조명하시고 구원하사"라고 하셨다. 하나님께서는 '마음'을 조명하시는 분이시다. 또한, "돌과 같이 '굳은 마음'을 살과 같이 '부드러운 마음'으로 만드시고"라고 표현하셨다. "이때에 그들은 하나님의 은총에 의하여 '자유로운 마음'이 생겨 예수 그리스도에게로 나아온다"라고 기록되어 있다. 여기에서 마음의 중요성을 보게 된다. 하나님은 마음을 조명하시는 분이며, 인간에게 굳은 마음도 있고 부드러운 마음도 있음을 가르쳐 준다. 하나님의 은총으로 자유로운 마음이 생겨야 그리스도에게 나아올 수 있음도 볼 수 있다. 이처럼 인간에게는 마음이 중요한 것이다. 인간의 문제는 마음의 문제인 것이다.

하지는 1절을 해설하면서 다음과 같이 말하고 있다.[40]

> 이런 내면적 부르심이 있으며, 이것은 구원을 위해서 필요하다. 부르심을 받은 사람들은 중생하기 전에는 성령의 모든 일반적인 영향을 경험하면서도 거기에 자유로 항거 했으며, 그들을 중생하게 만드는 성령의 특별한 영향에 대해서는 전적으로 피동적이다. 그러나 중생으로 마음이 변한 결과로 부르심에 순종하고, 그 후에 거의 완전히 은혜와 협력한다고 한다. 사람의 이해력과 감정에 진리가 주는 단순한 도덕적 영향에 비해서, 중생한 사람의 마음에 성령이 역사하시는 영향은 훨씬 더 직접적이며 강력하며 효과적이다(엡 1:19; 3:7).

여기서도 중생한 사람은 마음이 변화된다는 것이며, 성령도 마음에 역사하신다고 설명하고 있다.

트립은 마음의 중요성에 관하여 설명하기 위하여 누가복음 6:43-46에 나타난 예수님의 말씀을 예로 사용했다.[41]

> 못된 열매 맺는 좋은 나무가 없고 또 좋은 열매 맺는 못된 나무가 없느니라 나무는 각각 그 열매로 아나니 가시나무에서 무화과를 또는 찔레에서 포도를 따지 못하느니라 선한 사람은 마음의 쌓은 선에서 선을 내고 악한 자는 그 쌓은 악에서 악을 내나니 이는 마음의 가득한 것을 입으로 말함 이니라 너희는 나를 불러 주여 주여 하면서도 어찌하여 나의 말하는 것을 행치 아니하느냐(눅 6:43-46).

나무의 뿌리와 그 뿌리에서 생산하는 열매는 유기적인 관계가 있다. 동일한 원리가 우리말에도 적용된다.[42] 말이란 우리의 마음속에서 발견되는 뿌리의 열매이다. 말의 문제는 항상 마음의 문제와 관련이 있다. 예수님의 이 놀라운 비유는 우리의 말이 마음의 생각과 동기에 의해 형성되고 조절된다는 것을 보여 준다.[43]

이처럼 "인간의 문제는 마음의 문제이다"라는 성경적 상담의 세 번째 원리는 성경이 가르치는 메시지이며, 그것은 웨스트민스터 신앙고백서와 관련이 있는 것이다.

4) 상담의 주요 도구는 성경이다

웨스트민스터 신앙고백서 제1장은 다음과 같이 기록하고 있다.[44]

> 1. 이성의 빛과 창조의 세계와 섭리를 볼 때 인간이 하나님 앞에서 핑계할 수 없을 정도로(롬 1:19, 20; 2:14, 15; 1:32; 2:1; 시 19:1-3) 하나님의 선하심과 지혜와 능력이 나타났다. 그러나 이러한 것들로는 구원을 위해서 필수적인 하나님 지식과 하나님의 뜻에 대한 지식에 우리는 결코 도달 할 수 없다(고전 1:21; 2:13-14). 그래서 주께서는 여러 기회에, 여러 가지 방법으로 자기 자신을 계시하셨고, 이 계시를 교회에 대한 자신의 뜻이라고 선포하시기를 기뻐하셨다(히 1:1). 그리고 주께서는 그 후 이 계시를 기록으로 남기시기를 기뻐하셨는데, 그 이유는 진리를 더 잘 보존하고 전파하시기 위함이요, 육신의 부패와 사단과 이 세상 악에 대항하여 교회를 더 확고하게 세우고 위로하기 위함이었다(잠 22:19-21; 눅 1:3, 4; 롬 15:4; 마 4:4, 10; 사 8:19, 20). 이런 이유 때문에 성경은 꼭 필요한 것이다(딤후 3:15; 벧후 1:19).
>
> 2. 성경 또는 기록된 하나님의 말씀이란 신, 구약성경의 모든 책들을 포함한다. 이 책들은 하나님의 영감에 의해서 기록된 것으로 신앙과 삶의 규범이다(눅 16:29, 31; 엡 2:20; 계 22:18, 19; 딤후 3:16).

3. 보통 외경이라 불리는 책들은 영감에 의한 것이 아니기 때문에 경전의 일부가 될 수 없고 하나님의 교회 안에서 어떤 권위도 행사할 수 없다 (눅 24:27, 44; 롬 3:2; 벧후 1:21).

4. 성경의 권위란 어떤 인간의 증언이나 교회의 증언에 의존하는 것이 아니라 전적으로 하나님께 의존한다. 하나님께서 이 성경의 저작자이시다. 이처럼 성경은 하나님의 말씀이기 때문에 우리는 그것을 믿고 순종해야 한다 (벧후 1:19, 21; 딤후 3:16; 요일 5:9; 살전 2:13).

하지는 1절에 대하여 해설하면서 "하나님은 계시를 기록하시기를 기뻐하셨고, 그 계시는 지금 오직 성경에만 포함되어 있다"[45]라고 했다. 이처럼 하나님의 계시는 오직 성경에 기록된 것이다.

2절에 대하여서는 "모든 정경은 하나님의 감동으로 되었으며, 우리의 믿음과 생활의 권위 있는 규범이 되도록 주신 것이다"[46]고 했다. 성경은 하나님의 감동으로 기록된 것이며 믿음과 생활의 권위 있는 규범이 되도록 주신 것이므로 성경적 상담의 주요 도구는 성경이 되어야 하는 것이다.

하지는 4절을 해설하면서 "영감으로 된 성경의 권위는 교회의 증언에 의존하는 것이 아니라, 직접 하나님께 의존한다"[47]라고 하면서 "하나님이 성경의 근원이시라는 내적 증거들은 성경 자체 안에 있어서, 성경에서 분리할 수 없으며, 결정적인 증거들이다"[48]라고 했고, "그러나 성경의 진리와 권위에 대한 믿음이 가장 높게 되며 그 영향력이 가장 강하게 되는 것은 성령이 우리 마음에 역사하기 때문이다"[49]라고 했다.

이러한 해설에서 알 수 있는 것처럼 성경의 근원은 하나님이시며, 모든 성경은 하나님의 영감으로 된 것으로 권위를 가지며, 성령의 역사로 영향력이 나타난다.

제이 아담스(Jay E. Adams)[50]는 상담에 있어서 성경적인 방법(Biblical Approach)을 제시하며 다음과 같이 말했다.

성경적 상담이란?
 첫째, 성경에서 그 동기를 찾으며,
 둘째, 성경을 그 전제 조건으로 하며,
 셋째, 성경의 목표를 뼈대로 삼아,
 넷째, 성경의 모델로 주어지고 명령된 원리와 실천에 따라 조직적으로 발전시켜 나가는 것이다.[51]

이 세상은 혼돈으로 가득 차 있다고 할 수 있다. 이러한 혼돈 가운데 필요한 것은 원리와 기준이다. 디모데후서 3:16-17은 다음과 같이 말씀한다.

> 모든 성경은 하나님의 감동으로 된 것으로 교훈과 책망과 바르게 함과 의로 교육하기에 유익하니 이는 하나님의 사람으로 온전케 하며 모든 선한 일을 행하기에 온전케 하려 함이라(딤후 3:16-17).

하나님의 말씀은 실천적이며 기능적이다. '교훈'은 우리가 행하여야 할 기준을 의미하고, '책망'은 그 기준에 합당하게 행하지 못했을 때에 잘못을 깨닫게 해 주는 것이다. '바르게 함'은 어떻게 하는 것이 올바른 변화인지 지도해 주는 것이다. '의로 교육하는 것'은 훈련시킨다는 뜻이 내포되어 있다.[52] 하나님의 말씀은 다음과 같은 특성을 가지고 있다.

첫째, 그 말씀을 통해서 하나님 자신을 계시해 준다.
둘째, 하나님 말씀을 통해서 나 자신이 누구인지를 보여 준다.
셋째, 하나님의 말씀을 통해서 나의 적이 누구인지도 알 수 있다.
넷째, 하나님의 말씀을 통해 고난 속에 있는 사람이 하나님을 붙들게 된다.
다섯째, 하나님은 말씀을 통해서 우리의 영을 깨끗하게 만드시고 하나님의 양자의 능력을 받게 하신다. 그래서 신자는 확신과 능력이 있게 된다.

그러므로 하나님의 말씀으로 위로 받고, 능력을 받고, 권면하고, 상담해야 할 것이다. 성경으로 상담을 한다는 것은 단지 성경 구절들을 인용하는 것만을 의미하지는 않는다. 상담에 있어서 전체 성경이 무엇에 관한 것인지를 반영하는 것을 의미한다.[53]

성경적 상담의 핵심은 복음이다. 그것은 그리스도와 더 깊은 관계를 맺기 위한 것이다.[54]

5) 성경적 상담의 본보기는 예수 그리스도시다

웨스트민스터 신앙고백서 제8장은 다음과 같이 기록하고 있다.[55]

1. 하나님께서는 그의 영원한 계획과 목적 가운데에 그의 유일무이하신 아들, 주 예수를 하나님과 인간 사이를 화해시킬 중보자로 택하시고 정하시기를 기뻐하셨다. 또한 하나님께서는 그의 아들 주 예수를 예언자와 제사장과 왕으로, 그의 교회의 머리와 구주로, 모든 것의 상속자로, 그리고 이 세상의 심판자로 선택하셨고 정해 놓으셨다(사 42:1; 벧전 1:19, 20; 요 3:16; 딤후 2:5; 행 3:22; 신 18:15; 히 5:5, 6; 시 2:6; 눅 1:33; 엡 5:23; 히 1:2; 행 17:31). 하나님은 영원 전부터 이 하나님 아들 주 예수께 한 백성을 주시사 그의 씨(요 17:6; 시 22:30; 사 53:10)가 되게 하셨고, 이 예수 그리스도에 의하여 적당한 때에 구속받고, 부름 받고, 칭의 받고, 성화 받고, 영광스럽게 되게 하셨다(딤전 2:6; 사 55:4, 5; 고전 1:30).

2. 하나님의 아들은 삼위일체 하나님의 제2위격으로서 참 하나님이시요, 영원하신 하나님이요, 아버지 하나님과 동일 본질이시요, 아버지 하나님과 동등하시다. 이 하나님의 아들 이 때가 무르익었을 때 성육신하사 인간의 본성을 입으셨으니, 그는 인간과 꼭 같은 본질적 특징들을 지니셨고, 인간과 꼭 같은 약점을 보유하고 계시지만 죄만 없으시다(요 1:1, 14; 요일 5:20; 빌 2:6; 갈 4:4; 히 2:14, 16, 17; 4:15). … 이 위격은 참 하나님이신 동시에 참 인

간으로서, 한 그리스도시요, 하나님과 사람 사이에 있는 유일무이한 중보
자시다(롬 1:3, 4; 딤전 2:5).

8. 그리스도께서 값 주고 사신 구속의 혜택을 입은 모든 사람들에게 그리스도는 이 구속을 확실히, 그리고 효과적으로 적용하시고 전달하신다(요 6:37, 39; 10:15, 16).

웨스트민스터 신앙고백서 제8장의 내용을 해설하면서 하지는 1절에 대하여 다음과 같이 정리했다.[56]

1. 구속된 교회의 머리로 언약에서 정해진 분은 절대적 의미의 말씀 즉 하나님의 말씀이 아니라, 성육신하신, 하나님이며 동시에 사람이신 주 예수 그리스도시다. 이 분이 하나님과 사람 사이의 중보로서 하나님의 임명을 받으셨다.

2. 그리스도께서 우리를 구속하시는 중보자로서의 직책에는, 선지자와 제사장과 왕이라는, 세 가지 서로 다른 기능도 포함되었다.

3. 중보이신 그리스도는 교회의 머리와 구주시며, 만물의 상속자와 세상의 심판자시다.

즉, 예수 그리스도께서 하나님과 사람 사이의 중보자이시며 교회의 머리가 되신다는 내용이다. 2절에서도 중보자를 강조하시고, 3절에는 그리스도께서 구속을 입은 모든 이들에게 구속을 확실히, 효과적으로 적용하시고 전달하신다는 점이 강조 되어 있다.

성경적 상담에서는 상담자가 그리스도의 대사로 부름 받았음을 강조한다. 대사가 해야 할 일은 세 가지다.

첫째, 왕의 메시지를 전하는 것이다.
대사는 항상 이렇게 묻는다.
"내 주님은 이러한 상황에서 이 사람과 어떻게 대화를 나누기를 원하시는가?
나의 반응으로 어떠한 진리를 나타내야 하는가?
나는 어떠한 목표로 움직여야 하는가?"
둘째, 왕의 방법을 따르는 것이다.
"주님은 나와 다른 사람의 마음속에서 어떻게 변화를 일으키시는가?
주님은 이 세상에 계실 때 사람들을 어떻게 대하셨는가?
복음의 목표와 근원에 합당한 반응은 무엇인가?"
셋째, 왕의 성품을 따르는 것이다.
"주님은 왜 현재 하고 있는 일을 하시는가?
나는 그분의 구속적인 사역을 일으키는 성품을 어떻게 하면 신실하게 나타낼 수 있는가?
내 마음속에서, 주님이 이 상황에서 행하기를 원하시는 일을 방해 하는 동기는 무엇인가?"

이와 같은 세 가지 초점을 기억하면서 친구나, 가족, 이웃들에게 반응하는 방식을 바꾸어야 한다. 그리스도의 대사가 된다는 것은 어느 때에든지 누구와 있든지 간에 우리의 말과 반응에서 놀라운 상담자이신 주님의 모범을 따르는 것을 의미한다.[57]

예수께서 다양한 사람과 상담하신 즉, 사마리아 여인, 간음한 여인, 삭개오, 베드로, 니고데모, 혈루증 여인, 마리아와 마르다, 의심 많은 도마 등과 상담하신 모범은 성경적 상담의 모델이 된다.

6) 인간은 이 세상에서 고통당하는 존재다

웨스트민스터 신앙고백서 제6장 5절과 6절은 다음과 같이 기록하고 있다.[58]

> 5. 이와 같은 본성의 부패는 중생한 사람들 속에도 이 세상을 사는 동안 남아 있다(요일 1:8, 10; 롬 7:14, 17, 18, 23; 약 3:2; 잠 20:9; 전 7:20). 원죄는 그리스도를 통해 용서되었고 죽었으나 이 원죄 자체와 이것에서 나온 모든 실제 죄들은 모두 참으로, 그리고 틀림없이 죄이다(롬 7:5, 7, 8, 25; 갈 5:17).
>
> 6. 원죄이든 실제 죄이든 간에 모든 죄는 하나님의 의로운 법을 어긴 것이요, 이 법에 반대되는 것으로(요일 3:4) 본성상 죄인에게 죄책을 가져다준다(롬 2:15; 3:9, 19). 이 죄 값으로 말미암아 죄인은 하나님의 진노(엡 2:3)와 그의 율법의 저주(갈 3:10)에 속박되고 그 결과 죽음(롬 6:23) 모든 정신적(엡 4:18), 시간적(롬 8:20; 애 3:39) 영원한(마 25:41 이하; 살후 1:9) 비참함을 당하게 된다.

하지는 "이 절들의 화제는 중생한 사람에게 계속 남아 있는 부패와, 모든 죄에 따르는 죄책, 즉 벌을 받아야 하는 공정한 책임과, 하나님이 죄에 가하시는 벌들이다"[59]라고 전제한 후, 5절은 다음과 같이 가르친다고 했다.[60]

1. 원죄 즉, 타고난 도덕적 부패는 중생한 사람의 일생을 통해서 남아 있다.
2. 원죄는 그리스도의 공로로 말미암아 용서된다.
3. 원죄는 성령의 성화 하시는 역사에 의해서 억제되며 세력이 꺾인다.
4. 그러나 남아 있는 원죄와 그것이 부추기는 감정과 행동은 모두 참으로 죄적인 것이다.

위의 내용을 정리하면, 원죄는 중생한 사람의 일생을 통해 남아 있다는 것이요, 원죄는 그리스도의 공로로 말미암아 용서되며, 성령의 역사에 의해서 억제된다는 것이다. 그러나 남아 있는 원죄와 그것을 부추기는 감정과 행동은 죄적인 것임을 지적함으로써 인간에게 원죄로 인한 고통이 있음을 보여 주고 있다.

하지는 6절에 대해서는 다음과 같이 가르친다고 했다.[61]

> 1. "원죄" 즉 영혼의 타고난 부패한 경향과 애착심은 실지로 한 범법 행위와 다름없는 위법 즉 하나님의 법을 유린하는 것이다.
> 2. 두 가지 종류의 죄가 다 그 본질상 죄책이 있다. 즉 벌을 받아야 한다.
> 3. 따라서 죄인은, 어느 쪽 죄가 있든 간에, 만일 은혜가 개입하지 않으면, "죽음"에 굴하게 되며, 여기는 영적 불행과 금세의 불행과 영원한 불행이 포함된다.

6절의 내용을 보면, 원죄는 하나님의 법을 유린하는 것인데, 두 가지 종류의 죄는 죄책이 있어 벌을 받아야 하며, 만약 은혜가 개입하지 않으면, "죽음"에 굴하여 금세와 내세의 불행에 빠지게 된다는 점을 지적함으로서 인간은 죄로 인해 고통 하는 존재임을 보여 주고 있다.

성경적 상담학자인 파울리슨은 "상담자는 인간의 고통을 잘 이해해야 한다"고 말했다.[62] 특히, 시편 10편은 타인으로부터 고통당하는 사람들을 위해 쓰여졌다. 이 시편은 고통과 피난처에 대한 메시지이다. 그것은 아무 일도 일어나지 않은 척 회피하는 것에 대한 말씀이 아니라, 고통이라는 현실을 직면하게 하는 말씀이다.[63]

시편 10편은 네 가지 주제로 이루어져 있다.[64]

첫째, 상처 받은 외침: 당신은 어디에 계십니까?(1절)

여호와여 어찌하여 멀리서시며 어찌하여 환란 때에 숨으시나이까?(1절).

둘째, 악인들에 대한 분석(2-11절).

악한 자가 교만하여 가련한 자를 심히 군박하오니(2절).

셋째, 하나님께 부르짖음: 연약한 자들을 도우소서!(12-15절)

여호와여 일어나옵소서 하나님이여 손을 드옵소서 가난한 자들을 잊지 마옵소서(12절).

넷째, 확신에 찬 선언: 주님께서 잘못된 일들을 바로잡을 것이다(16-18절).

여호와께서는 영원무궁하도록 왕이시니 이방나라들이 주의 땅에서 멸망하였나이다(16절).

파울리슨은 시편 10편의 내용을 적용할 것을 권하면서 고통 가운데 참된 도움이 어디로부터 오는지 분명하게 생각하고 그 도움을 구하라고 가르친다. 무엇보다 이 도움은 살아 계신 하나님으로부터 오는 것임을 강조했다.[65] 트립은 인간의 고통에 대하여 다음과 같이 말하고 있다.[66]

   1. 성경은 하나님이 모든 것을 다스리시고 심지어는 고통까지 다스린다고 선언하고 있다.
   2. 성경은 무한히 선하신 하나님이 우리의 가장 고통스러운 고통 가운데 함께하신다고 선언하고 있다.
   3. 성경은 하나님이 우리의 고통에 대해서 목표를 가지고 계신다고 말하고 있다.

4. 성경은 우리가 고통당하는 이유에 대하여 설명한다.
· 우리가 타락한 세상에 살고 있음으로 고통을 당한다.
· 우리 자신의 실수로 고통당한다.
· 우리는 다른 사람이 우리에게 지은 죄 때문에 고통당한다.
· 우리는 사탄으로 인해 고통당한다.
· 우리는 하나님의 선하신 목적 때문에 고통당한다.

이처럼 인간은 고통당하는 존재이나 고통에는 이유가 있고, 그 고통마저도 하나님께서 다스리는 것이다. 웨스트민스터 신앙고백서 속에 이 원리가 담겨 있는 것이다.

7) 인간의 변화는 성령의 역사로 이루어진다

웨스트민스터 신앙고백서 제13장은 다음과 같이 기록하고 있다.[67]

1. 효과적으로 부름 받고 중생한 사람들 속에는 새 마음과 새 정신이 창조된다. 이들이 그리스도의 십자가와 부활로 말미암아 이들 속에 거하시는 그의 말씀과 성령에 의하여 계속 인격적이고 진정한 성화를 거듭한다(고전 6:11; 행 20:32; 빌 3:10; 롬 6:5, 6; 요 17:17; 엡 5:26; 살후 2:13). 몸 전체를 지배하던 죄의 권세는 파괴되고(롬 6:6, 14), 몸의 정욕들은 점차 약화되고, 죽고(갈 5:24; 롬 8:13), 나아가서 이들은 온갖 구원의 은혜를 얻어(골 1:11; 엡 3:16-19) 참된 거룩을 실천하도록 자극을 받고 강화되어 간다. 이와 같은 거룩한 삶을 영위하지 않는 한 우리는 하나님을 볼 수 없다(고후 7:1; 히 12:14).

2. 이 성화는 평생을 통하여 전인적으로 이루어진다(살전 5:23). 그러나 이 성화는 이생에 있어서 불완전하다. 그러나 전인의 구석구석에는 부패의 잔재가 아직 남아 있다(요일 1:10; 롬 7:18, 23; 빌 3:12). 따라서 영과 육체, 혹은 육체와 영은 계속해서 싸우고 있는 것이다(갈 5:17; 벧전 2:11).

> 3. 이 싸움에 있어서 남아 있는 부패한 부분이 일시적으로는 우세하나
> (롬 7:23) 그리스도의 성화시키는 성령으로부터 계속해서 힘을 공급 받음으
> 로 중생한 부분이 극복하고야 말기 때문에(롬 6:14; 요일 5:4; 엡 4:15, 16) 성도
> 들은 하나님을 경외하는 가운데에(고후 7:1) 거룩한 삶을 실천함으로 은혜
> 안에서 성장하는 것이다(벧후 3:18)

1절의 내용을 보면, "말씀과 성령에 의하여 계속 인격적이고 진정한 성화를 거듭한다"고 했다. 2절에는 "이 성화가 평생을 통하여 전인적으로 이루어진다"는 것을 말하고 있다. 3절에는 "그리스도의 성화시키는 성령으로부터 계속해서 힘을 공급"받게 됨을 강조한다. 여기에서 볼 수 있는 것처럼 인간의 변화, 즉 성화는 성령의 역사로 이루어진다는 것을 알 수 있다.

웨스트민스터 신앙고백서 제10장 2절에는 다음과 같이 기록되어 있다.[68]

> 2. 인간은 수동적이다. 인간은 성령에 의하여 깨우침을 받고 새롭게 되어야
> 이 하나님의 부르심에 응답할 수 있고, 이 부르심에 의하여 제공되고 전달
> 된 은혜를 수용할 수 있는 것이다(요 6:37; 겔 36:27; 요 5:25).

웨스트민스터 신앙고백서 제10장 2절에 기록된 것처럼 "인간은 수동적이다. 인간은 성령에 의하여 깨우침을 받고 새롭게 됨"을 말하고 있고 그렇게 되었을 때에만 "부르심에 응답할 수 있다"는 점을 강조 한다. "인간의 변화는 성령의 역사를 통하여 이루어진다"[69]는 성경적 상담 원리는 웨스트민스터 신앙고백서 속에 나타나 있음을 알 수 있다.

아담스는 상담에서 성령의 역할을 강조했는데 "성령은 믿는 자의 성화를 포함한 참된 퍼스낼리티의 변화를 가져오게 하는 근원이다. 성령은 또한 진실로 멸망할 수 밖에 없는 죄인에게 생명을 주시는 분이다"[70]고 강조했다. 이것은 인간의 성화와 성품의 변화의 주체는 성령이심을 강조한 말이다. 또한, "성령의 상담 사역은 보통 이 말씀의 봉사를 통하여 이루어진다"[71]고 했다. 이것은 성경 말씀과 성령의 사역이 유기적인 관계가 있음을

지적한 것이다.

　상담의 목적은 내담자의 변화이다. 따라서 상담의 대상인 사람을 바로 이해해야 한다. 인간은 예수 그리스도의 은총이 필요하며, 성령님의 거듭나게 하는 역사가 필요하다. 거듭난 신자라 할지라도 성화된 삶을 살기 위해서는 매일 성령님의 도움을 받아 변화해야 한다. 성경적 상담은 하나님의 말씀과 성령님의 역사를 통하여 전인격적인 변화를 이루고자 하는 상담이다. 하나님의 말씀과 기도를 통하여 성령님이 우리 마음을 감화 감동하실 때에 진정한 변화를 체험하게 된다.[72]

닫는 말

　이상에서 우리는 웨스트민스터 신앙고백서에 나타난 성경적 상담의 원리를 고찰해 보았다. 그리고 웨스트민스터 신앙고백서의 내용과 성경적 상담학자들의 상담 원리와의 관계성을 살펴보았다. 특히, 본 장에서는 현대 기독교상담이 인본주의 심리학의 원리에 의존하여 연구되고 있는 시점에서 개혁신학을 바탕으로 한 성경적 상담으로 전환되어야 함을 역설하면서 성경적 상담의 기본 원리가 웨스트민스터 신앙고백서에 근거하고 있음을 구체적으로 입증했다.

　첫째, "인간은 하나님의 형상대로 지음 받았다"는 원리는 웨스트민스터 신앙고백서 제4장 1절과 2절에 근거하고 있다.
　둘째, "인간은 죄로 인하여 타락한 존재이다"라는 원리는 웨스트민스터 신앙고백서 제6장 1-4절에 근거하고 있다.
　셋째, "인간의 문제는 마음의 문제이다"라는 원리는 웨스트민스터 신앙고백서 제4장 2절과 제10장 1절에 근거하고 있다.
　넷째, "상담의 주요 도구는 성경이다"라는 원리는 웨스트민스터 신앙고백서 제1장 1-4절에 근거하고 있다.

다섯째, "상담의 모델은 예수 그리스도시다"라는 원리는 웨스트민스터 신앙고백서 제8장 1절과 2절에 근거하고 있다.

여섯째, "인간은 고통 하는 존재이다"라는 원리는 웨스트민스터 신앙고백서 제6장 5절과 6절에 근거한다.

일곱째, "인간의 진정한 변화는 성령님의 역사를 통하여 이루어진다"는 웨스트민스터 신앙고백서 제13장 1-3절과 제10장 2절에 근거하고 있다.

심리학을 포함한 모든 학문은 성경을 통하여 재해석되어야 한다. 오늘날의 기독교상담학도 개혁신학을 중심으로 연구하는 성경적 상담이 되어야 한다고 믿는다. 하나님의 말씀과 함께 역사하는 성령의 활동으로 죄인 된 인간은 잃어버린 하나님의 형상을 회복하며, 그리스도를 닮아 가는 성화를 경험할 수 있기 때문이다.

제3부

동성애·자살·이단과 성경적 상담

제5장 동성애에 대한 복음주의 상담적 접근
제6장 자살에 대한 목회상담학적 대책
제7장 이단자들의 심리 이해와 목회상담학적 대책

제5장

동성애에 대한 복음주의 상담적 접근*

여는 말

김영한은 "오늘날 21세기는 포스트모더니즘의 좌파 페미니즘이 산출한 젠더 이데올로기(Gender Ideology)로 인해 심각한 문화적 혼돈 속에 휩쓸려 들어가고 있다. 젠더 이데올로기는 우리의 신성한 결혼제도와 가정, 남성 여성 각각의 사명과 역할까지 혼란에 빠뜨리고 있다"[1]고 한 것은 옳은 지적이다.

여기서 젠더란 사회적으로 구성되는 남녀의 정체성, 즉 사회적, 문화적으로 길들여진 성이며 여성다움, 남성다움을 통칭하는 것이다. 대부분의 사회는 특정성에 부합되는 젠더의 특질이 있다는 믿음을 가지고 있으며, 사회 구성원을 그 방향으로 사회화 시킨다.

페미니즘에서는 이러한 사실을 비판하여 생물학적 성이 사회적 성인 젠더와 무관함을 강조하고 남성성과 여성성이 생물학적 차이에 의해 결정되는 것이 아니라 남성 중심 사회에서 권력을 가진 남성들에 의해 여성들에게 부과된 것이란 점을 부각시킨다는 것이다.[2] 과연, 그렇다. 소위 젠더 이데올로기는 영국교회와 미국교회를 쇠퇴하게 한 하나의 원인이 되었고 지금 한국교회에도 심각한 폐해를 끼치고 있다.

한국 사회에도 포스트모던 시대의 상대주의 가치에 영향을 받아 동성애 운동은 성소수자 인권 운동이란 가면을 쓰고 교묘하게 자리를 잡고 있다.

그리하여 한국 사회의 심각한 문제로 나타나고 있다. 한때, 미국 사회에서 급격히 확산되었던 동성애 문제는 미국 사회의 독특한 문화를 형성하게 되었다. 이제 이러한 동성애에 대한 문제가 한국교회와 한국 사회 중대한 이슈로 등장하게 된 것이다. 이러한 시대 상황 속에서 동성애에 대한 복음주의 상담적 접근을 시도하는 것은 매우 중요하다.

동성애의 이슈는 다음 몇 가지로 나눌 수 있다.

첫째, 동성애는 유전인가 선택인가?
둘째, 심리학적으로 동성애는 변화될 수 있는가?
셋째, 사회학적으로 동성애는 성적 행동의 정상적 변형체인가, 그렇지 않으면 인간 본성의 타락의 결과로 나타난 것인가?[3]

본 연구에서는 동성애에 대한 복음주의 상담적 접근을 통하여 동성애자에 대한 복음주의 상담의 응답을 제안하고자 한다. 이를 수행함에 있어서 개혁주의 신학 및 복음주의 신학에 근거를 둔 성경적 상담학의 관점에서 다음과 같이 연구문제를 정하여 연구하고자 한다.

첫째, 동성애에 대한 학문적 이해는 어떤 것인가?
둘째, 동성애에 대한 신학적 이해는 어떤 내용인가?
셋째, 동성애에 대한 복음주의 상담적 접근의 내용은 무엇인가?

위의 연구 문제를 수행하는 것은 동성애에 대한 복음주의 상담의 발전과 개인의 성장, 그리고 복음주의 상담의 방향을 설정하는데 중요한 자료를 제공할 것이다.

펴는 말

1. 동성애에 관한 일반적 이해

1) 동성애에 관한 선행 연구

　동성애에 관한 선행 연구들을 고찰해 보면 다음과 같다. 그동안 동성애의 선천성에 대한 과학적 연구들이 있어 왔다. 먼저, 동성애 유발 유전자의 존재 여부에 관해서는 1993년에 해머(Hamer) 등은 40가정을 조사하여 X 염색체 위에 있는 유전자군(Xq28)과 남성 동성애 사이에 높은 상관관계가 있다고 발표했다.[4] 그들은 논문에서 동성애는 99% 이상 유전이라고 주장했고, 서구 언론은 동성애를 유발하는 유전자를 발견했다고 대서특필했다.

　1999년에 라이스(Rice) 등은 Xq28에 존재하는 표지 유전자를 조사했다.[5] 2005년에는 해머를 포함한 머스탠스키(Mustanski)는 456명을 대상으로 전체 게놈과 동성애의 상관관계를 조사한 후에, Xq28은 동성애와 상관관계가 없다는 결론을 얻었다.[6] 1993년 조사에서 Xq28이 남성 동성애와 높은 상관관계가 있다는 결과를 얻은 반면에, 2005년 조사에서는 높은 상관관계가 없다는 상반된 결과를 얻은 이유는 1993년 조사에서 선택한 표지 유전자의 간격이 좁고 텔로머(telomer)에 가까웠기 때문일 수 있다고 했다. 그렇지만 2005년 연구는 7번, 8번, 10번 염색체에 동성애 관련 유전자가 있을 것으로 추정했다.

　2010년에 라마고패런(Ramagoparan) 등은 112명 동성애자들을 대상으로 전체 게놈을 조사하여 7번, 8번, 10번 염색체에 동성애 관련 유전자가 없다고 밝혔다.[7] 2012년에 드라밴트(Drabant) 등은 23874명(이성애자 77%, 동성애자 6%)을 대상으로 전체 게놈을 조사한 결과, X 염색체에서는 물론 전체 게놈에서도 동성애와 관련된 유전자를 하나도 발견하지 못했다.[8]

이러한 연구 결과를 정리해 보면 동성애를 유발하는 유전자는 발견되지 않았으며, 앞으로도 발견될 가능성은 없다고 할 수 있다.

동성애자와 일반인의 두뇌 차이에 관해서는 1991년 르베이(LeVay)가 죽은 사람의 두뇌 전시 상하부의 간질 핵 크기를 조사한 결과, 남성 동성애자는 INAH3는 여자처럼 남성 이성애자보다 작으므로, INAH3이 동성애와 연관이 있다고 사이언스에 발표했다.[9]

2001년에 바이(Byne) 등이 INAH3 내의 신경 세포 개수를 측정하여 분석한 결과, 여성에 비해 남성이 현저히 많았으며, 남성 동성애자와 남성 이성애자는 유의미한 차이가 없다는 결과를 발표함으로써 르베이 결과에 반론을 제기했다.[10] 결과적으로 동성애가 두뇌 때문에 생긴다는 연구 결과는 모두 번복되었고, 동성애자의 두뇌가 일반인과 달라서 두뇌 때문에 동성애를 한다는 과학적 증거는 없다고 할 수 있다.

동성애가 태아기의 호르몬의 영향이 아닌가 하는 연구에서 메이어(Meyer)는 남성동성애자와 남성이성애자의 호르몬 수치를 조사하면 전혀 차이가 없는 것으로 보고했다.[11] 머피(Murphy)는 동성애자에게 강제롤 성호르몬을 주입하더라도 아무런 효과가 없는 것으로 나타났다.[12] 콴(Kwan)은 성호르몬은 성욕을 감퇴시키거나 상승시키는 효과는 있으나 동성애 경향을 변화시키는 것은 불가능한 것으로 발표했다.[13]

형이 많으면 동성애자가 될 확률이 증가한다는 주장에 대한 연구로 블랑샤르(Blanchard)는 소위 '형 효과'에 대한 생물학적 해석은 산모가 아이에게 면역 반응을 일으켜서 동성애의 성향을 가지게 한다는 것이다.[14] 즉, 첫 번째 남아를 가졌을 때에 산모의 신체에 생긴 남성에 대한 항체가 둘째 남아의 뇌에 영향을 주어 동성애 성향을 갖게 한다는 논리이다. 산모의 신체에 생성된 항체가 남성의 특이한 단백질에 반응하면, 가장 남성기인 고환에 영향을 주어야 하며, 그로 인해 정액의 질이 나빠지고 고환에 질병 증상이 발생해야 한다.

그러나 샌더스(Sanders)의 연구에 의하면 동성애자에게 그와 같은 증상은 발생하지 않는다. 태아의 뇌를 공격했다면 읽고 쓰는 언어적 학습장애

증상도 발생해야 하는데 남성 동성애자는 오히려 언어능력이 뛰어나고 학습장애가 나타나지 않는다.[15]

칸토어(Cantor)에 의하면 첫째 아들인 남성 동성애자, 여자들만 있는 남성 동성애자는, 여자 동성애자 등은 형 효과로 설명할 수 없고, 전체 동성애자의 약 17%만이 형 효과로 설명할 수 있다고 한다. 그러므로 형 효과가 옳다면 동성애 유발 원인이 적어도 두 가지는 있어야 하는데 이것을 뒷받침하는 증거는 없다. 그러므로 이러한 이론은 설득력이 없다.

동성애의 선천성을 부정하는 과학적 근거를 제시하는 연구로는 다음과 같은 연구가 있다. 카메론(Cameron)은 설문조사분석을 통하여 남성 동성애자의 15%만이 결혼을 하므로 동성애가 유전이라면 이미 사라졌어야 한다.[16]

1994년 라우만(Lauman)의 조사에서 14-16세의 청소년기를 어디에서 보냈느냐와 지난 1년 동안 동성애 파트너가 있었는지를 물어 보았다. 청소년기에 큰 도시에서 자랐으면 동성애자가 될 확률이 높았고 시골에서 자랐으면 동성애자가 될 확률이 낮았다.[17]

2006년 프리슈(Frisch)도 2006년 덴마크 사람들을 대상으로 조사한 결과 도시에서 태어난 자가 시골에서 태어난 자보다 더 많은 동성애 파트너를 가지고 있었다. 이러한 결과는 동성애는 자란 환경, 즉 후천적인 영향을 많이 받고 있음을 의미한다. 동성애가 선천적인 것이 아님을 나타내는 강력한 증거는 일란성 쌍둥이의 낮은 동성애 일치 비율이다.

1991년 베일리스(Bailey)의 조사에서 남성의 동성애 일치 비율은 일란성 쌍둥이 52%, 이란성 쌍둥이 22%, 다른 형제 9.2%, 입양된 형제 11%로 나타났다.[18] 이 결과는 동성애가 유전인 것처럼 믿게 만들었다.

그러나 존스(Jones)는 이러한 결과는 동성애를 옹호하는 잡지와 신문을 통해서 표집 대상을 모집했기 때문에 동성애 쌍둥이들이 의도적으로 많이 응모하여 동성애 일치 비율을 증가시킨 것으로 추정했다.[19]

2000년에 켄들러(Kendler) 등이 미국인 1,512명의 동성애와 양성애를 합친 비이성애 일치 비율을 조사한 결과 남녀를 통틀어서 일란성 쌍둥이가

18.8%였다.[20] 또한, 2000년에 베일리스는 호주인 3782명의 동성애의 일란성 쌍둥이의 동성애 일치 비율을 조사한 결과 남성 11.1%, 여성 13.6%였다. 2010년에 랭스트롬(Langstrom)은 스웨덴인 7652명을 대상으로 일란성 쌍둥이의 동성애 일치 비율을 조사한 결과, 남성 9.9%, 여성 12.1%이었다.[21]

통계학적으로 조사대상자가 많을수록 신뢰도가 높으므로 일란성 쌍둥이의 동성애 일치 비율은 약 10%로 보는 것이 타당하다. 이러한 수치는 동성애가 선천적인 것으로 볼 수 없는 증거이다.

이러한 선행 연구들에서 동성애는 선천적인 증상이 아니라, 후천적인 것임을 보여 주고 있다. 이러한 결과를 통해 볼 때, 동성애는 치료될 수 있으며, 복음주의 상담의 역할이 중차대함을 보여 준다.

2) 동성애 인식에 대한 변화의 흐름

1987년 수정판(DSM-Ⅲ-R)에서는 동성애 조항을 삭제하여 동성애를 진단하는 범주가 완전히 사라지고 말았다. 동성애는 고대로부터 지금까지 거의 모든 문화에서 확인되고 있다. 고대 그리스에서는 동성애가 성행하여 고급 문명의 상징처럼 여겨진 적도 있었다.

그러나 로마 제국의 경우, 동성애는 로마 제국의 멸망을 경고하는 부도덕과 타락의 한 측면으로 받아들여지는 등 역사의 대부분은 동성애에 대하여 부정적 인식을 갖고 있었다. 중세 이후 18세기까지도 동성 간에 이루어지는 성행위는 범죄로 취급되었다. 20세기에 들어와서도 동성애는 정신질환의 일종으로 여겨졌다. 특히, 북미, 중남미, 유럽 등의 기독교 문화권에서는 동성들 간에 표현되는 사랑이나 성행위에 대하여 매우 부정적인 태도를 보여 왔다.[22]

최근 동성애에 대한 변화의 흐름은 다음과 같다. 1973년 미국정신의학회(APA: American Psychiatric Association)는 동성애 조항을 DSM-Ⅱ에서 삭제했고, 동성애를 질병이나 질환이 아니라 "성적 지향의 장애"라는 범주로 대체했다.[23] 이러한 결정은 전문가들에게 동성애를 새롭게 인식시키는 전환점이 되었다. 심지어 현재도 일부 정신의학자들은 동성애자들이 이성애자들보다 정신신경학적 질환의 환자가 되기 쉽다고 주장한다.

그러나 심리학계에서는 동성애자들이 환자가 될 가능성이 높다는 주장은 동성애 자체의 문제라기보다는 사회에서 이들을 차별적으로 부정적으로 바라보는 결과라는 주장이 보편적으로 받아들여지고 있는 상황이다.[24] 더 나아가 동성애자에 대하여 인권차원에서 차별이 없어야 한다며 동성애 원인에 대한 많은 연구가 이루어지면서 최근 일반인들도 동성애를 새로운 관점으로 이해하게 되었다.

많은 개신교 교단에서는 전통적으로 동성애에 관하여 부정적 입장을 취하고 있음에도 불구하고, 일부 개신교 교단에서는 긍정적 입장을 취하기도 한다. 그 가운데 그리스도의교회는 1964년부터 동성의 성인들 간의 성행위가 서로 동의하는 상태에서 나타나는 경우 범죄시하지 않았다. 심지어 그리스도연합교회는 1972년에 게이 남성을 최초로 성직자로 인정하기도 했다. 그렇지만 전반적으로 개 교회 내에서는 동성애에 대하여 부정적인 견해를 가지고 있는 것이 명백하다.[25]

3) 한국 사회에서의 동성애에 대한 인식

한국 사회에서 동성애가 이슈로 나타난 것은 1995년 6월 26일 한국 내의 동성애자들 집단회원들이 설립한 "한국동성애자인권운동협의회"를 시작하면서 공개적으로 등장하게 되었다. 국가인권위원회의 관련법 30조 2항은 성소수자에 대한 차별을 금하고 있고, 2002년 3월, 국가인권위는 직원 공채 시에 처음으로 동성애자 한 사람을 채용했다.

2002년 7월에는 당시 부산지방법원 가정지원장이었던 고종주 원장이 생물학적인 원인과 관련 없이 심리적 정체성 장애를 수용하고 성전환자의 호적등본상 남녀 성을 수정할 수 있도록 허가했다. 이러한 결정은 성소수자들도 이성애자들처럼 행복추구권이 받아들여진 것으로 해석할 수 있다.

심지어 트렌스젠더인 하리수 씨가 2002년 12월 11일 법적으로 성전환자임을 신고했다.

그러나 현재에도 대다수의 국민들은 동성애자들에 대하여 좋지 못한 인식을 하고 있다. 특히, 기독교 신앙에 바탕을 둔 성경의 가르침에 의해서 동성애를 창조 질서에 도전하는 죄로 인식하고 있다.[26]

4) 동성애에 관한 교회의 가르침

현재까지 대부분의 사람들은 동성애 문제를 교회와 관련하여 고려하지 않았다. 문제는 동성애자들이 교회의 성직인 목사 안수를 받을 수 있는가에 대한 논란들이 심각하게 야기되고 있다. 이 문제에 대하여 찬성하는 교회와 강력히 반대하는 교회로 양분된다. 즉, 동성애의 문제가 기독교회 안에서 신학적 논란의 대상이 되었다.

교회공동체는 서로 다른 다양한 사람들이 모인 예배 공동체이다. 교회의 신앙인들은 성경의 메시지를 실천하기 위하여 노력하는 신자가 있고 반면, 성경을 자신의 방식으로 해석하여 왜곡된 사람을 사는 사람도 없지 않다. 따라서 동성애에 대한 견해도 서로 다르게 나타나게 되는 것은 자연스러운 것이다.

동성애의 문제는 그 영향력에 있어서 다양한 특성을 지닌다. 즉 동성애가 개인의 문제이면서 가족의 문제가 되고, 나아가서는 교회의 문제이기도 하다.[27] 가족이나 교회가 동성애자로부터 영향을 받고 또 영향을 주기도 하기 때문에 교회는 동성애 문제에 무관심할 수 없는 것이다.[28]

역사적으로 살펴보면, 교부 시대 초기부터 20세기에 이르기까지 기독교 도덕 철학자들은 동성애 행위를 비난해 왔다.

(1) 교부 시대: 타락하지 않기 위해 거리두기

초기 교회 지도자들은 동성애라는 주제에 몰두해 있지 않았다. 그럼에도 기독교 도덕 철학자들은 일부 동성애 행위가 너무 심각했기에 자신들이 이 문제에 당연히 관심을 가져야 한다고 생각했다. 그리고 초기 교회 지도자들은 동성애 행위를 분명히 거부했다[29]

교회가 처음으로 비난했던 대상은 남색이었다. 로마 사회에 널리 퍼져 있던 이 관습에 대한 교회의 반응은 『바나바서신』(Epistle of Barnabas) 같은 초기 문서에 다음과 같이 나타난다.

> 간통하지 말라. 간음하지 말라. 남색하지 말라. 어떤 부정한 자리에 있을 때 하나님의 말씀이 네 입에서 떠나지 않게 하라.[30]

교회내 회의 역시 동성애에 부정적이었다. 예를 들어 스페인 엘비라공의회(Council of Elvira, 305-306)에 모였던 교회지도자들은 소년들을 더럽혔던 남자들에게 죽을 때까지 성찬을 금하기까지 하면서 공식적으로 남색을 정죄했다.[31] 로마 사회의 부도덕을 보면서 이에 대한 응답으로 기독교 도덕 철학자들은 정숙한 삶이야말로 신약성경이 호소하는 결혼생활의 핵심이라고 확신했다.[32]

이와 마찬가지로 교부 시대는 동성애를 다른 성범죄와 동일 선상에 두고 경고했다. 바실리우스, 그레고리우스는 동성애 행위에 대한 훈육 규례를 통해 이 죄가 간음보다 더 악한 간통에 비견될 만큼 중하고 살인이나 배교보다는 경하다고 판단했다.[33] 테르툴리아누스, 오리게네스, 알렉산드리아의 클레멘스, 카이사레아의 유세비오스를 포함해 여러 도덕 철학자들은 레위기의 성결법 안에 있는 금지 규정들을 준수할 의무가 있다고 생각했다.[34]

이처럼 바울을 좇은 많은 교부는 동성애 행위를 자연에 반하는 것으로 정죄했던 것이다.

(2) 중세 시대: 공식적으로 정죄하는 교회

동성애 행위에 대한 교부 시대의 다양한 가르침은 중세에 이르러 그 행위를 반대하는 교회의 공적 견해로 굳어졌다. 이런 양상은 여러 가지 방식

으로 나타났다.[35]

한 가지 공적 견해 표명은 회개한 범법자에게 용서를 선포하는 데서 나타났다. 이는 참회 규정서(Penitentials)에 분명하게 나타난다. 이 규정서는 간통과 간음 같은 중대한 죄악뿐 아니라, 사소한 위반, 곧 자위나 부적절한 자세의 성교를 포함해 다양한 성적 범죄 목록을 보여 주는데, 그중에는 동성애 행위가 있다. 이 지도서는 단순한 동성끼리의 입맞춤으로부터 레즈비언의 행위, 남성끼리의 성교를 아우르는 다양한 동성애 행위를 구분했다.[36] 이것은 중세의 영적 지도자들이 동성애 행위의 심각성을 인지하고 있음을 보여 준다.

중세가 도래하기 전까지의 동성끼리의 성행위는 특히 성직자들과 수도원에서 골칫거리였다. 그래서 8세기에 샤를마뉴는 황제가 되면서 수도원을 개혁하려 했다. 수도원이 동성애 범죄에 대하여 느슨해지고 있다고 믿었기 때문이다.[37]

중세가 되면서 교회 지도자들은 점차 도덕적인 사안을 염려하게 되었다. 철저하게 독신이어야 했던 당시 성직자들에게 동성애 행위는 특별히 염려되는 문제였다.[38]

토마스 아퀴나스(Thomas Aquinas)의 글을 보면, 중세는 현대 이전까지 동성애 행위에 관하여 가장 섬세하게 도덕적 논쟁을 펼쳤던 시대로 여겨진다. 아퀴나스는 동성애 행위를 정욕의 6가지 유형(간음, 간통, 근친상간, 성적 유혹, 강간) 안에 넣었는데, 이것들은 성행위의 올바른 목적에 배치되는 행위였다. 6가지 중에서 동성애 행위는 가장 무거운 죄로 여겨졌다.[39] 이렇게 하여 아퀴나스 이후에 동성애 행위를 특별히 중대한 죄로 간주하게 되었다.

(3) 종교개혁 이후의 분위기: 거부와 재고

종교개혁이 동성애에 관한 교회의 가르침에 특별한 변화를 가져다주지는 않았다. 종교개혁 초기에는 성윤리의 중요 쟁점이 동성애 행위가 죄인지 아닌지에 달려 있지 않았다. 오히려 수도사와 수녀로 독신 서약을 한

이들이 이제는 결혼할 자유가 있는지가 중요했다.[40]

그럼에도 종교개혁자들은 성경 본문을 이해하는 그대로 순종하려는 헌신적 태도가 있었기에 교회지도자들은 이 쟁점에 대한 자신의 견해를 보여야 할 때면 항상 동성애 행위를 정죄했다.[41] 종교개혁으로 생겨났던 교단들은 거의 예외 없이 동성애 행위를 악하다고 보았고, 일부 교단은 심지어 동성애자들이 교회에 오는 것을 금지하기까지 했다. 한편, 로마 가톨릭 교회는 동성애 행위에 대한 반대를 강화했다. 로욜라의 이냐시오는 동성애 행위에 연루된 성직자와 수도사를 질책하는 데 동의했고, 평신도든 성직자든 습관적으로 동성애를 행하는 자들을 출교했다.[42]

종교개혁 이후 많은 서구 국가는 동성애 행위를 금하는 법률을 제정했다. 칼빈이 있는 제네바나 청교도가 있던 뉴잉글랜드에서 동성애 행위는 불법이었다.[43] 1750년에는 두 동성애자가 파리에서 공개 처형되었다. 비록 동성애자 사형 제도가 1861년 영국헌법에서 없어졌지만 동성 간 성행위를 금하는 법령은 1967년까지 유효했다.[44]

그러나 결국 변화의 조짐이 나타나 계몽주의 시대의 프랑스와 표트르와 예카테리나 재위 기간의 러시아 같은 곳에서는 정치적, 사회적으로 동성애를 관용하는 분위기가 일어났다.[45]

이렇듯 종교개혁 시대에는 동성애에 대하여 거부로 일관되다가 관용하는 분위기가 형성되었던 것이다.

21세기에 들어서 한국교회는 동성애 문제에 대하여 관심을 가지지 않았다. 그러나 동성애 문제는 하나님의 형상대로 창조함을 받은 사람의 문제이기 때문에 한국교회가 관심을 갖고 대처해야 할 문제임에 틀림없다. 교회는 성경의 메시지를 따라할 원칙을 준수해야 한다. 성경의 원칙에 따르면서 동시에 동성애자를 변화시키는 노력을 멈춰서는 안 된다.

복음주의 목회상담 사역을 하면서 성령께서 동성애자를 변화시키는 현장을 경험해야 한다. 성령 하나님의 개입으로 치유되고 회복되어야만 동성애자의 마음이 변화되고, 그 마음의 변화를 통하여 그의 사람이 새로워질 수 있기 때문이다.

2. 동성애에 관한 신학적 이해

동성애에 관한 복음주의 상담적 접근을 하기 위해서는 동성애에 대한 학문적 이해와 함께 동성애에 대하여 성경에 나타난 신학적 원리를 살피는 것이 필요하다. 여기서는 개혁신학과 복음주의 신학의 관점에서 고찰해 보고자 한다.

1) 신학적 이해

케빈 드영(Kevin DeYoung)은 그의 저서 *What does the Bible really teach about homosexuality?*에서 창세기 1, 2장을 다음과 같이 설명한다.[46]

> 하나님은 세상을 창조하기를 원하셨다. 그리고 그곳에서 한 남자와 한 여자의 결혼이 이루어졌다.
> 그렇다면 세상은 과연 어떤 세상이었고 그들은 어떤 식으로 창조되었을까? 하나님은 먼저 남자를 만드셨다. 그리고 나서 그가 혼자인 것을 보시고 그에게 적합한 배필을 만드셨다. 하나님은 동등한 위치에서 서로를 보완하는 그들의 역할을 알려 주고자 첫 번째 사람을 이용해 두 번째 사람을 만드셨다. 하나님은 남자와 여자가 서로 유일하게 적합한 존재임을 보여 주고자 생육하고 번성하라고 명령하셨다. 이 명령은 남성과 여성이라는 두 성이 서로 결합할 때에만 온전히 이루어질 수 있다. 인간의 창조는 남자와 여자가 함께 새 가정을 이루고 새로운 언약 관계를 맺음으로써 일단락되었다. 그리하여 그들은 가정을 이루고 창조주 하나님의 형상으로 창조된 존재라는 신분을 나타냈다.[47]

위의 글에서 볼 수 있는 것처럼 하나님은 이성 간의 정상적인 결혼과 성적 관계가 이루어지는 세상을 창조하셨다. 이 이야기가 강조하는 바에 따라, 교회는 한결같이 "결혼은 한 남성과 한 여성 사이에서 맺어져야 한다"

라고 가르쳐 왔다. 이 말씀에 대하여 케빈 드영은 창세기 1, 2장은 하나님이 세우신 결혼 제도를 언급하며, 이 제도가 한 남자와 한 여자를 요구한다고 결론지을 수 있는 이유를 다섯 가지로 설명하고 있다.

첫째, 여자가 창조된 방식이 남자를 보완하기 위한 하나님의 배려였음을 보여 준다(창 2:21-22).
둘째, 한 몸으로 결합한다는 것은 서로 반대되는 성을 지닌 두 인격체임을 전제한다(창 2:24-25).
셋째, 성이 다른 두 인격체만이 자녀 출산이라는 결혼의 목적을 이룰 수 있다(신 25:5-6).
넷째, 예수님이 친히 창세기 기사의 규범적 성격을 강조하셨다.
다섯째, 결혼한 부부가 서로를 보완하는 결합을 이루어야만 결혼의 거룩하고도 상징적인 의미, 곧 구속사적인 의미가 빛을 발한다(창 1:1; 계 19, 21, 22장; 엡 5:31-32).[48]

이처럼 하나님께서는 천지를 창조하시면서 남자와 여자를 만드시고 두 사람을 짝지어 주시므로 가정을 이루게 하심으로 창조 질서 가운데 남녀 간의 이성애의 원칙을 세우신 것이다.

동성애에 대한 성경적 언급은 모두 여섯 곳에서 발견된다. 창세기 19:1-8, 레위기 18:22, 20:13, 로마서 1:18-32, 고린도전서 6:9-10, 디모데전서 1:9-10 등이다. 위의 성구들은 해석학적 토론의 여지가 있으나, 성경의 일관된 메시지는 동성애를 금지하고 있다.[49]

창세기 19:1-8은 동성애를 언급하는 처음의 성경 기록으로서 동성애에 대한 반대의 성경적 근거로서 널리 인용되는 성경 구절이다. 소돔과 고모라의 사건은 많은 이들에게 동성애에 대한 명확한 본문으로 동성애 행위로 인한 성적인 타락에 대하여 창조주 하나님께서 불을 내리심으로 심판하신 역사적 사실이다. 창세기 19장에서 언급되고 있는 "상관하리라"(창 19:5)로 번역된 동사 '야다'는 성관계를 묘사하는 것이 확실하다(창 4:1, 17,

25; 24:16). 소돔과 고모라의 죄악상은 동성애와 같은 성적 타락이 그 도시가 파괴되는 원인이 되었다는 것을 보여 준다.

창세기 19장에서 기록된 사건은 참으로 두려운 것이다. 롯은 어느 날 성문에 있다가 낯선 사람들을 발견했다. 롯은 그들에게 자기 집에서 묵으라고 간청했다. 그런데 그들이 식사를 마치고 잠자리에 들려고 할 무렵, 소돔 사람들이 노인과 젊은이 할 것 없이 우르르 몰려와 두 여행자들과 성관계를 맺겠다고 하면서 롯의 집을 에워쌌다. 롯이 손님들을 내주지 않고 그 대신에 처녀인 두 딸을 내주겠다고 말하자, 사람들은 더욱 난폭해졌다. 그들은 급기야 롯을 밀치고 문을 부수려 했고, 바로 그 순간 두 손님들이 롯을 집안으로 끌어들여 문을 닫고는 문 밖의 무리의 눈을 어둡게 만들었다(창 19:1-11).

그렇다면 소돔 사람들이 저지른 죄는 무엇이었는가?

창세기 19장은 폭력적인 집단 강간이었음을 시사해 준다. 정리하면, 소돔과 고모라의 죄악은 동성애뿐만 아니라 성적 범죄의 대명사였다. 에스겔서의 기록(겔 16:49)과 유다서(유 1:7)의 기록을 '부자연스러운 욕망'이란 표현을 고려할 때, 소돔은 일반적인 성적 범죄는 물론이고 동성애의 죄로 유명했던 것이 분명해 보인다. 소돔과 고모라는 큰 죄를 많이 저질렀다. 동성애의 관습은 그들이 저지른 죄 중의 하나였다.[50]

레위기의 두 성구는 동성애를 직접 표현한다.

> 너는 여자와 교합함같이 남자와 교합하지 말라 이는 가증한 일이니라 (레 18:22).

> 누구든지 여자와 교합하듯 남자와 교합하면 둘 다 가증한 일을 행함인즉 반드시 죽을지니 그 피가 자기에게로 돌아가리라(레 20:13).

레위기의 기록은 도덕적 거룩함과 관련된 것으로 오늘날 우리에게도 그 원리가 그대로 적용된다.

레위기의 두 구절은 많은 논쟁을 불러일으켰다. 이 금지 조항과 관련하여 두 가지 질문이 제게 되었다.

첫째, 레위기 18:22과 20:13이 무슨 죄를 금지하는가?
둘째, 이 금지 조항이 더 이상 모세 율법의 지배를 받지 않는 그리스도인들에게 지속적인 의미를 지니는가?

첫째 질문에 대한 답을 위해서는 레위기의 핵심 주제가 무엇인지 답해야 한다. 레위기에는 '거룩한' 또는 '거룩함'이라는 말이 87번 사용된다. 즉 거룩함이 레위기의 핵심 주제이다. 레위기 18장은 가정생활과 성적인 활동에 관한 거룩함을 다룬다. 단지 악한 것, 즉 근친상간은 악하다(레 18:6-17), 아내를 질투하게 만드는 일은 악하다(레 18:18), 월경으로 불결한 기간에 성관계 맺는 것은 악하다(레 18:19), 간음은 악하다(레 18:20), 자녀를 죽이는 것은 악하다(레 18:21), 동성애는 악하다(레 18:22), 수간은 악하다(레 18:23)와 같은 기본 규칙이 제시되어 있다.

하나님의 백성이 그런 일로 부정해진다면 그 땅에서 살지 못하고 추방되게 된다(레 18:24-30). 레위기 18:22과 20:13은 죄를 묘사하면서 창조 질서를 상기시킨다. 본문은 '남자가 여자와 동침 하듯 남자와 동침해서는 안된다'고 못 박는다. 레위기 20:13에서 "둘 다 가증한 일을 행함인즉"이라는 표현은 동성애 행위에서 적극적인 역할을 한 사람과 소극적인 역할을 한 사람을 모두 단죄하는 표현이다. 이스라엘은 거룩해야 했다. 그러므로 모든 형태의 동성애를 절대적으로 금지해야 했던 것이다.[51]

둘째 질문에 대한 답도 자명하다. 그것은 레위기에서 금하는 동성애에 대한 메시지가 신약성경에 그대로 반영되어 있기 때문이다(마 5:17-18; 고전 6:9; 딤전 1:10; 고전 5;11; 6:18; 10:8).[52]

신약성경에서는 먼저 로마서 1:26-27에 나타난다.

이를 인하여 하나님께서 저희를 부끄러운 욕심에 내어버려 두셨으니 곧 저희 여인들도 순리대로 쓸 것을 바꾸어 역리로 쓰며, 이와 같이 남자들도 순리대로 여인 쓰기를 버리고 서로 향하여 음욕을 불일 듯하매, 남자가 남자로 더불어 부끄러운 일을 행하여 저희의 그릇됨에 상당한 보응을 그 자신에 받았느니라(롬 1:26-27).

이 구절은 '창조 질서의 왜곡'이라는 관점에서 해석되어야 한다.[53] 바울은 동성애를 창조 질서의 타락이며 왜곡이라고 규정했다. 이것이 하나님에 대한 인간의 반역이라고 보고 정죄한 말씀이다. 그레그 반슨(Greg L. Bahnsen)은 이 구절이 동성애를 비도덕적으로 정죄하는 가장 명확한 구절이라고 보았다.[54]

인간의 부패함은 세 가지 그릇된 현상을 통해 나타난다.

첫째, 경건하지 않은 인간들이 영원한 하나님의 영광을 어리석은 우상 숭배로 바꾼 것이다(롬 1:21-23).
둘째, 경건하지 않은 인간들은 하나님에 관한 진리를 거짓 것으로 바꾸었고 조물주 대신 피조물을 경배했다(롬 1:24-25).
셋째, 이성 간의 성행위를 버리고 동성 간의 성행위를 저지른 것이다(롬 1:26-27).[55]

결국 하나님은 그들을 "상실한 마음대로 내버려 주셨다"(롬 1:28-32).

고린도전서 6:9의 메시지는 천국에 합당치 못한 자 중에 '동성애자'가 있음을 말씀한다. 사도 바울은 초대교회의 상황에서 성경의 원리를 말씀함으로써 하나님의 백성들의 삶의 윤리를 가르쳤다. 고린도전서 5, 6장에는 고린도 신자들의 성적 부도덕과 관련된 죄들이 열거되어 있다. "음행하는 자나 우상 숭배하는 자나 간음하는 자나 탐색하는 자(말라코이: *malakoi*)나 남색 하는 자(아르세노코이타이: *arsenokoitai*)"(고전 6:9)에 대하여 언급한다. 여기서 '말라코이'를 사용한 '탐색하는 자'는 부도덕한 성관계를 맺는 자를 의미한다. 두 단어 모두 다른 남자와 성관계를 맺는 남자를 가리킨다. 동성애는 축하할 복이 아니라 회개하고 탈 동성애하여 용서받아야 할 죄이다.[56]

디모데전서 1:9-10은 율법의 대상이 되는 불의한 사람들 중 한 가지로 동성애를 언급하고 있다. 디모데전서 1장에 사용된 아르세노코이타이(arsenokoitai)는 영어성경에 다음과 같이 번역되었다.

'동성애 행위를 하는 남자들'(ESV), '남자와 더불어 자기 자신을 더럽히는 자들'(KJV), '동성애자들'(NASB), '동성애 행위를 하는 자들'(NIV).[57]

이처럼 영역 성경에는 이 단어를 동성애자 또는 동성애와 관련된 죄로 번역하고 있는 것을 볼 수 있다. 디모데전서 1장은 거짓 교리를 경고하면서 이 교훈은 청결한 마음과 선한 양심, 그리고 거짓이 없는 믿음에서 나오는 사랑이 목적임을 보여 준다(딤전 1:5).

지금까지 살펴본 성경의 내용들을 살펴볼 때, 성경은 동성애를 확실히 죄로 말하고 금지한다. 복음주의 상담에 있어서 이러한 신학적 해석을 분명히 하는 것이 매우 중요하다. 이러한 신학적 원리를 바탕으로 동성애에 대한 바른 복음주의 상담을 할 수 있으며, 이러한 복음주의 상담 사역을 통하여 동성애자들의 삶을 새롭게 변화시킬 수 있다.

3. 동성애에 대한 복음주의 상담적 접근

먼저, 동성애 이슈에 대한 복음주의 상담의 입장은 다음과 같다.

첫째, 동성애는 유전이 아니며, 후천적인 선택이다.
둘째, 동성애는 변화가 가능하다.
셋째, 동성애는 성 중독이며, 인간 본성의 타락의 결과다.

동성애에 대한 복음주의 상담의 접근을 시도하면서 다음 다섯 가지 방안을 제안한다.

1) 사랑의 마음으로 동성애자를 만나기

동성애를 바라보는 시각에 있어서 성경적 입장을 벗어나서는 안 된다. 그러나 동성애가 죄라고 해서 동성애자를 배척하고 정죄해서는 곤란하다. 동성애자들도 목회적 돌봄이 필요하며, 하나님의 사랑의 대상이 된다는 점을 부인할 수 없다. 한국교회의 입장은 동성애 문제가 이제 비로소 거론되고 있는 정도이며, 매우 민감한 사안이다. 한국교회 내에서도 동성애에 대한 부정적 시각에 대하여 반론을 제기하는 사람들이 중점을 두는 것은 동성애자들이 '소외 받는 이들'이라는 데 무게를 두는 경향이 높다.[58]

교회가 단순히 동성애에 대하여 비난과 혐오의 관점으로 대하기보다는 사랑의 마음으로 동성애자들을 만나는 것이 필요하다. 왜냐하면, 교회가 그들을 받아 주지 않는다면 동성애자들은 가족이나 이웃들로부터 수용과 도움을 받을 수 없으므로 그들을 받아 주고 사랑해 주는 동성애 집단에 들어가게 될 가능성이 크기 때문이다.

교회는 성경이 인간의 성욕, 사랑, 우정, 성의 절제 등에 관하여 말하는 바를 부지런히 가르쳐야 한다. 올바른 성적 정체성은 기도, 성경 말씀의 묵상, 성적으로 자극하는 상황이나 사람들을 피하는 것과 이해할 수 있는 친구나 상담자와 대화하고자 하는 습관 등을 통해서 이루질 수 있는 것이다.[59]

오윤선은 행복증진을 위한 집단상담 프로그램이 기독교청소년의 행복감과 우울 및 불안에 대한 회복과 치료를 위해서 매우 유용하게 적용할 수 있음을 입증하기도 했다. 이는 상담자가 사랑의 마음으로 내담자를 만나 행복증진을 위한 집단상담 프로그램을 통하여 상담을 제공할 때, 내담자의 우울과 불안에 대한 회복과 치료에 유용하게 사용될 수 있다는 것이다.

그는 행복증진을 위한 집단상담 프로그램의 구성을 준비 단계, 실행단계, 마무리 단계로 나누어 진행했는데, 준비 단계에서는 오리엔테이션과 자기 이해, 자기수용이 있고, 실행단계에서는 성경인물들의 청소년 시절 탐색, 대표감정과 몰입지수 함양하기, 낙관성 키우기, 감사하기, 사랑과 관계지수 높이기, 용서하기, 소망나무 키우기, 마무리 단계에서 충만한 삶 살아가기, 지속적으로 행복지수 높여 가기 등이 있다. 이와 같은 집단상담 프로그램을 동성애 집단에도 적용한다면 효과가 나타날 가능성이 크다.[60] 이것에 대한 경험적 입증은 다음연구과제 남겨두기로 하겠다.

동성애적 충동을 가진 사람들은 거절당하는 것이 무서워서 그들의 동성애적 성향을 인정하기를 망설인다. 이처럼 동성애자들은 자신의 성향에 대하여 홀로 고민하기 때문에, 죄의식으로 고통스러워하고, 죄책감으로 괴로워하며, 그들의 성적인 경향을 합리화하는 방법을 모색하게 된다. 이와 같은 사람들은 전문가의 손길이 필요하다. 교회와 복음주의 상담자가 동성애자들을 사랑의 마음으로 수용하고 도움을 주어야 할 것이다.

2) 건강한 가정을 세우는 사역하기

동성애의 원인은 다양한 요인이 있다. 그중에서 부모와의 갈등과 자녀에 대한 거절이 있는 가정에서 발생된다는 견해가 설득력이 있다. 따라서 건강한 가정을 조성해 나가는 것이 동성애를 예방하는 방법이라 할 수 있다. 부부관계가 건강하고 만족스럽다면 이성 자녀와 심리적으로 적대관계에 놓이지 않게 된다. 자녀들은 자신의 부모와 만족스러운 관계를 유지하고 있을 때 자신의 성에 대하여 자긍심을 가지게 될 것이다. 특히, 남성의 경우 아버지와 따뜻한 정서적인 관계를 가져온 자녀들은 동성연애자가 되지 않는다.[61]

1962년 비버(Bieber)의 연구에서 106명의 게이 남성들을 대상으로 환자의 부모와의 관계에 대한 질문을 토대로 분석한 결과, 모두 아버지와 정상적인 관계를 이루지 못했음이 밝혀졌다. 이 연구에서는 동성애의 원인은 아동기의 갈등에서 비롯된 무의식적 불안이며, 이 불안을 해소시키는 것이 동성애의 치료라고 보았다.[62]

이러한 정신 분석적 관점이 동성애의 원인과 치료에 대하여 전반적으로 잘 보여 준다고 볼 수는 없다. 그러나 명백한 것은 심리적으로 건강하지 않은 부모에게서 동성애자들이 더 많이 발생한다는 점은 잘 알려진 내용이다. 이런 점에서 건강한 가정을 세우는 것이 동성애를 예방하는 방법이 될 수 있다고 하겠다. 그러므로 동성애의 치료가 시작되어야 하는 곳은 바로 가정이다.

3) 교회 공동체가 사랑으로 받아 주기

동성애자에 대하여 교회 공동체가 가져야 할 자세는 그들을 사랑으로 받아 주는 것이다. 그리스도인이면서 동성연애자인 남성과 여성의 고백을 들으면, 그들은 하나님의 관대하심에 의하여 죄와 수치와 두려움으로부터 구제되었으며, 성령의 내재하는 능력에 의하여 이전의 동성연애의 속박으로부터 풀렸음을 고백하고 있다. 그러나 동성애적 지향으로부터는 완전히 자유롭지 못함을 호소하면서 내적 고통이 새로운 기쁨과 평안과 함께 지속되었음을 고백하고 있다. 그들 중의 약 50여 명이 "국제엑소더스"라 불리는 단체에 가입해 있다.[63]

엘리자베스 모벌리(Elizabeth R. Moberly) 박사는 다음과 같은 견해를 밝혔다.

> 동성애적 지향은 유전적 기질과 호르몬의 불균형 또는 비정상적인 학습과정에서 오는 것이 아니라 부모-자녀 관계의 어려움들, 특히, 어린 시절의 어려움들 때문이다.

또한, "동성연애자는 동성의 부모와의 관계를 매개로 이런 결핍을 보상하려는 상대적 욕구가 있다"고 하면서 동성연애는 본질적으로 불완전한 상태이며 충족 못한 욕구의 상태이라고[64] 주장했다. 따라서 "부모의 애정을 대체할 수 있는 관계는 마치 부모와의 관계가 창조의 질서 속에 있는 것처럼 하나님의 구원 계획 속에 있다"[65]고 했다.

　이러한 주장은 매우 의미 있는 것이다. 결국 동성애자들에게 필요한 것은 조건 없는 돌봄이 필요한 어린아이와 같은 무조건적 사랑, 자신이 필요한 것을 공급해 주는 대상이 필요하다. 이것은 온전하시고 사랑이 무한하신 예수 그리스도를 만날 때 가능하다. 그러므로 동성애자에게는 바로 예수 그리스도의 사랑이 필요하다. 교회 공동체가 사랑으로 이들을 받아 주는 것이 절실히 필요하다.

　동성애가 성경이 명백히 금하는 죄라고 해서 동성애자를 배척하고 정죄하는 것이 아니라, 동성애자들도 목회적 돌봄이 필요하다는 것을 인정하고 교회공동체가 동성애자들을 사랑으로 받아 주어야 할 것이다. 한국교회는 성경 말씀과 성령 하나님의 간섭하심으로 동성애자들도 육체적, 심리적 이상에서 치유를 받아 건강한 삶을 살 수 있다고 믿으면서 동성애자를 교회가 사랑해야 할 대상으로 받아 주는 자세가 있어야 한다. 바로 이것이 교회 공동체가 동성애자들을 위한 복음주의 목회상담 사역을 감당해야 할 이유인 것이다.

4) 성령님께서 주시는 변화를 믿어 주기

　하나님은 자기 백성을 창세 전에 택하셨다(엡 1:4). 하나님의 독생자이신 예수 그리스도는 하나님께서 택하신 자들을 위하여 십자가에 달려 죽으셨다. 하나님의 구원 계획에 따라 구원이 이루어졌다. 하나님의 구원 계획은 삼위일체 하나님의 섭리이다. 구원은 성부 하나님께서 계획하셨고 성자 예수 그리스도에 의하여 실천되었으며, 했으며, 성령께서 각 사람에게 이루신다.

　죄 사함은 죄를 간과하는 것이 아니며, 죄책을 넘겨버리는 것이 아니다. 그러므로 예수 그리스도의 피를 값으로 치루고 얻는 것이다(마 26:28). 용서란 죄를 간과하거나 용납하는 것이 아니라 상대방의 잘못을 더 이상 붙들고 있지 않는 것이다. 용서는 죄가 있었다는 것을 전제로 하며, 그 죄를 무조건 용납하는 것이 아니라 그것을 처리하는 것이다. 이것은 하나님의 은혜로 이루어진다. 예수 그리스도는 용서의 모범이 되신다. 주님은 십자가에서 죽어가는 순간에도 그를 십자가에 못 박은 사람들을 용서하셨다. 인간에게 용서가 중요한 이유는 우리 또한 죄 가운데 살고 있기 때문이다. 그리고 우리 자신도 용서받아야 할 죄인이기 때문이다.[66]

구속의 문제를 다룸에 있어서 죄의 용서와 함께 필요한 것이 회개이다. 복음은 예수 그리스도께서 인류의 죄를 위하여 십자가에 달려 죽었다가 부활하신 좋은 소식이다. 이 복음이 전 세계에 증거 되어야 한다. 복음이 증거 되는 곳에 믿음과 회개가 이루어진다.

그 다음은 고백이 중요하다. 고백은 내담자가 자신의 잘못에 대하여 인정함으로서 책임을 지는 것이다. 먼저, 하나님께 고백하고 나의 잘못으로 인하여 해를 당한 사람에게 고백하고 다른 여러 사람에게도 구체적으로 고백하게 해야 한다. 먼저, 옛 옷을 벗고 새 옷을 덧입어야 하기 때문이다.[67]

고백은 단순히 마음을 깨끗케 하는 것이 아니라 화목을 이루는 것이다. 따라서 회개와 고백을 통하여 하나님의 용서를 경험하며 하나님의 사랑을 받아들이게 된다. 하나님께서는 성령을 보내셔서 인간의 죄악된 성품을 변화시켜서 오직 주를 위하여 살게 하신다. 이것이 복음주의 상담의 목적이다. 이것은 동성애 문제에 대한 상담에서도 사용할 수 있는 기본 원리이다.

그러므로 동성애는 성경이 말하는 명백한 죄악된 삶의 유형이므로 목회상담자는 동성애에 빠진 사람들에게 그리스도께서 동성애라는 죄에 대한 해결책을 가지고 계신다는 점을 바로 알게 해 주어야 한다. 예수 그리스도를 통한 변화는 옛사람을 벗어버리고 새사람을 입는 것이다. 예수 그리스도는 고통당하는 자에게 은혜를 주시는 고통당하는 자이다. 그리스도를 믿는 자는 주안에서 회복되고 완전케 된다.[68] 이를 위해서 복음주의 상담자는 다음과 같이 도와주어야 한다.

첫째, 동성애자가 다른 동성애자들과의 관계를 정리하도록 도와야 한다.
둘째, 동성애자가 동성애의 행위가 가능한 장소를 피하고 삶의 습관을 다시 재구성하도록 도와주어야 한다.
셋째, 동성애자는 동성애가 그의 삶을 파괴하는 죄라는 것을 알도록 해야 하고 이를 단호히 버리도록 도와야 한다.

탈동성애의 대표적인 사례로 이요나 목사[69]를 들 수 있다. 이요나 목사는 사춘기 시절부터 43년간 동성애자로 살아왔으나 하나님의 말씀을 듣는 가운데 성령의 도우심으로 새로운 삶을 시작하여 탈동성애 인권단체인 홀리 라이프를 통하여 동성애 치유상담 사역과 에이즈 감염자 돕기, 탈동성애 기독인권 운동에 앞장서고 있다. 그는 그의 저서 『리애마마 동성애탈출』[70]에서 다음과 같이 고백하고 있다.

> 성령 체험 이후 내 생활에 큰 변화가 일어났다. 우선 마음의 기쁨과 평안이다. 무엇이라고 표현할 수 없는 온전함이 느껴졌다. 성령의 아홉 가지 열매가 삶 속에서 체험되고 있었다. 세상의 모든 것이 나를 위하여 지어진 것 같은 느낌이다. 창밖으로 비치는 햇살의 무리가 나를 향해 속삭이는 것 같았다. 나뭇잎 사이로 스치는 실바람이 손뼉을 치며 지나가는 것 같았다. 평안의 감동이 심장 한복판에서 틀을 잡고 있었다.[71]

그의 고백에서 볼 수 있는 것처럼 성령 체험 이후 자신의 생활에 큰 변화가 일어났다고 고백하고 있다. 그것은 마음의 기쁨과 평안이라고 했다. 인간의 문제는 마음의 문제[72]라고 하는 성경적 상담의 관점에서처럼, 그는 성경 말씀을 듣는 가운데 성령을 체험하고 마음의 기쁨과 평안을 소유하게 된 것이다. 이러한 마음의 변화로 인하여 그는 세상을 다시 보게 되었고 새로운 삶을 시작하게 된 것이다. 그러므로 성령께서는 인간의 마음을 고치고 새롭게 하는 주체가 되는 분이시다.[73] 이것을 신뢰하고 상담 사역에 임하는 것이 매우 중요하다.

끝으로 복음주의 상담자는 동성애자가 사람을 재구성하도록 이끌어 주어야 한다. 동성애가 그의 모든 생활, 즉 가정생활, 직장생활, 건강한 생활, 경제생활에 총체적인 영향을 준다는 점을 알게 해 주어야 한다.
이를 위하여 목회상담자에게 중요한 것은 다음과 같다.

첫째, 동성애자와의 신뢰관계 형성이 중요하다.[74]
둘째, 각 영역에 관한 자료 수집을 통하여 내담자를 깊이 알아야 한다.[75] 이때 동성애자의 말을 경청 하는 것이 중요하다.
셋째, 말해야 하는 것이다. 이것은 성경적 직면이다.[76] 마치 나단 선지자가 다윗의 죄를 지적한 것처럼, 동성애가 죄악임을 일깨워 주고 그것을 버릴 수 있도록 하나님의 방법으로 말하고 모든 일상을 재구조화하도록 도와야 한다.

이요나 목사도 일본의 히라노 코오이치 목사에게 이러한 직면을 통하여 새롭게 변화되는 계기가 되었음을 고백하고 있다.

> 나는 엘리베이터 문앞에 선 히라노 코오이치 목사 앞에 무릎을 꿇고 "목사님, 오늘 주께서 나를 온전케 하셨습니다"라고 고백했다. 히라노 목사는 나를 부둥켜안고 손을 얹어 "이제 네 몸은 성령의 전이니 다시는 죄를 짓지 말라"라고 기도하셨다. 주께서 그의 입술을 통하여 나에게 하신 말씀이었다. 그날에 드디어 나는 43년간 사슬에 매였던 동성애의 더러운 영에게서 벗어나게 되었고, 내 영혼 속에서 하나님께서 창조하신 거룩한 남자의 위대함을 스스로 체감하게 된 것이다.[77]

위의 고백에서 나타난 것처럼, 히라노 코오이치 목사는 이요나 목사와의 신뢰관계를 바탕으로 그에게 "이제 네 몸은 성령의 전이니 다시는 죄를 짓지 말라"고 직면하고 있다. 그리고 이 말을 들은 이요나 목사는 그 말씀이 주께서 그의 입술을 통하여 자신에게 하신 말씀으로 받아들이게 된 것이다. 그 결과 그는 43년간 사슬에 매였던 동성애의 더러운 영에게서 벗어나게 되었다고 고백하고 있다. 이러한 변화의 과정 속에서 성령은 목회 상담자를 사용하셔서 내담자를 변화시키신다. 특히, 견고한 신뢰 관계를 형성한 상담자의 사랑으로 진리를 말하는 직면을 통하여 새롭게 변화시키는 것이다.

마지막으로, 내담자의 일상생활 속에서 지속적으로 변화되도록 지도해야 하며 상담자가 삶의 모범을 보여 주어야 한다.[78] 더 나아가 동성애자가 이성과의 결혼 관계 속에서 자기 자신을 주는 사랑의 삶을 배우고 그것을 표현하는 삶을 배우도록 도와야 한다.

5) 존중, 경청, 초대 그리고 그리스도의 몸의 지체로 세우기

동성애는 성 중독의 한 모습이다. 바람직한 교회는 이러한 동성애 성 중독자와 함께하려고 할 것이다. 교회는 어느 면에서는 죄인들을 위한 병원이기 때문이다(마 11:28; 22:9; 사 55:11).[79]

교회의 과제는 모든 단계의 죄인들을 돕는 것으로 이것은 쉬운 일은 아니다. 그러나 교회는 동성애자를 존중하고, 그들의 사연을 알아가기 위해 경청하며, 교회공동체로 초대하여 그들이 그리스도의 몸의 일원이 되어 함께 변화되어 나가도록 그들을 세워 가야 한다. 동성애자들은 자신의 마음을 결국 말과 행동으로 드러내게 된다(눅 6:43-45).[80]

사람은 감정 또는 마음의 방향에 따라 움직인다. 하나님의 말씀을 따르며 믿음과 순종 가운데 거하는 것도 우리의 마음의 표현이며, 육신의 쾌락을 좇아 동성애에 머물러 있는 것도 마음에 따라 움직이는 것이다. 인간의 마음이 하나님을 진정으로 예배하면 비록 어려운 상황 속에서라도 기쁨, 평안, 사랑, 희망, 감사를 가진다. 그러나 인간의 욕망이 쾌락을 추구하며 그 욕구가 달성될 수 없고 무력해진다면, 우리는 슬프고, 쓰리리고, 우울하고, 화내거나 두려울 수 있다.

그러므로 교회공동체는 성 중독자의 거듭남을 고려하여 사랑으로 진리를 말해 주어야 하고, 결단을 받아야 한다. 그리고 그들을 보호할 수 있는 성벽을 쌓고 그들에게 소망을 주어야 한다.[81]

동성애자가 점진적으로 하나님을 알아가고, 하나님을 경외하며, 거짓으로부터 돌아서서 성적 쾌락을 추구하고자 하는 욕구에 '아니오'라고 거절하며 맹렬한 영적 전투에서 승리할 수 있도록 도와주어야 한다. 그래서 진정으로 머리 되신 예수 그리스도의 공동체의 일원이 되도록 그리스도의 몸의 지체(고전 12:14; 히 10:25)로 세워나가야 한다.

이를 위해 동성애자에게 해를 끼친 사람과 화해하고, 자신이 해를 끼친 사람과도 화해를 시도해야 한다. 그리고 그가 다른 사람들을 섬기는 삶을 살아가도록 도와주어야 한다.[82]

예수께서는 두세 사람이 모인 곳에는 함께 계신다고 하셨다. 교회공동체의 일원이 되어 예배하고, 예수님의 행하신 일을 기억하며, 사랑하고 기뻐하고 기도하도록 도와야 한다. 중독자에게 복음을 통하여 변화될 수 있음을 알려 주고 미래에 상급이 있음을 기억하도록 도와주어야 할 것이다. 그렇게 할 때, 성령의 도우심으로 동성애자는 그 성 중독에서 벗어나 성화되어 갈 것이다.

닫는 말

지금까지 동성애에 대한 복음주의 상담적 접근을 논함에 있어서 필자는 동성애에 대한 학문적 이해와 신학적 이해를 살펴보았다. 그리고 동성애에 대한 복음주의 상담적 접근을 통하여 다음과 같이 제안했다.

첫째, 사랑의 마음으로 동성애자 만나기.
둘째, 건강한 가정을 세우는 사역하기.
셋째, 교회공동체가 사랑으로 받아 주기.

넷째, 성령께서 주시는 변화를 신뢰하기. 이에 대한 복음주의 상담자의 구체적 실천 사항은 다음과 같다.

① 동성애자가 다른 동성애자들과의 관계를 정리하도록 도와야 한다.
② 동성애자는 동성애의 행위를 할 수 있는 장소를 피하고 삶의 습관을 재구성하도록 도와야 한다.
③ 동성애자는 동성애가 그의 삶을 파괴하는 죄라는 것을 알도록 하고 죄악 된 사람을 버리도록 도와야 한다.
④ 목회상담자가 동성애자의 삶을 재구성하도록 구체적으로 돕고 모범이 되어야 한다는 것이다.

다섯째, 존중, 경청, 초대 그리고 그리스도의 몸의 지체로 세우기.

후속 연구에서는 실제 동성애자와의 상담을 통하여 탈동성애로의 변화를 이룬 상담사례를 분석하는 연구가 진행되면 바람직할 것이다.
우리는 동성애에 대한 바른 성경적 이해 가운데, 건강한 복음주의 상담 사역을 통하여 동성애자들이 예수 그리스도 안에서 회복되도록 인내심을 가지고 도와야 할 것이다. 오늘날 한국의 목회자들과 복음주의 상담자들이 인간의 심령을 변화시키는 성령의 능력이 나타나는 통로로 쓰임 받아서 동성애자들이 동성애에서 벗어나 탈동성애 하여 새로운 삶을 살아가는 발걸음이 계속되길 열망한다.

제6장

자살에 대한 목회상담학적 대책

여는 말

오늘날 초고속 인터넷 시대가 되고 스마트폰으로 전 세계가 소통하는 시대를 맞이하여 서로 사랑과 감정을 나눌 수 있을 것이라고 기대했으나 현대인들은 스스로 목숨을 버리는 사람들이 늘어나고 있다. 자살은 세계인들의 심각한 사회 문제가 되고 있다.

최근 2014년 대한민국 통계청에서 발표한 자료에 의하면, 2009년의 경우 남자 9,936명, 여자 5,477명 총 15,413명이 자살하여 인구 10만 명당 약 31명이 자살한 것으로 조사되었다. 이러한 수치는 하루 평균 42.2명이 자살하는 것이다. 남자 중 자살률이 가장 많은 연령대는 50-54세로 1,176명이며, 여자는 25-29세로 573명이다. 2010년에는 인구 10만 명당 31.2명, 2011년에는 31.7명, 2012년에는 다소 감소하여 28.1명이 자살한 것으로 조사되었다.[1]

자살은 어느 특정한 계층의 사람에게만 나타나는 것이 아니라 국가고위층, 연예인, 기업인, 청소년 등 다양한 계층과 연령대에 걸쳐서 나타나고 있다. 특히, 이들 가운데는 기독교 신앙을 가진 사람들이 적지 않다는 것이다. 이러한 점에서 한국교회는 자살에 대한 대책을 세워 적극 예방에 나서야 할 때인 것이다. 오윤선은 PTSD(외상후 스트레스 장애) 청소년의 기독교집단교육상담이 효과가 있음을 입증하는 연구를 수행했다.[2]

본 장은 자살에 대한 목회상담학적 대책을 수립하는 데 목적이 있다. 이와 같은 연구 목적을 수행하기 위해서 다음과 같은 연구 문제를 제시한다.

첫째, 성경에 나타난 자살에는 어떤 내용들이 있는가?
둘째, 기독교 역사에 나타난 자살에 대한 이해를 어떻게 할 것인가?
셋째, 자살에 대한 목회신학적 이해는 어떤 것인가?
넷째, 자살과 우울증과의 관계는 무엇인가?
다섯째, 자살에 대한 목회상담학적 대책은 무엇인가?

펴는 말

1. 성경에 나타난 자살

성경은 기독교인의 삶의 표준을 제공하여 주고 신앙생활에 대한 구체적 지침을 제공하여 준다. 성경에는 7건의 자살 사건이 기록되어 있다.

1) 아비멜렉의 자살

탐욕에 빠져 자기를 스스로 높이고 살인을 저지른 아비멜렉이 세겜 사람들에게 배반당하고 한 여인의 맷돌에 맞아 두개골이 깨지는 상황에서 아비멜렉이 자기의 무기를 든 청년을 급히 불러 "칼을 빼어 나를 죽이라"(삿 9:54)고 하며 자살한다. 그런데, 이것은 아비멜렉이 그의 형제 70명을 죽여 자기 아버지에게 행한 악행을 하나님이 갚으신 것이었다(삿 9:56).

2) 삼손의 자살

삼손이 자신의 두 눈을 뺀 블레셋 사람에게 단번에 원수 갚기 위하여 여호와께 부르짖고 삼손이 집을 버틴 두 기둥 가운데 하나는 왼손으로 하나는 오른손으로 껴 의지하고 삼손이 블레셋 사람과 함께 죽기를 원하여 힘을 다하여 몸을 굽히자 그 집이 곧 무너져 그 안에 있는 방백들과 온 백성에게 덮이니 삼손이 죽을 때에 죽인 자가 살아 있을 때 죽인자보다 많았다(삿 16:28-30).

3) 사울의 자살

사울 왕이 길보아 전투에서 블레셋 군에게 패전하자 활 쏘는 자가 따라잡아 사울이 그 활 쏘는 자에게 중상을 입었다. 이에 사울은 적군에게 모욕을 당하는 것보다 무기를 든 군사에게 명하여 그 칼로 자신을 찌르라고 했으나 두려워 실행을 하지 못하자 자기의 칼을 뽑아 그 위에 엎드러져 자살했다(삼상 31:3-6).

4) 사울의 무기를 든 사람의 자살

무기를 든 사울의 부하가 사울의 죽음을 보고 자기도 자기의 칼 위에 엎드러져 그와 함께 자살했다(삼상 31:5).

5) 아히도벨의 자살

다윗 왕을 배반하도록 압살롬을 도운 아히도벨이 일만 이천 명을 데리고 다윗의 후미를 공격한다는 자기의 모략이 다윗 왕을 돕는 후새의 모략에 눌려 시행되지 못함을 보고 고향으로 돌아가 집을 정리하고 스스로 목매어 자살했다(삼하 17:23).

6) 시므리의 자살

엘라 왕의 악정에 대하여 모반을 일으킨 시므리 장군이 칠일 동안 왕이 되었으나 백성들로부터 권력의 정당성을 인정받지 못하자 왕궁에 불을 지르고 그 가운데서 죽었다. 이것은 여호와 보시기에 악을 행하여 범죄했기 때문이었다(왕상 16:18-19).

7) 유다의 자살

하나님의 아들 메시아인 예수 그리스도를 따르던 제자 유다가 스승을 은 30에 팔고 예수께서 유죄 판결을 받는 것을 보고 "내가 무죄한 피를 팔고 죄를 범하였도다"(마 27:4) 고백하고 은을 성소에 던져 넣고 물러가서 스스로 목매어 자살했다(마 27: 3-5).

이상에서 살펴본 것과 같이 성경에서의 자살은 수치심과 죄책감을 견디지 못하여 자살에 이른 사건들을 구체적으로 묘사했다. 성경은 이들 가운데 아비멜렉, 시므리 아히도벨 그리고 유다의 자살은 죄에 대한 하나님의 심판으로 해석했다. 그러나 그들은 모두 자신의 생을 마감하기로 스스로 결정했던 것이다.

2. 기독교 역사에 나타난 자살에 대한 이해

기독교 역사에서 로마의 박해를 받으면서 순교를 하는 기독교인들이 많아지고 자살하는 사람들이 늘어남에 다라 자살에 대한 기독교적 입장을 분명히 하고자 했다.

락탄티우스(Lactantius, 250-317)는 자살자를 살인자로 정죄했다. 인간이 세상에 온 것이 자의로 온 것이 아니라면 세상을 떠날 때도 하나님의 명령이

있을 때에만 떠날 수 있는 것으로 간주되었다.[3]

어거스틴은 자살은 육체를 더럽히는 행동이 아니라 영혼을 더럽히는 행동으로 간주하여 철저하게 거부했다. 어느 누구든지 범죄자조차 개인적으로 죽일 권리를 가지고 있지 않다면 자기를 죽이는 자는 명백한 살인자이며, 자신을 죽음으로 내모는 비난에 대하여 스스로 결백하다면 자살을 통하여 죄를 더한다는 사실이 분명하기 때문이다. 자살을 금하는 이유는 첫째 자살은 자신에 대한 살인이다. 따라서 자살자는 "네 이웃을 살인하지 말라"는 계명에 저촉된다. "살인하지 말라"는 계명은 다른 사람들과 자신에게 적용하게 된다. 왜냐하면, 자신을 죽이는 것도 인간을 죽이는 행위이기 때문이다.[4]

452년 아를르 교회회의에서는 자살이 마귀의 짓이라고 규정하고 533년 오를레앙 교회회의는 범죄혐의를 받고 있는 자가 자살했을 경우에는 교회에서 장례예식을 치러주는 것을 금했다. 563년 브라가 교회회의에서 어떤 경우의 자살자에게도 교회장례 금지령이 결의되었고 693년 톨레도 회의에서는 자살 미수자에게 성찬예식 마저 금하도록 했다.[5]

토마스 아퀴나스는 신학대전에서 밝히는 글을 통하여 자살은 하나님과 공동체에 대항하는 죄라는 인식을 밝히고 있다.[6] 토마스 아퀴나스는 자신의 생명이 한 개인의 것이 아니라 공동체와 관련되어 있다는 측면을 강조하여 죽음의 사건을 단순한 한 개인의 사건이 아니라 공동체와 연관된 공동체의 사건이라는 것을 설명한다.

17세기 루이 14세는 자살하는 자는 품위 없는 평민이라 선언하며 자살한 사람의 손가락을 모두 자르고 그의 성채를 파고하고 성채를 둘러싼 숲의 나무들을 모두 베어 버리도록 명령한다. 1789년에 이러한 자살에 대한 형벌이 폐지된다.[7]

19세기에는 인간에 대한 이해와 정신 분석의 발달로 인하여 자신의 의지와는 상관없는 무의식적 세계의 역동성에 대하여 눈을 뜨게 된다. 즉, 자신의 의지가 아닌 병리적 증상으로써 자살에 대한 이해를 가지게 된다. 자살은 교회에서 범죄가 아닌 일종의 정신병으로 취급되기 시작했다.[8] 이러한 관점은 자살에 대한 죄를 합리화하는 위험성이 내포되어 있음을 간과해서는 안 될 것이다.

3. 자살에 대한 목회신학적 이해

목회신학자 앤드류 레스터(Andrew D. Lester)는 자살을 결행하는 사람들의 공통적인 심리상태인 절망감의 상태를 우울증적인 요소를 포함하여 설명할 수 있겠지만 기본적으로는 삶의 미래 시점에 대한 부정적인 인식에서부터 생겨나는 철학적 영성적 문제에 대한 인식적 감정적 반응과 관련되어 있다고 주장했다. "절망은 미래가 닫혀 있으며 변할 수 없는 무의미한 것이라고 확신할 때 생기는 것"이라 말한다. 레스터는 죽음에 이르는 질병인 절망이 가져오는 여덟 가지 특성들에 대하여 목회신학적 입장에서 기술했다.[9]

첫째, 미래 이야기의 상실이다. 인간은 삶의 위기 가운데 사랑하는 가족과의 결별이나 애착 대상과의 이별, 실직이나 사업의 실패 등을 통해 상실감을 체험하게 되며 정서적 슬픔을 경험하게 되는데 이러한 정서적 슬픔과 상실감의 경험은 곧 "상실된 미래 이야기"로 연관된다. 즉 상실된 체험 속에서 인간은 희망찬 미래를 예측할 수 없고 미래 이야기를 건설할 수 없게 되며 희망을 잃고 절망에 빠져들게 되는데 이는 자신의 삶의 이야기가 더 이상 희망을 가지고 계속 전진할 힘을 잃어버리고 미래 이야기를 잃어버렸다는 절망감에서 기인한다.

둘째, 미래 이야기의 단절이다. 미래 이야기의 상실은 미래 이야기의 단절로 연결된다.

셋째, 절망 가운데 있는 인간은 자기가 되기를 거부한다.

넷째, 절망 가운데 있는 인간은 과거와 미래를 주장하는 데 실패한다.

다섯째, 절망에 빠진 사람들은 시간의 어느 곳으로도 향해 나아가지 않으려 하는 오로지 "닫힌 현재에만 머무르려는" 속성을 지닌다.

여섯째, 절망에 빠진 이야기는 그릇된 희망, 하나뿐인 미래 이야기, 즉 우상의 이야기에 빠져드는 속성을 지닌다.

일곱째, 절망에 빠진 사람들은 자신의 이야기가 특별히 공허하다고 느낀다. 또한 자신의 이야기가 공허하다고 느끼는 절망속의 이야기는 외로움, 무의미함, 죽음의 주제들을 주된 이야기의 화재로 꺼내 놓는다.

여덟째, 절망의 이야기는 부정적인 하나님의 이미지를 통하여 병든 신앙의 이야기를 만드는 특징을 지닌다.

대상 관계 이론가들은 어린 시절의 부모와의 경험을 통해 형성된 내적 대상들에 대한 이미지가 신앙생활을 통해 경험하는 하나님의 이미지를 형성하는 데 결정적인 영향을 미친다고 말한다. 어린 시절 권위주의적이며 비난과 심판으로 가득 찬 부정적 하나님의 이미지를 가지게 되고 이 부정적인 이미지 안에 포함된 부정적 하나님의 목소리가 "악마의 목소리," "내부의 조정자"가 되어 자신의 삶을 부정적으로 간섭하는 경험을 하게 되는 악순환을 체험한다.[10]

이러한 체험 속에 있는 인간은 자신의 목소리의 주인공이 되기가 어렵고 자신을 무가치하고 수치스러운 존재로 여기며 삶의 조그마한 위험이나 절망 앞에 쉽게 무너지기 쉬운 특성들을 자신의 성격 안에 개발시키며 스스로의 삶을 파괴하는 경향을 가진다.

하나님이 자기를 사랑한다고 믿는 사람들은 자신의 이야기 안에서 긍정적인 미래를 위한 이야기의 힘을 발견한다. 그러나 하나님이 책망과 징벌의 하나님이라는 이미지를 가지고 스스로 무가치하게 느끼는 사람들의 이야기 안에서는 이러한 이야기의 힘과 희망의 목소리를 발견하기가 어렵다. 그들이 묘사하는 미래의 이야기, 신앙의 이야기도 역시 분노와 복수와 무관심과 심판의 하나님과 관련된 미래이며 따라서 미래로부터 오는 시간은 희망과 셀렘, 믿음으로 기다리고 싶은 미래라기보다는 도피하고 싶고 마주치고 싶지 않은 병적 미래인 것이다.[11]

이처럼 레스터가 말한 죽음에 이르는 병인 절망이 가져오는 특성들에서 볼 수 있는 것처럼, 절망한 사람들은 미래를 기대하지 않는다. 또한, 우상에 빠져들 수 있으며, 하나님에 대하여 왜곡된 이미지를 갖게 된다. 여기서 우리는 목회상담의 역할을 발견하게 된다. 즉, 목회상담자들은 이러한 절망에 빠진 자들에게 미래에 대한 소망을 주고, 우상을 버리게 하고 예수 그리스도로 채우며, 사랑과 위로의 하나님을 만나게 해 주어야 한다.

4. 자살과 우울증의 관계

자살은 우울증과 깊은 관련이 있다. 우울증이 강하고 지속적으로 진행될 때 자살을 선택하는 경우가 많기 때문이다. 그래서 우울증은 여러 정신 질병 중에서 자살률을 가장 높게 점유하는 증상이다. 자살하거나 자살을 시도하는 사람들의 95% 이상이 당시에 심리 및 정신적 장애를 갖고 있음이 드러났다.[12] 그중에서도 가장 많은 것이 우울증으로 80%를 점유한다.[13]

우울증은 '지옥의 방,'[14] 또는 '뇌 속에 휘몰아치는 폭풍'[15]이라 불린다. 1621년에 로버트 버튼(Robert Burton)은 다음과 같이 기록했다.

> 그들의 정신은 공포로 인하여 그럴한 고통을 겪었다. 영혼은 극심한 산란으로 인해 조금의 안식도 없었다. 지속적인 두려움, 근심, 괴로움, 분노로 가들 차, 먹을 수도 마실 수도 잠조차 잘 수 없었다.

이처럼 버튼은 우울증으로 고통받고 있는 현대인 수백만 명의 경험을 정확하게 묘사하고 있다.[16]

우울증은 적합하지 않은 슬픔, 실의, 침울, 그리고 자신을 무가치하다고 생각하며 더 나아가서 죄의식을 가지고 걱정을 하는 정서적 질병이다. 우울증은 주로 외적인 요인보다는 내적, 정서적 원인에 의해 생기게 된다. 불안이 비현실적인 공포인 것과 마찬가지로 우울증은 비현실적인 슬픔이다. 성격상 약간의 우울 증세는 염세주의로 흐르기도 한다. 이러한 사람들은 단지 우울한 사람일 뿐이다.

심각한 우울증은 신경증과 정신병의 증세를 함께 동반할 수도 있다. 따라서 정서적으로 우울증을 앓는 사람은 소외감, 공허감, 사랑받지 못하는 느낌, 사랑할 대상이 없을 때 느끼는 외로움과 정서적 박탈감으로 인하여 자살 충동을 반복적으로 경험할 수도 있다. 극한 상황에서 우울증은 자살을 선택할 위험성이 높다. 이것을 의학적으로 우울증적 자살(depressive suicide)이라고 명명한다.[17]

우울증은 울증 또는 울병이라고도 하는데 임상적으로 가장 흔한 정신장애중 하나로 성인 10명 중 1명이 일생 동안 한 번 이상 우울병을 경험하고 있다. 우울병의 평균 발병 연령은 평균 40세이지만 최근에는 점점 더 빨라지고 있는 추세이다. 그 증상은 괜히 슬퍼지거나 불안해지기도 하고 무슨 일을 해도 재미가 없고 잘 웃지도 않는 특징들이 나타난다. 우울증은 평소보다 말수가 적어지고 매사에 귀찮아하고 금방 했던 일도 잘 잊어버리며 집중력이 떨어진다. 우울증은 치료받지 않으면 몇 개월에서 몇 년 동안 지속될 수 있으며, 대인관계의 와해나 직업적인 생산성의 상실, 무능력 그리고 죽음에 이를 수도 있는 질병이다.[18]

우울증의 증상과 징후로는 우울한 기분, 일에 대한 흥미나 즐거움의 감소, 체중이나 식욕의 심각한 변화가 나타난다. 또한 우울증은 수면장애, 안절부절못하며, 행동이 둔하고 느려지고 에너지가 부족하고 우유부단함, 무가치감이나 부적절한 죄책감, 그리고 죽음이나 자살 사고를 발생할 수 있다. 이상의 내용은 임상적인 우울증의 아홉 가지 특징적 주요 증상이다. 만약, 처음 두 증상 중 한 가지와 나머지 일곱 증상 중 네 개 이상의 증상이 있고, 이러한 증상이 2주 이상 지속되고, 개인의 기능을 저하시킨다면 우울증의 진단을 내릴 수 있다. 진단은 전반적인 정신과적, 신체적 검사를 통해서 비슷한 증상을 보일 수 있는 다른 정신과적, 신체적 질환이 배제된 후 내려진다.[19]

이 우울증은 유전적인 경향이 많으며 남녀 모두에게 발병한다. 우울증은 햇빛의 부족에 따른 에너지 부족과 활동량 저하, 슬픔, 과식, 과수면을 일으키는 생화학적 반응을 유도한다고 알려져 있다. 이 병을 앓고 있는 환자의 83%는 여자이고 어린이도 취약하다. 일반적인 우울증 치료는 광선요법으로 매일 일정기간 동안 강한 햇빛 광선에 노출시켜서 치료한다. 그러나 심할 경우 약물치료와 정신치료를 함께 병행하여 치료하게 된다.[20]

이처럼 의학적으로 우울증으로 인한 자살은 정신 건강의 문제, 즉 질병으로 보는 것이 일반적인 관점이다. 자살자들은 자살하기 전에 정신 건강에 문제점을 드러내는 것으로 정서적인 증상들을 수반한다. 자살은 도파민[21]이나 세로토닌[22] 같은 두뇌 화학 물질과 연관되어 있어 우울증이 있는 사람이 그렇지 않은 사람에 비해 자살 위험이 높다는 것이다.

성경적 상담학자인 에드워드 웰치(Edward Welch)는 "우울증은 가장 헌신적인 친구나 목회자조차도 스스로 무능하다고 느끼게 만든다"라고 했다. 그 이유는 변화에 대해 전적으로 저항하는 것처럼 보이는 시기가 우울증에 있기 때문이라는 것이다.[23] 웰치는 다음과 같이 말했다.

> 그러나 우울증에 걸린 사람도 다른 보통 사람과 똑같은 사람일 뿐이다. 그들의 속사람은 심한 고통의 와중에서도 믿음으로 말미암아 새롭게 될 수 있다.[24]

웰치는 우울증에 시달리는 사람을 돕는 방법에 대하여 다음과 같이 제안했다.

첫째, 우울증의 경험에 대하여 이해할 수 있어야 한다.
둘째, 확정적이지 않더라도 신체 증상과 영적인 증상을 구별해야 한다.

셋째, 이런 구별을 통해 우선적으로 마음의 문제에 집중할 수 있다. 문제의 핵심이 마음인 경우는 우울증이 완화될 수 있다.

넷째, 만일 우울증으로 인한 육체적, 정신적 고통이 과도한 경우에는 고통이 완화될 가능성이 있는 약물 처방을 고려하라는 것이다.[25]

이러한 웰치의 입장은 상담자가 우울증의 경험에 대하여 이해하고 신체 증상과 영적 증상을 구별하며, 우울증의 원인이 마음의 문제일 경우에 회복될 수 있는 가능성을 제시했다. 그리고 증상이 심각할 경우, 약물 처방을 배제하지 않았다. 이러한 견해는 우울증에 대한 성경적 상담학자의 처방을 대변해 주고 있다고 할 수 있다.

웰치의 견해에서 볼 수 있는 것처럼, 목회상담자는 우울증으로 인한 자살이 모두 질병 때문이라고 단정해서는 안 된다. 그 가운데는 정신 건강의 문제로 인한 질병이나 두뇌화학 물질과 연관되어 있는 경우도 있으나, 마음의 문제 또는 영적인 문제로 기인하는 경우가 많이 있기 때문이다. 또한, 자살을 질병 때문이라고 단정하므로 자살자에게 성경의 계명을 어긴 윤리적 문제에 대한 면죄부를 줄 수는 없는 것이다.

5. 자살에 대한 목회상담적 대책

자살에 대한 목회상담적 대책을 논함에 있어서 먼저, 목회상담학자들의 선행 연구에서 제시된 대책을 먼저 살펴본 후 필자의 견해를 제안하고자 한다.

유영권은 "자살 이해와 대처 방안"[26]에서 자살에 대한 현대적 해석을 시도하면서 자살에 대한 대처 방안으로서 다음과 같이 제안했다.

① 자살에 대한 성경적 해석과 교육의 필요성.
② 충동성 자제교육의 필요성.

③ 자살예방교육.
④ 우울증에 대한 예방.
⑤ 유가족 지탱그룹.
⑥ 신학교에서의 상담교육 강화.
⑦ 지역 치료 공동체 구성.

유 박사의 논문에서 자살에 대한 성경적 해석과 교육은 반드시 필요하다고 공감하며, 자살 예방교육과 우울증 예방교육은 매우 중요하다고 본다. 또한, 자살한 가족이 있는 유가족들을 돌보는 사역의 필요성과 신학교에서의 상담교육 강화 등은 매우 시급한 과제라고 본다.

김상인은 "우울증으로 인한 자살과 목회상담학적 접근"[27]에서 우울증이 자살의 주요 원인중 하나라고 전제한 후, 자살에 대한 목회상담학적 접근을 시도하며 다음과 같이 제안했다.

① 새벽기도를 통한 회복.
② 중보기도를 통한 회복.
③ 찬양을 통한 회복.
④ 심방을 통한 돌봄의 대화.

김 박사의 논문에서는 주로 회복에 초점을 맞추어 대안을 제시했는데, 특히 기도와 찬양을 통한 회복과 심방을 통한 돌봄의 대화의 필요성을 제안한 내용이 주목할 만하다.

김충렬은 "기독교인의 자살과 그 대책"[28]에서 젊은 기독교인들의 자살을 두고 목회상담학적 관점에서 원인을 규명하고 그 대응책을 시도하면서 자살 예방을 위한 대책으로 다음과 같이 제안했다.

① 기독교인의 정신 건강을 체크하자.
② 기독교인의 영적 건강을 중요시하자.

③ 신앙의 본질과 삶의 의미를 강화하자.
④ 내세 신앙으로 소명을 강조하자.
⑤ 체험적 신앙생활을 훈련하자.

김 박사의 논문에서 기독교인의 정신 건강과 함께 영적 건강을 중요시 해야 한다는 부분에 공감하며, 신앙의 본질 강화와 소명 그리고 체험적 신앙생활의 훈련 등은 자살 예방을 위하여 매우 필요한 것이라 평가된다.

정석환은 "자살의 문제와 목회상담"[29]에서 자살에 관하여 사회학적, 정신 분석학적, 사회-환경적, 목회신학적 설명을 한 후에 목회상담적 대안으로서 다음과 같이 제안했다.

① 주의 집중을 통한 함께함의 목회상담.
② 외부화와 내담자들의 현실 인식 능력을 구체적으로 탐문해 보는 질문.
③ 절망의 상황에서 구출하여 희망의 이야기를 만들어 가기. 희망의 이야기를 만들어 가기 위해서 기억함, 재구조화, 번복하기, 재상상하기, 다시 이야기하기의 단계를 밟을 것.

정 박사의 논문에서는 주의 집중을 통한 함께함의 목회상담의 중요성을 강조한 점과 현실 인식 능력을 갖도록 하는 질문의 중요성 그리고 희망의 이야기를 만들어 가기 등이 독창적이다.

노만 라이트(H. Norman Wright) 박사는 자살하는 사람 및 유가족을 돕는 방법을 제안했다.

제1단계: 친구 관계를 형성하라.
제2단계: 문제에 대한 정보를 얻고 실체를 파악하라. 특히, 이 단계에서는 다음과 같이 강조했다.

① 문제 파악하기가 있는데, 문제를 파악함에 있어서 자살하려는 사람에 대하여 세 가지 특징을 제시했다. 그것은 절망감, 무기력감, 불운함이다.
② 문제에 관한 정보수집하기.
③ 문제를 명료화하기인데, 이때 자살을 시도한 역사와 자살에 대한 위험 수위를 평가하는 것이 중요하다고 보았다. 예를 들면, 스트레스, 증세, 자원, 생활양식, 의사소통, 의료상태 등이다.

제3단계: 전화한 사람을 돕기 위한 계획을 구상 하라이다. 여기서는 도움이 될 만한 자원이나 대안 소개하기, 서약서에 서명하도록 환경 조성하기, 의도하는 바를 잘 전달하기가 있다.

제4단계: 소식을 전하라는 것으로 유족에게 죽음의 소식을 전하고 죽음을 사실로 받아들이도록 하는 단계이다. 이때 유족들이 계속 지원을 받을 수 있게 돕는 것이 필요하다.

제5단계: 상담자가 사람들의 필요에 민감해야 할 것을 제안하면서 유가족이나 친구 친척들에게 사랑과 관심, 지원을 보낼 필요가 있음을 강조했다.[30]

이처럼 라이트 박사의 자살 상담에서는 자살자와 유가족을 위한 단계별 상담법을 제시했고, 관계 형성, 문제 정보 파악, 문제 명료화, 소식을 전할 것 등, 구체적이며 현실적으로 상담을 통하여 도울 수 있는 방법을 제안했다고 평가된다.

이상에서 살펴본 바와 같이, 선행 연구에서 나타난 자살에 대한 목회상담적 대책을 참고하여 필자는 다음과 같이 자살에 대한 목회상담적 대책을 창의적으로 제안하고자 한다.

1) 자살에 대한 올바른 성경적 해석과 예방상담이 필요하다

자살은 곧 또 다른 살인 행위라고 하는 성경적 윤리를 교육하고 자살 예방상담을 제공해야 한다. 위기상담의 대가인 노만 라이트는 자살의 위기상담에 대해 다음과 같은 예방 교육이 중요함을 역설한다.

첫째, 친밀한 관계를 형성하여 많은 정보를 얻어낸다.
둘째, 문제를 확립하고 명확히 한다.
셋째, 자살할 능력이나 치명도를 살펴본다고 제안한다. 그후,
넷째, 내담자에게 도움이 될 수 있도록 계획을 명확히 말하라고 한다. 즉 자살의 위기에 있는 사람이 행동으로 옮기려고 하는 것이 어떤 계획인지를 알아내고 그로 하여금 바꾸게 한다.

만일 내담자가 가스를 틀어 놓고 창문을 닫아 놓았다면 그가 가스를 막고 창문을 열도록 해야 한다. 전화를 끊고 나서 그러한 일을 하겠다는 약속은 생각지도 말아야 한다. 구체적인 지시를 하거나 그가 그것을 할 때까지 전화를 끊지 말고 그에게 문과 창문을 열었는지 물어보아야 한다.[31]
만일 그가 총을 가지고 있다면 그에게 실탄을 빼라고 말해야 한다. 만일 자동소총이라면 약실에서 탄창을 제거하고 탄창에서 실탄을 빼라고 해야 한다. 다음에 그에게 서랍에 실탄을 놓고 총을 그가 단숨에 도달하기 어려운 곳에 두라고 해야 한다. 만일 그가 약을 사용한다면 상담자는 화장실에서 물로 씻어 내버리라고 지시해야 한다.
그 계획을 바꿀 용의가 없다면 상담자를 신뢰할 정도의 관계가 형성되도록 계속 이야기해야 한다. 그리고 나서 자살 위기에 처한 자에게 약속을 받아야 한다. 그가 다른 어려움이 있거나 다시 또 자살하고 싶은 생각이 있다면 상담자에게 전화하기로 약속하자고 요구해야 한다. 상담자가 전화상에서 한 격려의 말은 그 사람을 살아갈 수 있게 하는 데 많은 힘이 될 것이다.[32]

2) 기독교대학과 신학대학교에서 실천신학과 목회상담 교육이 강화되어야 한다

기독교대학과 신학대학교에서 성경신학과 조직신학교육에 비하여 상대적으로 소홀히 취급되고 있는 실천신학교육이 강화되어야 한다. 특히, 실천신학 분야에서 설교학, 예배학뿐만 아니라 목회상담교육이 더욱 강화되어야 한다. 이러한 목회상담학 교육을 통하여 자살자와 우울증에 시달리는 사람에 대한 깊은 인간 이해와 아울러 위기상담 능력을 배양시켜 주어야 한다.

3) 자살한 유가족을 위한 목회배려와 상담이 필요하다

자살한 유가족들은 여러 가지 상실을 경험한다. 사랑했던 사람을 이 세상에서 다시 볼 수 없다는 상실감, 자살한 사람을 고통스럽게 상기시키는 환경, 자살자의 생일이나 기념일에 비통의 증가, 또 다른 상실이 있을 때 고통의 증가, 그 외에도 유가족을 혼란스럽게 하는 정서적 문제와 신체적인 증상이 나타날 수 있다. 이러한 유가족들을 위한 목회배려와 상담이 필요하다.

목회상담자는 자살한 사람의 남은 가족이 이제 어떻게 이 상실을 극복해 갈 수 있을지 상의하고 애도 과정을 설명해 주어야 한다. 특히, 상의해야 할 한 가지는 재정적인 영향이다. 그 사람이 사망한 이후 수입이 줄어들 수 있고 생명 보험 문제 등도 있을 수 있다. 가능하면 유족들이 자살자의 가족 모임(Survivors of Suicide, SOS)과 같은 지지 모임에 참가할 수 있도록 도와주는 것이 필요하다.[33]

목회상담자는 자살이 남은 가족에게 가져올 충격을 생각해 보아야 한다. 자살이 한 개인을 황폐화시키는 것처럼, 친구나 유가족에게 주는 충격은 대단히 크다. 어떤 가정은 자살로 인해 죄책감과 상호 비방으로 나뉘어진다. 어떤 가족은 함께 슬픔과 혼돈을 극복하면서 서로가 지지해 주는 계기로 삼기도 한다. 그러나 대부분 가정에서는 침묵 가운데 마치 아무 일도 없었다는 듯이, 혹은 자살이 일어난 것은 우발적인 사고였던 것처럼 지내기도 한다.[34]

남편이나 아내 중에 남은 사람은 결혼관계나 자살할 때의 환경에 따라 반응이 달라지기도 한다. 하지만 대부분의 생존 배우자는 자살을 막지 못한 데 대한 죄책감이나 평소에 잘해 주지 못했거나 거절한 데 대한 부담감으로 힘들어한다. 심지어 결혼생활이 좋았던 사람도 자살로 인해 마치 자신들의 결혼생활에 무슨 문제가 있었던 것으로 해석하기도 한다. 또한 생존한 배우자는 남들이, 그 배우자를 자살할 수밖에 없도록 몰아간 사람으로 볼까 봐 수치스럽고 두렵기도 하다.[35]

부모는 자신들이 무엇을 잘못했을까 의아해한다. 자신들이 너무 엄격했는지, 충분히 엄격하지 않아서 문제였는지, 너무 지나치게 참견을 했던지 아니면 너무 무심했던 것은 아닌지 스스로를 책망하는 경향이 있다.[36]

자살한 사람의 유가족이나 친구들을 위해서 목회상담자는 사랑과 관심, 지원을 보낼 필요가 있다. 유가족들은 고립된 느낌을 가질 것이다. 그럴 때 그들은 보살핌과 따뜻한 인정을 필요로 한다. 이러한 상담자의 관심과 이해 가운데 시간이 지나면서 유가족들의 슬픔은 줄어든다.[37]

상담자는 장례식장에 가서 유가족을 위로하는 일이 필요하다. 위로의 말을 할 때는 신중을 기해야 한다. 결국, 목회상담자는 유가족들의 필요에 민감해야 하는 것이다. 상담자 자신과 관심, 배려, 경청해 주는 귀, 더 나아가 상담자를 통하여 비춰지는 예수 그리스도의 사랑인 것이다.[38]

4) 교회가 말씀과 기도, 찬양을 통한 회복 사역에 관심을 가져야 한다

목회상담자는 자살 충동을 느낀 사람이나 자살 미수자들, 혹은 우울증에 시달리고 있는 사람들을 대상으로 교회에서 말씀과 기도, 찬양을 통한 회복의 사역이 필요하다. 오늘날 교회가 하나님의 말씀과 하나님과 함께 대화하는 기도, 그리고 찬양을 통하여 치유하는 공동체가 되어 회복의 은혜를 누리도록 해야 한다.

5) 심방을 목회상담의 기회로 선용해야 한다

목회상담의 역사를 살펴보면, 예수님께서도 심방을 통하여 목회상담 사역을 감당하셨다. 예수님의 상담은 '선한 목자'로서의 상담이며, 하나님의 백성을 위한 것이다.[39] 예수님의 사역은 상담과 관련이 있다. 가르치고, 전파하며, 치유하신 3중 사역을 이루기 위하여 상황에 알맞은 방법을 사용하셨다.[40] 사도 시대와 초대교회 시대에서 사도 바울은 회당에서 가르치기도 했으나, 가정을 방문하여 각 사람을 권면하며 상담했다.[41]

종교개혁자들은 그리스도인의 실제적 생활 문제에도 깊은 관심을 가지고 있었다. 하나님의 말씀을 중심으로 하는 삶의 원리와 방법을 추구하고 기독교적 상담의 원리를 적용함으로써 기독교상담을 발전시켰다.[42] 중세기에 존 칼빈은 설교에서뿐만 아니라, 심방을 통하여 하나님의 말씀을 분명히 가르치므로 역경 중에 있는 사람들이 말씀위에 굳게 서서 하나님 앞에 서며, 바른 삶으로 변화되는 것을 강조했다.[43]

마틴 루터도 역시 인간을 전인적으로 이해하면서 목사의 심방을 의사의 심방과 같이 중요한 것으로 여겼다.[44] 그는 고통당하는 자들을 위로하는 위로의 사역자였다.

이처럼 심방을 일방적인 메시지 선포의 기회로만 사용하기보다는 목회상담의 기회로 삼아 심방을 받는 자살 위험자나 유가족들의 심령의 상태를 정확히 살핀 후에 위로의 말씀을 전해야 한다.

6) 기독교인들에게 내세 신앙을 강조하여 미래에 대한 소망을 갖게 해야 한다

기독교인들의 자살을 예방하기 위해서는 그들의 정신 건강과 영적 건강 상태를 진단하고 적절한 처방과 치료를 줄 수 있어야 하고, 특히 예수 그리스도를 믿음으로 영원한 천국과 영생을 소유하는 내세 신앙을 강조하여 죽음 이후의 천국에서의 상급과 영생을 얻게 된다는 미래에 대한 소망을 갖게 해야 한다.

7) 절망의 상황을 극복하게 하고 희망의 이야기를 만들어 가야 한다

목회상담자는 우울증에 빠져 있거나 자살 충동을 느끼고 있는 내담자에게 적절한 질문을 통하여 자신의 고통스러운 마음을 언어로 표현하게 해야 하며, 현실을 바로 인식하게 하여 직면하도록 하고 고통이 계속되는 절망적인 상황을 극복하게 하고 희망의 이야기를 만들어 갈 수 있도록 도와주어야 한다.

8) 성경 말씀을 목회상담의 도구로 사용하여 마음을 새롭게 하고 변화된 삶을 살도록 도와야 한다

목회상담자는 정확 무오한 하나님의 말씀인 성경을 상담의 도구로 사용하여 자살을 생각하는 사람에게 올바른 성경적 인간관을 가지게 하고 성령의 위로하시는 개입을 통하여 마음을 새롭게 함으로 변화를 받도록 해야 한다. 상담자는 오직 예수 그리스도만이 인생의 유일한 소망이 되심을 깨닫게 함으로써 주안에서 기쁨과 감사의 생활을 할 수 있도록 변화시켜야 한다. 인간의 마음을 변화시키는 힘은 하나님의 말씀과 성령의 역사에 있기 때문이다.[45]

닫는 말

현재 한국 사회는 자살이 심각한 사회 문제로 대두된 것이 여러 해가 지났다. 이제 한국교회가 적극 나서야 할 때가 된 것이다. 자살문제는 정신의학적으로 우울증과도 깊이 관련이 있고, 목회신학적으로는 미래에 대한 소망을 상실했기 때문에 발생하는 것으로 진단하면서 필자는 자살문제에 대한 목회상담적 대책을 다음과 같이 여덟 가지로 제시했다.

첫째, 자살에 대한 올바른 성경적 해석과 예방상담이 필요하다.
둘째, 기독교대학과 신학대학교에서 실천신학과 목회상담 교육이 강화되어야 한다.
셋째, 자살한 유가족을 위한 목회배려와 상담이 필요하다.
넷째, 교회가 말씀과 기도, 찬양을 통한 회복 사역에 관심을 가져야 한다.
다섯째, 심방을 목회상담의 기회로 선용해야 한다.
여섯째, 기독교인에게 내세 신앙을 강조하여 미래에 대한 소망을 갖게 해야 한다.
일곱째, 절망의 상황을 극복하게 하고 희망의 이야기를 만들어 가야 한다.
여덟째, 성경을 목회상담의 도구로 사용하여 마음을 새롭게 하고 변화된 삶을 살도록 도와야 한다.

이 땅 위에 절망과 슬픔 가운데 죽음을 생각하는 수많은 영혼이 예수 그리스도를 만남으로 새로운 소망과 삶의 희망을 회복하게 되기를 간절히 열망한다. 그리고 자살한 유가족들을 위한 목회 배려와 상담이 절실하다. 더 나아가 세월호 참사와 같은 사고로 가족을 잃고 상실감에 빠진 유가족들을 위한 목회상담이 필요하다. 이제 이 일에 한국교회와 목회상담자들이 적극 나서야 할 때이다.

제7장

이단자들의 심리 이해와 목회상담학적 대책

여는 말

한국인들은 종교성이 많은 민족이다. 세계 어느 민족보다 열정적인 종교성으로 인하여 한국 사회에는 이단 종교와 사이비 집단이 유난히 많이 존재한다. 현재 한국 사회에는 약 200개 이상의 이단 및 사이비 종교 집단에 100만 명 이상의 국민이 빠져 있다고 한다.[1]

한국인들은 샤머니즘의 영향을 받아 초자연적인 신비한 능력을 갈망하면서 이단 교주들을 신격화하고 있다. 그 결과 자신이 메시아라고 주장하는 한국인 이단 교주들이 수십 명에 이른다고 한다. 참으로 안타까운 일이 아닐 수 없다.

과연, 이단 사이비 교주들의 심리는 무엇인가?

그리고 이단에 빠지는 사람들의 심리를 어떻게 이해할 수 있는가?

이러한 문제에 대한 목회상담학적 대책은 무엇인가?

이러한 중대한 질문에 대한 답을 얻기 위해서 본 장에서는 다음과 같은 문제를 다루고자 한다.

첫째, 이단 교주들은 어떤 이유에서 이단에 빠졌는가?

둘째, 이단에 빠진 신도들의 심리를 어떻게 이해 할 수 있는가?

셋째, 이단자들에 대한 목회상담적 대책은 무엇인가?

이러한 문제를 다루면서 한국교회의 건전한 성도들이 이단에 빠지지 않도록 예방하고, 더 나아가 이단에 빠진 자들을 바른 길로 인도할 수 있는 대책을 마련하는 데 도움을 주고자 한다.

1. 이단 교주들의 심리 이해

1) 가정 환경

이단 교주들의 가정 환경을 살펴보면, 양육 과정에서 부모의 사랑이 결핍되어 있는 경우가 많다. 또는 성장 과정에서 받은 심각한 심리적 상처로 인하여 성인이 된 후에도 그 아픔을 잊지 못하고 기억하는 경우가 많이 있다. 이단 교주들의 가정 환경이 심리적 상처에 영향을 미치게 된다.

(1) 아버지의 부재와 지나치게 엄한 아버지

이단 교주의 어린 시절, 아버지의 부재는 특히 심리적 성장 과정에 중요한 영향을 미치게 된다. 성장기에 있는 어린 시절에는 역할 모델이 되는 아버지와의 동일시를 통하여 소위 오이디푸스 콤플렉스(Oedipus Complex)를 극복하고 건전한 인격을 형성해야 한다. 그러나 이 시기에 역할 모델이 되어야 하는 아버지의 부재로 인한 기회의 상실은 심리적 부작용으로 나타날 수 있다.

고 탁명환 소장의 기독교이단연구에 보면, P라는 교주의 아버지는 가족을 버려둔 채 문란한 생활을 했다. P씨가 5살 때부터 모친의 고통을 피부로 느끼며 자랐고 P씨가 7세 되던 해, 모친이 신경쇠약으로 세상을 떠나게 되었다. 모친이 병상에 있을 때 아버지를 찾아 술집에 갔을 때, 아버지는 여인들과 함께 술을 마시며 P씨를 야단치면서 어머니에게로 가기를 거부했다고 한다.[2]

이처럼 P 씨는 어린 시절에 가장의 역할을 거절한 부친의 부재와 문란한 생활로 인하여 마음에 큰 상처를 받게 되었다. 이로 인하여 P 씨는 술을 입에 대지 않았으며 자신의 가난에 대하여 한을 품고 돈을 벌어야 되겠다고 생각한 것이다.

아버지의 부재는 아들로서의 자신의 위치를 아버지의 자리로 부상시켜 아버지의 대리자 역할을 하게 했으며, 어머니와 자녀들을 돌보지 않는 아버지에 대한 분노와 공격성을 가지게 한 것이다. 이러한 공격성을 해결하지 못하면 아버지와 같은 권력의 대상인 기존 사회 체계에 대하여 공격적인 성향으로 인하여 새로운 세계에 대하여 갈망하게 될 수 있다.

아버지가 지나치게 엄격하여 아들에게 강압적인 양육 형태를 취했다면 자녀들은 이러한 대상에 대하여 미움과 공격성을 보이게 될 수 있다. 아버지가 언어폭력이나 신체폭력을 가했다면 더할 나위 없이 그 상처와 고통으로 인하여 증오심을 가질 수 있다.

한 이단 교주인 Y 씨의 경우, Y 씨의 아버지는 아들 Y 씨에 대하여 매우 엄격한 교육을 시켰고 때로는 Y 씨를 매질하고 묶어서 천장에 매달아 놓았다고 한다. 부친의 지나치게 엄격한 교육을 받고 자란 Y 씨는 훗날에 교주가 되어서 부친을 배척하는 반항아가 되었다는 것이다.[3]

이처럼 지나치게 엄격한 아버지에게도 아들로서 미움과 공격성을 보이면서 이러한 아버지의 모습은 동일한 권력을 가진 대상에게 투사되어 점차적으로 복수심을 갖게 된다. 이와 같은 복수심은 세상과 자신을 분리시켜서 자신과 자신이 속한 공동체는 선하지만 세상은 악하다고 하는 이원론적 사고방식으로 나타나는 심리역동으로 나타날 수 있다. 이처럼 아버지의 부재와 너무 엄한 아버지상은 이단 교주에게 부정적인 영향으로 나타날 수 있다.

(2) 정신질환이 있는 가족사

정신병적 요인 중 유전적인 요인과 가정 환경이 결합되어 정신증적 증상을 유발시킬 수 있다. 이단 교주 M 씨의 경우, 나이 열다섯 살 때, 형이 정신병으로 사망했다. 둘째 누이도 정신병에 걸리자 그 일가가 기독교에 입교했다[4]고 한다. 이처럼 정신병에 걸린 다른 가족을 보호해야 한다는 압박감과 스트레스가 다른 가족 구성원에 대한 무거운 부담으로 작용했을 것이다.

정신분열증적인 증상을 가진 가족과의 대화는 사고와 감정이 조화를 이루지 못하는 이중 메시지로 인한 이중 속박의 대화 형태로 나타나는 경향이 많다. 이러한 가족사를 가진 경우에 세상을 바라보는 시각은 정상적이지 못하고 정신 질환적 사고인 과대망상적 관점으로 세상을 바라보게 될 가능성이 큰 것이다. 이러한 결과로 이단 교주들은 자신을 메시아라 주장하거나 재림주라고 생각하는 과대망상적 주장을 하게 되는 것이다. 이와 같은 증상은 정신질환이 있는 가족사와 깊은 관련이 있다고 볼 수 있다.

(3) 자살 충동

가정파탄이나 사업부도, 좌절, 신세 비관, 우울증 등은 사람들로 하여금 세상에 대하여 부정적인 감정과 절망감에 사로잡혀 자살 충동을 느끼게 할 수 있고 자살을 기도하기도 한다.

한 이단 교주 L 씨는 집안에 큰 환란이 닥쳐와 이 더러운 세상 살기 싫다고 하면서 자살을 결심하고 산으로 가던 중, 환상을 체험했고 계속적으로 시냇가에서 이상한 신비를 체험했다고 했다.[5] 인생의 좌절을 경험한 사람은 자살 충동을 느끼고 자살을 기도하고자 하다가 급기야 이단 교주가 되는 경우가 있다.

다른 이단 교주 C 씨도 1970년대 중반에 서울 남대문 주변에서 무역업을 하다가 부도를 내고 한동안 도피생활을 했다[6]고 한다. 사람들은 가정파탄이나 사업의 부도, 개인적인 실패와 좌절, 인생의 심각한 환란 등을 만날 때, 그러한 어려움으로부터 도피하고자 자살을 결심하거나 다른 세계를 꿈꾸게 되는데, 이러한 생각은 종교적 망상으로 이어져 이단과 사이비 집단을 만들게 되는 동기가 된다.

2) 자기애성 성격장애

인간은 자신이 인정받기를 갈망하는 욕구인 자기애를 지니고 태어난다. 이러한 자기애적 욕구는 어린 아기의 일차적인 돌봄 자인 부모의 반응과 돌봄의 형태에 따라서 채워지기도 하고 손상을 입기도 한다. 만약, 자기애가 손상된 경우 이를 회복시키기 위한 노력으로 이상화된 부모상을 형성하여 이것을 통하여 손상된 자기애를 다시 찾으려는 작업을 하게 된다.

그렇지만 자신의 자기애가 충족되지 못하고 극복할 수 없을 만큼 심각한 심리적 상처가 있을 경우에는 긍정적 자기애로 발전시키기 보다는 부정적 자기애를 발전시키게 된다. 그 결과, 자신을 과대하게 부상시키거나 그릇된 야망을 가지게 만들어 과대망상적인 자기로 키워나가게 된다.

자기애성 성격장애[7]의 대표적인 증상은 자신의 중요성에 대한 과대망상적 생각이다. 그래서 다른 사람의 평가에 대하여 고민한 반응을 보인다. 이단 교주의 심리적 특징에는 웅대한 자기 혹은 과장된 자기가 형성되어 있는데 자신이 메시아로서 억압받는 세상을 구원할 구세주라는 과대망상적 사고를 가지고 있다. 이러한 사고는 교주 일인 독재 체제를 구축하고 절대적 권력으로 나타나며 자신을 신격화한다.

그러므로 문선명은 자신을 참 아버지라, 재림주라 하고, 박태선은 동방의 의인, 재림주라 하며, 박명호는 새 심판장으로, 정명석은 재림메시아로 자신을 위대한 사람으로 신격화한다.[8]

이러한 자기애성 성격장애를 가진 사람들의 정서 상태를 보면 항시 즐거운 기분에 들떠 있거나 타인이 가진 것에 대한 시기와 질투의 감정을 지니고, 자신이 당연히 받아야 할 것을 받지 못한 것에 대한 분노를 가진다. 더 나아가 타인에게 칭찬받으려는 강한 욕구를 지니고 있고, 지루함과 공허감을 자주 느끼게 되어 자극적인 것을 찾으려 한다. 이들은 자신의 감정을 적절하게 표현하지 못하고 쉽게 우울해 하거나 불안해한다.

이단의 교주들은 특권의식, 권위의식, 우월성과 거만, 자기몰입과 자기동경 등의 요소들을 골고루 지니고 있어서 교우들의 재산을 착취하기도

하고 성적으로 착취하기도 한다.[9]

3) 가해적 공포(Persecutory Anxiety) 증상

인간은 어린 시절 양육 과정에서 자신이 경험한 대상에 대해서 다양한 경험을 하게 된다. 인간 경험 속에서 자신의 욕구를 충족시켜 주는 바깥 세계로부터의 선한대상에 의한 경험을 하게 되면 어린 아기는 그 선한 대상과 동일시하고자 한다.

이와는 다르게 바깥세계에서 자신의 욕구를 충족시켜 주지 않는 악한 대상을 경험하게 된다면 아기는 환상 속에서 그 악한 대상을 공격한다. 이러한 공격적 행위가 반복되는 경우, 아기는 자신이 공격한 그 악한 대상이 자신을 다시 공격하리라는 불안을 가지게 되는데 이것이 가해적 공포이다.[10]

이단 교주의 경우, 이처럼 악한 대상과의 경험으로 바깥 세상에 대한 공격적인 환상을 수없이 시도했을 것이다. 그들이 악한 대상에 대하여 공격한 횟수가 많으면 많을수록 가해적 공포를 더 심하게 느낀다.

이처럼 가해적 공포가 심할 경우, 이단자들은 점점 더 바깥세상으로부터 멀어지면서 은둔하게 되고 점차적으로 바깥의 공격으로부터 자신을 보호하려는 집단 히스테리적 성향을 보이게 된다. 바깥세상이 악함으로 가득할수록 생존하기 위해 바깥대상을 공격하려 한다. 이들은 개인적 사회적 절망에 대한 반응으로 사회나 개인에게 적대적인 감정을 지니게 된다.[11]

> 적대충동은 공격적인 성향으로 발전하게 된다. 특히, 욕구의 대상에 대한 박탈감의 정도에 따라 공격적 성향은 수동적이고 도피적인 단계에서 적극적이며 파괴적이다. 이러한 적대감의 처리는 집단 외부로 투사되지 않고 집단 내부로 향해질 수도 있다. 그 경우 적대감의 처리방식은 두 가지 형태로 나타나게 되는데, 첫째 사회로부터 도피하여 내적 응집력을 강화시키는 방법이다. 이러한 경우 산속에 은둔하여 자신들만의 공동 생활을 영위한다.

둘째, 자신들의 박탈감과 적대충동을 기존 사회에 대한 비난과 냉소, 내 집단의식의 강화를 통해 해소하려고 시도한다.[12]

이러한 공격성은 사이비 이단 집단에서 집단의 히스테리의 양상으로 변화되고 박탈감, 단절감, 공격성 등으로 이어진다. 이러한 가해적 공포를 가지게 된 교주들은 자신이 공격한 대상들이 자신을 향하여 항상 공격적인 태세를 취하고 있다고 생각하여 사회로부터 도피하여 자신만을 위한 안전한 보금자리를 찾으려고 한다. 이러한 가해적 공포 증상을 가진 이단 교주들은 공통적으로 자기애적 성향과 결부되어 사회적 통념에서 벗어난 행동을 하고서도 죄의식을 느끼지 못하는 경향이 있다.[13]

이처럼 이단 교주들은 가해적 공포 증상을 지닌 채, 은둔생활과 히스테리 증상, 적대충동과 공격적인 성향, 은둔생활, 그리고 사회에 대한 냉소적 반응으로 사회에 부적응하는 모습으로 나타나게 되는 것이다.

2. 이단 신도들의 심리 이해

1) 한국교회에 대한 한국 사회의 부정적 인식과 실망

사람들이 이단과 사이비 종교에 빠지는 이유 가운데 하나는 한국 기성 교회에 대한 한국 사회의 부정적 인식과 실망 때문이다. 한국교회가 순수한 복음 전파와 구원의 방주 역할을 해야 함에도 불구하고, 한국 사회에 부정적 인식을 주고 많은 신도에게 실망을 주었다. 곽혜원은 한국교회에 대한 한국 사회의 부정적 인식의 근본 원인을 세 가지로 진단했다.

첫째, 영성의 상실.
둘째, 도덕성의 상실.
셋째, 공동체성의 상실.[14]

이와 같은 지적은 매우 공감할 만한 내용이다. 한국교회의 영성 회복을 위하여 십자가의 신학이 필요하며, 도덕성의 회복을 위하여 종교개혁의 정신을 실천하고, 올바른 권징을 시행할 필요가 있다. 또한, 공동체성의 회복을 위하여 교회와 사회를 이원론적으로 분리하지 않는 의식의 전환이 필요하다고 본다.

한편, 한국교회가 그 역할과 사명을 다하지 못함으로 인해 기성 교회에 실망한 신도들과 국민들이 사이비 이단에 빠지도록 하는 심리적 환경을 조성하게 된다. 교회가 개교회의 물량주의와 이기주의에 빠지게 될 때, 사람들은 교회에 실망하게 되고, 교회의 지도자인 목회자가 도덕성을 상실하게 될 때, 기성 교회의 신도들은 신앙생활에 회의감을 가지게 되는 것이다.

한국교회가 대한민국의 역사 속에서 자유 독립 운동을 주도하고, 서구 문명을 도입하여 개화하는 과정에 중요한 역할을 담당해 왔다. 그러나 최근에 와서 한국교회는 한국 사회로부터 존경받기보다는 비난을 받는 등, 부정적인 이미지를 주어 왔다. 이러한 틈을 이용하여 이단과 사이비에서는 기성 교회를 비판함으로써 자신들의 도덕성을 드러내어 순박한 교인들에게 접근하고 있는 것이다.

2) 소속감의 문제

이단에 빠진 신도들은 기성 교회에서 적응하지 못하고 소속감을 느끼지 못하는 경우, 사이비 이단에 빠지는 경향을 나타낸다. 박종삼은 다음과 같이 말했다.

> 기성 교회가 교인들의 감정, 심리, 사회적 욕구를 충족시켜 주지 못하면 사이비 이단 종파는 이 기회를 놓치지 않고 기성교인들을 그들 이단의 추종자로 만든다.[15]

어느 교회의 소그룹 공동체에서는 자신들의 수준에 맞는 사람들끼리 모여 경제적 수준이 낮거나 자신들의 문화와 맞지 않는 새 가족은 들어오지 못하도록 방해를 한다는 것이다. 오늘날 교회가 대형화되어 감에 따라 한 사람의 교우가 어느 공동체에도 소속되기 어려운 구조적인 문제 때문에 힘들어하는 교인들에게 이단들은 교묘하게 접근하여 심리적 위로와 강력한 소속감을 제공하여 준다.

특히, 중국에서 건너온 조선족들이나 북한을 탈출하여 온 탈북자의 경우, 기성 교회의 폐쇄적인 분위기로 인하여 교회에서 소속감을 가지지 못하면 이들은 이단과 사이비들의 전략적 목표가 될 수 있을 것이다. 교회는 이러한 새 가족들을 따뜻하게 품어 주어 깊은 소속감을 갖게 하는 것이 필요하다.

3) 개인적 상처와 정체성의 문제

개인적으로 성폭력을 당한 경험이 있거나 치명적인 상처를 가지고 있을 경우, 이러한 심리적 상처를 치유받기 위하여 신비한 힘들을 의지하려는 경향이 나타난다.

상처 입은 사람들은 막연하게 이단 교주들이 자신의 개인적 상처들을 치유해 줄 것이라는 환상을 가지게 되어 현실을 초월한 이상적인 세계로 이끌어 줄 수 있는 초능력이 있을 것으로 투사하게 된다. 한 개인에게 있는 열등감과 가족으로부터 받지 못하는 자긍심에 대한 보상을 원하려 할 때, 자신들이 원하는 부모상을 사이비 이단 집단에 들어가서 투사하게 된다.

이단 교주상은 따뜻하고 인자하여 자신의 모든 어려움을 미리 알고 충족시켜 줄 수 있는 존재로 인식하려고 한다. 이처럼 사이비 교주들이 가지고 있는 신비하고 마술적인 힘은 사이비에 빠지는 사람들이 무의식적으로 지니고 있는 환상적 생각들이 투사되어 반영된 것이다. 자신에게 있지 못한 결핍을 교주에게 투사하여 자신에게 없는 것에 대하여 있을 것이라는 환상을 가지게 된다.

  진로에 대한 불안과 정체성에 대한 혼란으로 고민하는 대학생들이 확실한 미래와 대답을 제공해 주는 이단과 사이비로부터 심리적 위안을 추구하고자 한다. 이단에 빠진 경우 가족들 간의 불화로 인하여 가족들로부터 심리적 위안을 받지 못함으로 사이비 집단을 통해서 위안을 얻고자 하는 것이다.

4) 정신적 문제

  이단과 사이비에 빠지는 사람들의 개인적 상처와 좌절, 그리고 절망감은 그들에게 고통을 주는 세계를 멸망시키고 새로운 시대를 재건해야 한다는 정신분열적 망상으로 나타날 수 있다. 이단에 빠지는 신도들이 새로운 세상을 세우고자 하는 욕망을 가지는 것은 자신이 현실에 적응하지 못하고 좌절한 상태를 극복하려는 욕구에서 생겨난 것이다.

  그들이 현실에서 좌절하게 되면서 적극적으로 해결하지 못하는 수동적인 성향을 가지게 되고 이러한 수동성은 현실에 대한 분노와 공격성과 결합되어 수동형 공격성(Passive Aggressive)의 경향을 띠게 된다. 이단에 빠진 사람들이 다음과 같은 고백을 했다.

> 강박관념이 가장 큰 고민 거리였다. 이만큼하면 잘 한 것 같은데 더 잘해야 할 것 같았다. 사람들이 인정해 주지 않고 있다는 생각을 하면서 마음속으로는 늘 '조금만 더, 조금만 더'를 외치고 살았다. 나는 더 욕심을 부리고 더 높아지고 싶은데 그 마음을 채울 수가 없었다.[16]

  이처럼 이단에 빠진 사람들은 강박관념을 가지게 되었고 그것을 고민했다. 그들은 끊임없이 더 잘하고 싶다고 갈망하나, 인정을 받지 못하고 있다는 생각을 하고 있다. 더 높아지고 싶고, 더 인정받고 싶으나 공허한 그들의 마음을 채울 수가 없는 것이다. 이러한 그들의 상태는 현실에 적응하지 못하는 좌절감을 극복하기 위하여 더 잘하고 싶어 하고 높아지고자 하며, 무엇인가를 통제하려고 하는 수동형 공격성으로 나타나게 된다.

정신분열증 초기에는 모든 세상이 무너지는 것 같고 멸망에 처해 있는 것으로 느낀다. 이것은 불만스러웠던 자신의 과거를 모두 부정하는 심리이며, 자신의 심리적 죽음이 외계로 투사된 상태라고 할 수 있다. 그래서 이러한 심리적 죽음 다음에는 부활이 와야 한다는 것이다.

자기 내부의 심리 내용을 외계로 투사해 버리는 정신분열의 사고에서는 '세계 재건의 환상'으로 전환된다. 자기는 그 새 세계를 향한 어떠한 위대한 사명을 띠고 왔다는 망상에 빠지게 된다. 그래서 자신은 메시아 또는 예언자라는 자기 신격화가 나타나게 된다. 이것은 현실이 아니라 환상이며, 이러한 환상은 현실부정의 결과이다.[17] 이와 같이 이단에 빠진 신도들은 정신적 문제를 가지고 있는 경향이 많다.

5) 경제적 문제

이단에 빠지는 사람들의 경우, 경제적 문제를 가진 경우가 많이 있다. 1997년 IMF 이후에 한국의 경제적 상황이 어려워졌을 때, 현실의 어려운 상황에서 벗어나고자 하는 사람들의 심리로 인하여 이단과 사이비 종교에 빠져들어 간 사람들이 있다.

현대인들은 인내심이 부족한 특성을 지니고 있어 자신에게 닥친 위기나 스트레스를 이기는 힘이 매우 결여되어 있다. 이와 같은 인내심의 부족으로 인하여 경제적인 위기에 빠진 사람들이 자신의 문제에 대하여 깊게 고민하며 자신이 처한 위기 상황에서 벗어나려는 노력을 경주하는 것이 아니라, 충동적으로 현실로부터 벗어날 수 있는 자극을 제공하는 이단이나 사이비 집단에 빠지게 되는 것이다.

3. 목회상담적 대책

지금까지 이단 교주들의 심리적 특성과 이단에 빠지게 되는 신도들의 심리적 특성에 대하여 살펴보았다. 여기서는 이와 같은 상황 속에서 교회에서 할 수 있는 목회상담적인 대책을 제안하고자 한다.

1) 소그룹 셀 모임 참가 기회 부여

교회에서의 소그룹 셀 모임 활동은 일반 평신도로 하여금 자신의 개인적인 삶을 다른 성도들과 나눌 수 있고, 함께 성경을 공부하며, 서로를 위하여 기도할 수 있는 기회를 제공함으로서 영적인 삶을 지속하게 하고 신앙적으로 성장할 수 있는 기회를 가질 수 있다는 점에서 큰 유익이 있다.
현대인들은 가난한 사람들이나 부유한 사람들이나 구별할 것이 없이 한국의 경쟁 사회의 현실 속에서 받게 되는 스트레스로 인하여 어디엔가 소속되어 정서적 안정감을 얻고 싶어 하는 것이다. 오늘날 교회가 사회에서 스트레스를 받는 사람들의 안식처가 되고 심리적 안정감을 주어야 하지만 현실적으로 많은 한국교회들도 이와 같은 역할을 충실히 감당하지 못하고 있다.
이와 같은 상황 속에서 교회의 건전한 소그룹 셀 모임에 참가할 기회를 주어 훈련받은 셀 리더의 인도에 따라 집단상담의 효과가 있는 소그룹 모임을 통하여 건전한 성도들과의 신앙적인 사귐을 통하여 변화될 수 있는 기회를 제공하는 것이 바람직할 것이다.

2) 체계적 교리교육의 기회 부여

한국교회에서 체계적인 교리교육의 기회를 부여함으로써 성도들로 하여금 이단에 빠지지 않도록 예방하고, 사이비 이단에 빠진 사람들을 건져낼 수 있도록 하는 것이 필요하다. 교회에서 체계적 교리교육을 실시함에 있어서 소요리문답 강해, 대요리문답 강해, 웨스트민스터 신앙고백서 강해 등 건전한 교리교육의 기회를 부여함으로써 바른 교리 위에 신앙을 견고하게 세워갈 수 있도록 기회를 제공하는 것이 필요하다.

또한 교리교육을 실시하면서 단지 지식 전달에만 국한하는 것이 아니라, 삶에 적용할 수 있도록 도와주고 서로의 마음을 열고 자신의 이야기를 고백하게 함으로써 상담적인 효과를 얻을 수 있도록 분위기를 조성하는 것이 필요하다. 자신의 문제를 다른 사람에게 고백하면서 마음의 짐을 가볍게 할 수 있고, 다른 사람의 고민과 문제들을 들으면서 자신의 문제에 대한 심각성도 감소하게 되어 어려운 현실을 이겨낼 수 있는 힘을 얻게 할 수 있다.

이렇게 상담적 요소가 가미된 체계적인 교리교육을 통해서 대인관계를 증진할 수 있고 성경적 바른 교리 위에 신앙을 세워 갈 수 있다.

3) 이단에서 나온 사람에 대한 따뜻한 배려

이단에서 탈퇴하여 건전한 교회로 돌아온 사람들에 대한 따뜻한 배려가 필요하다. 그들을 사랑과 인내로 감싸 주면서 온 교회가 그들을 수용할 수 있는 분위기를 조성해야 한다. 이들에게 바른 교리를 가르치는 것도 필요하지만, 그들을 수용해 주고 믿어 주며 이해해 주는 것이 무엇보다 중요할 것이다.

교인들 가운데 이단에 빠진 사실이 알려졌을 때, 정죄하고 비난하기보다 잃은 양 한 마리를 찾아 나서는 목자의 심정으로 가시덤불에서 그들을 구원하며, 기다리는 마음이 필요할 것이다. 최근 이단의 전략 가운데 목회자가 이단에 빠진 사람을 대하는 태도를 문제 삼아 교인들 간의 분열을 조장하는 사례[18]를 경계하면서 그들을 대하여야 할 것이다.

만약, 한 성도가 이단에 빠졌다가 다시 돌아오는 경우, 그들을 따뜻하게 수용하지 못하고 배척한다면 그들은 또 다시 이단과 사이비로 돌아갈 가능성이 생기게 된다. 그러므로 이단에서 나와 교회로 돌아온 성도들을 위하여 따뜻한 사랑과 배려로 수용하면서 신앙생활을 바르게 할 수 있도록 지도하는 것이 필요하다. 그렇게 한다면 그들은 또 다시 이단으로 돌아가지 않을 것이다.

4) 예방을 위한 제언

건전한 교회의 성도들이 이단에 빠지지 않도록 예방을 위한 기독교 교육이 절실히 필요하다. 평신도들은 이단에 대한 정보와 지식이 미흡하다. 심지어 목회자들도 명확한 이단에 대한 정보가 부족한 경우가 있다. 그러므로 먼저, 목회자들에게 이단과 사이비 종교에 대한 올바른 정보의 제공과 교육이 필요하다고 본다. 더 나아가 이단에 대한 바른 정보를 습득한 목회자들을 통하여 일반 성도들에게도 정기적으로 이단과 사이비에 대처하는 방안에 대한 교회교육이 필요하다.

더 나아가 교회의 성도들이 교회에서의 신앙생활을 통하여 행복감을 가질 수 있도록 교육하고 지도하는 것이 필요하다. 즉, 목회자가 가정 사역에 관심을 가지는 것이다. 예를 들면, 아버지 학교, 어머니 학교, 부부상담 프로그램, 가족관계 증진 프로그램, 건강한 대화법, 인간관계 증진 프로그램 등을 통해서 행복한 가정을 만들어 나가야 할 것이다. 이를 통하여 이단과 사이비 종교에 빠지지 않도록 예방할 수 있다.

5) 목회상담 사역의 제공

(1) 전통적인 이단 상담
일반적으로 이단 상담의 목표는 이단에 빠진 내담자를 그 종교집단으로부터 떠나도록 돕는 것이다. 이단에서 떠나는 부류는 크게 세 종류로 나타난다.

첫째, 스스로 떠나는 사람이다. 이단에서 만족을 얻지 못하거나 현실과 다르다는 것을 깨닫게 되어 떠난다.
둘째, 이단에서 쫓겨나는 사람이다. 이단의 지도자에게 항명하거나 조직을 저해하는 사람은 쫓겨날 수 있다.
셋째, 가족이나 친구, 교회의 개입으로 이단을 떠나는 경우이다.

전통적인 이단 목회상담은 이러한 세 번째 부류의 회심자를 상담을 통하여 돕고 그 회심을 촉진하고, 그 집단에서 떠날 수 있도록 결정하도록 돕는 과정이다. 이러한 이단 상담은 사이비 종교 집단의 영향력에서 벗어난 장소에서 정보제공과 토론으로 이루어지는 인지적 과정이다.

이러한 상담은 이단 집단의 영향으로 그 구성원이 조종을 당하고 있다고 전제하기 때문에 구성원을 그 집단의 심리적 압박으로부터 격리해서 '안전한 환경'에서 이루어진다. 상담의 과정은 두 과정으로 구성된다.

첫째, 정보의 제공이다. 이단 지도자에 대한 비리와 약점에 대한 자료를 제공한다. 또한, 구성원의 태도와 신념을 바꾸어 마음을 돌이키게 하는 정보의 제공이다.
둘째, 제공된 정보에 대한 평가와 토론이다. 이때 사이비 이단에서 활동하다가 벗어난 과거 구성원이 참여하면 영향력이 클 것이다. 그래서 이단 상담진에는 그 종교집단에서 벗어난 과거 구성원이 포함되어 있는 경우가 많이 있다.[19]

이와 같이 전통적인 이단 상담을 통하여 이단 사이비 종교 집단에서 벗어나도록 목회상담을 제공한다. 그 과정은 먼저 이단에서 격리시키고, 그 다음 정보를 제공하고, 마지막으로 감정에 호소하며 상담하는 것이다. 이러한 과정을 통하여 이단에 빠진 사람을 불속에서 끌어내야 할 것이다.

(2) 내담자의 복지에 근거한 상담

이단 상담에서는 내담자의 주도성이나 자율성이 무시 되는 경향이 있다. 일반적으로 이단상담의 경우, 상담의 윤리 원칙이나 상호갈등을 빚는 구조로 이루어지는 응급적 개입의 경향이 있다. 그러나 목회상담자가 상담을 할 때 이단에 빠진 내담자의 자율성과 복지에 근거한 상담을 제공할 필요가 있다. 이단에 빠진 내담자와 상담할 때, 고려해야 할 상담과제로 상담의 한계설정, 규칙설정, 자존감, 그리고 다면적 개입이 있다.

먼저 상담자의 한계는 내담자의 가족이나 친구와 관계가 있는 경우는 다른 상담자에게 연결하는 것이 좋다. 그래서 상담관계에서 유연성과 개방성을 확보하는 것이 좋다. 상담의 규칙과 구조에 대해서는 내담자와 논의하여 설정하고 그것을 내담자의 가족들에게 명확하게 설명한다. 이때 상담자의 윤리는 내담자의 동의, 비밀보장, 복지, 무해성이다.

상담은 내담자의 복지를 증진하기 위한 것임을 설명한다. 상담의 목표 달성과 상담 과정에서 내담자의 자존감을 증진하는 것이 필요하다. 내담자는 가족에게 비난받은 경험이 있거나 하나님이 자기를 버렸다고 생각하거나, 이단 교주에 대한 분노가 포함되어 있을 수 있다. 이에 대하여 하나님의 사랑과 용서에 대한 통찰을 증진시키고, 하나님이 언제나 내담자를 사랑하신다는 점을 발견하도록 도와야 한다.

더 나아가 내담자에게 다면적으로 개입하는 것이다. 내담자는 개인적으로는 인지적 모순과 정서적 충격을 지니고 있을 가능성이 많다. 물질적으로 의식주 환경이 손상되었을 가능성이 있다. 대인관계의 손상과 갈등을 경험했을 것이다. 직장이나 직업을 포기했을 수도 있다. 그러므로 여러 영역을 동시에 고려하는 통합적 개입이 필요하다.

의식주 문제 해결을 위해 쉼터나 거주처를 소개할 수 있을 것이다. 정서적 충격을 감당하도록 돕고 분노를 내려놓도록 이끌어 준다. 인간관계를 회복하도록 돕고 새로운 인간관계를 추구한다. 그리고 진로 상담을 통해 직업과 새로운 직장을 찾도록 돕는다.

이 모든 상담 과정을 통해 자신의 관심과 흥미에 민감하도록 훈련하고 그에 따라 일상생활을 하고 인간관계와 새로운 진로를 모색하도록 돕는다.[20] 이와 같은 내담자의 복지에 근거한 상담을 통하여 점진적으로 변화될 수 있도록 장기간에 걸쳐서 돕는 것이 필요하다.

6) 경건한 신앙인과의 인간관계

이단에서 탈퇴한 사람을 위하여 건강한 교회의 견고한 신앙을 가진 성도와 새로운 인간관계를 맺을 수 있도록 도와주는 것이 필요하다. 신앙생활은 혼자 할 수 없는 것이므로 건전한 공동체에 속하여 경건한 신앙인들과 아름다운 인간관계를 맺을 수 있도록 도와주고, 그들과 후원자와 피후원자의 관계를 맺게 해 줌으로써 지속적인 신앙생활을 유지할 수 있도록 돕는 것이 필요하다. 그렇게 함으로써 이단 사이비 종교 집단으로 다시 돌아가지 않도록 도와주고, 새로운 건전한 교회 공동체에서 건강한 신앙생활을 할 수 있도록 도와주는 것이 필요하다.

7) 성경적 변화를 가져올 수 있도록 성경적 상담을 제공한다

인간의 문제는 마음의 문제이다.[21] 그러므로 이단 교주들이나 이단에 빠지는 사람들에게 크고 작은 마음의 문제가 있다. 목회상담자는 바로 이러한 사람들의 마음의 문제가 무엇인지 정확하게 진단해야 한다. 상담자는 그러한 마음의 문제에 대한 진단에 따라서 그들이 어떤 부정적인 행동을 취하는지를 보아야 하고, 그 결과 이단에 빠지게 되었다는 것을 인지해야 한다.

진단의 과정이 끝나면, 처방을 내려야 하고 치료의 단계로 들어가야 한다. 이때 상담자는 결코 성급해서는 안 된다. 내담자가 상담자와 견고한 신뢰 관계를 맺은 후에 개입해야 하는 것이다.

상담자가 개입할 때 하나님의 말씀인 성경을 도구로 처방해야 한다. 성경의 어떤 말씀이 내담자의 마음의 변화를 위해서 꼭 필요한지를 깊이 살펴야 한다. 그리고 그 말씀을 내담자에게 들려주어야 한다.

말씀을 들려줄 때 성령이 개입하신다. 그 성령께서 내담자의 심령을 변화시키실 것이다. 그리고 이단과 사이비 종교 집단에서 벗어나야 한다는 새로운 마음과 결심을 줄 것이다. 상담자가 내담자의 마음의 변화에 초점을 두고 대화를 진행하게 되면 하나님의 말씀의 능력과 성령의 일하심으로 점차적으로 내담자의 마음이 변화를 일으키게 될 것이다.[22] 내담자의 마음이 변하면 그의 행동이 변하게 된다. 결국 내담자는 이단에서 벗어나는 결단과 새로운 결과를 가져올 수 있다.

이러한 상담 과정 속에서 상담자는 내담자를 사랑함으로 신뢰 관계를 맺고, 내담자를 깊이 알기 위하여 내담자의 말을 주의 깊게 경청하면서 자료를 수집하며, 그 다음 단계로 직면을 하게 된다. 직면의 과정에서는 네 단계로 진행한다.

첫째, 심사숙고하라.
둘째, 고백하게 하라.
셋째, 결단하게 한 후 넷째 변화로 이끌어 준다.
넷째, 변화된 마음으로 행하도록 하는 것이다.

행함은 하나님의 복안을 매일 일상생활 속에서 적용해 나가는 것이다.[23] 목회상담자는 이와 같은 성경적 상담의 원리에 따라서 이단에 빠진 자들을 상담하여 새로운 마음으로 건전한 교회에서 신앙생활을 지속적으로 영위하도록 돕는 성령의 도구가 되어야 할 것이다.

닫는 말

한국교회는 한국 경제의 고도성장과 함께 세계인이 놀라고 주목할 정도로 빠르게 성장해 왔다. 그러나 최근 수년 동안 한국교회는 정체 상태에 머물러 있거나 감소하고 있다. 한국교회가 성장 위주로 달려오는 동안 세심한 목회배려와 돌봄을 받아야 할 한국교회의 성도들 가운데 많은 수가 이단 종파와 사이비 집단으로 빠져들어 갔다. 한국 사회의 이단과 사이비 집단의 급격한 팽창은 오늘날 한국교회에 그 역할과 사명을 다시금 일깨워 주고 있다. 한국교회는 이러한 상황에 대하여 응답하고 대책을 강구해야 한다.

본 장에서는 이단 교주들의 심리와 이단에 빠지는 신도들의 심리를 살펴보았다. 거기에는 사회적, 문화적, 심리적, 영적인 이유가 있음을 보았다. 이러한 진단을 바탕으로 해서 이제 한국교회는 올바른 처방과 대책을 내놓아야 한다.

먼저는 예방적 차원에서 건전한 교회의 성도들이 이단과 사이비 집단에 빠지지 않도록 해야 한다. 더 나아가서는 그들에게 다가가 이단에 빠진 자들에게 적극적인 목회상담 사역을 통하여 그들을 불 속에서 건져내야 한다. 이 일에 한국교회의 지도자들과 성도들이 발 벗고 나서야 할 때이다. 이 땅 위에 이단과 사이비 집단이 사라지는 그 날이 속히 오게 되기를 간절히 열망한다.

제4부

청소년과 개혁주의 목회상담

제8장 청소년 자녀교육을 위한 기독교상담학적 조명
제9장 다문화 가정의 청소년 자녀를 위한 개혁주의 목회상담 방안

제8장

청소년 자녀교육을 위한 기독교상담학적 조명

여는 말

많은 부모는 십 대 청소년기에 있는 자녀들을 위험한 세대라고 생각하면서 이 시기를 아무 문제 없이 그저 무사히 지나가 주기만을 바라는 경향이 있다. 이러한 관점에 대하여 폴 트립(Paul D. Tripp)[1]은 다음과 같이 지적했다.

> 십 대 자녀를 둔 부모들은 자녀들에 대하여 두려움을 가지고 있다. 부모들은 자녀들이 어렸을 때에는 키우는 기쁨을 누리면서도 마음 한 구석에서는 최악의 사태를 예견하며, 몇 년 만 지나면 이 귀여운 아이가 하룻밤 사이에 흉측한 괴물로 바뀔 것이라는 걱정스러운 마음을 감추지 못한다.[2]

트립이 지적한 것처럼 십 대 자녀를 둔 부모들은 자녀들에 대하여 두려움을 가지고 있고, 그들이 청소년의 시기에 이상한 모습으로 바뀌지 않을까를 염려하는 것이 사실이다.

만약, 이러한 생각이 십 대 청소년 자녀들에 대하여 일종의 문화 현상으로서 유행하는 두려움이나 냉소적인 시각을 갖는 것이라면 그것은 근본적으로 잘못된 것이다. 십 대 자녀를 둔 부모들이 가장 바라는 것이 이 시기를 단순히 무사히 지나가는 것뿐이라면, 이것도 왜곡된 생각이라 할 수 있다. 단지 십 대 청소년들에 대하여 말할 때 발달적 특성만을 고려하여 그들을 급격한 신체적 변화를 겪고 있는 반항적이고 열정적인 호르몬의 집합체이며, 무분별하고 충동에 따라 행동하는 존재라고만 생각하는 것은 부모가 청소년 자녀들에 대하여 생각하는 관점이 얼마나 무기력한 것인지를 보여 주는 것[3]임에 틀림없다.

안타깝게도 일반적인 사람들은 십 대 청소년의 시기에 있는 자녀들에 대하여 아주 부정적으로 생각하는 경향이 있다. 그러나 이러한 부정적인 관점은 성경적인 관점과는 거리가 먼 것이다.[4] 그러므로 십 대 청소년들을 바라보는 비관적인 관점이 무엇이 잘못되었는가를 진단하고, 성경적인 새로운 관점이 필요한 것이다.

특히, 가정에서 십 대 청소년들을 둔 부모들이 자녀들에 대하여 어찌할 바를 몰라 하며, 그들의 생물학적 변화로 인하여 통제가 불가능하다고 생각하는 시각에 대하여 올바른 기독교상담학적 대안을 제시하는 일이 시급하다고 본다.

본 장에서는 이러한 시대적 상황 속에서 십 대 청소년 자녀를 어떻게 양육해야 할지를 고민하고 있는 부모들을 돕기 위해 청소년 자녀교육에 관한 연구들을 살펴보고 기독교상담의 관점, 특히 성경적 상담[5]의 관점에서 가정의 의미와 청소년에 대한 이해, 바람직한 부모의 역할, 그리고 십 대 청소년 자녀교육을 위한 전략을 제시하고자 한다. 이것을 연구함으로써 십 대 청소년 자녀를 둔 부모들이 위기의 세대로서의 십 대가 아닌, 기회의 세대로서의 십 대로 양육하는데 기초 자료로 삼고자 한다.

펴는 말

1. 청소년과 자녀교육에 관한 선행 연구

청소년과 자녀교육에 관한 다양한 연구들이 계속되어 왔다. 하임 기노트(Haim Ginott)[6]는 '인본주의적 자녀교육방법'을 제안했다. 기노트는 부모는 자녀를 있는 그대로의 모습으로 받아들이고 자녀 중심으로 사고하면서 문제 행동을 일으키는 원인을 파악하는 데 힘써야 한다고 했다.[7]

시카고대학교 교수인 토머스 고든(Thomas Gordon)은 '민주적 인간관계 모형'을 제시했는데, 이것은 부모의 효율성 훈련 이론을 통해 본 자녀교육 방법이다. 그는 PET 프로그램을 개발했다.[8]

에릭 번(Erick Berne)은 '상호교류분석이론'을 바탕으로 한 자녀교육 방법을 제안했다. 모든 인간은 자극을 받고자 하는 욕구가 있다고 전제하고, 자녀의 생의 형태는 부모와 자녀, 부부, 친구와 친구관계에서 쓰다듬기가 어떻게 이루어지는가에 따라서 그 형태가 달라진다고 보았다.

행동주의 심리학자 왓슨(Watson)은 '행동수정이론'을 적용한 자녀교육 방법을 제안했다. 부모가 좋은 모델이 되고 인간의 행동을 관찰하여 자녀의 부적응 행동은 재훈련하고, 강화를 통해 바람직한 행동을 증가시키고, 처벌을 통하여 좋지 않은 행동을 감소시키고자 했다.

드라이커스(Dreikurs)는 '민주적인 훈련'을 통한 자녀교육 방법을 주장했다. 자녀들이 문제를 일으키는 원인은 부모와 자녀 모두가 문제해결력과 기술이 부족한 데 있다고 보면서, 부모의 과거 권위적 양육방식은 비효율적이므로 자녀를 민주적으로 양육해야 한다고 했다. 이에 따라 드라이커스는 부모교육의 필요성을 강조하고, "부모연구회"[9] 통하여 부모교육을 실시했다.[10]

김형태는 『21세기 자녀교육』[11]에서 청소년 인성교육의 중요성을 강조했다. 인성교육에서 중요하게 다룰 요인으로 도덕성과 사회성을 들었으며, 청소년 인성교육을 위해서 다음과 같이 주장했다.

첫째, 청소년 인성발달 특성에서 사회 심리적 측면과 청소년복지 측면을 이해해야 한다고 했다.
둘째, 청소년 인성교육을 위해 다음과 같이 제안했다.

① 학교 교육 기능의 회복.
② 학교와 청소년 관련 연구 기관과의 유기적 협조 체제 구축
③ 대안학교의 활성화.

인성교육의 문제점을 다음과 같이 지적했다.

① 입시위주교육.
② 학부모들의 왜곡된 교육관.
③ 학교 교육의 잠재적 기능.
④ 재정 및 시설의 부족.
⑤ 교사의 사명감 부족.

그 해결방안을 다음과 같이 제시했다.

① 인성 중심의 학교로 변해야 한다.
② 부모교육이 필요하다.
③ 교사가 바로 서야 한다.[12]

이 연구에서 인성교육의 문제점 가운데 "학부모들의 왜곡된 교육관"을 지적한 것과, 해결 방안으로 "부모교육이 필요하다"라는 점을 지적한 것은 주목할 내용이다.
정원식, 김재은, 박성수는 『이 시대의 자녀교육』[13]을 출간했는데, 박성수는 "청소년기 자녀교육의 새로운 방향"[14]이란 글에서 다음과 같이 제안했다.

① 통제 중심의 교육 방법에서 능력배양 중심의 교육방법으로 전환하라.
② 지적 능력 중심의 교육에서 도덕적 인격 중심의 교육으로 전환하라.
③ 전수받는 교육에서 창조해 내는 교육으로 전환하라.
④ 습관으로서의 자녀교육에서 예술적 창조로서의 자녀교육으로 전환하라.[15]

박성수는 "부모가 알아두어야 할 청소년기의 특징들"을 다음과 같이 젯기했다.

① 자아정체 의식의 발달.
② 신체적 발달과 성적 행동.
③ 교우 관계의 변화.
④ 반항과 부모에 대한 실망.
⑤ 세대 간의 격차.
⑥ 정신적 역동의 세계.
⑦ 청소년이 주로 사용하는 방어기제.

또한, 청소년기의 주요 문제들로서 다음과 같은 예를 들었다.

① 공부에 대한 중도 포기.
② 여러 비행.
③ 학교 성적의 부진.
④ 가출.
⑤ 약물 남용.
⑥ 자살 충동과 자살.
⑦ 도발적 거부 장애.

그는 역경과 시련 속에서도 백절불굴의 정신으로 멋있고 성공적인 인생을 살아가려면 시련을 극복하는 지혜가 필요하다고 강조하면서 다음 세 가지를 길러야 할 것을 제안했다.

첫째, 불굴의 용기를 기른다.
둘째, 발전의 의지를 기른다.
셋째, 창조적 지혜를 기른다.[16]

이 글에서 자녀교육의 새로운 방향을 제시한 것은 주목할 만한 내용이다. 즉 "능력배양 중심교육, 도덕적 인격 중심의 교육, 창조해 내는 교육, 예술적 창조로서의 자녀교육"으로 전환할 것을 제안한 것은 큰 공헌이라 하겠다. 또한, 부모가 알아야 할 청소년기의 특징과 주요 문제들은 청소년 자녀를 둔 부모가 청소년 자녀를 교육하는 데 깊이 참고해야 할 내용이다.

박영신, 김의철은 『한국인의 부모자녀 관계』[17]에서 "한국 아동과 청소년의 부모에 대한 지각"[18]에 관하여 연구했다. 이 연구에서 인천광역시에 위치한 2개 고등학교, 2개 중학교, 2개 초등학교 학생을 대상으로 각각 320명씩을 표집했다.

측정 변인으로 고마움, 존경심, 죄송함, 친밀감, 갈등, 거리감이 있었는데, 전체적으로 볼 때, 부모에 대하여 고마움을 느끼는 정도가 가장 높고, 그 다음으로 존경심을 많이 느꼈으며, 부모에 대한 죄송함과 친밀감 또한 높았다. 반면에 부모와의 갈등이나 거리감은 매우 낮아, 자녀들이 부모에 대해 갈등이나 거리감은 적게 느끼고 있음을 알 수 있다. 아버지와 어머니를 비교하면 아버지 보다 어머니에 대하여 더욱 고맙게 생각하고 존경심도 높고 죄송함과 친밀감을 느끼는 정도가 강했다.

특히, 청소년 집단에서 어머니에 대하여 고맙게 생각하면서 죄송하게 생각하는 정도가 매우 높았다. 그러나 반면, 아버지보다 어머니와 갈등을 느끼는 정도가 더 높았다.[19]

이러한 결과는 한국의 청소년 자녀들이 부모에 대하여 고마움을 느끼면서 특히, 어머니에 대한 고마움과 죄송함을 강하게 느끼고 있고, 동시에 어머니와의 갈등도 크다는 것을 알 수 있다. 그것은 청소년 자녀들에 대한 어머니의 가정교육이 아버지에 비하여 상대적으로 구체적이며, 적극적인 결과로 해석할 수 있다.

부모님이 고마운 이유에 관해서는 아버지에 대하여는 가족을 위한 고생이 가장 높은 수치를 나타냈고, 어머니에 대하여서는 어머님의 희생이 가장 높은 수치를 보였으며, 특히 정서적 지원이 세 번째 높은 수치를 보였다.[20]

이러한 결과는 청소년 자녀들이 아버지의 고생, 어머니의 희생에 대하여 고마워하면서 동시에 부모님의 정서적 지원을 필요로 하고 있다는 것을 반영해 준다. 즉, 청소년 자녀교육에 있어서는 정서적 지원이 매우 중요한 요소라는 것을 알 수 있다.

화목한 가정을 위한 부모의 역할에 관한 청소년들의 생각은, 먼저 아버지의 역할로는 가장으로서 충실한 모범적이고 성실 근면한 아버지, 가족을 위해 희생하고 가족과 대화하며 시간을 함께 보내는 아버지, 정서적으로 지원해 주는 아버지상을 원했다. 어머니의 역할로는 가족을 위해 희생하며 모범을 보이는 어머니, 집안일에 충실한 어머니, 정서적으로 지원해 주며, 대화를 통해 의견을 존중해 주는 어머니상을 원하는 것으로 나타났다.[21]

이 연구에서도 청소년들은 부모에게 정서적으로 지원해 주며, 대화를 통해 존중을 받고 싶어 하는 심리가 잘 드러나 있다.

엘더(Elder)는 청소년기 자녀에 대한 부모의 역할에 대하여 일곱 가지 유형의 부모 역할을 분류했다.

① 독재적: 청소년들은 그들의 생활에 영향을 주는 의사결정에 참여하거나 의견을 제시할 자유를 갖지 못한다.
② 권위주의적: 청소년들의 의견표현은 허용되나 그들의 생활에 영향을 주는 의사결정은 여전히 부모에 의해 이루어진다.
③ 민주주의적: 청소년과 부모는 의사결정을 할 수 있는 힘을 공유하나, 부모는 청소년 자녀가 내린 결정을 거부할 수 있는 권리를 갖는다.
④ 평등주의적: 청소년과 부모는 동등한 지위와 힘을 가지며 의사결정은 공동으로 이루어진다.
⑤ 허용적: 대부분의 결정은 청소년들에 의해 이루어지고 부모는 의사결정과정에 의견을 내어놓는 역할을 한다.
⑥ 방임적: 청소년 스스로 생활에 대한 결정을 내리고 거기에 대해 책임을 진다. 부모는 단지 사소한 일에 대해서만 의견을 제시하나 부모의 의견은 청소년 자녀들에 의해 자유롭게 무시될 수 있다.
⑦ 무시: 부모는 청소년 자녀의 행동에 관심을 갖지 않는다.[22]

일반적으로 부모의 역할 유형은 자녀 수가 많은 가족일수록, 수입이 적은 계층일수록, 자녀가 어릴 수록 엄격해지는 경향이 있다. 또한, 남녀는 상이한 부모 역할 유형을 사용한다. 남성들은 독재적 혹은 권위주의적 양식과 같은 엄격한 부모 역할 유형을 사용하는 반면, 여성들은 칭찬이나 긍정적 강화와 같은 애정 지향적 접근 방법을 선호한다.[23]

미국의 중류계층 부모들은 민주주의적, 평등주의적 혹은 허용적 부모 역할 유형을 많이 채택한다.[24] 그들은 자녀들을 설득하고 그들과의 협상을 통하여 청소년들이 자기규제를 획득하고 개인적 자율성과 자아 존중감을 증진시킬 수 있도록 노력한다. 미국의 중류계층 부모들은 청소년과의 의사소통에 의해 문제를 해결하려고 한다. 의사소통은 부모와 청소년 자녀의 갈등을 감소시키고 가족 응집성을 증가시키는 유일한 방법으로 인식된다.[25] 여기서 부모와 청소년 자녀와의 대화의 중요성을 알 수 있다.

조옥라는 "전통사회에서 부모의 역할"에 관한 연구에서 부모의 역할을 다음과 같이 제시했다.

① 자녀양육의 역할.
② 유산전달의 역할.
③ 교육자의 역할.
④ 모범의 역할.
⑤ 권위의 역할.[26]

이동원은 "현대 사회의 부모의 역할"에서 부모의 역할을 다음과 같이 제시했다.

① 양육의 역할.
② 훈련의 역할.[27]

조옥라와 이동원의 연구에서 볼 수 있는 것처럼, 전통사회와 현대 사회의 부모의 첫 번째 역할은 자녀 양육의 역할이란 것을 알 수 있다.
정정숙은 『성경적 가정 사역』[28]에서 "기독교가정에서의 부모의 역할"[29]에 관하여 다음과 같이 연구했다.

첫째, 부모의 직무는 왕적 직무, 선지자적 직무, 제사장적 직무가 있다.
둘째, 부모의 위치는 "하나님을 대신하는 자"라고 전제한 뒤, 그 의미는 인간은 하나님을 섬겨야 한다는 기본명제와 부모에게 효도해야 한다는 것, 그리고 자녀를 가르쳐야 한다는 것이다. "부모는 하나님께 자녀들에 대한 책임을 갖는다. 하나님의 자녀를 위탁 받아 양육하는 것이기 때문에 영광이면서도 동시에 책임이 있다"라고 했다.[30] 이 연구에서 "인간은 하나님을 대신하는 자로서 자녀를 가르쳐야 한다"는 점이 강조되어 있다.
셋째, 부모의 역할로 교사의 역할, 상담자의 역할, 삶의 지도자적 역할을 해야 한다고 보았다.[31] 특히, 상담자의 자질은 다음과 같다.

① 성경에 대한 바른 지식과 그리스도의 말씀에 풍성히 거하여야 한다 (골 3:16).
② 선하여야 한다.
③ 지혜가 있어야 한다.
④ 상담과 전문훈련이 필요하다.
⑤ 소망의 사람이어야 한다.
⑥ 확신의 사람이어야 한다.[32]

리치 반 펠트(Rich Van Pelt)는 『사춘기 청소년들의 위기상담』[33]에서 부모들을 돕기 위한 프로그램 아이디어를 제시했는데, 부모에게 정보를 제공하기 위해 부모의 밤 행사와 청소년 부모집단 모임을 통해 청소년들이 하는 것을 같이 하게 하고 가족회보와 청소년 그룹비상 연락망을 작성하고 심방할 것을 제안했다. 부모를 돕기 위해서는 특별 좌담회와 청소년 부모를 위한 강좌, 지원그룹, 부모자녀 대화의 광장을 개최할 것을 제안했다.[34] 이 연구에서 부모와 청소년 자녀와의 대화의 광장을 통하여 의사소통의 기회를 제공하고자 하는 의도를 발견할 수 있다.

머튼 스트롬멘(Merton P. Strommen)은 *Five Cries of Youth*[35]에서 청소년들이 요구하는 것을 다섯 가지 외침으로 요약했다.

첫째, 개인적인 실수, 자기 확신의 결여, 학업 성적, 이성관계의 어려움 등으로 인한 자기증오의 외침.
둘째, 가족 갈등과 분열 등으로 인한 심리적 고아의 외침.
셋째, 사람들에 대한 배려와 도움, 기성세대에 대한 비판으로 인한 사회적 관심의 외침.
넷째, 자기 중심적이고 조직에 대한 무조건적 충성으로 인한 편견적 차별의 외침.
다섯째, 인격적인 하나님과의 교감, 하나님의 사람들과의 활동, 바른 삶의 발견 등으로 인한 기쁨의 외침.

홍인종은 이러한 외침은 자긍심, 가족사랑, 사람의 복지, 개인적인 유익, 의미 있는 삶을 추구하고픈 욕구라고 해석했다.[36]

오윤선은 『청소년 세대 진단과 이상행동 치료』[37]에서 청소년의 시대적 패러다임에 대하여 정의했다. 고대의 청소년을 청소년 연구의 태동기, 중세의 청소년을 잊혀진 청소년, 근대의 청소년을 청소년의 과학적 연구가 시작된 시기로 보았다. 그리고 현대의 청소년을 신세대 등장으로 정의하고, 특히 신세대의 세대별 명칭의 변화를 X세대, Y세대, Z세대, N세대, M세대, C세대, G세대, E세대, @세대, W세대, P세대, U세대, Digital Nomad세대, Na세대, Ubi-Nomad세대, Neo-W세대, WANT세대, Web2.0세대로 말하면서 청소년들을 지도하기 위해서는 그들을 이해하는 것이 선결되기 때문에 그들의 문화와 세대의 특성 코드를 알고자 하는 노력이 요구된다고 강조했다.

또한, 청소년의 세대 진단에서 정보홍수 시대에 정신적 빈곤을 느끼는 청소년, 속도 시대 방향성의 문제, 정보가 아닌 감동에 의해 변화되는 청소년, 귀로 먹는 보약이 필요한 세대라고 진단하면서 지적보다는 격려를 통한 공감대 형성이 매우 중요하다고 했다.[38] 이 연구에서 청소년을 잘 지도하기 위해서는 청소년에 대한 이해가 중요하므로 그들의 문화와 세대 특성을 알고자 하는 노력이 요구됨을 강조했다.

이상에서와 같이 청소년과 자녀교육에 관한 많은 연구들이 있었다. 그러나 청소년 자녀교육에 관한 기독교상담학적 접근을 시도한 연구는 없었다. 그러므로 본 장에서 청소년 자녀교육을 위한 기독교상담학적 조명을 통하여 부모가 청소년 자녀를 양육하기 위해 어떤 역할을 할 것인가에 관한 방향을 제시하는 것은 매우 의미 있는 일이다.

2. 청소년기의 발달상의 문제

　심리학자 아맨드 니콜라이(Armand Nicholi)가 "청소년기는 혼돈과 도전과 좌절 그리고 흥분이 있는 인간 발달 단계이다"[39]고 말한 것처럼 청소년기는 많은 변화를 경험하는 시기이다. 청소년들의 기질은 가족과 지역 사회, 살고 있는 나라, 심리학적 기질, 개성, 문화, 또래 집단과 종교심 등에 따라 다르게 나타날 것이다.

　'Adolescence'라는 단어는 '성숙을 향해 성장하는 시기'를 의미한다. 청소년기는 사춘기에서 시작하여 10대 후반, 또는 20대 초반까지 계속된다. 이 시기의 아이들은 신체적, 성적, 감정적, 지적, 사회적으로 변화하는 시기이다. 부모에게 의존하던 삶과 가족의 보호망으로부터 벗어나 독립과 사회적 생산성으로 전이해 가는 과정이다.

　성장하는 환경에 따라 청소년기의 친구들, TV, 비디오게임, 전자기기들, 음악, 스포츠, 공부, 직업들, 취미, 자극이 동반 되는 성적 활동들, 여러 종류의 스트레스들에 둘러싸여 있다. 청소년기는 또한 영적 세계와 가치관, 인간관계와 인생 목적에 대하여 반항적 사고를 하게 되는 시기다. 혼돈과 급격한 변화로 인해 미성숙한 젊은이들은 과업 성취가 어렵고 적응하기 힘들어한다.[40]

　스탠리 홀(Stanley Hall)[41]은 청소년 시기를 폭풍과 스트레스의 시기라고 표현했다. 여러 연구들에 의하면, 청소년기는 급속한 성장과 잦은 변화의 시기이다. 그러나 전체적으로 보면 청소년들은 그다지 요란하지도 않고, 크게 혼란스럽지도 않으며 충동적이지 않고, 부모의 가치관에 많이 저항하지 않으며, 반항하는 것도 아니다.[42] 오히려, 청소년들의 10-20% 정도는 청소년기에 심각한 혼란을 겪게 되지만, 이 비율은 어린이나 어른들이 반항하는 숫자와 비슷하다. 이와 같은 사실로 본다면, 청소년기는 인생에서 특별히 스트레스를 받는 시기가 아니며, 대부분의 청소년들은 청소년기를 별 어려움과 특별한 스트레스 없이 보내고 있다고 할 수 있다.[43]

여기서 볼 수 있는 것처럼 게리 콜린스를 비롯한 여러 기독교상담학자와 심리학자들은 청소년들의 80-90% 정도는 심각한 혼란을 겪지 않고, 특별한 어려움이나 스트레스 없이 잘 지내게 된다는 점을 보여 주고 있는 것이다. 단지 청소년기이기 때문에 위기를 만나거나 이상한 괴물로 변하는 것이 결코 아닌 것이다.

게리 콜린스(Gary R. Collins)[44]는 청소년기를 3단계로 나누고 있다.[45] 초기 청소년기는 약 10-11세에 시작하며 최소 2년 정도 지속된다. 중기 청소년기는 약 14-18세의 고등학교 학생들, 후기 청소년기는 10대에서 20대 초반까지 포함한다.

초기 청소년기는 급격한 생리적 변화가 시작되면서 불안과 걱정, 방황, 기쁨의 감정들이 교차된다. 남자와 여자 모두 급격한 성장으로 팔다리가 자라서 어색하고 건들거리는 모습이 되며, 소년은 어깨가 넓어지고 근육이 두꺼워지며, 소녀는 엉덩이가 커지며 가슴이 발달하는 등 신체 구조의 변화가 따른다. 남성은 변성기가 오고 성적 기관들이 확장되며, 성호르몬이 증가되고 활발한 침샘활동으로 피부 숨구멍 크기가 커지며, 얼굴과 몸에 털이 난다. 여성은 월경이 시작되면서 감성적 적응이 필요하다. 이러한 신체적 변화는 사회적, 신체적 변화를 가져온다.

이 시기에 겪는 사회적 적응과제는 학교 전학으로 인한 불안, 친구들과의 사귐과 압력, 이성교제, 영웅 숭배 등이 있다. 부모로부터의 독립이 가족 간의 갈등을 동반하기도 한다. 자기 비난과 반영적 사고는 부모 가치관에 대하여 의문을 갖기 시작하면서 근심과 걱정의 증가로 나타난다. 이 모두는 또래 친구들의 영향이 크다.

중기 청소년기는 신체적 변화는 비교적 적으나 자기 자신의 새로운 정체성, 즉 성인의 신체를 가진 사람으로의 정체성을 찾으려 한다. 소년에게 성적 충동은 점점 더 강해지고, 또래 친구들의 압력과 친한 친구에 대한 친밀감의 욕구, 성적 유혹에 대한 사회적 허용들을 억제하기는 쉽지 않다. 이로 인하여 십 대 임신과 성병들이 증가하고 있다.[46]

또래 집단의 압력은 부모의 영향과 가치관, 통제로부터 벗어나려고 하는 데 많은 영향을 미치고 있다. 부모가 아직도 용돈과 교통편, 살 집을 제공하며 음식을 주고 빨래를 해 주지만, 십 대들은 자주 부모의 기준과 가치관을 비판하며, 더 이상 부모를 따라 교회나 휴가, 쇼핑을 가려 하지 않는다. 집에서의 대화는 최소화하면서, 친구와 전화로 수다 떠는 데 많은 시간을 보내며 인터넷 게임을 즐긴다.

청소년들은 자신들만의 언어를 사용하며 영웅들, 음악, 옷 입는 스타일, 오락의 형태 등에서 자신의 정체성을 찾기를 간절히 바라고 있다. 때로는 그들 특유의 정체감을 유지하기 원하며 자신의 문화 안에서 개별성을 찾으려고 애쓴다. 이성과의 데이트는 매우 중요하며, 헤어짐은 고통스럽게 생각한다. 이 시기의 중요 이슈는 성과 마약, 자동차와 운전기술[47] 등이 포함 된다. 청소년의 이슈는 또래의 압력과 신체적 변화, 불안정과 정체성의 혼돈과 연관이 있다. 사랑과 수용에 대한 욕구, 성호르몬의 영향, 사회의 성 개방, 영화와 TV에 나타난 가치관, 사적인 장소에서의 성행위를 경험하며, 이것은 죄책감과 자책, 임신으로 연결되기도 한다. 술을 포함한 약물을 경험하기도 하고 인터넷을 통한 포르노 경험과 게임중독, 대화방을 통하여 낯선 사람과 대화를 즐기기도 한다. 이러한 숨겨진 또래의 압력들은 청소년들이 미래를 향해 직면해야 할 심각한 도전들이다.[48]

이처럼 청소년 초기와 중기에는 급격한 신체적 변화를 경험하면서 부모의 가치관에 의문을 가지게 되고 부모의 영향력으로부터 독립하고자하며, 또래 집단의 영향을 크게 받게 된다.

바나(Barna) 연구팀은 십 대들을 네 종류의 특성으로 나누고 있다.

첫째, 십 대 인구의 절반은 상호 관계이다. 그들은 아주 매력적이며, 관계에 초점을 맞추고, 다른 사람들에 대하여 민감하다. 문제 해결에 대하여 편안하게 접근하며 살고, 스트레스를 기꺼이 수용하며, 최소한의 영향을 받으려 한다.

둘째, 십 대의 4분의 1은 매우 역동적이다. 그들은 공격적이며, 집중하고, 돌진하며, 평균 이상의 생산성이 있고, 효과적인 문제 해결사들이다. 많은 에너지와 경쟁력, 자기 확신감으로 다른 사람들을 자극할 수도 있다.
셋째, 청소년의 5분의 1은 안정적인 사람들이다. 그들은 지속성과 충성심, 완전성, 그리고 예측 가능한 사람들이다. 그러나 고집이 있고 창조성이 결여될 수도 있다.
넷째, 평가자들은 최소 그룹이다. 그들은 세부적인 것을 좋아하며, 정확도와 완전성을 주장한다. 그들은 완벽주의자들로서 자신과 다른 사람들에게 매우 강도 높은 요구를 한다.

이 연구팀에 의하면, 십 대들의 90% 정도는 미래에 대하여 깊이 생각하지만, 대학과 직업에 대한 생각, 집을 떠나는 일, 민감한 사안에 대한 대처방법 등 미래에 대한 준비는 소홀하다.[49]

후기 청소년기는 십 대 후반에 시작된다. 이 시기의 청소년은 보통 미래에 대하여 계획을 세우는 추상적 사고 능력이 있다. 성인 사회의 진입과 성인으로서의 책임, 보다 독립적인 생활방식의 과업들이 주어진다. 미래에 대한 계획과 교육, 직업에 맞는 교육 등을 계획하는 데 상당한 시간과 에너지를 요한다. 이제 자신이 어떻게 비치는가에 대한 관심은 줄어들면서 결혼을 전제로 한 이성교제를 시작하게 된다.[50]

이처럼 청소년의 시기를 전기, 중기, 후기 청소년기로 나누어 각 시기마다의 특성과 해결과제들을 제시했는데, 이것은 청소년 자녀를 둔 부모들이 자녀를 양육할 때에 깊이 고려해야 할 점들이다

청소년기는 최소한 네 가지 중요한 질문에 답해야 한다. 각각의 문제들은 과거에도 생각해 왔지만 청소년기 후기에 좀 더 명확하게 초점을 맞추어야 한다.

첫째, 정체성에 관한 질문이다.
"나는 누구인가?"

어린 시절에 아이들은 흉내를 내며 자신을 부모나 가족 구성원들과 동일시한다. 나중에는 그들이 존경하는 성인을 본받아 자신의 행동 모델로 삼으며, 동료들과의 관계를 발전시킨다. 또한, 자신의 자아 정체성과 개별성, 가치관, 자아 개념을 발전시키고자 고민하게 된다.

E. H. 에릭슨(E. H. Erickson)[51]은 청소년기의 위기는 정체감 대 역할 혼미라고 설명했다. 정체감은 자기에 대한 통합된 느낌을 나타낸다. 이것은 '나는 누구인가'에 대한 대답이다. 역할 혼미라는 말은 모든 자기는 때때로 양립할 수 없어 보이는 복잡한 양상을 가진다는 사실을 반영한다. 모순이 크면 클수록 그 양상들을 조화시키는 것이 더 어려워지고 혼란스러워진다. 에릭슨의 견해에 따르면, 정체감은 사적인 자아 개념과 사회적 자아 개념의 결합에서 생겨난다. 그는 정체감 발달의 중요성을 강조했는데, 정체감이야말로 각 개인의 인생에 있어 주요 과제라고 보았다.[52]

둘째, 관계에 대한 질문이다.
"다른 사람과 어떻게 어울리며 지내야 하는가?"

남자와 여자, 즉 이성과의 관계를 발전시키는 것 외에도 청소년들은 자신이 선택한 친구들과의 관계를 발전시키는 방법을 배워야 한다. 어떻게 경계를 설정하며, 어떻게 사회에 적응하고, 부모와 자녀의 애착 관계를 변화시켜 부모에게 덜 의존할 것인가에 대한 방법들을 배워야 한다. 청소년기에 배워야 할 기술들은 사회적응 기술로서 의미 있는 관계 형성 기술, 권위자들과의 갈등 해결, 패거리를 짓는 집단행동, 성관계, 영웅숭배, 친구관계, 성인의 제안에 거부하기, 또래 압력에 양보하기 등이 있다.

셋째, 미래에 관한 질문이다.
"나에게 맞는 것이 무엇인가?"

이 질문에 대답하기 위해 자신의 감정들과 가치관, 성격, 가능성, 사회, 경제적 수준, 가족의 기대 등을 고려해야 한다. 직업 선택은 청소년에게 어려운 결정이다. 왜냐하면, 여러 번 잘못된 시작을 할 수 있기 때문이다.

청소년들은 이상적이며 때로 너무 낙관적이어서 비현실적인 직업 쪽으로 나아갈 수도 있다. 이로 인하여 좌절하고 비관적이 되며, 비로소 재평가의 필요성을 깨닫게 된다.

넷째, 이념에 대한 질문이다.

"나는 무엇을 믿어야 하는가?"

이 질문은 종교적인 질문이다. 영성은 이 시기의 가장 인기 있는 주제이다. 많은 십 대 청소년들은 종교에 대하여 불신감을 갖고 있으며, 특히 조직적이고, 교단적으로 엄격하게 관리 감독하는 종교에 대한 불신은 더 깊다. 어른들이 그에 대한 대답을 주지 않기 때문에 청소년들은 스스로 영적인 문제들로 고민한다. 무엇을 믿으며, 왜 믿는지를 찾기 위해 젊은이들은 심각하게 그들 세대에게 질문해 왔다. 질문의 해답을 찾아가는 과정으로, 청소년들은 자신의 가치관과 신앙적인 믿음, 인생의 철학을 발전시켜 왔다. 결국 이러한 질문들은 부모들이 두려워해 왔지만, 부모들의 가치관으로부터 그리 멀리 떨어진 것은 아니다.[53]

이처럼 콜린스가 청소년기에 해결해야 할 과제들을 네 개의 중요한 질문으로 설명한 것은 탁월하다.

> 나는 누구이며, 다른 사람과 어떻게 어울려 지내야 하며, 나에게 맞는 것은 무엇이며, 나는 무엇을 믿어야 하는가?

정체성에 관한 질문으로 시작하여, 관계와 미래에 대한 질문, 그리고 종교적인 질문에 이르기까지 청소년기에 그들의 관심을 잘 드러내 준 설명이라 할 수 있다.

3. 청소년 자녀교육을 위한 기독교상담학적 조명

1) 성경적 가정의 개념

트립은 "성경적 상담에서 성경으로 상담한다는 것은 단지 성경 구절들을 인용하는 것만을 의미하지는 않는다. 상담에 있어서 전체 성경이 무엇에 관한 것인지를 반영하는 것을 의미하는 것"[54]이라고 했다. 파울리슨[55]은 그의 저서 *Seeing with New Eyes*의 서문에서 "이 책을 쓰는 목적은 상담이라는 상황 속에서 하나님을 볼 수 있도록 돕는 것"이라 했다.[56]

즉 성경적 상담에서는 전체 성경이 무엇을 말씀하는지를 말하는 것이 중요하며, 상담을 통해 하나님을 볼 수 있도록 하는 것이 중요하다는 사실을 알 수 있다.

'가정이란 무엇인가?'라는 질문은 지금까지 인류 역사를 통해서 끊임없이 논란이 되었고 앞으로 다가올 세대에서도 논쟁거리가 될 주제이다. 가정의 본질이 무엇이냐는 것은 '가정의 가치'라는 사회적으로 민감한 주제 아래 오늘날 우리 문화 속에서 뜨거운 논쟁거리가 되고 있다.[57]

그러나 본 장에서는 성경적 상담의 관점에서 가정의 개념을 말하고자 한다. 트립은 다음과 같이 강조한다.[58]

> 성경적 가정의 개념을 말하려면 '하나님은 가정이 어떤 일을 하기 원하시는가?'라는 질문에 대답해야 한다. 이것은 가정에 대한 정의가 자녀들과 그들에 대한 부모들의 반응의 목표를 설정할 것이기에 중요하다. "하나님은 가정이 어떤 일을 하기 원하시는가?"라는 질문은 '하나님은 우리가 십대 자녀들에게 어떤 일을 하기를 원하시는가?'라는 물음의 기본 바탕이 된다. 먼저 부모로서 할 일을 바로 이해해야 그 다음으로 청소년 자녀를 둔 부모로서 해야 할 일에 대한 적절한 성경적인 관점을 갖게 될 것이다.

트립이 말한 대로 "하나님은 가정이 어떤 일을 하기 원하시는가?"에 따라 가정의 정의를 내려야 한다. 그 정의에 따라 청소년 자녀를 둔 부모로서의 역할에 대한 성경적인 대답을 얻을 수 있을 것이다.

(1) 가정은 하나님이 주신 가장 우선적인 배움의 장이다

사사기 2:6-15은 모든 성경 말씀 중에서 가장 슬픈 상황을 보여 주고 있다. 이것은 이 땅 위에 하나님이 허락하신 가족의 중요성을 선포하는 말씀이다. 이 장면에서 우리는 약속받은 땅에서 태어난 이스라엘의 첫 번째 세대는 '여호와를 알지 못하며 여호와께서 이스라엘을 위하여 행하신 일도 알지 못했다'는 설명을 듣게 된다(10절). 가나안에서 태어난 첫 번째 세대는 하나님이 누구신지 알지 못했고 당신의 백성들을 구원하시고 인도하신 그 놀라운 모든 일에 대해서 알지도 못했다는 것이다.[59]

트립은 그 원인을 선지자들이나 제사장들의 직무유기가 아니라 각 가정들이 하나님이 행하기를 원하시는 일들을 하지 못했던 것에서 원인을 찾았다.

무엇이 잘못된 것인가?

그것은 부모들이 자녀들에게 가르치지 않았다는 것이다. 본래 하나님께서 이스라엘 백성들의 자녀들을 가나안 땅에 들여보낼 때 지침을 내리셨다. 하나님께서는 신명기 6장에서 가족들이 어떤 역할을 해야 하는지 말씀하셨다. 이스라엘 백성들이 가나안 땅으로 들어갈 때 가족들이 어떻게 해야 하는가 하는 것은 매우 중요하다. 하나님께서는 가족을 하나님의 말씀을 배우는 가장 기본적인 공동체로 세우시기를 원하셨다. 가정의 기능은 '교육'에 있다는 것이다. 이것은 학교교육을 의미하는 것이 아니다. 이것은 하나님께서 가정을 하나님의 말씀을 배우는 터로 삼기를 원하셨다는 것이다. 왜냐하면, 인생이 가정에서 이루어지기 때문이다.[60]

2) 성경적 가정의 역할

"가정은 하나님이 주신 가장 우선적인 배움의 장이다"라는 정의 아래 가정의 역할을 세 가지로 설명할 수 있을 것이다.

(1) 신학적인 공동체로서의 가정

신학이란 무엇인가?

그것은 하나님에 대한 연구이다. 즉 그분의 존재와 성품과 사역에 대한 학문이다. 가정이 이러한 신학적인 공동체로서 기능하게 되는 것이 하나님의 계획이다. 이 말이 의미하는 것은 가정생활이 보여 주는 궁극적인 진리는 하나님이 존재하시고 우리는 그분의 피조물이라는 것이다. 우리가 행하고 생각하고 말하는 모든 것들이 그러한 진리에 연결되어 있다.

그러므로 삶을 수평적으로, 단지 이 세상의 관계와 환경에 의해서만 바라보아서는 결코 안 된다. 항상 어떠한 상황과 환경 속에서도 하나님과 그분의 뜻과 사역에 대해서 질문하고 생각해야 한다. 트립은 이 모든 것의 목표는 "자녀들의 정체성이 하나님의 살아 계심과 그 영광에 분명하게 뿌리 내릴 수 있도록 하기 위한 것"이라 하면서 자녀들이 하나님께 지음 받은 것과 그분께 속해 있음과 그분의 영광을 위해 살도록 부름 받은 자들임을 이해하고, 부모로서 이 신학을 실행하도록 하나님께 부름 받았으므로 자녀들의 삶이 날마다, 매 순간마다 하나님을 의식하며 살아가도록 해야 한다는 것이다.[61]

가정이 신학적 공동체라 말하는 것은 부모가 항상 신학적이어야 한다는 것을 의미한다. 즉, 우리는 항상 하나님과 연관 지어서 삶을 바라보아야 한다는 것이다. 그분은 어떤 분이신지, 그분이 하시는 일이 무엇인지, 그분은 우리가 어떤 모습이 되기를 원하시는지, 또 무엇을 하기 원하시는지 생각해야 한다는 것이다. 트립은 자녀들에게 신학적이 되어야 하는 자들로서 그들에게 말해야 할 것을 네 가지로 말했다.

첫째, 모든 순간순간이 하나님의 시간이며, 그곳에서 역동적으로 하나님의 뜻을 이루고 계시다. 그래서 부모는 그들에게 하나님과 그분의 존재하심과 그분의 성품과 그분의 뜻으로 향하도록 이끌어 주어야 한다.
둘째, 항상 더 높은 목표를 향해서 나아가도록 도와야 하는데, 특히 십 대 청소년들이 자신의 영광으로부터 하나님의 영광을 위해서 살아가는 삶의 의미를 이해하게 되도록 돕는 것이 필요하다.
셋째, 십 대들의 이야기를 하나님의 거대한 이야기 속으로 집어넣어야 한다. 그들에게 항상 다음과 같은 질문을 하도록 가르쳐야 한다.
"하나님은 누구신가?"
"그분은 무슨 일을 하고 계시는가?"
"그분이 약속하신 것이 무엇인가?"
"그분이 명령하신 것이 무엇인가?"
"이러한 것들이 매일의 삶의 순간들에 대한 나의 생각과 반응을 어떻게 형성해 나갈 것인가?"
넷째, 매일의 삶의 환경 속에서 하나님을 따른다는 원리를 아주 구체적으로 실현하도록 하는 것이다. 즉 신뢰와 순종을 가르치는 것인데, 여기서 신뢰는 십 대 자신들은 한계를 가지고 있다는 사실을 주목하게 한다. 순종은 모든 상황에서 십 대들이 하나님을 향한 마음을 갖고 하나님을 기쁘시게 하려는 삶의 목적을 가지고 살도록 하는 것이다. 이렇게 스스로 묻게 하는 것이다.

> 이 상황에서 다른 사람에게 내가 미루지 않고 반드시 하도록 하나님이 내게 명하시는 것은 무엇일까?[62]

그리스도인 부모들은 자녀들을 신학적으로 가르쳐야 한다. 그것은 자녀교육의 목적이 자녀들의 성공이 아니라, 자녀들을 하나님을 경외하며 섬기는 자로 키우는 것을 의미한다. 하나님이 자녀들의 하는 일의 이유가 되고 목적이 되도록 가르쳐야 한다.[63]

이처럼 가정은 신학적인 공동체이다. 부모는 청소년 자녀들에게 삶의 모든 순간이 하나님의 시간이란 것을 가르쳐야 한다. 그리스도인의 가정은 단순히 주일에만 신학적으로 생각해서는 안 된다. 매일매일이 신학적이 되어야 하는 것이다.

(2) 사회적인 공동체로서의 가정

십 대 청소년들이 하나님의 성품과 그 존재하심 속에서 자신들의 정체성을 찾기 위해 부모들이 필요한 것처럼, 공동체 안에서 자신의 정체성을 갖기 위해서도 역시 부모들이 필요하다. 죄 된 본성을 가진 인간은 누구나 타고난 개인주의자이다. 에베소서에서 바울이 말하고 있는 것처럼 이 죄 된 인간들은 '육체의 욕심을 따라 지내며 육체와 마음의 원하는 것을 하는 자들'(엡 2:3)이다. 그들은 자신의 뜻이 관철되기를 원한다. 그래서 그 길에 방해가 되는 자라면 누구든 가리지 않고 맞붙어 싸운다. 결과적으로 그들은 화평하기보다는 분쟁하기를 더 잘하고, 사랑하기보다는 미워하기를 더 잘 한다(약 4:1-10). 연합하기보다는 분열하기를 더 잘하는 것이다.

하지만 우리의 인생을 성경적으로 접근하게 되면 삶이 얼마나 달라지겠는가?

하나님의 이야기는 단지 그분의 성품과 구원 사역에 대한 이야기만은 아니다. 그것은 하나님의 백성이 되도록 사람들을 불러 모으시는 그분의 부르심에 대한 이야기이다. 또한, 예전의 종족과 성별과 나라와 계급에 의해 분리되었던 모든 차별을 철폐하시고, '그리스도 안에서 새롭게 된 피조물'(엡 2:11-22)로서 살아가는 하나님의 백성을 만드시는 그분의 사랑의 공동체가 형성되는 이야기이다. 하나님이 보시기에 성공적인 사람이란 하나님을 사랑할 뿐만 아니라, 그 이웃도 자기 자신처럼 정말로 사랑하는 사람이다. "가정은 네 이웃을 네 몸과 같이 사랑하라는 말씀이 모든 상황에서 확고한 생활방식이 되도록 가르치는 장이 되도록 부르심을 받았다"[64]라는 트립의 주장은 옳은 것이다. 가정에서 자녀들은 자신들이 함께 살기로 선택하지 않은 사람들을 사랑하라는 하나님의 부르심을 깨닫게 된다.

가정에서는 자신들에게 주어진 '베풀고 사랑하며 섬기라'는 날마다의 책임을 회피할 수 없게 된다. 주변의 거의 모든 것이 다 함께 나누어야 하는 것들이다. 가정에서 그들의 욕심은 다른 사람의 계획과 충돌을 빚게 된다. 가정에서 그들은 그리스도의 도우심을 입지 않고서는 이웃을 내 몸처럼 사랑한다는 것이 완전히 불가능하다는 것을 깨닫게 된다.[65]

인간은 태어나면서부터 다른 사람을 사랑하도록 만들어졌다. 그러므로 기독교 가정의 부모들은 자녀들에게 다른 사람을 사랑하도록 가르쳐야 한다. 사람들은 이기심이 많은 존재이나, 그리스도인 부모들은 하나님의 사랑을 가르쳐야 한다. 먼저는 하나님의 신실하심을 가르치고 그 다음은 사랑하라는 도덕적인 메시지를 가르쳐야 한다. 왜냐하면, 가정은 사회적인 공동체이기 때문이다.[66]

(3) 구속적(redemptive) 공동체로서의 가정

거친 현실이라고 할 수 있는 모든 삶이 가정이라는 배경 속에서 나타난다. 가정은 인간의 죄성으로 인해서 약속이 지켜지지 않고, 소망이 깨어지며, 기대하는 것에 대하여 실망하는 일이 일어나는 현장이 된다. 타락이라는 험한 현실이 매일의 가정생활 속에서 그대로 나타나고 있다는 사실을 직면해야 한다.

예수님을 믿는 가정의 가장 중요한 기능을 하게 하는 것이 바로 그러한 겸손한 고백이다. 겸손하게 우리의 타락한 실체를 고백할 때, 비로소 우리는 주 예수 그리스도의 은혜의 풍성함을 추구하게 되고 그것을 귀하게 여기기 시작한다. 부모나 자녀 모두 우리가 스스로 죄인으로서 은혜가 필요한 자로 여길 때 가정은 은혜, 용서, 죄로부터의 구원, 화목, 그리스도안의 새 생명, 그리고 소망이 가정생활의 중심 주제가 되는 진정으로 구속적인 공동체가 될 수 있다.[67] 트립의 다음과 같은 시각은 옳다.

가정이 구속적 공동체, 즉 복음이 가족 한 사람 한 사람을 엮는 끈과 같은 역할을 하는 곳으로서 기능하도록 하는 열쇠는 자신의 잘못을 자녀들에게

기꺼이 고백할 준비가 되어 있는, 그리스도를 진정으로 의지하는 부모들이다.[68]

기독교 가정의 부모들은 청소년 자녀들에게 자신의 잘못을 기꺼이 고백할 수 있는 모습으로 다가갈 때 자녀들의 마음이 열리고, 부모를 통해 그리스도의 구속을 체험하게 될 것이다.

말씀이 한 가정의 유일한 기준으로 굳게 자리 잡을 때 죄는 그 본질을 드러낸다. 바로 그럴 때 그리스도 예수의 구원의 말씀이 비로소 의미를 찾게 된다. 성령이 편안하고자 하는 자신의 욕구를 희생하는 성실한 부모의 사역을 통해 역사하실 때, 늘 편한 것만 좋아하고, 교만하며, 자기방어적이고, 자기 중심적이며, 자기 의로움에 빠진 자녀들이 은혜를 간구하는 자들로 변해 가는 것이다.[69]

가정이 대속의 공동체라는 것은 죄와 은혜를 설명하는 것이다. 그리스도의 대속의 은총이 중요하다. 하나님께서는 가정을 통해서 죄를 깨닫기를 원하신다. 은혜는 문제가 있는 사람에게 필요한 것이다. 나 자신이 심각한 죄인이라는 것을 깨달아야만 하나님께로 달려가게 된다. 율법이 아닌, 인격이신 그리스도에게로 달려가는 것이다. 그리스도께서 우리에게 해 주신 것이 있다.

첫째, 용서이다.
둘째, 힘과 능력을 주신다.
셋째, 구원이다.

기독교 가정의 부모들은 자녀들로 하여금 예수 그리스도를 떠나서는 살 수 없음을 가르쳐야 한다. 이것을 가르치면 자녀들이 변할 것이다. 그들의 세계관이 성경적 세계관으로 바뀔 것이다. 그러므로 모든 사물을 성경을 통하여 보게 해야 한다. 매일의 삶 속에서 자녀들에게 이런 것을 생각하게 해 주어야 한다.[70]

3) 성경과 청소년

청소년기의 개념은 19세기 말에 아동 양육의 문헌에 나타나기 시작했다. '청소년'(Adolescent)이라는 단어는 성경에 나타나지는 않는다. 아동과 소년은 성경에 자주 언급되었으나, 이들이 분리된 시기로 간주되거나, 그 시기가 언제 끝나는지에 대한 표시가 없다. 따라서 아이들에 대한 성경의 가르침은 청소년기의 학생들에게 적용한 것이라 할 수 있다.

예수님의 청소년 시절에 관하여 누가복음 2:41-52에 나타나는데, 가족이 예루살렘으로 여행을 갔을 때 예수님의 나이는 열두 살이었다. 예수님은 전형적인 청소년과는 달리 친구들과 가족들로부터 떠나 종교지도자들과 심오한 질문에 대하여 깊이 있는 토론을 했다. 그 토론에 집중하여 집으로 돌아가는 것을 잊어버렸다. 예수님이 없어진 것을 알게 된 마리아와 요셉은 큰 걱정을 했고, 그들은 서둘러 예루살렘으로 돌아가 3일 동안 열심히 예수님을 찾았다. 마리아가 예수께 "어찌하여 우리에게 이런 일을 하였는가?"라고 물었다. 지금까지 죄가 없이 살아온 청소년인 예수님이 부모에게 걱정을 끼치는 사건을 통하여 그가 성장하고 있다는 것을 나타내는 내면적 반영이라 할 수 있다.[71]

성경은 청년에 대하여 언급하고 있다.

> 청년이여 네 어린 때를 즐거워하며 네 청년의 날들을 마음에 기뻐하여 마음에 원하는 길들과 네 눈이 보는 대로 행하라. 그러나 하나님이 이 모든 일로 말미암아 너를 심판 하실 줄 알라. 그런즉 근심이 네 마음에서 떠나게 하며 악이 네 몸에서 물러가게 하라. 어릴 때와 검은 머리의 시절이 다 헛되니라. 너는 청년의 때에 너의 창조주를 기억하라. 곧 곤고한 날이 이르기 전에, 나는 아무 낙이 없다고 할 해들이 가깝기 전에 해와 빛과 달과 별들이 어둡기 전에, 비 뒤에 구름이 다시 일어나기 전에 그리하라(전 11:9-10).

이 말씀에서 청년에게 어린 때를 즐거워하고 청년의 날들을 기뻐하라고 말씀 한다. 특히 마음의 원하는 길들과 눈이 보는 대로 행하라고 권면한다. 근심이 마음에서 떠나게 하고 악이 몸에서 물러가게 하라. 청년의 때 창조주를 기억하라고 강조한다. 이 말씀에서 마음의 중요성이 나타나 있다. "청년의 날들을 마음에 기뻐하며," "근심이 마음에서 떠나게 하며"라는 표현에서 알 수 있다. 또한, "청년의 때에 너의 창조주를 기억하라"라고 권면함으로써 젊은이가 창조주를 기억하는 일이 중요함을 가르치고 있다. 이것은 "가정은 신학적인 공동체이다"라는 개념과도 맥이 통하고 있음을 알 수 있다.

4) 성경을 통해 본 청소년의 특징과 부모의 역할

십 대 청소년에 대한 성경적인 이해는 매우 중요한 것이다. 성경에서 십 대 청소년이란 용어를 사용하지는 않으나, 성경은 젊은이들의 경향에 대하여 놀라운 설명을 해 주고 있다.

트립은 십 대 청소년의 경향에 대하여 성경 말씀을 중심으로 7가지 특징을 소개했다.[72]

첫째, 십 대 청소년은 지혜와 징계에 대하여 무관심하다.
잠언은 지혜의 가치와 징계의 중요성에 대하여 강조하고 있다. 잠언에서 아버지는 그 아들에게 다음과 같이 말한다.
"네가 인생에서 취하고자 하는 모든 것 중에서 가장 먼저 지혜를 취하라. 그것이 네가 가진 모든 것 중에서 가장 가치 있는 것이다."
징계를 듣는 일과 그것에 순종하는 일이 모두 중요하다.

> 징계를 싫어하는 자는 짐승과 같으니라 (잠 12:1).

대부분의 십 대들은 지혜에 대한 열망이 없다. 그것은 자신들이 지혜롭다고 생각하기 때문이다. 그러므로 청소년 부모들은 지혜로 자녀의 마음을 얻어야 한다. 자녀의 마음을 다스리기 전에 부모 자신을 먼저 다스려야 한다(마 7:3-5). 부모가 먼저 마음의 준비를 한 후에 적당한 시간에 적당한 곳에서 자녀들과 이야기를 나누라. 그런데, 십 대들은 다분히 방어적이다. 십 대가 방어적이 될 때는 다음과 같이 하라.

① 자신이 어떤 행동을 취할지 분명히 해 두라.
② 자녀들이 방어적인 태도를 스스로 깨닫도록 도우라.
③ 자녀들에게 솔직히 내 죄를 고백하려고 노력하라.

방어적일 뿐만 아니라, 폐쇄적이어서 자신의 속마음을 잘 털어 놓지 않는 자녀들에게 나아가라. 십 대들은 책임을 회피하는 경향이 있고, 책임을 전가하며, 부모의 말을 주의 깊게 듣지 않을지라도 진실하게 지혜의 유익과 징계의 사랑이 나타나는 말을 하라. 자녀 앞에서 가치 있는 것이 무엇인가를 보여 주고, 자녀의 마음속에서 진리에 대한 사랑이 생겨나기를 하나님께 바라라.

둘째, 율법주의적인 경향이 있다는 것이다.

잠언은 우리가 해야 할 일과 하지 말아야 할 일, 혹은 옳은 것과 그릇된 것의 목록을 제시하지 않는다. 잠언이 주는 것은 지혜와 어리석음이라는 두 가지 세계관이다. 여기서 두 가지 삶의 자세를 발견한다. 하나는 하나님의 진리를 통해 인도받고자 하는 지혜로움이고, 다른 하나는 인간의 생각과 욕심에 따라 인도되고자 하는 어리석음이다. 하나님은 겉으로의 행동 그 이상의 것을 추구하신다. 그분은 우리가 그분의 신적인 성품에 참여하는 자가 되기를 바라시면서 일하고 계신다(벧후 1:4).

그리스도인 부모들은 경건함을 추구해야 한다. 그러나 십 대들은 율법주의자들이 되는 경향이 있다. 그들은 율법의 정신보다 율법의 문자에 집착하는 경향이 있다. 부모로서 이러한 율법주의를 자녀에게서 발견하고 하나님이 요구하시는 참된 정신을 깨닫게 할 때에 그들은 비로소 자신의 무력함을 발견하고 그리스도의 도움을 요청하게 될 것이다. 청소년 부모들은 자녀들이 자신의 마음 안에 있는 반항심을 깨닫고, 진정한 의가 되시는 그리스도께로 나아가도록 도와주어야 한다.

셋째, 지혜롭지 못한 친구 선택의 경향이 있다.

잠언에는 친구 관계와 우리와 우리의 행동에 미치는 다른 사람들의 영향에 대한 아주 많은 내용이 담겨 있다. 십 대들은 자신의 친구를 선택할 때 지혜롭지 못한 경향이 있다. 잠언은 옳지 않은 친구를 만났을 때, 길을 건너 다른 쪽으로 걸어가야 한다고 말한다. 친구 관계는 매우 중요하다. 사람은 친구를 통해서 알 수 있다. 친구들에 의하여 영향을 받지 않는다는 것은 불가능하다.

그러나 십 대 청소년은 자신은 친구에게 영향을 받지 않을 것이며 "다 알아서 할 수 있다"라고 말한다. 부모들은 자녀의 친구에 대하여 말할 때, 신중함과 끝없는 사랑을 가져야 한다. 십 대 자녀들은 지혜롭게 친구를 선택하는 기술을 배워야 한다. 부모는 자녀들이 친구관계에 대한 그들의 생각과 욕구, 동기와 선택과 행동을 스스로 점검할 수 있도록 좋은 질문을 던짐으로써 친구 관계에 대한 근본적인 변화를 가져오도록 지혜로운 접근을 해야 한다.

넷째, 청소년은 성적 유혹에 취약하다.

잠언에 나오는 아버지는 성적 유혹에 대하여 많은 말을 한다. 자녀들이 성적으로 순수하게 되기를 돕고자 한다면, 그 중요한 열쇠는 가능한 일찍 그 문제를 다루는 것이다. 십 대 시기에는 성적 깨달음과 유혹이 폭발적으로 증가한다. 바로 그때 많은 십 대들은 자신의 삶의 방향을 바꾸어 버리는 성적인 죄에 빠지게 되고, 성적인 죄를 은밀히 반복적으로 행하게 된다. 부모는 이 영역에 대하여 개방적이고 긍정적이며 지속적으로 양육할 것을 다짐해야 한다. 정직한 질문과 인내심 있는 대화로 자녀들을 돌봐야 한다.

다섯째, 청소년은 종말론적인 전망이 부족하다.

종말론은 십 대 청소년들의 신앙에서 별로 중요한 부분을 차지하지 않는다. 그들은 영원에 대한 소망을 바라보고 살지 않는다. 내세에 누릴 기쁨을 기다리면서 살지도 않는다. 그들은 매우 현실 중심적이다. 미래에 대한 투자도 생각지 않는다. 뿌린 씨앗의 열매를 거두게 되리라는 추수 개념도 가지고 있지 않다.

> 스스로 속이지 말라 하나님은 만홀히 여김을 받지 아니하나니 사람이 무엇을 심든지 그대로 거두리라(갈 6:7).

이것은 십 대들의 관점에서는 생소하지만 중요한 영적 원리이다. 부모는 자녀들에게 지금 뿌리는 씨앗의 종류와 그 씨앗에서 나올 열매가 무엇인지를 점검하도록 가르쳐야 한다. 하나님이 지금 이 순간보다 더 큰 무엇을 위해서 사역하고 계심을 이해해야 하고, 다가올 그 무엇을 위해서 그들을 준비시키고 계시다는 사실을 알아야 한다.

자녀들은 영원을 바라보는 유익한 관점을 통해 삶을 긴 안목으로 바라보기 위해 부모가 필요하다. 자녀에게 모든 선택과 행동이 하나의 투자임을 알도록 가르쳐야 한다. 언젠가 거두게 될 삶의 열매를 거두게 할 씨를 뿌리지 않고서는 인생을 성공적으로 사는 것은 불가능하다는 사실을 알게 해 주어야 한다.

여섯째, 청소년은 마음의 문제에 둔감하다.
잠언에 나오는 아버지가 아들에게 주는 말에는 이런 경계의 말이 있다.

> 내 아들아 내 말에 주의하며 나의 이르는 것에 네 귀를 기울이라 그것을 네 눈에서 떠나게 말며 네 마음속에 지키라 그것은 얻는 자에게는 생명이 되며 그 온 육체의 건강이 됨이니라(잠 4:20-22).

> 무릇 지킬만한 것보다 네 마음을 지키라 생명의 근원이 이에서 남이니라 (잠 4:23).

이것은 다음과 같은 뜻이다.

"내가 지금까지 말했던 것들 중에서 너의 마음에 초점을 맞추어라. 마음을 잘 알고, 마음을 보호하며, 마음을 지키라. 네 마음은 너의 인생을 다스리는 핵심이다. 아들아 너의 마음을 다스리는 것이 바로 너를 다스릴 것이다."

부모는 자녀들과 대화를 나눌 때 삶의 상황이나 관계들의 문제를 해결하는 것보다 더 깊은 대화, 즉 그 마음을 바라보도록 도와야 한다. 마음을 보지 못할 때 영적 소경과도 같다. 부모들이 자녀들의 눈을 열어 자신의 모습이 어떠한지를 들여다보도록 할 때, 그것은 영적인 싸움이라 할 수 있다. 부모는 그리스도의 사랑과 겸손히 그분께 의지하는 마음으로 자녀들의 마음의 심각한 문제들을 드러내는 모든 기회를 활용해야 한다. 그리고 성경의 거울을 통하여 자신을 바라볼 수 있도록 도와주어야 한다.

일곱째, 청소년은 사방에 문제들이 열려 있다.

청소년들의 문제가 사방에 열려 있다. 지혜와 어리석음, 율법주의와 경건, 친구관계, 성 문제, 영원의 문제, 그리고 마음의 문제를 깨닫는 것 등, 이 모든 문제들은 십 대 시절에 살펴보아야 하는 문제들이며, 주님의 사역에 대한 좋은 기회를 제공한다.

하나님은 이러한 주제의 대화를 사용하셔서 우리의 십 대 자녀들이 하나님을 알게 되고, 사랑하며, 그들의 삶에 실제적인 방향을 제시해 주는 방법으로 하나님의 진리를 따라 사는 것을 도우신다. 그렇지만 이 주제들은 자녀양육을 어려운 것으로 만드는 것이다. 만약 불안과 짜증과 두려움을 가지고 이 문제들을 다루면 자녀를 더욱 통제하려고만 할 것이다.

그러나 대신 부모로서 구원자이신 주님에 대한 끊임없는 믿음을 가지고 자녀에게 다가간다면, 하나님의 말씀과 다스리심의 권능이 우리의 약하고 미흡한 부모로서의 능력을 더욱 강화하셔서, 사랑과 은혜와 소망과 생명을 전해 주는 자로서 부모를 사용하실 것이다. 부모와 자녀의 관계가 무르익어 갈수록 그 자녀가 점차 그리스도의 형상을 입게 되는 것을 발견할 것이다.

이상에서와 같이 성경을 통해 바라본 십 대 청소년의 특징을 살펴보면서 부모의 역할을 함께 생각해 보았다. 트립이 말한 것처럼, 청소년 자녀를 둔 부모들은 십 대가 기진 문제를 바라봄으로 자녀교육을 더욱 어렵게 만들기 보다 구원 자 되신 그리스도를 끊임없이 바라봄으로 우리의 사랑스런 십 대 자녀들을 그리스도의 형상을 닮은 훌륭한 젊은이로 양육해야 할 것이다.

5) 십 대 양육을 위한 기독교상담 전략

트립은 십 대 청소년 자녀 양육을 위한 전략을 세 가지로 제시했다.[73] 첫째는 계획이 있는 자녀 양육, 둘째는 지속적인 대화 셋째는 회개로 이끌기이다. 이 전략이 구체적으로 무엇을 말하고 있는지 자세히 알아보자.

첫째, 계획이 있는 자녀교육이다.

많은 부모들이 자녀들을 하루하루 어떻게 지도할 것인가 하는 '교육계획'을 가지고 있지 않은 상태로 자녀를 키우는 실수를 범하고 있다. 그들은 경고하기도 하고, 훈계하기도 하며, 가르치기도 하고, 징계도 한다. 그러나 이 모든 것이 서로 함께 연결되어 있지 않다. 그렇기 때문에 자녀들의 삶속에서 변화의 열매를 발견하지 못하는 것이다. '계획이 있는 자녀 양육'이라는 말은 초점이 있고, 목적을 추구하며, 자녀들과의 매일의 만남 속에서 목적지향 적이 되는 것을 의미한다.

또한, 자녀들과 그 계획에 대해 공감대를 갖는 것이 필요하다. 그렇게 되면 전혀 예상치 못하고 우연히 일어나는 모든 양육의 순간에 당황하지 않고, 준비되어 있으며, 목적의식을 가지고 대처할 수 있게 된다. 시편 36:1-4은 계획이 있는 자녀 양육에 대하여 놀라운 성경적 모범을 보여 주고 있다.

악인의 죄얼이 내 마음에 이르기를 그 목전에는 하나님을 두려워함이 없다 하니 저가 스스로 자긍하기를 자기 죄악이 드러나지 아니하고 미워함을 받지도 아니하리라 함이로다. 그 입의 말은 죄악과 궤휼이라 지혜와 선행을 그쳤도다. 저는 그 침상에서 죄악을 꾀하며 스스로 불선한 길로 서고 악을 싫어하지 아니하는도다(시 36:1-4).

다윗은 여기서 '악인의 죄얼'을 묘사하면서 우리에게 십 대 자녀들이 겪는 갈등을 어떻게 이해하고, 그 가운데서 하나님의 사역을 어떻게 실천할 것인가에 대한 모범을 보여 준다. 악인의 마음속에는 두 가지 결핍된 것이 있는데, 한 가지는 '그 목전에는 하나님을 두려워함이 없다'는 것이요, 나머지 한 가지는 '스스로 자긍한다'는 것이다. 그래서 그들은 지혜와 선행을 그쳤다. 그러므로 부모들은 자녀들을 지혜롭게 되고 선을 행하게 되도록 도와야 한다. 지혜로운 사람은 주님을 두려워하며, 그의 삶이 하나님의 존재와 나타난 뜻에 의해 좌우되는 사람이다.

선을 행하는 사람은 주님을 기쁘시게 하는 방법대로 모든 일을 행하기 위해 스스로 서약하며, 성경의 말씀과 원리에 따라 살아가는 사람이다. 모든 자녀 양육의 노력들이 세 가지 목표에 집중하도록 해야 한다.

① 지혜로운 자가 되고 선을 행하는 자가 되게 하는 것이다.
② 그들의 삶의 상황들에 대한 정확한 깨달음을 갖도록 돕는 것이다.
③ 자신들의 죄를 깨닫고 그것을 미워하도록 도움으로써 그들이 경건함을 추구하도록 준비시키는 것이다.[74]

둘째, 지속적인 대화이다.
히브리서 3:12-13은 자녀들과 부모가 날마다 어떻게 상호 작용을 할 것인가에 대한 모범을 보여 준다.

형제들아 너희가 삼가 혹 너희 중에 누가 믿지 아니하는 악심을 품고 살아 계신 하나님에게서 떨어질까 염려할 것이요 오직 오늘이라 일컫는 동안에 매일 피차 권면하여 너희 중에 누구든지 죄의 유혹으로 강퍅케 됨을 면하라(히 3:12-13).

이 말씀에서 십 대 자녀들과 지속적인 대화를 해야 하는 이유를 알 수 있다.

① 악심에 대해 싸워야 한다.
② '믿지 아니하는' 마음을 갖지 말아야 한다.
③ 하나님에게서 떨어지지 말아야 한다.
④ 죄의 유혹으로 강퍅게 됨을 면하도록 그들을 보호해야 한다.

이것을 위하여 '매일 피차 권면' 해야 하는데 이것이 지속적인 대화를 의미한다.[75]

셋째, 십 대들을 회개로 이끌어야 한다.
고린도후서 5:17-21에서 이것을 설명한다.

> 그런즉 누구든지 그리스도 안에 있으면 새로운 피조물이라 이전 것은 지나갔으니 보라 새것이 되었도다. 모든 것이 하나님께로 났나니 저가 그리스도로 말미암아 우리를 자기와 화목하게 하시고 또 우리에게 화목하게 하는 직책을 주셨으니 이는 하나님께서 그리스도 안에 계시사 세상을 자기와 화목하게 하시며 저희의 죄를 저희에게 돌리지 아니하시고 화목하게 하는 말씀을 우리에게 부탁하셨느니라 이러므로 우리가 그리스도를 대신하여 사신이 되어 하나님이 우리로 너희를 권면하시는 것같이 그리스도를 대신하여 간구하노니 너희는 하나님과 화목 하라 하나님이 죄를 알지도 못하신 자로 우리를 대신하여 죄를 삼으신 것은 우리로 하여금 저의 안에서 하나님의 의가 되게 하려 하심이니라(고후 5:17-21).

하나님께서 그리스도인 부모들을 하나님과 화목하게 하셨다. 그래서 부모들은 그리스도의 사신이 되어야 한다. 그것은 하나님께서 우리를 통해서 우리 자녀들에게 원하시는 뜻을 실현하시는 방법이다. 회개와 회복을 이끄는 네 단계가 있다.

    제1단계: 심사숙고.
    제2단계: 고백.
    제3단계 서약.
    제4단계: 변화.

부모로서 우리가 할 일은 자녀에 대한 우리의 통제력을 강화하는 것이 아니라, 그들이 주님의 다스림에 대하여 진심으로 순종하게 인도하는 것이다. 그래서 날마다 자녀들이 심사숙고하고, 고백하고, 서약하고, 변화되도록 애쓰고 노력해야 한다. 하나님은 우리 자녀들에게 이러한 뜻을 이루시기 위하여 부모들을 사용하려고 택하셨다. 부모들은 모든 삶의 현장에서 그리스도의 대사라는 마음을 가지고 청소년 자녀들을 섬김으로써 그분의 주권에 복종해야 한다.[76]

게리 콜린스는 청소년기 문제의 원인들로 신체적 변화, 성적변화, 대인관계 변화, 가치관, 도덕관, 종교적 믿음의 변화, 독립으로의 이동, 자존감 형성과 기술 습득, 미래에 대한 관심이라고 전제한 후, 청소년 문제에 대한 상담 접근 방법에는 두 가지가 있다고 했다 하나는 청소년을 상담하는 일이고, 다른 하나는 부모를 돕는 일이라고 했다.

첫째, 청소년 상담에서 중요한 것은 십 대들 스스로 도움이 필요하다고 인식하여 기꺼이 상담을 받으려 하도록 해야 한다는 것이다. 그 단계는 다음과 같다.

    ① 관계를 형성한다.
    ② 존경심을 가지고 감정을 표출하도록 한계를 설정한다.
    ③ 과거 어떤 사람에 관한 감정을 상담자에게 전가하는 전이가 일어날 수 있음을 고려한다.

④ 문제를 명료화한다.
⑤ 목표를 설정한다.
⑥ 상담자에게 말한 모든 내용은 비밀을 유지한다. 그러나 자살시도, 마약중독, 과음 등의 문제는 예외일 수 있다.
⑦ 집단상담을 할 수도 있다.

둘째, 부모 상담의 내용은 다음과 같다.

① 지지와 격려보내기.
② 가족 상담을 통해 가족의 기능 문제를 다룬다.
③ 한계를 설정하고 여기에 융통성과 대화, 토의가 있어야 한다.
④ 부모들이 영적으로 성장하도록 지속적인 영성지도를 한다.

청소년 문제 예방을 위해서는 다음의 것들이 필요하다고 강조했다.

① 영적 기초 쌓기.
② 건강한 가족 모델과 안정성 구축하기.
③ 교육하기.
④ 대인관계 지원 자극하기.
⑤ 직업선택과 이성교제, 정체성 개발 신앙생활 등을 지도하기.[77]

십 대 청소년의 자녀교육의 초점은 내재화인데, 청소년들은 훨씬 더 확장된 세상을 살고, 더 넓은 관계로 들어가며, 더 넓게 자신을 드러낸다. 이 단계에서 자녀들에게 자율권을 줄때, 그 때부터 자녀들의 마음속에 있는 것들이 나오게 된다. 이 단계에 자녀들의 삶이 하나님의 방법으로 살 수 있는 기회를 제공하는 것이다. 이 시기는 하나님의 것을 자기의 것으로 만드는 내재화가 중요하다. 또한, 십 대 자녀와 부모의 관계에서 예방하는 관계, 교정하는 관계, 보호하는 관계가 있는데, 이 가운데 가장 건강한 관

계는 예방하는 관계이다.[78]

닫는 말

　가정에서 청소년 자녀를 올바르게 교육하는 일은 매우 중요하다. 청소년 자녀교육을 위한 부모 역할의 중요성은 아무리 강조해도 지나치지 않다. 그 이유는 하나님께서 인간에게 주신 사명 가운데 하나님께 예배하는 일 이외에 가장 소중한 것은 자녀를 낳고 양육하는 일이기 때문이다. 십대 청소년을 둔 부모들은 자녀들에 대한 두려움과 염려를 가지고 부정적인 시각으로 그들을 바라보는 경향이 있다.
　그러나 이것은 성경적 관점과는 거리가 먼 것이다. 청소년 자녀교육에 관한 성경적 관점을 가지는 것은 매우 중요하다. 이에 본 장에서는 청소년과 자녀교육에 관한 선행 연구들을 살펴보았고, 청소년의 발달상의 문제들과 기독교상담의 관점에서의 가정의 의미, 청소년에 대한 성경적 이해와 바람직한 부모의 역할, 청소년 자녀교육을 위한 전략을 고찰해 보았다.
　그 결과, 부모들이 청소년 자녀들에 대한 왜곡된 시각과 교육관에 문제가 있으므로 부모교육이 절실하다는 것을 알았다. 청소년들의 발달상의 문제들과 그들의 고민과 외침이 무엇인지를 알았다. 특히, 가정에 대한 성경적 관점에서 가정이 기초적인 교육의 장이며, 신학적인 공동체로서의 가정, 사회적인 공동체로서의 가정, 구속의 공동체로서의 가정의 역할이 중요하다는 사실을 알았다.
　성경적인 관점에서 청소년의 7가지 특징과 이에 다른 부모의 역할에 대해서도 알 수 있었다. 청소년은 마음의 문제에 둔감함으로 부모는 자녀의 마음의 변화에 초점을 두고 양육해야 한다는 점을 알게 되었다. 청소년 자녀양육을 위한 기독교상담학적 전략에서

　첫째, 계획이 있는 자녀 양육을 할 것.

둘째, 지속적인 대화를 나눌 것.

셋째, 십 대들을 회개로 이끌어야 한다. 이를 위하여 심사숙고(1단계), 고백(2단계), 서약(3단계), 변화(4단계)로 나아가야 할 방향을 제시했다.

부모는 하나님께서 자녀를 그리스도의 사람으로 양육하도록 부름 받은 사람이며, 그런 점에서 그리스도의 대사이다.[79] 그리스도의 대사는 주님의 말씀과 주님의 방법, 그리고 주님의 성품을 반영하여서 자녀를 양육해야 한다. 우리가 부모로서 자녀를 양육할 때, 하나님은 우리를 지도하시고, 방향을 보이시고, 보호하시며, 용서하시고, 구원하시고, 사랑하시는 분이시다. 부모로서의 할 일은 자녀를 죄에서 구원해 내는 것이 아니라, 오직 그 일을 이루어 가실 주님의 일꾼이 되는 것이다. 청소년 자녀들은 위기의 세대가 아니라 기회의 세대이다.

제9장

다문화 가정의 청소년 자녀를 위한
개혁주의 목회상담 방안

여는 말

　한국 사회는 국제결혼 가정과 외국인 노동자, 그리고 외국 유학생의 증가로 다문화 사회로 빠르게 변모하고 있다. 행정안전부의 외국인 주민 실태조사(2008)에 따르면, 외국인 주민[1]이 891,341명으로 주민등록인구의 1.8%를 차지하고 있고, 전체 외국인 주민 가운데 결혼 이민자의 수는 144,385명으로 16.2%에 해당하고 있다.
　외국인의 수는 꾸준히 증가하여 2010년에는 1,139,283명, 2011년에는 1,265,006명으로 집계되었다. 최근(2012년) 행정안전부가 발표한 자료에 따르면 대한민국 주민등록인구 50,734,284명 가운데 외국인이 1,409,577명(남 731,470명, 여 678,107명)으로 주민등록인구의 2.8%를 차지하고 있는 것으로 나타났다.
　이러한 통계는 2002년 34,710명에 비하여 그 수가 급격하게 증가한 수치로 한국 사회가 빠른 속도로 다문화 사회로 변모하고 있다는 것을 보여 준다. 이에 따라 다문화 가정의 자녀들의 수도 증가하고 있는 추세이다. 통계에 의하면 다문화 자녀들의 수는 2006년에는 25,000명, 2007년에는 44,000명, 2008년에는 58,000으로 꾸준히 증가하고 있다. 2011년에는 151,154명으로 집계되었다.[2]

그런데, 이주한 다문화 가정에서 자란 자녀들은 그렇지 않은 자녀들보다 사회적으로 심각한 문제들이 유발되고 있다. 예를 들면, 학교 생활적응도가 낮게 나타났다.[3] 교육인적자원부의 조사[4]에 따르면, 다문화 가정 자녀의 9.4%가 초등학교를 중퇴했으며 17.5%가 중학교를 중퇴한 것으로 나타나, 일반 아동의 학업 중단률인 1.1%에 비하여 학업을 중단하는 비율이 매우 높은 것을 알 수 있다. 또한, 한국 사회와 가족문화에 대한 적응 문제, 가출 및 가정 폭력에 노출되어 있다.[5]

그뿐만 아니라, 국제결혼자의 이혼률이 높게 나타나고 있다. 2010년 국제 결혼자의 이혼은 11,245건으로 총 이혼률에 비한다면 9.6%가 된다.[6] 이것은 총 인구대비 다문화 가정의 이혼률이 일반가정에 비하여 3배 이상 많다는 것을 보여 준다. 이러한 통계 자료들을 통하여 우리는 다문화 가정의 갈등과 자녀교육의 문제 그리고 여러 어려움들을 짐작할 수 있다.

이러한 갈등을 해결하도록 돕기 위해서는 사회적인 지원체계 확립과 정책적인 지원의 적극적 모색도 요구[7]되지만 무엇보다 다문화 가정의 욕구와 심리적 고충을 이해하고 특히 다문화 가정의 청소년 자녀들을 위한 목회상담적 개입이 필요하다.

본 장의 목적은 다문화 가정의 청소년 자녀를 위한 개혁신학적 관점에서의 목회상담 방안을 모색함으로서 다문화 가정의 청소년과 청소년을 둔 부모를 돕고자 하는 것이다. 이를 위하여 본 장에서는 문헌 연구를 통하여 다음의 작업들을 하고자 한다.

첫째, 다문화 가정의 일반적 이해와 성경적 관점에서의 이해를 살펴본다.
둘째, 성경을 통해본 청소년과 다문화 가정의 청소년 자녀의 특징을 살펴본다.
셋째, 다문화 가정 청소년을 위한 개혁주의 목회상담 방안을 제시한다.

1. 다문화 가정의 이해

1) 일반적 이해

다문화 가정은 한 가족 내에서 다양한 문화가 공존하고 있다는 의미에서, 국적에 따른 차별성을 내포하고 있던 국제결혼 가족이라는 용어를 대신하게 된 것이다.[8] 다문화 가정에 대한 정의는 넓은 의미에서의 개념과 좁은 의미의 개념으로 구분할 수 있다. 넓은 의미의 개념은 자국 내에 거주하는 모든 외국인 가족을 포함하는 것이다. 이와는 다르게 좁은 의미의 개념은 단순히 거주하는 것이 아니라, 가족 중 한 명이 한국 국적을 취득해 구성된 가정을 의미한다.[9]

2008년 9월 22일 보건복지부는 다문화 가족 지원법 시행 규칙을 제정했고, 다문화 가족법은 다문화 가정에 대한 다문화 가정에 대한 현실적 지원을 위해 좁은 의미의 개념을 사용하고 있다. 다문화 가족법에 의하면 다문화 가정은 '결혼 이민자 등과 대한민국 국민과 혼인, 혈연, 입양 등으로 결합하여 이루어진 가족'을 의미하고 국적법 제4조의 규정에 의하여 '귀화 허가를 받은 자를 포함한 가족'으로 정의한다. 이러한 정의를 바탕으로 다문화 가정은 다음과 같이 정리된다.

첫째, 한국인 남성과 외국인 여성 혹은 한국인 여성과 외국인 여성이 결혼한 결혼 이주 가정을 말한다.
둘째, 외국인 근로자가 한국에서 결혼하거나, 본국에서 결혼하여 형성된 가족이 국내에 이주한 외국인 근로자 가정을 말한다.
셋째, 북한에서 태어나서 한국에 입국하거나 한국에서 한국인을 만나 결혼한 새터민 가정으로 분류할 수 있다.[10]

최근에는 외국 유학생의 수가 증가함에 따라서 외국 유학생 가정의 수도 증가하고 있어 다문화 가정을 좀 더 넓은 의미로 확대 해석하고자 하는 경향[11]이 있는데 필자도 이에 동의한다.

2) 다문화 가정의 어려운 문제

한숙자는 다문화 가정의 어려움에 대하여 여섯 가지를 지적했다.

첫째, 여성 결혼 이민자의 인권유린 현상이다.
둘째, 여성 결혼 이민자의 법적지위가 불안정하다는 것이다.
셋째, 문화적 차이로 인한 부부갈등의 문제이다.
넷째, 언어와 의사소통의 문제이다.
다섯째, 자녀양육과 교육의 문제이다.
여섯째, 결혼 이민자 가족에 대한 사회적 차별과 편견에 관한 문제이다.[12]

본 장에서 이러한 다문화 가정의 다양한 문제 가운데 자녀양육과 교육의 문제를 중점적으로 다루어 보고자 하는 것이다. 다문화 가정의 자녀들은 부모의 서로 다른 가치관과 생활 풍습으로부터 누구를 따라야 할지 혼란을 겪을 수 있다. 외국인 부모의 문화적 충격과 언어 소통 등의 어려움은 자녀의 성장 과정에 큰 영향을 미치게 되고, 친구들과 다른 외모, 외국인 부모를 가졌다는 사실만으로도 지역 사회의 편견과 또래 집단의 따돌림을 받게 된다. 다문화 가정자녀들은 자아 정체성의 혼란을 경험하고, 긍정적인 자아 개념 형성의 어려움을 가지게 되어 여러 가지 정서와 행동상의 문제들을 가질 수 있다.

교육인적자원부연구진은 다문화 가정의 자녀의 10명중 2명 정도가 집단 따돌림을 당하고 있는 가운데, 10명 중 1명꼴로 초등학교 미진학 및 중퇴, 그리고 중학교 미진학 및 중퇴자는 10명 중 2명 정도라는 통계수치를 나타내고 있다고 했다.[13]

심지어 다문화 가정의 자녀들은 자신들이 한국과 아시아가 결합된 제3의 정체성에 대하여 인정받지 못하고 한국의 단일민족 교육문화만 강요받게 된다. 이러한 성장 과정에서 학교에 입학하게 된 다문화 가정의 아이들은 또래 아이들에 비하여 기초 학습 능력이 낮게 나타난다. 그러므로 입학을 기피하는 학교가 생겨나고 통합적 교육을 거절당하는 등의 곤란을 겪고 있다.[14]

3) 다문화 가정에 대한 성경적 이해

(1) 구약에 나타난 다문화 가정

하나님께서 말씀으로 천지를 창조하시고 인류의 조상으로 아담과 하와를 만드셨으므로 현재 지구상의 모든 사람들은 한 뿌리에 민족의 기원을 둔다고 말할 수 있다.[15] 그 후 노아의 시대에 하나님께서는 물로 땅을 심판하셨으나, 노아의 세 아들 함, 셋, 야벳을 시조로 하는 그들의 시조들이 지구상에 퍼져 나가게 되었다(창 9:18-19).[16]

이후 하나님께서는 아브라함을 부르신다. 하나님께서는 아브람에게 기업으로 주시리라 약속하신 언약과 아브라함의 후손을 땅의 티끌과 같이 창대케 하리라는 언약(창 12:1-4)을 새롭게 함에도 불구하고(창 15:9-11), 가나안에 입성하기까지 400년이라고 하는 긴 세월을 이방인으로 살아가게 하셨다(창 15:13).

하나님께서 이스라엘 백성을 택하신 것은 그들만을 사랑하시고 그들만의 구원자가 아닌 모든 인류의 하나님이 되심을 보여 주신 사건이라 할 수 있다. 하나님께서는 이스라엘의 출애굽 직후에 백성들에게 유월절 규례를 지킬 것을 명하시면서 "본토인에게나 너희 중에 우거하는 이방인에게나 이법이 동일하니라"(출 12:49)라고 규정하셨다.[17]

이처럼 '우거하는 이방인' 일지라도 하나님의 말씀을 동일하게 듣고 말씀대로 행해야 한다 고 강조하신 것은 하나님의 구속 사역이 단지 이스라엘 한민족에 국한된 것이 아니라 하나님을 믿는 모든 혈통에게도 적용된다는 넓은 의미와 개방성을 시사해 주는 것이라 할 수 있다(출 12:19; 출 12:49; 레 16:29; 민 9:14; 신 31:12).

> 너는 이방 나그네를 압제하지 말며 그들을 학대하지 말라 너희도 애굽 땅에서 나그네였음이라(출 22:21).

이 말씀에서 하나님께서는 포괄적 의미에서 이방 나그네를 압제하지 말라 하셨는데, 이는 이스라엘 백성들도 애굽 땅에서 나그네였음을 잊지 말 것을 권고하신 것이다.

> 너는 이방 나그네를 압제하지 말라 너희가 애굽 땅에서 나그네 되었었은즉 나그네의 사정을 아느니라(출 23:9).

이 말씀은 법정에서 이방인에게 일방적으로 부당한 판결을 내리지 말 것을 경고한 말씀이라 할 수 있다. 하나님은 만국의 하나님이시므로 만민이 하나님 앞에서 평등해야 한다는 것이다. 자국에 거주하는 이방인 수탈의 대상이었던 당시의 시대적 상황에 비추어 볼 때, 이러한 이방인 보호 규정은 찾아보기 힘든 법이었다[18]

이와 같이 하나님께서는 이스라엘 민족에게 이전의 애굽에서의 나그네 생활을 잊지 말고 기억하여 다문화 가정이라 할 수 있는 이방인을 압제하지 말며 학대하지 말 것을 가르치셨다(출 22:21; 레 19:33; 신 24:14). 하나님은 가난한 자, 소외된 자, 외국인, 어려움에 처한 이방인들을 품으시고 귀히 여기시는 인격적인 분이시다.

> 가난한 사람을 학대하는 자는 그를 지으신 이를 멸시하는 자요 궁핍한 사람을 불쌍히 여기는 자는 주를 공경하는 자니라(잠 14:31).

즉 이 말씀은 가난한 자를 학대하는 사람은 하나님을 멸시하는 사람이라 하셨고, 궁핍한 사람을 불쌍히 여기는 사람은 하나님을 공경하는 사람이라고 말씀하심으로써 하나님을 경외하는 마음으로 가난한 자와 궁핍한 사람을 돌아볼 것을 권고하셨다.

이처럼 사회적 약자에 대한 봉사사상의 근거는 하나님의 공의에서 비롯되는 것이다. 가난한 자에 대한 하나님의 관심은 구약의 모세오경과 예언서와 지혜문학의 근본을 흐르는 중요한 정신이라 할 수 있다.[19]

그러므로 목회상담자는 현재 우리 주변에 있는 다문화 가족들이 하나님께서 이스라엘 백성에게 명하신 것과 흡사한 상황 속에 있음을 깊이 이해하며 상담에 임해야 할 것이다.

(2) 신약에 나타난 다문화 가정

신약성경에는 예수께서 이방인들이 살고 있는 곳들을 방문하셔서 그들을 위로하시고, 이적을 베푸시고, 복음을 증거 하는 모습을 볼 수 있다. 사마리아 여인에게 깊은 관심과 사랑을 보여 주셨고(요 4:7-42), 로마 군대 백부장과 같은 외국인에게도 깊은 관심을 보여 주셨다. 이방 여인 수로보니게 여인과 나인성의 과부, 고아와 가난한 자, 문둥병자, 멸시받는 자들에게 관심을 가지셨다.

이처럼 신약성경에는 소외된 자와 이방인들에게 귀한 관심과 사랑을 보여 주셨던 예수님의 다문화 사역이 잘 나타나고 있다. 예수님의 관심은 소외당하고 배척당하는 하층민과 이주민, 혼혈인들에게 있었고, 특히 이방인들에게 사마리아인들에 대한 관심을 갖고 만나주심으로 당시 편견으로 인하여 무시당하던 소수민족에 대한 배려를 하셨다고 볼 수 있다.[20]

사도행전 13장의 안디옥 교회는 다문화 가족들의 공동체로 구성되었다. 이들의 헌신과 봉사는 예루살렘 교회를 든든히 서 가게 했다. 서신서에서도 당시 초대교회의 윤리적 교훈들로 가득 차 있다.[21]

신약성경 사복음서와 서신 서에서 알 수 있는 것처럼 예수께서는 유대인뿐만 아니라 이방인에게 복음을 전할 것을 명하셨다. 더 나아가 이방인들도 예수를 믿음으로 영적 이스라엘이 되며, 차별 없이 사랑을 나누어야 할 지체임을 가르쳐 주고 있다.

따라서 목회상담자는 이방인들을 따뜻하게 대하셨던 예수님의 마음을 품고 현대의 이방인이라 할 수 있는 다문화 가정의 구성원들을 사랑으로

품을 수 있어야 한다. 그래서 그들도 예수 그리스도를 만나게 해 주고 구원의 기쁨을 누릴 수 있도록 도와주어야 한다.

2. 성경을 통해 본 청소년과 다문화 가정의 청소년 자녀의 특징

1) 성경을 통해 본 청소년의 특징

폴 트립(Paul D. Tripp)은 십 대 청소년의 특징에 관하여 성경 말씀을 중심으로 7가지 특징을 소개했다.[22]

첫째, 십 대 청소년은 지혜와 징계에 대하여 무관심하다는 것이다.
둘째, 율법주의적인 경향이 있다는 것이다.
셋째, 지혜롭지 못한 친구 선택의 경향이 있다는 것이다.
넷째, 청소년은 성적 유혹에 취약하다는 것이다.
다섯째, 청소년은 종말론적인 전망이 부족하다는 것이다.
여섯째, 청소년은 마음의 문제에 대하여 둔감하다는 것이다.
일곱째, 청소년은 사방에 문제들이 열려 있다는 것이다.

청소년에 관한 트립의 통찰은 매우 의미가 있다. 즉, 십 대 청소년들은 대부분 지혜에 대하여 열망이 부족하다. 그것은 자신이 지혜롭다고 생각하기 때문이다. 그러므로 목회상담자는 그러한 십 대의 마음을 얻도록 노력해야 한다. 진실하게 지혜의 유익과 징계의 사랑이 나타나는 말을 해야 한다.

십 대가 율법주의적인 경향이 있다는 것은 십 대들이 율법의 정신보다 율법의 문자에 주의를 기울이는 경향이 있다. 그러므로 목회상담자는 이러한 율법주의를 십 대에게서 발견하고 하나님이 요구하시는 참된 정신을 깨닫게 해 주어야 한다. 십 대의 친구 선택의 문제에서도 친구관계에 대한 그들의 생각과 욕구, 동기와 선택과 행동을 스스로 점검할 수 있도록 좋은 질문을 던짐으로써 친구관계에 대한 근본적인 변화를 가져오도록 지혜로운 접근을 해야 한다.

청소년이 성적 유혹에 약하다는 것은 잘 알려진 것이다. 목회상담자는 가능한 일찍 그 문제를 다루어야 한다. 이 영역에 대하여 개방적이고, 긍정적이며 지속적으로 양육할 것을 다짐해야 한다. 또한, 십 대가 종말론적 전망이 부족하다는 것은 그들이 영원한 소망을 바라보고 살지 않기 때문이다. 그들은 매우 현실 중심적이다.

> 사람이 무엇을 심든지 심은대로 거두리라(갈 6:7).

상담자는 십 대가 갈라디아서의 말씀을 깊이 묵상하도록 도와야 한다. 언젠가 거두게될 삶의 열매를 거두려면 씨를 뿌리지 않고서는 인생을 성공적으로 사는 것은 어렵다는 것을 알게 해 주어야 한다. 한편, 청소년이 마음의 문제에 둔감하기 때문에 목회상담자는 십 대가 마음을 바라보도록 도와야 한다. 마음을 바라보지 못할 때 영적 소경과 같다. 그것은 영적 싸움과도 같다.

상담자는 그리스도의 사랑과 겸손히 그분께 의지하는 마음으로 자녀들의 마음의 심각한 문제들을 드러내는 모든 문제를 활용해야 한다. 그리고 성경의 거울을 통하여 자신을 바라볼 수 있도록 도와주어야 한다.[23]

그 외에 청소년들은 수많은 문제에 노출되어 있다. 목회상담자는 구원자이신 주님에 대한 끊임없는 믿음을 가지고 십 대에게 다가가야 한다. 그렇게 할 때에 그들이 점차 그리스도의 형상을 닮아가게 될 것이다.

2) 다문화 가정의 청소년 자녀의 특징과 영향

다문화 가족을 위한 목회상담은 문화적 다양성에 대한 다름의 인식과 존중, 배려의 가치관이 요구된다. 데이비드 오그버거(David Augsburger)는 문화적 다양성에 맞는 목회상담적 도구로 초공감(interpathy)을 제안했다.²⁴ 초공감이란 인지적, 정서적 측면에서 자신이 속한 문화적 경계에서 벗어나 다른 문화로 건너갈 수 있는 능력으로, 타 문화의 요소들을 내면적으로 개념화하여 인지함으로써 자신이 속한 문화와 함께 존중하는 것을 의미한다.

오그버거는 목회상담은 다문화적 관점을 취해야 한다고 역설한다. 즉 목회상담은 상호 문화적 관점에서 문화 간의 차이와 다름을 극복하고 문화의 경계를 넘어서는 전환이 필요하다는 것이다.²⁵ 이러한 오그버거의 주장은 다문화상담에 있어서 상당히 설득력을 가진 내용이다. 그러나 목회상담이 단지 공감하는 것으로 그쳐서는 안 될 것이다. 공감에서 한 걸음 더 나아가 성경적 권면을 통한 변화를 가져와야 하는 것이다.

다문화 가정의 청소년은 다음과 같은 특징이 있으며, 심리 사회적 적응을 위해 부모와 친구, 그리고 교사의 지지가 필요하다.

첫째, 다문화 가정의 청소년은 집단 따돌림에 노출되어 있으므로 우울하거나 불안한 정서를 가질 수 있다. 이러한 집단 따돌림의 예방을 위해 가족 및 사회적 지지가 필요하다. 그것이 이들의 전반적인 심리, 사회적 적응능력에서 중요한 요인임을 인식해야 한다. 특히, 다문화 가정 자녀의 심리, 사회적 적응에는 부의 지지와 친구의 지지가 매우 중요한 것으로 나타난다.²⁶

우울, 불안 문제에서 부의 지지 영향이 모의 지지 영향보다 더욱 큰 것으로 나타남에 따라 부의 지지가 다문화 가정 자녀의 심리, 사회적 적응에 중요한 역할을 한다고 볼 수 있다. 이러한 연구 결과는 아버지들이 자녀의 양육에 참여하도록 유용한 정보를 얻을 수 있는 기회가 필요함을 시사해 준다.²⁷ 그러므로 목회상담자는 다문화 가정의 청소년 자녀를 위해 부의 긍정적인 지지를 효율적으로 제공하는데 관심을 가져야 한다.

둘째, 다문화 가정의 청소년은 친구로부터 받는 지지가 그들의 심리, 사회적 적응에 큰 영향을 미친다. 이 시기의 청소년들은 또래 관계를 중요시하고 중요한 지지원이 또래 친구임을 보여 준다. 그러므로 목회상담자는 다문화 가정의 청소년 자녀들을 위해 또래 집단과 지지관계를 형성할 수 있는 효과적인 목회상담 프로그램 개발이 필요하다.

셋째, 다문화 가정의 청소년은 교사의 지지에 큰 영향을 받는다. 다문화 가정의 청소년들은 교사의 긍정적 태도나 정서적인 지지가 필요하다. 또한, 교사의 학업증진에 대한 배려가 요청된다. 그러므로 목회상담자는 교사의 다문화교육의 역할 및 훈련에 관련된 프로그램의 개발과 보급이 필요하다고 하겠다.

목회상담자가 교회 교육과 상담을 통하여 다문화 가정의 부모 교육을 제공하고 다문화 가정의 자녀들이 또래 집단의 지지를 받을 수 있도록 건강한 공동체를 구성하며, 교회학교 교사들의 지지를 이끌어 내도록 적절한 교육과 상담을 제공하는 것이 필요하다.

3. 다문화 가정 청소년을 위한 개혁주의 목회상담 방안

다문화 가정의 청소년 자녀를 위한 개혁주의 목회상담 방안을 제시하는 데 있어서 먼저, 다문화 가정 상담에 관한 선행 연구들을 살펴본 후, 개혁주의 목회상담 방안을 제시하겠다. 먼저, 본 장에서 사용하는 개혁주의 목회상담의 개념을 명확히 하는 것이 필요하다. 이관직은 다음과 같이 설명했다.

> 개혁주의 신학은 하나님 주권 사상을 드러내며, 무오한 성경 말씀의 권위를 높이고, 일반은총의 영역에 대해서 적극적인 관점을 갖는 신학이다.[28]

필자는 개혁주의 신학에 대한 이와 같은 설명이 적절하다고 동의한다. 개혁주의 신학은 하나님 주권 사상이 핵심이며, 동시에 성경 말씀이 모든 학문과 신앙의 유일한 표준이라고 믿는 신학이다. 그러므로 개혁신학은 성경으로 돌아가는 신학이다. 목회상담도 성경적이어야 한다는 것이다. 여기에서 일반은총의 영역에 적극적인 관점을 갖는 신학이다는 표현에 동의하면서도 부연설명이 필요하다고 보는 것이다. 즉, 이 표현에서 '일반은총'이란 단어는 심리학이나 정신 분석학 등 심리상담의 근거가 되는 학문을 지칭한다고 해석할 수 있다.

필자는 일반 심리학이나 정신 분석학을 부정하지 않는다. 그러나 성경과 성경적 세계관으로 바라보았을 때, 성경과 충돌하거나 배치되는 세계관이나 인간관은 수용할 수 없다는 점을 강조하고 싶다. 필자는 성경과 성경적 세계관과 일치하는 개혁주의 목회상담학이 곧 성경적 상담학(Biblical Counseling)이라고 믿는다. 성경의 진리는 심리학 이론들과 치열한 싸움을 벌인다.

하나님은 우리가 스스로를 진정으로 알고 변화될 수 있도록 진리를 말씀하신다. 예수님 안에서의 진리는 우리가 무엇을 위해 사는가를 드러내고 삶의 목적을 변화시킨다. 성경적인 모델은 많은 성격이론 중 또 하나의 모델을 더하는 것이 아니다. 진리는 우리에게 살아 역사 하시는 구원자 한 분을 가르킨다. 진정한 변화는 주님께로 가서 그를 신뢰하고 그를 두려워하며 그에게 순종하고 그를 기쁘게 하는 삶을 추구하는 것이다. 그러므로 성경적 상담의 목표는 우리와 관계하시는 하나님, 그분의 형상을 닮도록 변화하는 것이다.

성경은 모든 관계를 철저하게 하나님과의 관계를 통해 바라본다. 성경이 제시하는 체계는 관계 중심적이며, 도덕적이고 언약적이다. 하나님과의 관계라는 측면은 개인의 심리현상과 사회적 상호 작용의 모든 영역에 깊숙이 연관되어 있는 것이다.[29] 이러한 성경적 관점으로 개혁주의 목회상담 방안을 제시하고자 한다.

한숙자는 다문화 가정에 대한 기독교상담 전략을 열 가지로 제언했다.[30]

① 기독교상담자는 다문화 가정에 대한 자신의 생각이나 가치관을 점검해야 한다.
② 기독교상담자는 내담자가 하나님과의 관계 회복을 꾀하도록 돕는 기독교상담의 궁극적 목적에 따라 기독교상담의 정체성을 가지고 상담에 임하고 상담할 때 성령이 임재 하도록 기도하며 성경 말씀에 부합되는 상담 방법을 찾아 돕는다.
③ 기독교상담자는 다문화 가정의 특정문화에 대하여 가치판단을 하지 않는 태도로 그들의 경험에 대하여 공감적으로 이해해 주고 정서적 지지자가 되어 준다.
④ 결혼이주여성이나 다문화 가정의 자녀들을 잠재적인 문제아 혹은 부적응자가 아닌 자아실현 경향을 지닌 충분히 기능하는 사회구성원으로 인식하고 그들의 장점을 적극적으로 지원해 주는 프로그램을 개발한다.
⑤ 다문화 가정을 대상으로 한 예방교육, 가족관계증진 프로그램, 부모의 역할 프로그램이 필요하다.
⑥ 다문화 가정을 위한 집단상담 프로그램, 자조집단과 같은 동료상담 프로그램을 개발한다.
⑦ 프로그램을 개발할 때 다문화 가족구성원들이 이해할 수 있도록 쉽고 간결하게 프로그램을 구성한다.
⑧ 다문화 가정의 위기상황을 평가하고 위탁기관에 인계 할 수 있도록 교회나 기독교상담 기관의 전화 및 컴퓨터 상담의 개설, 전문인 양성이 필요하다.
⑨ 다문화 가정을 위해서는 찾아가는 상담이 필요하다.
⑩ 다문화 가정의 다양한 문제해결을 위해 구체적 정보를 제공하고 지역 사회 내 다양한 복지 및 상담을 포함한 사회적 시설과 연계해 줄 수 있는 안내자의 역할이 필요하다.

한숙자의 제언에서 두 번째 내용이 개혁주의 목회상담의 관점과 일치한다. 즉, 목회상담자는 내담자가 하나님과의 관계 회복을 꾀하도록 돕는 기독교상담의 정체성을 가지고 상담에 임해야 하고, 상담할 때 성령의 도움을 구하는 기도를 강조한 점이 바람직하다. 그러나 성경 말씀에 부합되는 상담 방법을 찾는다는 표현은 너무 추상적이어서 오히려 '내담자에게 적절한 성경 말씀으로 권면하여 변화를 일으키도록 돕는다'라는 표현으로 바꾸는 것이 더욱 바람직할 것이다.

양승민과 송미경은 한국적 다문화상담의 과제로서 다음을 제언하고 있다.[31]

① 다문화상담자는 신뢰로운 관계형성을 위해 특정문화에 대한 가치판단을 하지 않는 등, 결혼이주여성의 경험에 대한 공감적 이해를 바탕으로 정서적 지지자가 되어 주어야 한다.
② 다문화 가족구성원들의 기대와 요구를 파악하고 기대와 현실을 합리적인 수준에서 절충하도록 도와야 한다.
③ 결혼 이민여성의 강점을 인식하고 격려함으로써 인정욕구를 충족시켜 주는 한편, 이들이 스스로의 자원을 발견할 수 있도록 도울 수 있어야 한다.
④ 가족을 대상으로 한 예방적 교육, 관계증진 프로그램과 상담이 필요하다.
⑤ 결혼 이민 여성과 자녀들이 건강한 정체성을 형성하도록 부부상담, 부모자녀 관계, 부모 역할 훈련이 필요하다.
⑥ 결혼이주여성들이 서로의 경험을 공유하도록 결혼이주여성을 대상으로 한 상담훈련, 집단상담 프로그램, 동료상담이 필요하다.
⑦ 다문화 가정에 찾아가는 서비스상담이 필요하다.
⑧ 다문화상담 연구 및 상담자 양성, 훈련 등을 통한 다문화상담의 전문성 확립 및 활성화가 필요하다.[32]

양승민과 송미경의 연구에서 신뢰로운 관계형성의 중요성을 강조한 점은 매우 성경적인 관점이라고 볼 수 있고, 다문화상담의 전문성 확립의 필요성을 강조한 점도 귀한 제언이다.

한재희는 한국가족문화에 따른 다문화상담을 위해 다음과 같이 제언하고 있다.[33]

첫째, 한국문화에서 너와 내가 '네 집단'이 된다는 것은 마음과 마음이 통하는 우리가 된다는 것이므로 상담자와 내담자가 우리를 형성하는 상담관계를 형성하도록 해야 한다.

둘째, 가족의 중요성과 효의 개념이 인간관계의 뿌리를 이루고 있으므로 상담목표는 원 가족과의 분화보다는 원 가족과의 관계 속에서 자기 통합을 지향하는데 두어야 한다.

셋째, 숨겨진 감정에 대한 성급한 직면보다는 단계적으로 객관적 자기와 만나고 이를 표출할 수 있도록 해야 한다.

넷째, 한국의 엄부자모(嚴父慈母)의 역할을 할 수 있는 상담자가 되어야 한다.

다섯째, 개인적인 자기표현방식보다 집단적인 자기표현방식을 선호하는 특성에 따라 집단적 자기표출의 놀이문화를 활용하도록 해야 한다.

여섯째, 샤머니즘의 형성이 뿌리 깊은 한국인의 심성을 반영, 내담자의 영적 특성을 적극적으로 활용할 필요가 있다고 설명한다.

한재희의 연구에서 마음과 마음이 통하는 우리를 형성하는 상담관계를 형성하는 것의 중요성을 강조한 점이 주목할 만하며, 내담자의 영적 특성을 적극적으로 활용할 필요성을 제언한 것은 바람직하다. 그러나 그것이 샤머니즘의 형성이 뿌리 깊은 한국인의 심성을 반영하여 영적 특성을 활용한다는 표현은 적절하지 않다. 왜냐하면, 성경은 인간은 영적인 존재라고 가르쳐 주기 때문이다.

서은경은 다문화 가정 기독교상담자가 다문화 가정과 상담할 때, 그들의 문제에 대해 성경을 통해 소망을 주고 말씀으로 가르치고 훈계하고 권면해야 한다고 강조한다. 내담자가 무종교이거나 불신자일 경우 상담 첫 회기부터 상담자는 내담자의 문제에 대하여 기도하며 내담자에게 향한 하나님의 구속 사역이 준비되어 있을 것을 늘 생각하며 상담 전체과정을 통해 성령이 임재 할 것을 구해야 한다고 말하고 있다. 성경적 상담 원리를 통해 상담자와 내담자 간의 신뢰를 형성하며 소망을 주고 다문화인들의 문제를 충분히 이해하기 위해 그들의 호소문제에 대한 정보를 취합하여 그들의 문제의 핵심을 해석해 주며 당면한 문제에 대하여 성경의 말씀으로 권면하여 변화를 돕고 열매를 맺게 해야 한다고 강조하고 있다.[34]

서은경의 이와 같은 제안은 개혁주의 신학에 바탕을 둔 성경적 상담학의 입장을 잘 반영해 주고 있다고 할 수 있다. 성경을 통한 소망, 말씀을 통한 권면, 하나님의 구속 사역에 대한 신뢰, 상담 과정에서 기도의 강조, 성경적 상담 원리의 활용, 상담자와 내담자간의 신뢰관계의 중요성 강조, 말씀을 통한 변화를 강조한 점 등이 개혁주의 목회상담 방안을 적절하게 제시했다고 평가된다.

강경미는 새터민을 위한 기독교상담전략에 관하여 연구했는데, 특히 새터민 가정의 복음화를 위하여 기독교상담의 목표를 제시하고 있다.

첫째, 성경의 가르침을 기초로 삶의 소망과 함께 목표를 새롭게 형성하도록 돕는다.
둘째, 하나님 안에서 회개를 통하여 자신의 문제를 해결하고 또한 용서를 통해 마음의 평화를 얻도록 한다.
셋째, 신앙의 실천으로 기독교인으로서 합당한 삶과 생활태도로 한국에 쉽게 적응할 수 있도록 한다.
넷째, 영적 성장으로 사람에 대한 이해와 사랑으로 인간관계를 개선할 수 있도록 돕는 것이다.[35]

이러한 연구는 다문화 가정에 적용할 수 있을 것이다.

강경미의 연구에서 매우 복음적인 상담방안을 제시했다고 볼 수 있다. 가정복음화, 성경의 가르침을 기초로 소망을 주는 것, 하나님 안에서의 회개와 용서의 중요성 강조, 신앙의 실천으로 합당한 기독교인의 삶, 영적 성장으로 인간관계 개선하도록 돕는 것 등, 개혁주의 목회상담 방안을 적절히 제시했다고 평가된다.

김미경은 다문화 가정 청소년을 위한 기독교상담자의 역할에 대하여 다음 네 가지를 제안했다.[36]

첫째, 기독교상담자는 내담자 문제의 올바른 이해와 해결을 위해 우선적으로 내담자의 문화 틀에 대한 인식이 선행되어야 한다.
둘째, 기독교상담자는 시혜적인 시각이나 중심과 주변을 구분하는 태도를 지양하고 겸허한 상호 작용을 통해 다름에 대한 인식의 지평을 확대해 가는 자세를 지녀야 한다.
셋째, 다문화 기독교상담자의 전문적인 관심과 연구가 이루어져야 하며 다문화기독교상담자를 양성하는 상담교육이 필요하다.
넷째, 기독교상담 인구의 절대다수가 여성이라는 실정에서 기독교상담자는 다문화 가정의 청소년 자녀들의 다층적, 다문화적 경험에 특별히 관심을 기울이는 진지하면서도 구체적인 논의와 실천을 계속적으로 모색해야 할 것이다.

김미경의 연구에서 문화의 틀에 대한 인식의 강조와 다문화상담전문 기독교상담자의 상담교육의 필요성을 강조한 점이 주목할 만하나, 성경적인 제안을 하지 못한 아쉬움이 남는다.

그 외에도 고유미와 이정윤은 "다문화 가정 아동의 학교생활적응과 관련된 요인"[37]에서 다문화 가정의 자녀들이 학교생활 적응에 영향을 주는 성격적, 학업적, 사회적 요인으로 각각 성격특성과 학습동기, 사회적 지지를 선정하여 이러한 변인들이 학교적응에 미치는 상대적 영향력을 경험적 연구를 통하여 검토했다.

한국청소년상담원에서는 『청소년상담연구 140 다문화 가정 부모를 위한 집단상담 프로그램 개발』[38]에서 다문화 가정의 부모를 위한 아버지용 집단상담 프로그램과 어머니용 집단상담 프로그램을 개발하여 소개했다.

개혁주의 신학에 근거한 성경적 상담학자인 폴 트립은 청소년 자녀교육을 위한 목회상담방안에 관하여 다음과 같이 제언했다.[39]

첫째, 계획성 있는 자녀교육이다.

많은 부모들이 자녀들을 하루하루 어떻게 지도할 것인가 하는 '교육계획'을 가지고 있지 않은 상태로 자녀를 키우는 실수를 범하고 있다. 그들은 경고하기도 하고, 훈계하기도 하며, 가르치기도 하고, 징계도 한다. 그러나 이 모든 것이 서로 함께 연결되어 있지 않다. 그렇기 때문에 자녀들의 삶속에서 변화의 열매를 발견하지 못하는 것이다. '계획이 있는 자녀양육'이란 말은 초점이 있고, 목적을 추구하며, 자녀들과의 매일의 만남 속에서 목적 지향적이 되는 것을 의미한다.[40]

둘째, 지속적인 대화이다.

히브리서 3:12-13을 보면 자녀들과 부모가 날마다 어떻게 상호 작용을 할 것인가에 관한 모범을 보여 준다.

> 형제들아 너희가 삼가 혹 너희 중에 누가 믿지 아니하는 악심을 품고 살아 계신 하나님에게서 떨어질까 염려할 것이요 오직 오늘이라 일컫는 동안에 매일 피차 권면하여 너희 중에 누구든지 죄의 유혹으로 강퍅케 됨을 면하라(히 3:12-13).

이 말씀에서 십 대 자녀들과 지속적인 대화를 해야 하는 이유를 알 수 있다.

① 악심에 대해 싸워야 한다.
② 믿지 아니하는 마음을 갖지 말아야 한다.
③ 하나님에게서 떨어지지 말아야 한다.
④ 죄의 유혹으로 강퍅게 됨을 면하도록 그들을 보호해야 한다.

이것을 위하여 '매일 피차 권면'해야 하는데 이것이 지속적인 대화를 의미한다.[41]

셋째, 청소년들을 회개로 이끌어야 한다.

고린도후서 5:17-21에 기록된 대로 하나님께서 그리스도인 부모들을 하나님과 화목하게 하셨다. 그래서 부모들은 그리스도의 사신이 되어야 한다. 그것은 하나님께서 우리를 통하여 자녀들에게 원하시는 뜻을 실현하시는 방법이다. 회개와 회복을 이끄는 네 단계가 있다.

제1단계 : 심사숙고.
제2단계 : 고백.
제3단계 : 서약
제4단계 : 변화.

부모로서 자녀를 위하여 해야 할 일은 그들이 주님의 다스림에 대하여 진심으로 순종하게 하는 것이다.[42]

이와 같은 트립의 제안은 성경에 충실한 목회상담 방안을 제시했다고 평가된다. 목회상담자는 모든 삶의 현장에서 그리스도의 대사라는 마음을 가지고 다문화 가정의 청소년들을 섬김으로써 하나님의 주권에 복종해야 한다.

이상의 내용을 살펴본 결과, 다문화 가정의 청소년 자녀를 위한 바람직한 개혁주의 목회상담 방안을 제시하고자 한다.

첫째, 목회상담자는 다문화 가정의 청소년들을 사랑하며 신뢰 관계를 형성하여 그들의 마음의 문을 열고 내담자의 세계로 들어가야 한다 (겔36:26).[43] 여기서 중요한 것이 있다. 사람의 마음의 문을 진입 문이라 한다. 진입문은 나쁜 상황 속에서 내담자가 겪고 있는 갈등이다. 예를 들면, 두려움, 분노, 절망감, 고독, 의심, 이런 것들이 상담자에게 좋은 기회를 제공하는 것이다.

둘째, 목회상담자는 내담자가 하나님을 만나도록 도와야 하며 예수 그리스도에게 소망을 가지도록 이끌어 주어야 한다(시37:1-10).[44] 여기에서 중요한 것이 두 가지가 있다. 첫째는 수평적 신뢰이다. 상담자와 내담자의 신뢰관계 형성이다. 상담자가 내담자의 신뢰를 얻는 것이 중요하다. 동시에 상담자도 내담자에게 신뢰를 보내 주어야 한다. 둘째는 수직적 소망이다. 이것은 내담자와 하나님의 관계이다. 목회상담자는 내담자로 하여금 위를 보게 해 주어야 한다. 상담을 통하여 예수 그리스도를 만나게 해 주어야 하는 것이다.

셋째, 목회상담자는 다문화 가정의 청소년의 고통을 깊이 이해하며, 내담자가 고통 속에 있을 때 관계를 맺고 위로의 하나님의 성품을 보여 주어야 한다(갈 3:15-17; 히 2:10-11; 벧전 2:19-24; 고후 1:3-11).[45] 상담자는 내담자의 고통을 깊이 이해하기 위해 노력하면서 고통 중에 관계를 맺고 예수께서 성육신하신 것처럼, 상담자로서의 성품을 보여 주어야 한다. 온유하고 겸손한 그리스도의 성품과 위로의 하나님의 성품을 보여 주어야 한다.

넷째, 목회상담자는 내담자를 깊이 알기 위하여 주의 깊게 경청하면서 내담자에 대한 자료를 수집해야 하며, 내담자의 상황, 반응, 생각, 동기를 파악해야 한다.[46] 이 단계는 이해의 단계이며, 자료수집의 단계이며, 마음을 성경적으로 알아가는 단계라고 말할 수 있다. 자료수집에는 성경적 목표와 원칙, 과정과 방법이 있다. 이러한 성경적 방법을 충실히 따라야 한다.

다섯째, 목회상담자는 다문화 가정의 청소년과 신뢰관계가 형성되고 그에 관하여 깊이 알게 된 후에는 사랑 안에서 진리를 말하며, 직면해야 한다

(시 32:1-6; 삼하 12:1-7).⁴⁷ 직면의 목표는 내담자가 자신을 볼 수 있도록 상담자가 도구로 사용되는 것이며, 더 나아가 내담자를 회개로 인도하기 위함이다. 이 단계에서 적절한 성경적 권면이 필요하며, 성령의 역사하심을 신뢰해야 한다. 직면은 네 단계를 거친다. 고려, 고백, 결단, 변화가 그것이다.

여섯째, 목회상담자는 다문화 가정의 청소년이 하나님의 복안을 매일 일상생활에 적용하며 행하도록 이끌어 주어야 한다(롬 12:14-21; 롬 6:3-4).⁴⁸ 이를 위하여 변화를 위한 계획을 명백히 하는 것과 응답을 분명히 하도록 하는 것, 책임감을 주는 것이 필요하며, 예수 그리스도 안에서 정체성을 알게 하는 것이 필요하다.

목회상담자는 이와 같은 목회상담 과정을 통하여 다문화 가정의 청소년 자녀의 마음을 새롭게 하고 하나님의 형상을 회복하도록 도와야 한다.

닫는 말

한국 사회는 급격히 다문화 사회로 변모하고 있다. 이러한 시대적 상황 속에서 다문화 가정의 청소년 자녀들을 위한 목회상담 방안을 개혁주의 신학적 관점으로 연구하는 것은 매우 의미 있는 일이라 할 수 있다.

지금까지 다문화 가정의 청소년 자녀를 위한 개혁주의 목회상담 방안을 제시하기 위하여 다음과 같은 연구를 진행했다.

첫째, 다문화 가정에 대한 일반적 이해와 성경적 이해를 신구약성경을 통하여 알아보았다.

둘째, 성경을 통해본 청소년의 특징을 살펴보았고 다문화 가정의 청소년 자녀의 특징과 영향에 대하여 살펴보았다.

셋째, 다문화 가정에 관한 기독교상담 방안을 제시한 선행 연구들을 살펴보면서 개혁주의 신학적 관점에서 평가했다.

넷째, 다문화 가정의 청소년 자녀를 위한 개혁주의 목회상담방안을 성경적 상담학 관점에서 제시했다. 그 주요 내용은 다음과 같다.

① 목회상담자는 다문화 가정의 청소년들을 사랑하며 신뢰 관계를 형성하여 그들의 마음의 문을 열고 내담자의 세계로 들어가야 한다.
② 목회상담자는 내담자가 하나님을 만나도록 도와야 하며 예수 그리스도에게 소망을 가지도록 이끌어 주어야 한다.
③ 목회상담자는 다문화 가정의 청소년의 고통을 깊이 이해하며, 위로의 하나님의 성품을 보여 주어야 한다.
④ 목회상담자는 내담자를 깊이 알기 위하여 주의 깊게 경청해야 한다.
⑤ 목회상담자는 다문화 가정의 청소년에게 사랑 안에서 진리를 말하며, 직면해야 한다.
⑥ 목회상담자는 다문화 가정의 청소년이 하나님의 복안을 매일 일상생활에 적용하며 행하도록 이끌어 주어야 한다.

후속 연구에서는 개혁주의 관점에서의 구체적인 상담사례 분석을 할 수 있을 것이며, 다문화 가정의 청소년 자녀들이나 부모들을 대상으로 설문을 조사하여 통계분석을 통한 경험적 연구도 가능할 것이다. 이후로 성경적 목회상담을 통하여 다문화 가정의 자녀들이 건강한 하나님의 사람으로 세워지길 소망한다.

제5부

노인과 성경적 상담

제10장 노년기의 분노에 대한 성경적 상담 방안

제10장

노년기의 분노에 대한 성경적 상담 방안[1]

여는 말

최근 우리나라는 급격히 고령화 사회로 진입하고 있다. 경제적 발전과 의학의 발전에 따라 국민들의 생활수준이 크게 향상됨에 따라서 평균수명이 연장되어 고령인구가 더욱 증가하고 있다. 전국경제인연합회의 전망에 따르면 2020년에는 노인의 인구가 현재의 2배가 될 것이 예상되고 2026년에는 전체 인구의 20%가 넘을 것이 예상되고 있다. 이것은 우리나라도 고령 사회를 넘어 초고령 사회로 진입하게 될 것이라는 것이다.[2]

통계청의 발표 자료에 의하면 우리나라 인구의 평균 수명은 1997년에 남녀 모두 70세를 넘어섰으며, 노인 인구의 비율도 1960년에 2.9%, 1995년에 5.9%, 2000년에는 7.2%로 고령화 사회로 진입했으며, 2004년에는 8.7%에 이르렀고, 2019년에는 14.4%를 넘어 고령 사회로 들어설 것으로 전망 했다.[3] 이것은 우리나라가 매우 빠른 속도로 고령화 되어 가고 있음을 보여 주는 것이다.

최근 한국 사회에서 노인의 자살률이 급격히 증가하고 있다. 1990년에는 301명으로 자살자의 노인 비율이 5.1%에서 2003년에는 8.7%로 2,760명이 자살했고 해마다 증가하는 추세를 보이고 있다. 노인우울증 환자의 수도 2000년 6만 366명에 비하여 2003년 11만 340명으로 증가했고 계속 증가하는 추세를 보이고 있다.[4]

특히 노년기에 나타나는 분노의 문제는 심각하다. 분노는 인간이 경험하는 여러 정서 가운데 파괴적인 힘을 가진 매우 강력한 부정적인 감정 가운데 하나이다. 이러한 분노의 정서는 인간의 생애 주기에 따라 경험하게 되는 원인과 표현하는 방식에 차이가 있다.

특히, 노년기에 나타나는 분노의 문제는 노인 당사자뿐 아니라 가족과 주변 사람들에게 부정적인 영향을 주어 정서적 불안과 고통을 일으키는 원인이 된다. 이러한 노인들의 분노 현상이 해결되지 못한 상태에 머물게 된다면 노인들에게 건강과 정서 그리고 영적인 위기로 이어질 수 있다. 따라서 노년기 분노에 대한 기독교상담 방안을 제시하는 것은 매우 중요하다. 특히, 성경적 상담학 관점에서 노년기 분노에 대한 상담 방안을 제시하는 것은 노인에 대한 기독교상담 분야의 발전에 공헌할 수 있을 것이다.

이를 위하여 본 장에서는 먼저, 노년기에 대한 일반적 이해와 노년기의 분노의 원인과 분노의 개념적 이해를 고찰한 후, 노년기 분노에 대한 성경적 상담 방안을 제시하고자 한다.

펴는 말

1. 노년기에 대한 이해

1) 노년기 및 노년기 분노에 관한 선행 연구

노년기 심리 및 노년기 분노에 관한 선행 연구들은 살펴보면 다음과 같다. 최광현은 "노년기 분노 현상과 노인상담"[5]에서 노년기 분노해결을 위한 노인상담의 사례분석을 통하여 게슈탈트노인상담을 제안했다. 또한, "노인상담과 기독교 복지: 고령화 사회 속에서의 한국교회의 위기와 대응"[6]에서 한국교회가 전문적인 도움을 제공할 수 있도록 기독교복지와 노인상담의 의미와 이들의 상호관계성에 대하여 논했다.

임경수는 "노년기의 심리와 상담"[7]에서 에릭 에릭슨(E. Erickson)의 여덟 단계의 심리사회적 인간발달 단계 가운데 노년기의 자아통합과 절망의 단계를 다루면서 노년기의 신앙상담방안에 대하여 다루었다.

이기양은 "노인 목회와 상담: 임종 노인과 돌보는 가족의 문제점"[8]에서 노인을 돌보는 가족의 중요한 역할과 교육의 필요성, 그리고 돌보는 사람이 직면하는 무거운 부담과 갈등과 문제점들을 살피면서 목회상담자는 환자 또는 노인, 노인을 돌보는 사람을 위해 예수 그리스도를 영접하고 신앙심을 사용하도록 격려해야 하며, 하나님과의 관계가 성숙되도록 돕는 것은 가장 가치로운 일이라고 강조했다.

이상복은 "총체적 복음 사역에 근거한 노인 목회상담"[9]에서 노인 목회상담에 대한 총체적 접근을 시도하면서 지원적 목회상담과 공감적인 이해, 해결 중심의 단기 상담을 제안했다.

이정우와 이수용은 "독일노인복지상담의 현황과 전망"[10]에서 독일의 사회복지는 기독교의 역할이 컸으며 기독교를 포함한 민간복지의 공공복지로서 민·관 협조 체제가 잘 이루어지고 있으며, 기본법에 의한 고령자 케어 시설 정책이 수립되어 있음을 소개했다. 노인들의 특성상 상담과 지원 등에 있어서 특별히 전문성이 요구되고 있기 때문에 지속적인 교육과 더불어 전문적인 전공지식을 갖춰야 할 것을 제안했다.

방기연은 로버트 엔라이트(Robert D. Enright)의 *Helping Clients Forgive*을 『용서심리학: 내담자의 분노 해결하기』[11]로 번역 및 출간을 했는데, 이 책에서는 용서와 용서 치료에 대하여 배우는 이유가 무엇이며, 용서치료의 개념은 어떤 것인지를 설명하고 있으며 용서를 통한 분노 해결의 방법을 제안하고 있다.

이상의 선행 연구들을 살펴볼 때, 노인의 분노 문제에 대한 성경적 상담 방안에 관한 연구는 없었다. 이에 필자는 본 장을 통하여 노인의 분노 문제에 관하여 개혁신학에 바탕을 둔 성경적 상담 방안을 제시하고자 한다.

2) 노인은 누구인가?

노인에 대한 정의는 노인이 처한 사회 문화적인 상황 및 개인적 상황에 따라 다양하게 정의될 수 있다. 일반적으로 노인이란, 생리적 신체적 기능의 퇴화와 더불어 심리적인 변화가 일어나서 개인의 자기 유지 기능과 사회적 역할 기능이 약화되고 있는 사람으로 정의될 수 있다.[12] J. E. 비렌(J. E. Birren)은 노인을 다음과 같이 정의한다.

첫째, 생리적 및 생물학적인 면에서 퇴화기에 있는 사람.
둘째, 심리적인 면에서 정신기능과 성격이 변화하고 있는 사람.
셋째, 사회적인 면에서 지위와 역할이 상실된 사람.[13]

노화라는 말은 단순히 나이가 먹는 신체적 변화만을 가리키는 말이 아니다. 비렌은 노화가 인간의 정상적인 성장과 발달과정 전체의 한 부분이며 적어도 세 가지 측면에서의 변화 과정을 포함하는 것으로 이해해야 한다고 본다. 비렌에 따르면 노화가 의미하는 바는 다음과 같다.

첫째, 생리적 노화로 신체의 기관과 체계의 구조 및 기능이 시간의 경과에 따라 변화하는 것.
둘째, 심리적 노화로 축적된 경험에 의한 행동, 감각, 지각기능, 자아에 대한 인식 등이 시간의 변화에 따라 변화하는 것.
셋째, 사회적 노화로 생활주기를 통하여 일어나는 규범, 기대, 사회적 지위 및 역할의 변화 등.[14]

이처럼 노화라는 것은 생리적, 심리적, 사회적 요인들이 복합적으로 연결되어 있는 것으로 이해할 수 있다.

노인의 일반적 개념은 1951년 7월 미국 세인트루이스에서 열렸던 제2회 국제노년학회에서 정의한 내용이다. 여기에서는 노인을 다음과 같이 규정하고 있다.

첫째, 환경의 변화에 적절히 적응할 수 있는 기능이 감퇴되고 있는 사람.
둘째, 생체의 자체 능력이 감퇴되고 있는 사람.
셋째, 인체의 기관, 조직, 기능에 쇠퇴현상이 일어나는 시기에 있는 사람.
넷째, 생체의 적응 능력이 점차로 결손되고 있는 사람.
다섯째, 조직의 예비 능력이 감퇴하여 적응이 제대로 되지 않는 사람.[15]

국제노인학회의 노인에 대한 정의에서 볼 수 있는 것처럼 노인은 환경 변화에 적응능력의 감퇴, 생체의 자체 능력 감퇴, 인체의 기능 쇠퇴, 생체의 적응능력 결손, 조직의 예비 능력이 감퇴하여 적응이 제대로 되지 않는 사람으로 정의한다.

우리나라 생활보호법(1961)에서는 보호 노인 대상자를 65세 이상으로 노인복지법에서도 65세 이상을 노인으로 규정하고 있다. 이와 같이 노인의 개념은 다양하게 표현되고 있다. 그러므로 정확하게 노인에 대한 개념을 정리하기는 어렵다.

향후 인간의 평균 수명의 연장, 노인의 근로 능력 향상, 사회적 역할 증대에 따라 노인에 대한 공식적 연령에 대한 규정도 점차 높아질 것으로 예상된다. 그러므로 노인에 대한 정의도 새롭게 조명되어야 할 것이다.

3) 노년기의 특성

노년기는 장년기부터 나타나는 특성 가운데 신체에 대한 민감한 반응, 시간 전망의 변화, 정신생활에 있어서의 내성적인 경향은 점점 더 두드러지게 나타난다.[16]

첫째, 우울증의 증가이다.

　연령 증가에 따른 우울증의 증가는 일반적인 현상이다. 노년기 전반에 걸쳐 증가하는 우울증은 노령에 따른 스트레스에 그 원인이 있는 것으로 분석되고 있다. 즉, 신체적 질변, 배우자의 죽음, 경제 사정의 악화, 사회와 가족들로부터의 고립, 일상생활에 대한 자기통제 불가능 그리고 지나온 세월에 대한 회환 등으로 전반적으로 우울증이 증가한다.[17] 그래서 이러한 노인들은 불면증, 체중감소, 감정적 무감각, 강박관념, 증오심, 분노 등의 구체적 우울 증세를 나타내기도 한다.

둘째, 내향성 및 수동성의 증가이다.

　노화해 감에 따라 사람은 사회적 활동이 점차 감소하고 사물의 판단과 활동 방향을 외부보다는 내부로 돌리는 행동 양식을 갖게 된다. 특히 신체 및 인지능력의 감퇴와 더불어 자아상이 달라지고 업무처리에 있어 종종 무사하게 지나가려는 경향을 띠기도 한다.[18]

셋째, 성역할 지각의 변화이다.

　투사법(TAT검사)을 사용하여 그 주인공의 성역할 지각상황을 보면 늙어 갈수록 남녀의 성 역할이 달라지는 것으로 나타나고 있다. 특히 노년기의 피험자들은 남자 노인을 더욱 수동적이고 위축되어 가는 것으로 보고 여자 노인은 오히려 더 능동적이며 권위적으로 된다고 보고 있다. 즉 노인은 이전과는 달리 일생 동안 자기 자신에게 억제되었던 성 역할의 방향으로 전환되어 간다는 것이다. 그래서 늙어갈수록 남자는 유친성과 양육동기가 더 증가하고 여자는 공격성, 자기 중심성, 권위적 동기가 더 증가한다는 것이다.[19] 이것은 남녀 모두 만년에 가서 양성화된다고 할 수도 있다.

넷째, 경직성의 증가이다.

　경직성이란 융통성에 반대되는 개념으로서 어떤 태도, 의견, 문제 해결 장면에서 그 해결 방법이나 행동이 옳지 않거나 이득이 없음에도 불구하고 옛날과 마찬가지 방법을 고집하고 이를 여전히 계속하는 행동 경향을 말한다. 따라서 노인은 동작성 지능검사에서 점수가 낮고 학습 능력이 저하 되는데 이것은 노화에 따른 지능의 쇠퇴라기보다는 경직성의 증가에

따라 학습 및 문제 해결 능력이 감소하기 때문이라고 볼 수 있다.[20]

다섯째, 조심성의 증가이다.

일반적으로 보면 노인이 될수록 행동이 더욱 조심스러워진다. 그 이유는 두 가지가 있다.

① 노인 스스로의 의지로써 정확성을 더욱 중요시하기 때문에 조심성이 증가한다는 동기 가설이 있다.
② 시각, 청각 등 감각 능력의 감퇴를 비롯한 신체적, 심리적 메카니즘의 기능이 쇠퇴한 결과 그 부산물로 부득이 조심스러워진다는 결과 가설이 있다.[21]

이 두 가지 가설 가운데 어떤 것을 채택한다 하더라도 노인들의 행동이 청, 장년보다는 훨씬 조심스러워진다는 것은 명백히 드러나 있다.

그 외에도 친근한 사물에 대한 애착심이 증가하고, 의존성이 증가하는 경향이 나타나며, 사후에 이 세상에 다녀갔다는 흔적을 남기려는 욕망이 강하게 나타나는데 이것을 유산을 남기려는 갈망이라고 부른다.[22] 특히, 노인들은 자주 분노를 나타내게 된다.

2. 노년기의 분노의 원인

1) 건강의 문제

노인들은 나이가 들어감에 따라 노화 과정을 거치면서 신체적, 심리적, 사회적 기능이 떨어지게 되고 이에 여러 가지 건강 문제들을 수반하게 된다. 한 연구[23]에 의하면 우리나라 65세 이상 인구의 약 90.9%가 한 가지 이상의 만성 질환을 앓고 있는 것으로 나타났다. 남성 노인의 겨우 만성질환 유병률은 84.4%였지만 여성노인의 유병률은 95%로 나타났다. 이러한 통계 결과에서 여성 노인의 건강문제가 더욱 심각하다는 것을 알 수 있다.

특히 노인들에게 높은 유병률을 보이고 있는 만성질환은 관절염 43.1%, 고혈압 40.8%, 요통, 좌골통 30.6%, 신경통 22.1% 등으로 나타났으며, 향후 노인 인구 증가에 따라서 그 비율이 계속 증가할 것으로 보인다.[24] 노인들은 이러한 건강상의 이유로 인하여 분노하게 된다.

2) 경제적 문제

경제적 문제는 세대를 초월해서 경험하게 되는 문제나 특히 노인들에게는 심각하게 다가오게 된다. 한국 사회에서 직장 남성들은 대부분 55세를 전후로 은퇴를 경험하게 되는데 최근에 은퇴 시기는 더욱 빨라지고 비자발적인 경우가 많아졌다.

2004년 한국보건사회연구원의 조사결과에 의하면 수입이 되는 일을 하고 있는 노인의 비율은 전체 노인의 30.8%로 나타났다. 이는 1998년의 29.0%와 비교하여 본다면 다소 증가했지만 취업 노인의 수는 적은 수에 불과하다. 성별로 보면 남자 노인의 취업률은 41.8%, 여자 노인의 취업률은 23.8%로 남자 노인의 취업률이 18.0% 높게 나타났다.

또한, 경제 활동에 종사하는 노인 취업자의 대부분이 2004년을 기준으로 농업 종사자의 비율이 53.9%이며, 단순노무 27.8%로 나타나 대부분의 노인들은 농업과 관련되어 있으며 대부분 연령 제한이 없는 단순한 업무가 중심을 이루고 있다.[25]

이와 같이 노인들은 노년기에 젊은 시절에 비하여 더욱 심각한 경제적 어려움에 처하게 되고 이러한 요인은 노인들로 하여금 분노의 감정을 느끼게 하는 원인이 된다.

3) 사회적 부적응의 문제

노인들이 노년기에 접어들어 역할과 지위에 변화가 일어나면서 사회적 부적응의 문제가 발생하게 된다. 이러한 문제로 인하여 사회적 활동이 감소하면서 소외감, 상실감, 무력감 등을 느끼게 된다. 이러한 사회적 특성은 노인들로 하여금 심리적으로는 고독을 느끼게 하고, 사회적으로는 박탈감과 지위 및 역할의 상실을 가져오고, 경제적으로는 빈곤에 빠지게 하고 있다. 이러한 현대 사회의 노인문제와 더불어 정보 사회 안에서의 소외라는 이중고는 현대를 살아가는 노인의 위치를 더욱 불안하게 하고 있다.[26] 이처럼 노인들의 부적응의 문제는 사회에서뿐만 아니라, 교회에서도 나타나고 있다고 할 수 있다.

배지연과 김원형, 윤경아는 "노인의 우울 및 자살 생각에 있어서 사회적 지지의 완충효과"라는 연구에서 노인의 역할 상실에 대하여 다음과 같이 말했다.

> 노인의 역할상실이란 이전의 과업 지향적인 관계에서 행해지던 역할들을 더 이상 수행할 수 없게 되는 상황을 의미한다. 많은 노인들은 직장에서 은퇴하면서 직업 및 사회적인 역할, 가장의 역할을 상실하게 되고, 생애 주기상으로도 자녀들의 독립과 양육자의 역할이 줄어들며, 배우자 혹은 주위 가까운 사람들과 사별하는 경우가 많아져 배우자 등의 역할을 상실하게 된다. 이러한 역할 상실은 상호 작용의 기회가 줄어들게 하여 자아 상실, 우울, 외로움, 성취감과 자부심의 상실등 기타 부수적인 문제들을 양산하는 계기가 된다.[27]

이처럼 노인들이 현역에서 은퇴하면서 직업을 상실할 뿐만 아니라, 사회적인 역할이 상실되고 가장의 역할이 상실되면서 상호 작용의 기회가 줄어들게 되어 노년기 우울증의 주요 요인으로 등장하게 되는 것이다. 이러한 현상은 노년기의 분노로 이어지게 되는 것이다.

한 사회의 현대화가 빠르게 진행되면 될수록 노인의 지위와 위치가 더욱 불안해지게 된다.[28] 한국 사회는 빠른 현대화로 인하여 더욱 노인의 지위와 위치가 더욱 불안해졌고 이것은 더욱 노인들에게 큰 심리적 스트레스의 요인이 되고 있다. 이처럼 현대 사회 속에서 노인들의 불안과 스트레스는 노인들의 사회적 부적응을 야기하고 이것은 노년기 분노의 원인이 되고 있다.

3. 분노의 개념적 이해

1) 분노의 개념

분노는 일정한 행동, 즉 날카로운 목소리, 소리 지름, 긴장된 자세, 낮은 목소리 등을 동반하는 하나의 감정이다. S. 부스-큘리(S. Booth-Kewley)와 H. S. 프리드만(H. S. Friedman)은 분노의 개념에 대하여 "어떤 것이 제대로 되지 않거나 잘못 지각되었을 때 유발되는 자율신경계의 각성과 관련된 정서 상태"[29]로 표현한다.

사람이 분노를 느끼게 되면 상대방에 대하여 공격적인 행동을 하고 싶은 충동이 일어난다. 즉 신체의 자율신경계의 각성이 이루어져서 눈매가 날카로워지고 이를 깨물고 주먹을 쥐는 등의 공격적인 태도로 나타난다. 종종 신체적인 흥분상태는 분노를 통제하지 못하는 경우에 더욱 활성화된다.

심리적인 측면에서 분노는 인지적, 정서적인 요소의 상호 작용을 통해서 발생된다. 사회문화적인 관점에서 분노는 사회적인 규범, 규칙과의 상호 작용 속에서 발생한다. 따라서 분노는 일정한 상황 속에서 유발된 생리적, 심리적 자극과 사회적인 자극을 동반하는 하나의 정서이다.[30]

C. D. 스필버거(C. D. Spielberger)는 분노를 AHA 증후군으로 설명하면서 분노를 정서 상태로 설명하고, 적개심은 적대적인 태도로서, 그리고 공격성을 실제 행동적인 측면으로서 설명하고 있다.[31] 이처럼 분노는 자신의

뜻대로 되지 않거나 잘못 지각되었을 때 일어나는 자율신경계의 각성과 관련된 정서 상태이다. 이러한 분노의 정서 상태로 인하여 적개심도 공격성도 나타나게 되는 것이다.

2) 에릭슨의 노년기 이해와 분노

E. 에릭슨(E. Erickson)은 인간이 평생을 통하여 성격이 발달해간다는 사회 심리적 발달 단계를 8단계로 나누어 설명했다. 노년기는 자아 통합 대 절망(integrity vs. despair)의 단계이다. 이 시기는 더 이상 성장이나 발전이기보다는 이제껏 살아온 인생을 되돌아보며 이것을 통합하여 볼 수 있는 회상의 시간을 가지면서 또 다른 세계로 진입을 준비하는 시기이기도 하다. 보통 고령화 사회라 함은 65세의 인구가 7%에 해당하는 것을 의미하는데 한국은 1995년에 전체 인구의 5.7% 정도가 노년층이 될 것으로 전망하고 있다.[32]

노년층의 증가에 대하여 에릭슨은 사회적인 문제를 제기하고 있다. 수명의 연장이 사회의 문제를 만드는 것이 아니라 의미 없는 삶에 대한 절망감에 싸여 있는 노년층이 증가하는 것에 대한 우려를 표명했다.[33]

노년층에 절망감을 가져다줄 수 있는 환경적인 요소는 어떤 것이 있을까?

네 가지로 분류할 수 있다.

첫째, 사회 및 경제적인 문제.
둘째, 나이 듦에 대한 심리적 여파.
셋째, 나이와 질병으로 인한 병리적인 현상.
넷째, 일반적으로 느끼는 늙음.[34]

위의 네 가지 현상은 노년기가 인간의 발달과정에서 이제는 발달을 멈추고 축소되어 가고 없어져 가는 생물학적으로 쇠퇴기에 해당하고 이러한 신체적 변화만이 아니라 심리적인 면에서 정신적 기능들이 쇠퇴하여 퇴보하고 있으며, 동시에 사회적인 면에서는 과거의 발달 단계에서 누렸던 사회적인 지위와 역할을 상실해 있는 시기라고 정의할 수 있다.[35]

에릭슨은 노년 시기의 심리사회적 양식은 살아온 삶의 과정을 통해서 성숙해질 수 있는 것으로 보았고, 긍정적인 결과를 통합으로 보았으며, 부정적인 관계를 절망으로 보았다. 통합이라는 의미는 유아부터 지금까지의 세월을 되돌아보면서 통합적인 관점에서 인생을 관조하고 회상해 보는 것이다.[36]

심리적으로 건강한 사람은 인생의 모든 조건에 대한 선택과 결과는 자신으로 인한 것이라는 사실을 수용할 수 있다. 건강하지 못한 사람의 경우 문제가 발생하면 자신의 책임이라기보다는 주위 사람이나 환경을 탓하는 경우가 많이 있다. 이러한 책임의 전가는 타인과의 대인관계에서 문제를 일으키는 요인이 된다.

통합적인 관점에서 자신의 과거를 돌아보는 노년은 두 가지 점에서 중요한 의미가 있다.

첫째, 이제껏 살아온 생에 대하여 만족함을 보이는 것이다.
둘째, 이웃들과 타인들이 어떻게 자신을 평가하는 결과에 대한 관심이다.

노년들이 이러한 관점에서 자신들의 생애를 돌아보는 것이기에 고령화 되어가는 사회에서 소위 이러한 인정을 받고 통합적인 관점을 가질 수 있는 성공적인 삶이란 더 중요한 이슈가 되었다.[37]

통합적인 면에서 자신의 인생을 받아들이는 노년에게 발생하는 미덕은 지혜이다. 통합적인 관점에서 지혜란 생이 마지막이 된다는 사실, 이제 생의 결론을 맺는다는 사실을 수용하는 것이다. 그리고 이러한 지혜에 의하여 자신의 삶을 이해할 수 있는 지혜를 가지는 것이다. 이러한 관점에서 에릭슨은 인생은 신뢰 가운데 태어나서 신뢰 가운데 이 세상을 떠나가야 한다고 했다. 에릭슨은 지혜라는 것은 죽음의 면전에서도 죽음을 두려워 하지 않고 초연한 관심을 삶에 대하여 보이는 것이라 했다.[38]

통합의 반대는 절망이다. 과거를 회상한다는 것은 모든 인류가 가지는 공통적인 것이다. 이 회상이 통합적인 관점에서는 의미가 있으나 절망에 있는 노년들에게는 좌절과 아픔의 회상을 더하게 한다. 즉 지나온 세월을 돌이켜볼 때 자신의 삶에 대한 자신이 없고, 남은 세월을 헤아려 볼 때 '그리 많이 남지 않은 세월 속에서 무엇을 할 수 있을 것인가?' 하는 회의감과 두려움을 가지게 되는 것이다. 절망 가운데 있는 노년들에게는 비생산적인 것이며 노년으로 하여금 현실과의 접촉을 회피하게 만들 수 있다.[39] 이러한 자신에 대한 평가와 미래에 대한 불확실성은 노년으로 하여금 위기, 불안, 심지어 자살에 대한 결심을 하게 한다.[40]

이러한 관점에서 복합적으로 절망에 있는 노년들이 겪게 되는 심리적인 증상이 우울증이다. 노년기에는 가벼운 회상에서는 생을 되돌아보면서 회상에 묻혀서 가벼운 향수에 빠지거나 약한 후회를 하기도 한다. 심한 경우에는 불안, 죄의식, 절망, 그리고 우울증에 놓이게 되는 것이다.[41]

에릭슨의 자아통합감은 자신의 전 삶속에서 중요했던 사람들이 다른 누구와 대치될 수 없는 중요한 사람이라는 것을 받아들이는 것이다. 즉 부모를 새롭게 받아들이고 사랑하는 것이다. 마음에 품어오던 부모가 다른 사람이었다면, 보다 성공적이고 능력 있는 사람이었다는 생각을 버리는 것이다. 그러면서 자신의 삶과 다른 사람에 대하여 분노하고 탓하는 것이 아닌, 자신의 책임으로 받아들이는 것이다.

컨버그(Kernberg)는 이렇게 생성된 자아통합 또는 절망은 임상적으로 분노나 죽음에 대한 무의식적 공포로 나타난다고 했다.[42] 이러한 분노는 특정 제도권이나 사람들에 대한 혐오감, 염세주의 또는 만성적으로 경멸 섞인 불쾌감을 보이는 것 이면에 감춰져 있다. 즉, 타인을 향한 혐오감과 분노는 그 사람 자신에 대한 경멸과 좌절을 드러내는 것이다.[43] 이러한 증상을 보이는 사람은 우울증에 빠져 자신에게 분노하고 타인에게 화를 내면서 절망감과 원망 속에서 노년기를 보내게 될 것이다.

4. 노년기 분노에 대한 성경적 상담 방안

1) 성경적 상담의 신학적 이해

노년기 분노에 대한 성경적 상담 방안을 제시하기 위해서는 먼저 상담의 신학적 근거를 고찰할 필요가 있다. 그것은 왜 노년기의 분노 문제에 대하여 성경적인 대답을 찾아야 하는가에 관한 근거를 얻기 위해서이다. 상담에 관한 기독교적 토대는 성경이다.[44] 성경은 상담의 근거이다. 왜냐하면, 성경은 인간이 그리스도로 말미암아 구원을 받는다는 사실을 가르쳐 주기 때문이다. 성경은 인간을 변화시켜서 그리스도를 닮아 가도록 만든다.[45]

상담은 말씀 사역의 영역에 속하는 것이다. 성경이 기독교상담의 토대라는 것은 기독교상담의 본질상 그럴 수밖에 없다. 성경의 가르침을 통하여 인간의 마음, 가치관, 사고, 관계, 성품, 행동 등을 바꿀 수 있으며, 이것으로 인간의 삶을 변화시킨다.[46]

이러한 변화의 필요성을 인식하면서 변화의 방법을 추구하고, 그 변화를 통해서 실질적 열매를 추구하는 기독교상담은 성경의 원리에 따라서 고찰해야 한다.[47] 성경에 의하면 인간은 하나님에 의하여 창조된 존재요, 하나님을 의존하며, 하나님의 영광을 위해서 살아가는 존재다(롬 11:36). 그러므로 인간은 자율적 존재가 아니다.[48]

인간에게 있어서 하나님의 말씀은 처음부터 필수적으로 필요한 것이었다. 하나님은 말씀으로 세상을 창조했으며, 말씀으로 세상을 다스리신다. 그러므로 인간은 말씀 없이 자신의 존재 의미나 삶의 방향을 알 수 없으며, 이 세계를 이해할 수도 없고, 다른 사람과 더불어 사는 방법도 알지 못한다.[49]

하나님의 말씀 없이는 이 세상에서 바른 삶을 영위할 수가 없다. 본래 창조 시에 선한 존재로 지음 받은 인간이 하나님께 불순종하여 타락함으로 그 선함을 상실하고 말았다. 전적으로 타락한 인간은 하나님과의 관계

가 깨어져, 그 관계를 회복하는 것이 최대의 명제가 되었고, 죄에서 해방을 추구하여야만 한다.[50]

인간은 하나님의 영광을 위한 존재로 지음 받았으나 범죄함으로 인하여 그 영광을 가리게 되었다. 인간은 본래 하나님이 그의 형상대로 만드신 피조물로서 하나님을 예배하고 이웃을 사랑하며 살아야 했으나 죄로 인해 하나님의 형상을 상실하게 되었으므로 그 형상을 회복하도록 변화시켜야 하는데 이것은 성경 말씀과 성령의 역사를 통해서만 가능한 것이다.[51] 이러한 근거에서 기독교적 진리를 바탕으로 하는 상담신학이 필요한 것이다. 비기독교적 원리를 바탕으로 한 학문의 논리적 도전에 대해서 성경적 응전이 절실히 필요하기 때문이다.[52]

많은 기독교상담자들이 신학적 훈련을 받지 못했거나 자유주의 신학의 영향을 받아, 비기독교적 원리를 무비판적으로 수용하거나 타협하는 경향을 보이고 있는 것이 사실이다. 그러므로 상담신학의 원리를 분명히 정립할 필요가 있다.

그렇다면 "신학과 상담학은 어떤 관계가 있는가?"를 규명할 필요가 있다. 신학이란 여러 가지 주제에 관해서 성경이 가르치는 것을 조직적으로 이해하는 학문이다. 즉 신학이란 어떤 주어진 교리나 가르침에 관하여 성경이 무엇이라고 말하는가를 체계화시키는 작업이다.[53]

성경적 상담학은 실천신학의 한 분야로서, 성경이 인간과 인간이 가지고 있는 문제에 대하여 무엇이라고 교훈하고 있는가를 규명하고, 하나님이 원하시는 인간으로 변화된 삶을 살아가도록 돕는 학문이다. 그러므로 성경적 상담학은 신학을 떠나서는 존재할 수 없다. 성경은 인간들의 사고와 행동 원리를 제시한다. 그러므로 인간의 궁극적 변화를 도모하려는 상담에서 신학적 이해가 선행되어야 하는 것은 두말할 필요 없이 너무도 마땅한 것이다.[54]

신학과 상담학은 불가분의 관계에 있다. 신학의 틀 안에서 상담학적 적용을 함으로써 성경이 추구하는 그리스도의 장성한 분량에 충만한 데까지 이르게 된다. 이렇게 성경적 상담학은 신학의 원리를 통해서 상담의 원리와 방법을 개발해야 한다.[55]

지금까지 기독교상담학을 신학과는 연관이 없는 심리학적 영역으로 이해하는 경향들이 많았던 데 비하여, '기독교상담신학'이라는 신학과 상담학의 연관을 시도하는 일련의 연구들이 계속되고 있다는 것은 주목할 만한 일이다.[56]

신학과 상담학의 관계는 유기적 관계이다. 성경적 상담은 신학이 없이는 불가능하며, 신학적 연구는 상담학의 연구를 증진시키는 촉진제 역할을 한다는 것을 기억해야 한다.[57] 이러한 관점을 가지고 분노에 대한 성경적 상담방안을 제시하고자 한다.

2) 성경에 나타난 분노와 성경적 상담 방안

분노에 관한 성경 말씀은 구약성경, 특히 지혜서인 잠언(잠 15:1, 8; 17:14; 19:11; 21:19; 22:24-25; 25:28; 27:4)에 많이 기록되어 있고, 복음서(마 5:3-11; 5:21-24; 5:29; 5:39; 5:38-42; 5:43-48; 6:12, 14; 7:2; 7:3-5; 18:18; 18:21-22; 21:23-34; 막 3:1-5; 10:37-44; 눅 6:27-28; 23:34; 요 2:13-15; 9:1-3; 18:10)에 여러 구절에서 나타나고 있다.[58]

(1) 쓴 뿌리를 제거하라

먼저 히브리서 기자는 인간의 마음을 주장하는 쓴 뿌리에 대하여 말씀하고 있다. 히브리서 12:14-15은 다음과 같이 기록되어 있다.

> 모든 사람과 더불어 화평함과 거룩함을 따르라 이것이 없이는 아무도 주를 보지 못하리라 너희는 하나님의 은혜에 이르지 못하는 자가 없도록 하고 또 쓴 뿌리가 나서 괴롭게하여 많은 사람이 이로 말미암아 더럽게 되지 않게 하며(히 12:14-15).

이 말씀에서 히브리서 기자는 그리스도인은 모든 사람과 더불어 화평함과 거룩함을 따르라고 말씀하면서 이것이 없이는 아무도 주를 보지 못할 것임을 강조하고 있다. 즉 종말에 주님이 재림하실 때 생명의 부활을 얻어 주님을 뵈올 수 있는 자는 화평함과 거룩함을 따른 사람임을 가르친다(14절). 이것은 하나님의 은혜로 가능하다는 사실을 말씀하면서 그 은혜에 이르지 못하는 자가 없도록 권면하고 있다(15절). 문제는 화평함과 거룩함을 따르지 못하게 하는 요인이 있다는 것이다. 그것이 바로 "쓴 뿌리"이다(15절). 히브리서 기자는 인간의 마음에 쓴 뿌리가 있으면 괴롭게 할 뿐만 아니라 많은 사람이 이로 말미암아 더럽게 될 수 있다고 경고 하고 있다. 그러므로 인간을 괴롭게 하고 더럽게 할 수 있는 쓴 뿌리를 제거하는 것이 무엇보다 중요하다.

그러나 인간의 마음에 자리 잡고 있는 쓴 뿌리는 인간적인 방법으로 제거할 수가 없다. 그것은 철학이나 심리학으로 제거되는 것도 아니다. 하나님의 도우심이 필요하다. 인간의 마음의 쓴 뿌리를 제거하는 힘은 오직 하나님의 말씀에 있다.

그 말씀이 쓴 뿌리를 가진 사람의 마음에 뿌려질 때, 생명을 주시는 성령님이 개입하신다. 성령께서는 쓴 뿌리로 인하여 괴로워하던 자에게 평화를 주신다. 또한 쓴 뿌리로 인하여 더러워진 자를 예수 그리스도의 십자가의 은총을 믿게 하여 사죄의 확신을 주시고 깨끗한 심령을 허락하여 주신다.

그러므로 상담자는 내담자가 가진 마음의 쓴 뿌리가 무엇인지 살피도록 한 후, 그 쓴 뿌리를 내려놓게 함으로서 죄사함과 구원의 은총에 감사하는 마음으로 변화 받아 그리스도인으로서 복음에 합당한 새로운 삶을 살 것을 권면하여야 한다.

이 말씀에서 말하는 쓴 뿌리는 성경적 변화의 역동적 과정을 나타내는 8단계[59]에서 세 번째 단계인 나쁜 뿌리(Bad Root)[60]에 해당한다. 이처럼 성경적 상담은 말씀과 성령의 역사를 통하여 나쁜 뿌리를 제거하고 선한 뿌리로 마음을 변화시켜 선한 열매를 거두고 새로운 결과를 가져오게 하는 상담이다.

(2) 분노에는 시간 제한이 있음을 보게 하라

바울 사도는 에베소서를 통하여 분노는 그날을 넘기지 않도록 해야 한다는 점을 강조했다. 에베소서 4:25-27은 다음과 같이 기록하고 있다.

> 그런즉 거짓을 버리고 각각 그 이웃과 더불어 참된 것을 말하라 이는 우리가 서로 지체가 됨이라 분을 내어도 죄를 짓지 말며 해가 지도록 분을 품지 말고 마귀에게 틈을 주지 말라(엡 4:25-27).

이 말씀에서 그리스도인은 서로 지체가 되었으므로 거짓을 버리고 그 이웃에게 참된 것을 말해야 함을 역설한 후에 "분을 내어도 죄를 짓지 말며 해가 지도록 분을 품지 말라"고 말씀하고 있다. 이 말씀은 시편 4:4의 인용으로 역설적 명령이라 할 수 있다. 왜냐하면, 본 구절에서는 분을 내는 것을 허용하는 것처럼 오해될 수 있으나 에베소서 4:27에서 "마귀에게 틈을 주지 말라"는 명령이 나오고 에베소서 4:31에서 "너희는 모든 악독과 노함과 분 냄과 떠드는 것과 비방하는 것을 모든 악의와 함께 버리고"라고 말씀하는 것을 통해서 분노에 대한 금지를 명령하고 있기 때문이다. 그러므로 이 말씀은 '노하기를 더디 하라'는 권면(마 5:22; 갈 5:20; 골 3:8; 딤전 2:8; 딛 1:7; 약 1:19, 20)의 말씀으로 해석할 수 있다.

분노는 그릇된 방향으로 변질되어 죄를 범할 수 있는 가능성이 있다. 왜냐하면, 마음에 분노를 품으면 공격적인 말을 하게 되고 분노를 표출하는 거친 행동으로 죄를 범할 수 있는 가능성이 높기 때문이다. 더 나아가 "해 가지도록 분을 품지 말라" 한 것은 분노를 처리하기 위한 시간 제한을 둔 것이다. 즉, 분노에 대한 시간 제한을 통해 늦은 밤까지 분을 품고 있지 않도록 함으로서 죄에 빠지는 잘못을 막을 수 있음을 가르쳐 주고 있다.[61]

"마귀로 틈을 타지 못하게 하라"는 말씀은 분노에 대한 금지 명령의 동기가 되는 말씀이다. 분노를 마음에 오래 품고 있으면 마귀에게 틈을 주게 되어 사단이 지배하는 마음이 될 수 있다. 그래서 성경은 분을 품는 행위를 멈추든지 그렇지 않으면 분을 마음에 오래 간직하는 습관을 갖지 말라고 권면한다. 그러므로 그리스도인은 마음이 분노로 가득 채워지기 전에 반드시 적당한 때에 풀어야 하는 것이다.[62]

이 말씀을 통하여 상담할 수 있다. 먼저 그리스도인은 서로 지체가 되었음을 강조할 필요가 있다. 지체는 서로가 필요한 존재이며 상호 보완적이다. 지체 관계에 있는 사람들은 거짓을 말하지 않고 참된 것을 말해야 한다. 이때 인간에게 있어서 말이 중요한 이유는 그것이 마음을 반영해 주기 때문이다. 인간은 마음에 쌓은 것을 입으로 말하게 된다. 예수께서 누가복음 6:45에서 다음과 같이 말씀하셨다.

> 선한 사람은 마음에 쌓은 선에서 선을 내고 악한 자는 그 쌓은 악에서 악을 내나니 이는 마음에 가득한 것을 입으로 말함이니라(눅 6:45).

이 말씀을 통해서 선한 사람은 마음에 선을 쌓아 선한 말을 하게 된다는 것을 알 수 있다. 반면, 악한 사람은 마음에 악을 쌓아 악한 말을 낸다는 것도 알 수 있다. 즉 한 사람의 언어는 그 사람의 마음을 반영하는 것이며, 그것이 곧 그의 인격임을 알 수 있는 것이다. 특히, 분노의 마음을 해가 지도록 품고 있으면 분노의 말을 하게 되고 그는 분을 품은 인격의 사람이 되고 만다.

이러한 인간의 모습은 성령에 붙들린 사람의 모습은 아니다. 오히려 마귀에게 틈을 주어 마귀의 지배를 받는 안타까운 결과를 초래할 수 있다. 그러므로 상담자는 내담자에게 현재 품고 있는 분노의 마음을 풀어 버릴 것을 권면하여야 한다. 왜냐하면, 그것이 마귀의 지배에서 벗어나는 첩경이기 때문이다. 이처럼 성경적 상담은 인간의 마음의 변화를 통하여 삶의 변화를 가져오는 상담이다.

(3) 분노로부터 마음을 지키도록 상담하라

야고보 사도는 야고보서 1:19-20을 통하여 그리스도인들이 속히 해야 할 것과 더디 해야 할 것 있음을 가르친다.

> 내 사랑하는 형제들아 너희가 알지니 사람마다 듣기는 속히 하고 말하기는 더디 하며 성내기도 더디 하라 사람이 성내는 것이 하나님의 의를 이루지 못함이라(약 1:19-20).

이 말씀에서 그리스도인들이 속히 할 것은 듣는 일임을 알 수 있다. 그리고 그리스도인들이 더디 해야 할 일이 있는데 그것은 말하는 것과 성내는 것이다. "말하기는 더디 하며"라는 것은 말을 천천히 하라는 뜻이 아니라, 성급하게 자기의 의견만을 주장하거나 자기의 고집만을 내세우지 말라는 것이다. 그리스도인들은 말하기 전에 겸손히 자기를 살피며 진리를 받아들이는 태도가 필요하다.

특히 성내는 것을 더디 해야 할 이유는 하나님의 의를 이루지 못하기 때문이라고 역설한다. "성내기도 더디 하라"는 것은 분노로부터 자기 자신의 마음을 보존하는 것을 의미한다. 분노의 감정이 마음속에 자리 잡고 있을 때 하나님의 의를 이루지 못한다. 성내는 것은 그리스도인의 마음을 해칠 뿐만 아니라 하나님이 원하는 삶에 부합하지 않는다. "하나님의 의"는 하나님께서 원하시고 인정하시는 그리스도인의 올바른 행위이다.[63]

이 말씀에서 남의 말을 잘 듣는 경청하는 사람이 되는 것이 중요하다는 점을 강조하고 있다. 이것이 곧 상담이다. 상처 입고 화가 난 사람의 말을 잘 들어 주는 것 자체가 곧 좋은 상담이 되는 것이다. 또한, 상담자는 내담자에게 성급한 자기주장만을 할 것이 아니며, 분노로부터 자기 자신의 마음을 보존하는 것이 하나님께서 원하시는 하나님의 의를 이루는 길임을 강조해야 한다.

그리스도인은 하나님 앞에서 마음을 지키고 다스리는 사람이다. 그것이 곧 하나님의 의를 이루는 길이 되기 때문이다. 그러므로 상담자는 내담자가 분노로부터 마음을 지키도록 권면해야 한다. 이처럼 성경적 상담은 인간의 마음에 초점을 맞추는 상담이다.

(4) 벗어야 할 것이 있음을 말하라

바울 사도는 골로새서 3:8에서 그리스도인들이 벗어 버려야 할 것이 있음을 강조하고 있다. 그 첫째가 분함이요, 둘째가 노여움이다. 그 외에 악의와 비방과 너희 입의 부끄러운 말이다. 이 말씀에 나타난 분함의 원어의 의미는 혐오감이 다소 가라앉은 상태를 의미하고, 노여움의 원어의 의미는 감정이 몹시 격하게 분출된 격노의 의미를 담고 있다. 이 양자 모두 분노를 나타내는 것인데, 이러한 것들은 예수 그리스도의 공동체에 더 이상 나타나서는 안 되는 육체의 일이다(고후 12:20; 갈 5:19,20; 엡 4:31).[64]

성경적 상담 방법은 네 단계로 진행된다.

첫째, 사랑하라.
둘째, 알라.
셋째, 말하라.
넷째, 행하라.[65]

'사랑하라'는 상담자와 내담자와의 수평적 신뢰 관계를 조성하고 더 나아가 내담자를 그리스도에게로 인도하는 수직적 소망을 주는 것이다. '알라'는 내담자에 대한 정보를 수집하는 단계이며 이때 경청이 매우 중요하다. 그리고 세 번째 단계인 '말하라'의 단계가 있다. 이것은 사랑 안에서 진리를 말하는 단계인데, 곧 성경적인 직면을 의미하는 것이다. 네 번째 단계는 '행하라'인데 이것은 상담자가 모델이 되는 것이다.

(5) 분노를 극복하는 길은 용서임을 알게 하라

상담자는 성경을 통해 분노를 극복하는 길을 제시해 주어야 한다. 로마서 12:17-19은 다음과 같이 기록하고 있다.

아무에게도 악을 악으로 갚지 말고 모든 사람 앞에서 선한 일을 도모하라 할 수 있거든 너희로서는 모든 사람과 더불어 화목하라 내 사랑하는 자들

> 아 너희가 친히 원수를 갚지 말고 하나님의 진노하심에 맡기라 기록되었으되 원수 갚는 것이 내게 있으니 내가 갚으리라고 주께서 말씀하시니라 (롬 12:17-19).

이 말씀에 기록한 것처럼 그리스도인은 악을 악으로 갚지 않고 선한 일을 도모하는 사람이다. 모든 사람과 화목 하는 일이 필요하다. 원수를 갚는 일은 그리스도인 자신이 할 일이 아니라 하나님께 맡겨야 할 일이다. 주께서 친히 갚으실 것이기 때문이다. 이 말씀은 우리가 억울한 일을 당하여 분해하고 있을 때 마음의 평화를 가져오게 하는 말씀이다. 에베소서 4:31-32은 그리스도인들이 분노를 버리고 해야 할 일이 있음을 알려 준다.

> 너희는 모든 악독과 노함과 분냄과 … 버리고 서로 친절하게 하며 불쌍히 여기며 서로 용서하기를 하나님이 그리스도 안에서 너희를 용서하심과 같이 하라(엡 4:31-32)

이 말씀에서 보여 주듯이 그리스도인은 분노를 버리고 친절과 불쌍히 여김, 즉 긍휼과 용서를 베풀어야 할 것을 권면하고 있다. 왜냐하면, 하나님께서 그리스도 안에서 죄인을 용서하셨기 때문이다. 용서는 분노를 멈추게 한다. 골로새서 3:12-14에도 그리스도인이 가져야 할 성품을 가르쳐 준다.

> 긍휼과 자비와 겸손과 온유와 오래 참음을 옷 입고 누가 누구에게 불만이 있거든 서로 용납하여 피차 용서하되 주께서 너희를 용서하신 것같이 너희도 그리하고 이 모든 것 위에 사랑을 더하라 이는 온전하게 매는 띠니라 (골 3:12-14).

이 말씀에도 그리스도인은 긍휼과 자비, 겸손과 온유 그리고 인내를 가져야 할 것을 강조한 후, 서로 용납하며 용서할 것을 역설하고 있다. 그리고 이 모든 것 위에 사랑을 더할 것을 가르친다. 사랑은 허다한 죄를 덮는 것이다. 언제나 하나님의 뜻은 항상 기뻐할 것, 쉬지 말고 기도할 것, 범사에 감사할 것을 우리에게 권면하고 있다(살전 5:16-18).[66]

상담자는 내담자가 이 말씀에 응답하여 분노로 인하여 원수 갚지 말고 용서를 통하여 분노를 멈추고 그리스도의 성품을 실천하는 자가 되어 분노를 극복할 수 있도록 도와야 한다. 이때 성령께서 개입하셔서 내담자의 마음을 새롭게 변화시켜 주실 것이다.

성령의 도우심으로 분노를 버린 후에는 소극적 변화로 버릴 것을 버리게 된다. 예를 들면, 남에게 물질적, 정신적 해를 주던 사람이 그러한 악한 일을 멈추게 될 것이며(엡 4:28), 더러운 말을 입 밖에 내지 않게 될 것이고(엡 4:29), 모든 악독과 노함과 분 냄과 떠드는 것과 비방하는 것을 모든 악의와 함께 버리게 될 것이다(엡 4:31).[67]

더 나아가 심령이 새로워진 사람은 적극적으로 행할 일을 시작하게 될 것이다. 먼저 가난한 자를 구제할 수 있도록 자기 손으로 수고하여 선한 일을 하게 될 것이며(엡 4:28), 언어가 바뀌어 오직 덕을 세우는데 소용되는대로 선한 말을 하여 듣는 자들에게 은혜를 끼치게 될 것이고(엡 4:29), 친절을 베풀고(엡 4:32), 불쌍히 여기며(엡 4:32), 용서를 실천하게 될 것이다(엡 4:32).[68]

인간이 느끼는 분노의 원인은 마음속에 있는 정욕에서 나오는 것이다(약 4:1). 인간은 마음의 문제가 해결되지 않으면 언어와 행동이 변하지 않는다. 그러나 성경은 분노는 극복될 수 있는 것임을 분명하게 가르치고 있다. 하나님께서 인간의 분노하는 마음의 문제를 해결해 주시고 심령을 새롭게 하시면 옛사람을 벗어버리고 새사람이 되어 분노를 버리고 용서를 사랑의 마음으로 실천하는 사람이 될 것이다.

3) 노인의 분노에 대한 성경적 상담의 적용

필자는 분노 문제에 대한 성경적 상담 방안으로 다섯 가지 단계를 제안했다.

첫째, 쓴 뿌리를 제거하라.
둘째, 분노에는 시간 제한이 있음을 보게 하라.
셋째, 분노로부터 마음을 지키도록 상담하라.
넷째, 벗어야 할 것이 있음을 말하라.
다섯째, 분노를 극복하는 길은 용서임을 알게 하라.

이와 같은 성경적 상담 방안을 노년기에 있는 고령자에게 적용하는 것이 필요하다.

먼저, 노년기의 특성 가운데 우울증의 증가, 내향성 및 수동성의 증가, 성 역할 지각의 변화, 경직성의 증가, 조심성의 증가 등이 있었다. 이러한 특성이 나타나게 된 동기에는 스트레스와 사회적 활동의 감소, 문제해결 능력의 감소, 시각이나 청각의 감퇴 등이 원인이 되었다.

또한, 노인의 분노의 원인도 건강의 문제와 경제적 문제, 그리고 사회부적응의 문제가 있었다. 이러한 노인의 특성과 문제들에 대하여 상담자는 노인의 마음의 쓴 뿌리가 무엇인지를 발견하여 그것을 제거하는 일이 필요하다.

그리고 자신의 나이 많아 늙은 상태를 이해하고 받아들임으로서 분노를 해소하도록 돕고, 무엇보다 분노를 느끼게 하는 마음을 새롭게 하여 변화된 마음을 지키도록 상담해야 한다.

더 나아가서는 분노를 벗어 버려야 한다는 성경의 메시지를 사랑 안에서 말해 줌으로써 마음의 변화를 꾀하고, 용서와 이해를 통하여 마음에 자유와 평화가 임하도록 상담해야 한다.

이러한 과정에서 성경적 상담법의 네 단계를 적용하여 상담한다. 사랑하라, 알라, 말하라, 행하라. 즉, 상담자가 내담자를 사랑하여 신뢰를 얻고 그리스도에게 소망을 두게 하며, 내담자를 알기 위하여 노인의 말을 주의하여 경청하며, 사랑 안에서 진리를 말해 주며, 분노의 문제를 극복하는 일에 상담자가 모범을 보여 주어야 한다. 이러한 성경적 상담을 통하여 노인들은 분노를 극복하게 될 것이다. 성경적 상담자의 상담 과정 가운데 성령께서 노인들의 마음을 변화시킬 것이기 때문이다.

닫는 말

본 장은 고령 사회를 눈앞에 두고 현대 사회에서 소외집단으로 부각되고 있는 노인의 분노의 문제에 대한 기독교상담 방안을 모색함에 있어 심리학적 이론에 근거한 상담방안이 아닌, 개혁신학에 바탕을 둔 성경적 상담 방안을 제시하고자 했다.

이를 위하여 먼저 노년기에 대한 이해에서 노인이 누구인가에 관한 것과 노년기의 특성을 살펴보았다. 노년기에는 우울증 경향이 증가하고 내향성과 수동성이 증가하며, 성 역할 지각이 변화되고 경직성과 조심성이 증가하는 것을 보았다. 특히 노년기 분노의 원인으로 건강의 문제와 경제적 문제, 그리고 사회적 부적응의 문제로 인한 분노가 나타나게 되며, 분노의 개념적 이해를 고찰했다.

노년기 분노에 대한 성경적 상담 방안을 제시하기 위하여 먼저 성경적 상담의 신학적 이해를 살핀 후, 성경에 나타난 분노와 성경적 상담 방안을 제시했다.

첫째, 쓴 뿌리를 제거하라.
둘째, 분노의 시간 제한이 있음을 보게 하라.
셋째, 분노로부터 마음을 지키라.

넷째, 벗어야 할 것이 있음을 말하라.
다섯째, 분노를 극복하는 길은 용서임을 알게 하라.

이러한 변화는 하나님 말씀인 성경과 성령의 역사로 이루어지게 된다는 점을 강조했다.

한국 노인들의 생애 가운데 분노가 긍휼과 용서와 사랑으로 변하는 역사가 계속해서 일어나서 한국 사회가 건강해지고 하나님 나라가 확장되는 일이 계속해서 일어나길 소망한다.

제6부

개혁주의 생명신학과 성경적 상담

제11장 성경적 상담 운동과 개혁주의 생명신학과의 상관성
제12장 목회상담의 역사에 나타난 개혁신앙

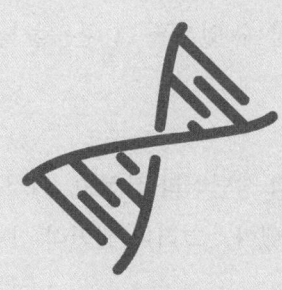

제11장

성경적 상담 운동과 개혁주의 생명신학과의 상관성

여는 말

1970년에 장로교 목사인 제이 아담스(Jay E. Adams)는 미국의 보수 기독교인들의 정신의학에 대한 반대 운동을 시작하게 되었다.[1] 호바트 모우러(Hobart Mowrer)와 토마스 스자즈(Thomas Szasz)에게서 부분적인 영향을 받은 아담스의 핵심 개념은 세 가지로 말할 수 있다.

첫째, 현대의 심리학적 이론들은 잘못된 신학이며, 인생을 왜곡되게 해석하는 문제를 지니고 있다는 것이다.
둘째, 심리치료사들은 목회자의 영역을 침범하여 부당하게 목회자들의 일을 담당하고 있다는 것이다.
셋째, 성경은 개혁주의 그리스도인들에 의하여 바르게 해석됨으로써 목회자들이 목회상담을 할 수 있도록 그 내용을 명확히 가르쳐 주고 있다는 것이다.

이것을 아담스는 권면적 상담이라 불렀고, 이것은 전문 직종을 보여 주는 기관으로 신속히 발전했다.[2] 그러나 권면적 상담은 전문가들의 반대를 만나게 되었다.

먼저, 세속 심리치료사들은 20세기 말이나 글에서와 삶의 문제에 관한 실제에 있어서 힘을 가졌다. 1940년대부터 기독교목회상담 운동의 주류는 기독교상담의 모습을 보였다. 복음적인 심리치료전문가들의 공동체에서 아담스의 보수 기독교 신앙에 대하여 논의했고, 기독교 신앙과 현대 심리학과 통합될 수 있다고 생각했다. 이때 전문적 관할권에 대한 갈등이 복음적인 심리치료사들과 아담스 사이에서 발생했다. 이 갈등은 역사적인 문서에서는 자세히 보이지 않았다.[3]

아담스의 이론은 여섯 가지의 핵심 부분으로 나눌 수 있다.

첫째, 개혁신학에 기반을 두고 있고 성경을 근거로 한다. 본 장에서는 이점을 주목하여 성경적 상담 운동의 역사적 흐름에서 나타난 개혁주의 생명신학과의 상관성을 조명하고자 한다.

둘째, 그는 삶에 있어서의 정의와 불의의 문제들을 죄로 정의했다.

셋째, 그는 개인적인 어려움의 상황에서 심리적, 사회적 힘을 취급했다.

넷째, 그는 인생의 문제들에 대한 해답은 예수 그리스도의 은혜라고 선포했다.

다섯째, 그는 목회와 교회를 바탕으로 한 상담을 정의했다.

여섯째, 그는 세속심리학을 믿을 수 없는 프로그램에 바탕을 두었다고 하면서 그들의 전문적이고 지적인 질문들을 비판했다.[4]

아담스는 목사들과 그들의 교우들 가운데 추종자를 얻었으나 넓은 의미에서는 전문상담사들과의 논쟁에서 승리를 거두지 못했다. 1980년대 복음적인 심리치료사들은 실제적인 문제에 대하여 그들의 심리이론으로 교육기관과 출판물을 통해 학문적 영향력을 성공적으로 확대하고 관심을 모으면서 문화적 리더십을 주장했다. 권면적 상담은 보수 기독교 내에서 주류로부터 소외되었다. 상담학회는 침체되었고 부족한 부분이 자체적으로 인식되었다.[5] 그러나 1990년대 이후에 권면적 상담은 다시 활기를 찾기 시작했다.

미국의 영향력 있는 유명 사회과학저널인 *Pacific Standard*는 미국 복음주의 안에서 최근 일어나고 있는 성경적 상담의 발전과 영향력에 관심을 가지며, "성경적 상담의 도약"(The Rise of Biblical Counseling)이라는 주제의 기사를 게재하여 성경적 상담의 부상을 주목하고 있다.[6]

아담스가 성경적 상담의 기초를 놓은 이래, 기독교상담의 본산지인 미국에서 최근 성경적 상담은 제2의 전성기를 맞고 있다. 많은 복음주의 그리스도인들과 교회가 성경적 상담을 받고, 훈련 프로그램에 참여하는 등, 이에 대한 관심이 높아지고 있다.

성경적 상담학자 데이비드 파울리슨(David Powlison)에 의하면, 성경적 상담이 아담스의 심리학에 대한 비판과 교회 안의 성경적 상담의 회복을 주장하며 보수적인 목회자에게 큰 지지를 받았으나, 복음주의 안에서 아담스의 영향력은 감소했고 복음주의 기독교상담에서의 리더십은 제한적이었다.

그러나 21세기가 시작되면서 성경적 상담은 다시 부상하고 있다. 그것은 복음주의를 대표하는 목회자들과 교단들의 지지와 새로운 리더들의 출현으로 성경적 상담의 영역이 지속적으로 확장되고 있다. 세계 최대의 개신교단이며 세계 복음주의 운동의 리더 역할을 하고 있는 남침례교단(Southern Baptist Convention)은 2002년 교단총회에서 '성경의 충분성'을 선언하며 성경적 상담을 채택했으며, 총회 소속 신학교들의 결정에 따라 성경적 상담으로 전환하게 되었다. 더 나아가 산하 교회들과 다른 복음주의권 교회들의 상담실에서도 성경적 상담 모델을 따르는 등 성경적 상담을 교회의 다양한 프로그램에 활용하게 되었다.

이렇게 최근 성경적 상담이 확장되는 이유는 무엇인가?

본 장에서는 그 원인이 주로 신학적인 영향이라는 것을 밝히고자 한다. 백석학원의 설립자이신 장종현 박사가 주창한 개혁주의 생명신학과 상관성이 있음을 조명하고자 한다.

펴는 말

성경적 상담 운동에 관한 선행 연구사는 다음과 같이 정리할 수 있다.

먼저, 아담스는 1970년 *Competent to Counsel*을 출판함으로서 소위 상담학의 혁명을 시작했다. 이 책은 성경적 상담의 출발이 되었던 권면적 상담이론을 처음 제안한 책으로서 상담학계에 엄청난 파장을 일으킨 명저가 되었다. 그 후 아담스는 1979년에 *The Christian Counselor's Manual*을 출판했다. 이 책은 권면적 상담의 훈련을 위한 책이다.

데이비드 파울리슨은 1996년 *Competent to Counsel? The History of A Conservative Protestant Anti-Psychiatry Movement*을 내어 놓았다. 이 논문은 펜실베니아대학교(University of Pennsylvania)에 제출한 박사학위(Ph.D.) 논문이다. 이 논문을 2010년에 New Growth Press에서 *The Biblical Counseling Movement*라는 제목으로 출간했다.

에드워드 웰치(Edward. T. Welch)는 2001년 *Addictions: A Banquet in The Grave Finding Hope in The Power of The Gospel*을 출간했다. 이 책은 성경적 상담의 관점에서 중독에 관하여 다룬 책이다.

폴 트립(Paul D. Tripp)는 2000년에 *War of Wars*를 출간했다. 이 책은 성경적 상담의 관점에서 말의 중요성과 말에 대한 새로운 계획, 그리고 말의 영적 전쟁에서 승리하는 길을 제시하고 있다.

티모시 레인(Timothy Lane)과 폴 트립은 2006년에 *How People Change*를 출간했다. 이 책은 성경적변화의 역동적 과정에 대하여 로드맵을 제시하는 책이다.

히스 램버트(Heath Lambert)는 2012년에 *The Biblical Movement After Adams*를 저술하여 출판했다. 이 책은 아담스 이후에 성경적 상담 운동의 역사를 보여 주는 책이다.

한국의 성경적 상담학자들의 저서와 논문에 나타난 학술활동은 다음과 같다.

정정숙은 아담스의 *Competent to Counsel*을 1976년에 『목회상담학』이란 제목으로 한국성서협회에서 번역 출간했고, 이를 2001년에 총신대학교 출판부에서 수정 보완하여 재출판했다. 아담스의 *The Christian Counselor's Manual*을 1992년에 『상담학개론』이라는 제목으로 번역 출판했다. 그 후에도 2008년에 베다니출판사에서 『기독교상담학』을 저술하여 출간한 후, 상담학 총서를 출판함으로서 성경적 상담학을 보급하고자 했다. 그는 총신대학교 기독교교육과 교수로 봉직하다가 정년퇴임하여 현재는 상담선교연구원 원장으로 섬기고 있다.

김준수는 아세아연합신학대학교 상담학 교수로서 『마음치유』라는 저서를 출간했으며, 2003년에 "성경적 상담을 위한 인간 이해"와 2012년 "인간 동기의 심리학적 이론과 성경적 이해"라는 논문을 발표했다.

황규명은 2008년에 『성경적 상담의 원리와 방법』을 저술했고, 트립의 책을 번역출간 했는데, 트립이 1997년에 저술한 *Age of Opportunity*를 2002년에 『위기의 십대 기회의 십대』라는 제목으로 번역했고, *Instrument Redeemers Hands*을 『치유와 회복의 동반자』라는 제목으로 번역, 출간했다. 그 외에도 2005년에 "체면문화와 기독교상담"과 2011년에 "학교폭력에 나타나는 마음의 문제: 성경적 상담의 관점"이라는 논문을 발표했다.

필자는 2009년에 『인간의 마음의 문제를 풀어주는 성경적 상담』을 저술했고, 2011년에 『성경적 상담과 설교』를 출간했으며, 2012년에 『성경적 상담학』을 출판한 후 3판 모두 절판되어 2018년에 개정판을 출간했다. 2013년에는 성경적 상담 이론을 설교에 접목한 『성경적 상담설교』를 저술하여 출판했다. 그리고 같은 해인 2013년에 파울리슨의 *Competent to Counsel? The History of A Conservative Protestant Anti-Psychiatry Movement*을 『정신의학과 기독교: 성경적 상담 운동의 역사 그리고 상황』이란 제목으로 번역, 출판했다.

그 외에도 2012년에 "한국교회 100년의 역사에 나타난 목회상담학의 흐름과 전망"을 학계에 발표했고, 2012년에 "한국교회와 성경적 상담의 이해와 과제"를 발표했다. 그 외에도 "자살에 대한 목회상담학적 대책"(2014), "기독교상담의 통합 모델에 관한 성경적 상담학적 조명"(2014), "동성애에 대한 복음주의 상담적 접근"(2017), "목회상담자로서의 칼빈 재조명"(2018) 등, 20여 편의 논문을 학계에 발표하며 성경적 상담 운동에 활발한 활동을 보이고 있다.

김준은 2012년에 히스 램버트가 저술한 *The Biblical Movement After Adams*를 2015년에 『성경적 상담의 핵심 개념』이라는 제목으로 번역 출판했다. 또한, 웰치의 *Addictions: A Banquet in The Grave Finding Hope in The Power of The Gospel*을 2013년에 『중독의 성경적 개념』이라는 제목으로 출판했다. 한편, 논문을 발표했다. 2008년에 "성경적 관점에서 본 결혼, 부부상담의 용서문제"와 2013년에 "기독교상담과 성경: 성경적 상담 관점에서"등을 발표하며 성경적 상담 운동에 참여하고 있다.

이상에서 볼 수 있는 것처럼 최근 성경적 상담 운동이 미국과 한국에서 활발히 전개되고 있는 것을 볼 수 있다. 그러나 성경적 상담 운동의 역사에 관하여 다룬 내용은 미국의 파울리슨과 램버트 정도이다. 그 가운데 이러한 역사적 흐름을 개혁주의 생명신학과의 상관성을 조명한 연구는 없었다. 그러므로 필자는 본 장에서 성경적 상담 운동의 신학적 특성이 개혁주의 생명신학과 상관성이 있음을 조명하고자 하는 것이다.

1. 성경적 상담학자의 사상에 나타난 개혁주의 생명신학

본장에서는 개혁주의 생명신학의 개념과 7대 운동이 무엇인가를 살펴보고, 아담스 이후의 성경적 상담학자들, 특히 데이비드 파울리슨, 폴 트립, 에드워드 웰치의 사상 속에 나타난 개혁주의 생명신학의 신학적 특징을 살펴보도록 하겠다.

1) 개혁주의 생명신학의 개념과 7대 운동

개혁주의 생명신학은 백석학원의 설립자 장종현 박사께서 주창한 개혁주의 신학의 실천 운동이다. 즉, 성경의 가르침과 개혁주의 신학을 계승하여, 사변화 된 신학을 반성하고, 회개와 용서로 하나 되며, 예수 그리스도께서 주신 영적 생명을 회복하고자 하는 신앙 운동이다. 그리하여 성령의 도우심으로 삶의 모든 영역에서 예수 그리스도의 주권을 실천함으로써 오직 하나님께 영광을 돌린다. 이를 위해 나눔 운동과 기도 운동과 성령 운동을 통해 자신과 교회와 세상을 변화시키는 역동적인 실천을 도모한다.[7]
개혁주의 생명신학 7대 운동은 다음과 같다.[8]

첫째, 개혁주의 생명신학은 성경이 우리의 신앙과 삶의 유일한 표준임을 믿고, 개혁주의 신학을 계승하려는 신앙 운동이다.
둘째, 개혁주의 생명신학은 지나치게 사변화 된 신학을 반성하고, 하나님과 그의 말씀으로 돌아가고자 '신학은 학문이 아님'을 강조하여 그 본래적인 의미를 회복코자 하는 신학 회복 운동이다.
셋째, 개혁주의 생명신학은 하나님 앞에서 자신을 돌아보고 서로를 용납하여 하나 되는 것을 추구하는 회개 용서 운동이다.
넷째, 개혁주의 생명신학은 예수 그리스도의 복음으로 사람을 변화시키며 우리 속에 그리스도의 영을 회복시키는 영적 생명 운동이다.
다섯째, 개혁주의 생명신학은 성령의 도우심으로 사회, 경제, 교육, 문화, 예술 등 우리의 신앙과 삶의 모든 영역에서 예수 그리스도의 주 되심을 실현하려는 하나님 나라 운동이다.
여섯째, 개혁주의 생명신학은 자신과 교회와 세상을 변화시키는 역동적인 실천을 추구하며, 그리스도께서 세상을 위하여 자신을 희생시킨 것 같이 우리에게 주어진 모든 것들을 세상과 이웃을 위하여 나누고 섬기는데 앞장서는 나눔 운동이다.
일곱째, 오직 성령만이 신앙 운동, 신학 회복 운동, 회개 용서 운동, 영적 생명 운동, 하나님 나라 운동, 그리고 나눔 운동을 가능하게 하심을 고백하며, 모든 일에 간절한 기도를 통하여 성령의 인도하심과 역사하심을 구하는 기도 성령 운동이다.

2) 데이비드 파울리슨(David A. Powlison)

파울리슨은 그의 저서 *Seeing with New Eyes*[9]에서 다음과 같이 말했다.

> 상담이란 의도적으로 도움을 주고자 하는 대화인데 당신이 이 대화를 하나님의 시각으로 보기 시작한다면 '상담'이란 것이 다르게 보이기 시작할 것이다.[10]

그는 계속해서 "이 책을 쓰는 나의 목표는 상담이라는 상황 속에서 하나님을 볼 수 있도록 돕는 것이다"[11]라고 했다. 이러한 그의 주장을 살펴볼 때에 파울리슨은 상담을 하나님의 시각으로 보기를 원했고, 상담이란 상황 속에서 하나님을 볼 수 있도록 하는 것이 그의 목표라고 했다.

이러한 점이 그의 상담신학에 나타난 개혁주의 생명신학적 특징이라 할 수 있다. 왜냐하면, 개혁주의 생명신학의 다섯째인 성령의 도우심으로 사회, 경제, 교육, 문화, 예술 등 우리의 신앙과 삶의 모든 영역에서 예수 그리스도의 주 되심을 실현하려는 하나님 나라 운동이다와 통하는 내용이다.

파울리슨은 성경적 상담의 모델을 제시하기 위해서는 네 가지 구성 요소를 필요로 한다고 했다.

첫째, 개념적인 틀이 필요하다. 이것은 따라야 할 규범이 무엇이며, 문제와 해결책은 무엇인지 정의해 준다.

둘째, 방법론이 필요하다. 이것은 마음의 병을 치료하기 위해 어떠한 대화를 어떻게 솜씨 있게 이끌어 가야 하는가의 문제를 다룬다.

셋째, 사회조직이 필요하다. 이것은 도움을 필요로 하는 사람들에게 실제적인 치료와 보살핌을 제공한다.

넷째, 변증학이 필요하다. 이것은 다른 이론들을 건설적으로 비판하고 바람직한 모델을 변호하게 해 준다.

여러 가지 상담 모델들은 모두 이 네 가지 요소를 가지고 있으며, 이것은 비종교적인 상담이거나 종교적인 상담이거나 차이가 없다. 이 둘은 본질적으로 다른 이론과 체계를 가지고 있으나 모두 나름대로 '목회적인 돌봄과 치유'를 제공한다고 보았다.[12]

먼저 파울리슨은 개념들은 어떤 상담 체계에서든지 가장 기초적인 요소이며 그 체계의 성격을 정의해 주는 요소로서 모든 이론은 인간의 속성에 대하여, 인간의 동기가 어떻게 움직이는지에 대하여 정의하고 있다. 모든 이론은 인간의 활동에 대한 이상적인 형태를 가정하고 이에 따라 문제들을 정의하고 해결책을 제시한다고 말한다. 그는 성격이론들과 심리치료 이론들은 사람의 속성을 설명하고 해결책을 내놓는 방법에 있어서 성경과 다를 뿐 아니라 이론 상호 간에도 매우 다르다고 지적한다. 그래서 성경의 진리는 심리학 이론들과 치열한 싸움을 벌인다는 것이다.

파울리슨은 하나님은 우리가 변화될 수 있도록 진리를 말씀하신다고 하면서 예수님 안에 있는 진리는 우리가 무엇을 위해 사는가를 드러내고 삶의 목적을 변화시킨다는 것이다. 그래서 사람의 인격을 다루는 성경의 이론은 사람에 대한 진정한 진리가 무엇인지 판단할 수 있는 유일한 기준이다.[13] 파울리슨은 성경은 모든 관계를 철저하게 하나님과의 관계를 통해 바라본다고 이해했다.[14]

바로 이와 같이 성경을 진정한 진리의 유일한 판단 기준으로 보는 입장이 개혁주의 생명신학적 요소인 것이다. 이것은 개혁주의 생명신학 실천 운동의 첫째인 "성경이 우리의 신앙과 삶의 유일한 표준임을 믿고, 개혁주의 신학을 계승하려는 신앙 운동이다"라는 것과 맥을 같이 하고 있는 것이다.

파울리슨은 이 책을 통하여 인간의 문제를 어떻게 이해하는지 보여 주며, 이것이 일반적인 상담 과정에 나타나는 현상들을 성경의 관점을 통해 다시 해석하는 개혁주의 생명신학적 입장을 취하고 있는 것이다. 즉, 개혁주의 생명신학실천 운동의 두 번째인 "지나치게 사변화 된 신학을 반성하고, 하나님과 그의 말씀으로 돌아가고자 '신학은 학문이 아님'을 강조하여 그 본래적인 의미를 회복코자 하는 신학 회복 운동이다"와 같이 말씀으로 돌아가고자 하며, 성경적 관점으로 재해석을 시도하고 있음을 확인케 된다.

3) 폴 트립(Paul D. Tripp)

트립의 대표적 저서로는 *War of Words*[15]와 *Instruments in the Redeemer's Hands*[16] 그리고 *Age of Opportunity*[17]가 있다.

트립은 *War of Words*에서 다음과 같이 말하고 있다.

> 이 책에서 우리는 창조 후의 평안한 안식으로부터 우리를 멀어지게 하는 것들이 무엇인지 살펴볼 것이다. 그것은 매일 반복적으로 행하고 있는 말하는 것이다. 이 책은 말이라는 주제에 대한 다른 책들과는 구별된다. 효과적인 의사소통에 관한 기술이나 요령에 관한 것이 아니다. 말에서 비롯되는 삶의 모든 제와 갈등의 근원인 마음속의 치열한 영적 전쟁에 대한 이야기이다. 우리는 말에 대한 하나님의 계획을 살펴 볼 텐데, 그로 인해 역사하시는 하나님의 은혜를 깨닫고 찬양하게 될 것이다.[18]

위의 진술에서 알 수 있는 것처럼, 트립은 *War of Words*에서 말에서 비롯되는 삶의 모든 문제와 갈등의 근원인 마음속의 치열한 영적 전쟁에 대한 이야기를 하고자 했다. 트립은 다음과 같이 말했다.

> 이 책은 변화에 관한 책이다. 변화는 개인의 인격적인 노력과 주 예수 그리스도의 역사하심으로 가능하다.[19]

이 말에서 보는 것처럼 인간의 변화는 개인의 인격적인 노력과 함께 예수 그리스도의 역사하심으로 가능한 것이다. 이것은 개혁주의 생명신학 7대 실천 운동에서 네 번째인 "개혁주의 생명신학은 예수 그리스도의 복음으로 사람을 변화시키며 우리 속에 그리스도의 영을 회복시키는 영적 생명 운동이다"와 맥을 같이 하는 것이다.

트립은 *War of Words*에 대하여 언어 습관을 바꾸는 네 가지 근본적인 원리들에 근거한 희망의 책이라고 하면서 다음 네 가지를 제시했다.

첫째, 하나님께서는 언어습관에 대하여 우리가 세울 수 있는 어떤 계획보다도 훨씬 더 훌륭한 계획이 있으시다.
둘째, 죄는 인간의 언어생활의 방향을 급격하게 바꿔놓아 버렸고, 그 결과 많은 아픔과 혼란이 찾아오게 되었다.
셋째, 우리는 예수 그리스도 안에서 하나님께서 말씀하시는 대로 순종하려 할 때 필요한 하나님의 은혜를 받을 수 있다.
넷째, 성경은 우리 각자가 처해 있는 위치에서 어떻게 하나님께서 원하시는 위치까지 이를 수 있는지를 간명하게 가르쳐 준다고 했다.[20]

이와 같은 원리에서 개혁주의 생명신학의 요소를 발견할 수 있다. 즉, 트립이 넷째로 제시한 "성경은 우리 각자가 처해 있는 위치에서 어떻게 하나님께서 원하시는 위치까지 이를 수 있는지를 간명하게 가르쳐 준다"라는 내용은 개혁주의 생명신학의 7대 실천 운동 가운데, "첫째, 개혁주의 생명신학은 성경이 우리의 신앙과 삶의 유일한 표준임을 믿고, 개혁주의 생명신학을 계승하려는 신앙 운동이다"와 맥을 같이 하는 것이다.

트립은 회개에 대하여 다음과 같이 강조한다.

진정한 회개는 예수 그리스도를 향한 믿음과 죄의 권세에 대한 승리로 말미암는 주님의 많은 약속에서부터 시작된다. 우리가 붙들어야 하는 첫 번째 복음은 용서이다. 두 번째 약속은 구원이다. 세 번째 약속은 회복이다. 네 번째

약속은 화목이다. 다섯 번째 약속은 지혜이다. 여섯 번째 약속은 긍휼이다.[21]

트립은 회개의 단계는 다음과 같다.

첫째, 성찰이다.
이것은 우리가 영적으로 무지한 자임을 고백하는 것이다. 우리 자신의 실제 모습이 어떤지를 보기 위해 하나님의 말씀을 주의 깊게 들여다보아야 한다. 그리고 변화가 필요한 부분이 어디인지를 살펴보아야 한다 (약 1:22-25).

둘째, 고백이다.
고백은 하나님께서 하신 말씀을 겸손하게 받아들인다는 뜻이다.

셋째, 결심이다.
우리는 자신의 마음으로부터 출발하겠다는 확고한 결심이 필요하다. 의인의 마음은 대답할 말을 깊이 생각한다(잠 15:28), 바울의 편지 가운데 마음의 문제에 대한 명확한 주님의 가르침이 나타난다. 긍휼, 자비, 겸손, 온유, 인내, 관용, 용서, 사랑, 평화, 감사하는 마음이다(골 3:12-17).

넷째, 변화이다.
반드시 기억할 원리가 있다. 행동의 변화는 마음의 변화가 일어나기 전에는 일어나지 않는다는 것이다.[22]

위와 같이 트립이 강조하고 있는 회개는 개혁주의 생명신학의 실천 운동의 세 번째, "개혁주의 생명신학은 하나님 앞에서 자신을 돌아보고 서로를 용납하여 하나 되는 것을 추구하는 회개 용서 운동이다"와 일맥상통하는 내용임을 알 수 있다.

트립은 『치유와 회복의 동반자』에서 다음과 같이 말했다.

성경의 위대한 이야기에서 가장 중심이 되는 인물은 예수 그리스도이고, 중심 되는 주제는 은혜이다. 그것은 우리의 개인 사역과 성경적 상담과 제자훈련에서도 중심 주제가 되어야만 한다. 우리는 사람들로 하여금 그들의 삶의 목표를 세워줄 뿐만 아니라, 그들이 결코 행하지 못했던 것을 행하게 하시는 하나님을 보도록 도와야 한다. 그분의 은혜는 화해와 회복과 평화로 나타난다. 도저히 경건해질 수 없던 죄인이 그분의 은혜를 통해 경건해진다.[23]

트립의 위의 서술을 통해서 알 수 있는 것처럼, 성경의 중심을 예수 그리스도로 보았고, 그 중심에는 은혜가 있음을 강조하고 있다. 특히, 그것은 성경적 상담과 제자훈련에도 중심 주제가 되어야만 한다는 것을 말하고 있다. 이것은 개혁주의 생명신학 7대 실천 운동 가운데 다섯 번째인 "개혁주의 생명신학은 성령의 도우심으로 사회, 경제, 교육, 문화, 예술 등 우리의 신앙과 삶의 모든 영역에서 예수 그리스도의 주 되심을 실현하려는 하나님 나라 운동이다"와 맥을 같이 하는 것이다.

또한, 트립은 사람들로 하여금 그들의 삶의 목표를 세워줄 뿐만 아니라, 그들이 결코 행하지 못했던 것을 행하게 하시는 하나님을 보도록 도와야 하며, 그분의 은혜는 화해와 회복과 평화로 나타난다고 했다. 이러한 화해와 회복과 평화를 강조한 진술은 개혁주의 생명신학 7대 실천 운동 가운데 세 번째인 "개혁주의 생명신학은 하나님 앞에서 자신을 돌아보고 서로를 용납하여 하나 되는 것을 추구하는 회개 용서 운동이다"와 깊은 관련이 있음을 보여 준다.

트립은 하나님의 대사로서 사는 삶의 핵심적인 진리들을 다음 여덟 가지로 제시하고 있다.

첫째, 하나님의 뜻대로 살아가기 위해서는 하나님과 그분의 진리가 필요하다(창 1:26; 딤후 3:16-17).

둘째, 우리 각 사람은 하나님의 도구가 되어, 우리의 가족과 교회로부터 시작되는 다른 사람의 삶에 변화를 일으키라는 부르심을 받았다 (엡 4:11-16; 골 3:15-17).

셋째, 우리의 행동은 우리 마음의 생각과 동기에 근거하고 있다(시 4:23; 눅 6:43-45).

넷째, 그리스도는 우리에게 자신의 가르침과 방법과 성품을 따라서 그분의 대사가 되라고 요구하셨다(고후 5:14-21).

다섯째, 변화의 도구가 된다는 것은 사람들이 겪는 문제를 나누고, 그들의 고통을 이해하고, 그들에게 변화를 독려하면서 하나님의 은혜를 나타냄으로써 그리스도의 사랑을 구현하는 일을 포함한다.

여섯째, 변화의 도구가 된다는 것은 다른 사람들에게 그들의 잘못된 전제들을 제거하게 하고, 마음을 드러낼 수 있는 좋은 질문을 하면서 뚜렷이 성경적인 방식으로 정보들을 해석함으로써 사람들을 더욱 알아가고자 하는 것을 의미한다(잠 20:5; 히 4:14-16).

일곱째, 변화의 도구가 된다는 것은 사랑 안에서 진리를 말하는 것을 의미한다. 우리의 위로이자 부르심인 복음을 가지고 우리는 사람들이 하나님의 말씀 가운데 스스로를 바라보도록 도울 수 있고, 그들을 회개로 이끌 수 있다(롬 8:1-17; 갈 6:1-2; 약 1:22-25).

여덟째, 변화의 도구가 된다는 것은 책임 소재를 분명히 밝히고, 사랑 어린 책임 감독 체계를 제공하며, 그리스도 안의 정체성을 상기시킴으로써 하나님이 명하신 일들을 다른 사람들이 행할 수 있도록 돕는 것을 의미 한다(빌 2:1-14; 벧후 1:3-9; 요일 3:1-3; 갈 6:2)는 것이다.[24]

이러한 진술들은 성경적 상담이 개혁주의 생명신학과 깊은 관련이 있다는 것을 보여 준다.

첫째, 하나님의 뜻대로 살아가기 위해서는 하나님과 그분의 진리가 필요하다는 것은 개혁주의 생명신학 7대 실천 운동 가운데 첫째, "개혁주의 생명신학은 성경이 우리의 신앙과 삶의 유일한 표준임을 믿고 개혁주의 신학을 계승하려는 신앙 운동이다"와 깊이 관계가 있으며, 둘째 "개혁주의 생명신학은 지나치게 사변화 된 신학을 반성하고, 하나님과 그의 말

쏨으로 돌아가고자 '신학은 학문이 아님'을 강조하여 그 본래적인 의미를 회복고자 하는 신학 회복 운동이다" 하는 것과 맥을 같이하고 있다. 하나님과 그분의 진리가 필요하다는 것은 하나님과 그의 말씀으로 돌아가고자 한다는 것과 내용의 일치를 보이고 있기 때문이다.

둘째, 우리 각 사람은 하나님의 도구가 되어, 우리의 가족과 교회로부터 시작되는 다른 사람의 삶에 변화를 일으키라는 부르심을 받았다는 것은 개혁주의 생명신학 7대 실천 운동 가운데 넷째 "개혁주의 생명신학은 예수 그리스도의 복음으로 사람을 변화시키며 우리 속에 그리스도의 영을 회복시키는 영적 생명 운동이다"와 관련이 있다. 변화를 일으키기 위해 부르심을 받았다는 것과 복음으로 사람을 변화시킨다는 내용이 일치하기 때문이다.

셋째, 우리의 행동은 우리 마음의 생각과 동기에 근거하고 있다는 것은 개혁주의 생명신학 7대 실천 운동 전체와 관련이 있다고 할 수 있다. 결국, 우리의 마음과 생각과 동기가 실천 운동으로 이어지는 것이기 때문이다.

넷째, 그리스도는 우리에게 자신의 가르침과 방법과 성품을 따라서 그분의 대사가 되라고 요구하셨다는 것은 개혁주의 생명신학 7대 실천 운동 가운데 다섯째인 "개혁주의 생명신학은 성령의 도우심으로 사회, 경제, 교육, 문화, 예술 등 우리의 신앙과 삶의 모든 영역에서 예수 그리스도의 주 되심을 실현하려는 하나님 나라 운동이다"라는 내용과 관계가 된다. 그리스도의 가르침과 방법, 성품을 따라서 그분의 대사가 되는 것은 우리의 신앙과 삶의 모든 영역에서 예수 그리스도의 주 되심을 실현하려는 하나님 나라 운동과 정신을 같이 하고 있다.

다섯째, 변화의 도구가 된다는 것은 사람들이 겪는 문제를 나누고, 그들의 고통을 이해하고, 그들에게 변화를 독려하면서 하나님의 은혜를 나타냄으로써 그리스도의 사랑을 구현하는 일을 포함한다는 것은 개혁주의 생명신학 7대 실천 운동 가운데 네 번째 "복음으로 사람을 변화시키며 우리 속에 그리스도의 영을 회복시키는 영적 생명 운동이다"는 것과 여섯째인 "개혁주의 생명신학은 자신과 교회와 세상을 변화시키는 역동적인 실천을 추구하며 …"라는 내용과 그 내용과 정신이 일치하고 있다.

여섯째, 변화의 도구가 된다는 것은 다른 사람들에게 그들의 잘못된 전제들을 제거하게 하고, 마음을 드러낼 수 있는 좋은 질문을 하면서 뚜렷이 성경적인 방식으로 정보들을 해석함으로써 사람들을 더욱 알아가고자 하는 것을 의미하는 것이라고 했는데, 이것은 개혁주의 생명신학실천 운동의 네 번째 선언인 예수 그리스도의 복음으로 사람을 변화시키는 것과 일치하는 내용이다.

일곱째, 변화의 도구가 된다는 것은 사랑 안에서 진리를 말하는 것을 의미한다. 우리의 위로이자 부르심인 복음을 가지고 우리는 사람들이 하나님의 말씀 가운데 스스로를 바라보도록 도울 수 있고, 그들을 회개로 이끌 수 있다는 것은 개혁주의 생명신학실천 운동의 세 번째인 "회개 용서 운동"과 일치하는 것이다.

여덟째, 변화의 도구가 된다는 것은 책임 소재를 분명히 밝히고, 사랑 어린 책임 감독 체계를 제공하며, 그리스도 안의 정체성을 상기시킴으로써 하나님이 명하신 일들을 다른 사람들이 행할 수 있도록 돕는 것을 의미한다고 했는데, 이것은 개혁주의 생명신학의 정의인 "개혁주의 생명신학은 성경의 가르침과 개혁주의 신학을 계승하여, 사변화 된 신학을 반성하고, 회개와 용서로 하나 되며, 예수 그리스도께서 주신 영적 생명을 회복하고자 하는 신앙 운동이다.

그리하여 성령의 도우심으로 삶의 모든 영역에서 예수 그리스도의 주권을 실현함으로써 오직 하나님께 영광을 돌린다. 이를 위해 나눔 운동과 기도 운동과 성령 운동을 통해 자신과 교회와 세상을 변화시키는 역동적인 실천을 도모한다"라는 선언과 뜻을 같이하고 있다. "그리스도 안에서의 정체성을 상기시키는 것과 하나님이 명하신 일들을 다른 사람들이 행할 수 있도록 돕는다는 것"이 "자신과 교회와 세상을 변화시키는 역동적인 실천을 도모하는 것"과 같은 의미이기 때문이다.

4) 에드워드 웰치(Edward T. Welch)

웰치는 『중독의 성경적 이해』의 감사의 글에서 다음과 같이 말한다.

> 이 책은 많은 중독자에게 소망을 주고 단순히 중독에 관한 원리를 제공하는 것을 넘어, 그들을 위해 십자가에 못 박히신 그리스도에게로 중독자들을 인도할 것입니다.[25]

이것은 웰치가 중독에 대한 책의 저술 목적을 많은 중독자에게 소망을 주고 그들을 십자가에 못 박히신 그리스도에게로 중독자들을 인도하는 데 목적이 있음을 분명히 밝히고 있다. 개혁주의 생명신학의 영적 생명 운동과 일치하는 진술이다.

웰치는 서문에서 "신학에 따라 삶이 달라진다"[26]라고 하면서 다음과 같이 말했다.

> 중독은 궁극적으로 잘못된 경배의 문제이다. '우리 자신과 우리의 욕구를 경배할 것인가, 아니면 하나님을 경배할 것인가?' 하는 관점으로 살펴보면, 성경 전체가 중독에 대해 말하고 있다는 것을 알게 된다.[27]

웰치는 중독에 관하여 성경적 관점으로 이해하는 것의 중요성을 다음과 같이 말하고 있다.

> 중독에 관한 난제들을 성경적으로 이해하는 데는, 관련 용어들의 의미를 재정립하거나 단순히 예수님을 초월적 능력자로 만드는 것 이상의 노력이 필요하다. 이는 중독에 관한 모든 것들을 성경적 관점으로 이해해야 함을 의미한다. 우리가 처한 문화는 순전한 성경적 입장보다는 세속적인 관점들과 타협하는 기독교를 원하고 있기 때문에, 우리는 생각보다 더 깊숙이 세속적 관념들의 영향을 받고 있음을 깨달아야 한다.[28]

위의 진술에서 볼 수 있는 것처럼, 웰치는 중독에 관한 모든 것들을 성경적 관점으로 이해하고자 했다. 이것은 개혁주의 생명신학 7대 실천 운동 가운데 첫 번째, "개혁주의 생명신학은 성경이 우리의 신앙과 삶의 유일한 표준임을 믿고 개혁주의 신학을 계승하려는 신앙 운동이다"와 그 맥을 같이 하고 있음을 볼 수 있다.

웰치는 실천신학의 중요성과 성경의 중요성을 다음과 같이 표현했다.

> 우리에게는 신학이 필요하다 그중 실천신학은 세상의 모순된 주의(ism)으로부터 삶의 경계를 세울 수 있도록 돕는다. 정확한 신학은 보물지도와 같다. 즉 실천신학은 우리를 안내한다. 그리고 우리로 하여금 무엇인가를 하게 만든다. 성경 말씀이 보다 관련성이 깊고, 깨달음을 주고, 삶을 변화시키는 진리로 우리에게 다가오도록 한다. 결국 성경은 "생명과 경건에 속한 모든 것들"(벧후 1:3)을 준다고 담대히 주장한다.[29]

위의 진술에서 알 수 있는 것은 인간에게 신학이 필요한데, 특히 실천신학이 필요하다. 그 이유는 실천신학이 세상의 모순된 이념으로부터 우리에게 삶의 경계를 세울 수 있도록 돕기 때문이다. 즉, 실천신학이 우리를 안내한다는 것이며, 무엇인가를 하게 만든다는 것이다. 결국 성경 말씀이 삶을 변화시키는 진리로 우리에게 다가오도록 한다는 것이다.

이것은 개혁주의 생명신학 7대 실천 운동 가운데 두 번째 "개혁주의 생명신학은 지나치게 사변화 된 신학을 반성하고, 하나님과 그의 말씀으로 돌아가고자 '신학은 학문이 아님'을 강조하여 그 본래적인 의미를 회복코자 하는 신학 회복 운동이다"와 깊이 관련되어 있음을 알 수 있다.

웰치는 다음과 같이 말했다.

> 성경은 우리에게 예수 그리스도를 알려 준다. 성경은 그분의 일대기이다. 우리는 아이디어나 원칙이 아닌, 예수 그리스도 한 분만을 통해 자유를 얻을 수 있다.

이것은 예수 그리스도 한 분을 통해서만 자유를 얻을 수 있다는 것을 강조한 것으로 개혁주의 생명신학 7대 실천 운동 가운데 네 번째 "복음으로 사람을 변화시키며 우리 속에 그리스도의 영을 회복시키는 영적 생명 운동이다"와 다섯 번째인 "개혁주의 생명신학은 성령의 도우심으로 사회, 경제, 교육, 문화, 예술 등 우리의 신앙과 삶의 모든 영역에서 예수 그리스도의 주 되심을 실현하려는 하나님 나라 운동이다"와 깊이 관련되어 있음을 보여 주고 있다.

또한, 그는 다음과 같이 말했다.

> 성경은 진실한 그리스도인이 된다는 것은 그리스도의 영광을 목적으로, 성령의 방식에 따라 우리의 삶에 그리스도의 성품이 드러나는 것이라고 말씀한다.

이것은 그리스도인이 되는 것은 우리의 삶에 그리스도의 성품이 드러나는 것을 강조한 것인데 여기서 성령의 역할을 강조하는 것을 볼 수 있다. 이는 개혁주의 생명신학의 7대 운동 가운데 일곱째인 "오직 성령만이 신앙 운동, 신학 회복 운동, 회개 용서 운동, 영적 생명 운동, 하나님 나라 운동, 그리고 나눔 운동을 가능하게 하심을 고백하며, 모든 일에 간절한 기도를 통하여 성령의 인도하심과 역사하심을 구하는 기도 성령 운동이다"와 맥을 같이하고 있는 것이다.

웰치는 그의 저서 *Blame It on the Brain*[30]에서 다음과 같이 말했다.

> 마음과 몸의 성경적 관점에 대한 첫 번째 적용은, 뇌가 사람을 죄로 이끄는 것은 아니라는 점이다. '몸' 때문에 우리가 죄인이 되는 것이 아니다 라고 말한다면, 많은 이들이 동의할 것이다. 결국 부러진 팔, 심각한 통증 또는 심장 질환은 고통스럽기는 하지만, 그것 때문에 우리가 죄인이 되는 것은 아니다. 그러나 어떤 이유로 문제가 뇌문제와 연루될 때, 우리는 종종 죄를 변명하는 데 뇌의 핑계를 대기도 한다.[31]

위의 진술은 사람이 죄를 범하는 것이 뇌의 책임이 아니라, 바로 자신의 책임이라는 것을 부각시키는 내용이다. 만약, 문제를 발생시킨 것이 뇌의 책임이라고 결론을 낸다면 그것은 질병이며, 질병에 빠져 죄를 범한 것이라면 책임에서 자유로울 수 있다.

그러나 웰치의 관점은 뇌가 사람을 죄로 이끄는 것이 아니라, 바로 자신의 책임, 마음의 문제임을 가르쳐 주고 있는 것이다. 이것은 개혁주의 생명신학 7대 실천 운동의 세 번째인 "개혁주의 생명신학은 하나님 앞에서 자신을 돌아보고 서로를 용납하여 하나 되는 것을 추구하는 회개 용서 운동이다"와 관련이 있다. 결국 인간은 하나님 앞에서 자신을 돌아보고 반성하며 회개하여 하나님의 용서를 받아야 하며, 죄인 된 우리가 서로의 잘못을 고백하고 서로 용서해야 하는 것이다.

웰치는 동성애에 대하여 다음과 같이 말했다.

> 회개가 동성애자와 대화하는 출발점이 되어야 한다. 다른 사람들이 우리들의 제도적인 죄를 지적하도록 허용하라. 교회가 짓고 있는 죄가 무엇인지 동성애자에게 물어보라. 그다음 그들의 지적에 작은 진실이 있다면 그 죄에 대하여 회개하자. 용서를 구하자. 그리고 더 깊이 대화할 수 있도록 그리스도의 이름으로 동성애자들을 초대하자.[32]

위의 진술에서 웰치는 동성애자들이 우리들의 죄를 지적하도록 허용하고 회개하고 용서를 구할 것을 제안하고 있다. 이것 역시 개혁주의 생명신학 7대 실천 운동의 세 번째인 "개혁주의 생명신학은 하나님 앞에서 자신을 돌아보고 서로를 용납하여 하나 되는 것을 추구하는 회개 용서 운동이다"와 깊은 관련이 있음을 보여 주고 있다.

웰치는 "크리스천의 뇌 연구와 생물학적 연구에 대한 성경적인 관찰을 제공하고 있는 분야중 하나가 동성애 연구 분야이다"[33]라고 지적하면서 동성애 욕구와 동성애 행위 사이에 차이를 두는 서적에 주의를 기울일 것을 제안했고, 성경이 더욱 밝고 명확한 빛을 비춰주고 있다고 강조하고 있다.[34] 이것은 "성경이 우리의 신앙과 삶의 유일한 표준임을 믿고, 개혁주의 신학을 계승하려는 신앙 운동이다" 개혁주의 생명신학 실천 운동의 첫 번째 진술과 일치하는 주장임을 알 수 있다.

닫는 말

지금까지 아담스 이후의 성경적 상담학자들의 저서 속에 담긴 그들의 사상에 나타난 개혁주의 생명신학적 특성을 살폈다. 본 장에서는 데이비드 파울리슨과 폴 트립, 그리고 에드워드 웰치의 저서에 나타난 아담스 이후의 성경적 상담학자들의 핵심사상을 살펴보았다. 그들의 사상 속에 깃들여 있는 개혁주의 생명신학의 7대 실천 운동의 정신을 확인할 수 있었다. 그 내용은 다음과 같다.

첫째, 개혁주의 생명신학은 성경이 우리의 신앙과 삶의 유일한 표준임을 믿고, 개혁주의 신학을 계승하려는 신앙 운동이다.
둘째, 개혁주의 생명신학은 지나치게 사변화 된 신학을 반성하고, 하나님과 그의 말씀으로 돌아가고자 '신학은 학문이 아님'을 강조하여 그 본래적인 의미를 회복코자 하는 신학 회복 운동이다.
셋째, 개혁주의 생명신학은 하나님 앞에서 자신을 돌아보고 서로를 용납하여 하나 되는 것을 추구하는 회개 용서 운동이다.
넷째, 개혁주의 생명신학은 예수 그리스도의 복음으로 사람을 변화시키며 우리 속에 그리스도의 영을 회복시키는 영적 생명 운동이다.
다섯째, 개혁주의 생명신학은 성령의 도우심으로 사회, 경제, 교육, 문화, 예술 등 우리의 신앙과 삶의 모든 영역에서 예수 그리스도의 주 되심을 실현하려는 하나님 나라 운동이다.
여섯째, 개혁주의 생명신학은 자신과 교회와 세상을 변화시키는 역동적인 실천을 추구하며, 그리스도께서 세상을 위하여 자신을 희생시킨 것

같이 우리에게 주어진 모든 것들을 세상과 이웃을 위하여 나누고 섬기는 데 앞장서는 나눔 운동이다.
일곱째, 개혁주의 생명신학은 오직 성령만이 신앙 운동, 신학 회복 운동, 회개 용서 운동, 영적 생명 운동, 하나님 나라 운동, 나눔 운동을 가능하게 하심을 고백하며, 모든 일에 간절한 기도를 통하여 성령의 인도하심과 역사하심을 구하는 기도 성령 운동이다.

먼저 파울리슨은 성경은 모든 관계를 철저하게 하나님과의 관계를 통해 바라본다고 이해했다. 바로 이와 같이 성경을 진정한 진리의 유일한 판단 기준으로 보는 입장이 개혁주의 생명신학적 요소인 것이다. 이것은 개혁주의 생명신학실천 운동의 첫째인 "성경이 우리의 신앙과 삶의 유일한 표준임을 믿고, 개혁주의 신학을 계승하려는 신앙 운동이다"라는 것과 맥을 같이 하고 있는 것이다.

파울리슨은 그의 저서 *Seeing with New Eyes*를 통하여 인간의 문제를 어떻게 이해하는지 보여 주며, 이것이 일반적인 상담 과정에 나타나는 현상들을 성경의 관점을 통해 다시 해석하는 개혁주의 생명신학적 입장을 취하고 있는 것이다. 즉, 개혁주의 생명신학실천 운동의 두 번째인 "지나치게 사변화 된 신학을 반성하고, 하나님과 그의 말씀으로 돌아가고자 '신학은 학문이 아님'을 강조하여 그 본래적인 의미를 회복코자 하는 신학 회복 운동이다"와 같이 말씀으로 돌아가고자 하며, 성경적 관점으로 재해석을 시도하고 있음을 확인할 수 있었다.

트립은 *War of Words*를 통해서 말에서 비롯되는 삶의 모든 문제와 갈등의 근원인 마음속의 치열한 영적 전쟁에 대한 이야기를 하고자 했다. 트립은 말하기를 "이 책은 변화에 관한 책이다. 변화는 개인의 인격적인 노력과 주 예수 그리스도의 역사하심으로 가능하다"라고 했는데, 이 말에서 보는 것처럼 인간의 변화는 개인의 인격적인 노력과 함께 예수 그리스도의 역사하심으로 가능한 것이다.

이것은 개혁주의 생명신학 7대 실천 운동에서 네 번째인 "개혁주의 생명신학은 예수 그리스도의 복음으로 사람을 변화시키며 우리 속에 그리스도의 영을 회복시키는 영적 생명 운동이다"와 맥을 같이 함이 명백하다. 이처럼 대표적인 성경적 상담학자 가운데 한분인 트립의 저서에 나타난 메시지들은 개혁주의 생명신학의 정신과 일치하고 있음을 확인하게 되었다.

웰치는 『중독의 성경적 이해』에서 자신의 책이 많은 중독자에게 소망과 중독에 관한 원리를 제공하는 것을 넘어, 그들을 위해 십자가에 못 박히신 그리스도에게로 그들을 인도할 것이라고 했다. 이것은 웰치가 중독에 대한 책의 저술 목적을 많은 중독자에게 소망을 주고 그들을 십자가에 못 박히신 그리스도에게로 중독자들을 인도하는데 목적이 있음을 분명히 밝히고 있다. 개혁주의 생명신학의 영적 생명 운동과 일치하는 진술이다.

웰치는 서문에서 "신학에 따라 삶이 달라진다"라고 말하면서 "중독은 궁극적으로 잘못된 경배의 문제이다. 우리 자신과 우리의 욕구를 경배할 것인가? 아니면 하나님을 경배할 것인가? 하는 관점으로 살펴보면, 성경 전체가 중독에 대해 말하고 있다는 것을 알게 된다"고 했다.

위의 진술에서 볼 수 있는 것처럼, 웰치는 중독에 관한 모든 것들을 성경적 관점으로 이해하고자 했다. 이것은 개혁주의 생명신학 7대 실천 운동 가운데 첫째, "개혁주의 생명신학은 성경이 우리의 신앙과 삶의 유일한 표준임을 믿고 개혁주의 신학을 계승하려는 신앙 운동이다"와 그 맥을 같이 하고 있음을 볼 수 있다.

이상에서와 같이 성경적 상담 운동에서 나타난 성경적 상담학자들의 저서의 내용과 개혁주의 생명신학은 그 신학적 메시지와 정신에서 깊은 상관성이 있음을 확인했다. 이후에 이 분야에 대한 후속 연구들이 계속 이어지길 기대한다.

제12장

목회상담의 역사에 나타난 개혁신앙

여는 말

　목회상담학의 역사적 흐름 가운데 개혁주의 신학과 개혁신앙이 명백하게 나타난다. 개혁주의 전통 혹은 개혁신앙과 신학은 다양한 관점에서 여러 가지로 정의되어 왔다. 가장 현저한 개혁주의의 특징은 신구약성경을 하나님의 오류가 없는 말씀으로 여기고 그 실체를 중보자 그리스도에게서 찾는 언약신학에서 찾을 수 있다. 개혁주의 언약신학은 말씀의 상호성과 함께 오직 그 공로는 모든 의를 다 이루신 그리스도의 순종에서 찾는다. 이것은 구속사적-구원론적 원리에 기초하는데 오직 은혜, 전적 은혜 교리가 중심에 위치한다.

　칼빈은 속죄론을 다루면서 하나님의 사랑과 그리스도의 공로가 언약의 두 축임을 강조했다. 개혁주의의 근본원리는 성경이다. 즉 개혁신학의 특징은 성경의 영감, 삼위일체 하나님의 존재와 경륜, 중보자 그리스도의 위격적 연합, 그리스도의 의를 전가하시는 보혜사 성령의 사역, 전적 타락과 전적 은혜 등이다.[1]

　본 장에서는 개혁주의 목회상담학의 관점에서 목회상담의 역사적 흐름을 다룬 후, 그 역사의 과정에 나타난 개혁신앙에 대하여 밝히고자 한다. 이것을 다루는 것은 지나온 목회상담의 역사 속에서 개혁신앙의 모습을 재발견할 뿐만 아니라, 이후 개혁신학과 신앙을 근거로 한 성경적 목회상담학의 연구에 방향을 제시하는 효과가 있을 것이다.

펴는 말

1. 목회상담의 역사적 이해

   목회상담을 역사적으로 조명하는 것은 쉬운 작업이 아니다. 오늘날 상담에 대한 역사적 조명이 미미한 상태이기 때문이다. 몇 편의 발표들을 참고할 수 있으나 하나의 안내 자료 구실 정도를 한다고 볼 수 있다.[2] 여기서는 성경적 목회상담의 역사를 개괄적으로 살펴봄으로서 목회상담의 역사를 조명하고자 한다. 그 후에 개혁신앙과의 관련성을 밝혀 보겠다.

   상담은 인류의 역사와 함께 시작되었다. 태초에 하나님이 천지를 창조하시며 아담과 하와를 상담하셨다. 하나님은 선한 상담자였다. 그러나 악한 상담자인 사단이 뱀의 모양으로 하와를 유혹함으로 인류는 죄악에 빠지게 되었고 심판을 받을 수밖에 없는 처지가 된 것이다. 세계 역사를 통해서 종교적 지도자를 찾아가서 자신이 해결할 수 없는 문제를 상담하고 거기서 해결점을 찾고자 한 것은 일반적으로 볼 수 있는 모습이었다.[3] 이러한 상담을 성경적 목회상담이라는 측면에서 교회사를 중심으로 다루어 보고자 한다.

1) 구약 시대의 상담

   이스라엘 백성들의 역사를 살펴보면 족장들이 상담자의 역할을 했던 것을 알 수 있다. 족장들은 민족의 지도자이면서 가장이었다. 이들의 사역은 단순한 상담의 사역에서 비롯되었다.[4]

   구약 시대의 대표적인 상담자는 모세였다. 각 가정의 사사로운 문제들은 가장이 해결했으나 최종적인 문제는 모세가 해결한 것이다. 모세의 초기 사역은 혼자 해결했으나 업무의 분량이 많아지자 장인 이드로의 건의

에 따라 천부장과 백부장의 제도를 두어 역할을 분담했다.[5]

사사 시대에는 사사들이 상담자 역할을 했다. 이 시대의 대표적인 상담자는 사무엘이었다. 그는 전국을 순회하며 백성들의 문제를 상담했다. 이스라엘에 왕이 생기고 신정정치가 이루어진 후에도 지도자들의 상담 기능은 계속되었다. 특히 왕으로서 다윗이나 솔로몬이 상담자의 역할을 감당했다.

선지 시대에 와서는 개인적인 문제에 대한 상담보다는 국가와 민족의 문제에 대한 상담이 이루어졌다. 이사야는 "마음이 상한 자를 고치며 슬픈 자를 위로하는 사역"이 하나님께서 자신에게 주신 사명으로 인식 했다 (사 61:1-3). 예레미야는 인간의 내면의 문제에 대한 깊은 통찰력을 발휘했고, 에스겔은 백성들의 죄악을 비판하기보다는 그들을 위로하는 위로의 메시지를 전달했다.[6]

또한 지혜서신에서 인간의 본성의 문제를 다루었다. 시편에서는 인간에 대한 깊은 통찰력을 보이고 있다: 죄, 고백, 참회, 고통, 좌절, 용서, 기쁨, 격려 등 인간의 정서적 영역에서 광범위하게 다루고 있다. 특히 욥기에서는 인간의 고통에 대한 대응방법을 다루고 있는데, '우리의 고통이 죗값인가? 아닌가?'라는 문제를 제기하고 있다.[7] 잠언에서는 "인간의 일상적인 삶 속에서 하나님이 주신 지혜를 어떻게 활용할 것인가?"라는 문제에 대한 대답을 해 준다. '지혜자'가 상담자의 역할을 하며 모사(잠 11:14)가 바로 상담자이다.

구약 시대에 이렇듯, 가장, 족장, 사사, 왕, 예언자, 지혜자등이 개인이나 집단 가운데서 하나님이 주신 지혜를 활용하여 인간의 문제를 해결하는 상담자 역할을 감당했다. 그들은 하나님이 주신 지혜를 활용하여 인간의 문제들을 해결하는 데 최선을 다했다.[8] 여기서 하나님이 주신 말씀의 지혜를 활용하여 인간의 문제들을 해결하는 상담자 역할을 했다는 점이 개혁신앙과 관련이 있는 것이다.

2) 신약 시대의 상담

신약 시대의 상담은 예수님의 상담이 중심이 된다. 예수 그리스도의 상담은 "선한 목자"(요 10:11, 14)로서의 상담이며, 하나님의 백성을 위한 것이다.[9] 예수님의 사역은 모두 상담과 관련이 있다. 가르치고, 전파하며, 치유하신 삼중 사역을 이루시기 위해서 상황에 알맞은 방법을 사용하셨다.[10]

예수님의 상담 사역은 그의 인간 이해와 깊은 관련이 있다. 요한복음 2:24-25에 보면 다음과 같은 내용이 담겨 있다.

> 예수는 그 몸을 저희에게 의탁하지 아니하셨으니 이는 친히 모든 사람을 아심이요 또 친히 사람의 속에 있는 것을 아시므로 사람에 대하여 아무 증거를 받으실 필요가 없음이니라(요 2:24-25).

목회상담학의 관점에서 볼 때, 그의 인간 이해는 가장 정확한 상담의 근거이다. 예수님의 인간 이해는 끊임없는 사랑에서 출발한다. 이것이 상담자가 가져야 할 자질이요 마음이다. 예수님의 자세는 사랑과 긍휼로 가득 찼었다. 마가는 예수님의 마음을 "큰 무리를 보시고 그 목자 없는 양 같음을 인하여 불쌍히 여기사"(막 6:34)라고 묘사했다.[11]

예수님은 한 사람 한 사람에 대한 깊은 애정과 관심을 가지고 계셨다. 예수님의 공생애를 살펴보면 많은 병자들을 고치실 때 수많은 병자들이 치유 사역을 기대하며 모여들었다. 누가는 병자에 대한 예수님의 자세를 "다 병인을 데리고 나아오매 예수께서 일일이 그 위에 손을 얹으사 고치시니"(눅 4:40)라고 묘사하셨다.[12] 이와 같은 기록들을 통하여 예수님의 상담은 인간 이해와 인간에 대한 사랑에서 출발되는 것을 볼 수 있다. 이렇게 예수님은 개인을 대상으로 사역(막 1:45)하시기도 하고 집단을 대상(막 1:32)으로 사역을 하시기도 하셨다.

예수님의 상담 사역의 다른 특성은 그리스도 안에서 참된 정체성을 확립하게 하는 자기인정이다. 예수께서 치유 사역을 감당하시며 그들에게 삶의 동기를 새롭게 부여하시고 왜곡된 자아상을 새롭게 변화시켜 주셨다. 예수님은 생명의 존귀성을 강조하셨으며(마 6:20, 30), 하나님의 백성의 자기인정을 도우셨다.[13] 그리스도 안에서 새로운 가치관을 가지게 되고, 새로운 삶의 동기를 부여받은 사람으로는 삭개오를 들 수 있다. 삭개오는 사회에서 소외된 상태에 있었으나 물질에 대한 강한 집착력으로 자신의 열등의식을 호소하려고 했을 것이다. 그러나 그가 예수님과의 만남을 통하여 새로운 가치관과 삶의 태도를 가지게 되었다.[14]

예수님은 세리와 창기와 같은 사회의 소외 계층의 사람들에게 삶의 용기와 새로운 동기를 부여하여 주셨다.[15] 마태의 경우를 보면, 예수님의 제자가 되게 함으로 긍정적인 자아상을 가진 자기인정의 길을 가게 하셨다. 이와 같은 예수님의 사역은 오늘의 상담자들이 피상담자의 왜곡된 부정적 자아상을 교정하여 하나님 앞에서 긍정적인 삶의 자세로 헌신하게 하는 역사를 이루게 한다.[16]

예수님의 상담의 또 다른 특성은 인간의 내면을 중시하는 것이다. 인간이 당하는 수많은 고통은 외면적인 이유보다는 내면적인 이유에서 생기는 경우가 많다. 죄악 된 인간의 행동이 내면적이기 때문에(막 7:20-23), 예수님의 사역은 죄의 용서와 치유에 직결된다.[17]

더 나아가 예수님의 상담은 인간의 연약성을 일깨워 주고, 성령님께서 임재케 하심으로 하나님께 더 가까이 나아가게 한다. 이러한 상담 사역은 사랑이 근본이 되며, 하나님의 사람들로 하여금 새로운 마음과 가치를 발견하게 했다.[18] 이렇듯 예수께서 죄의 용서와 치유, 성령님의 임재를 통하여 하나님께 더 가까이 나아가게 하는 것 등이 개혁신앙의 핵심적인 요소이다.

이렇게 예수님의 상담은 '선한 목자로서의 상담'이었다.[19] 예수님의 상담은 자신의 양 무리를 정확히 아시는 인간 이해와 새로운 존재의 의미를 깨닫게 하시는 자아형상의 발견, 인간 내면을 중요시하는 사랑이 함께 어울려 있는 상담이었다.

3) 사도 시대와 초대교회의 상담

사도 시대와 초대교회의 상담은 바울서신에 잘 드러나 있다. 즉 사도 바울의 상담 사역을 중심으로 고찰할 수 있다.[20] 바울은 유대의 종교, 헬라의 철학, 로마의 법률이라는 다양한 문화적 배경을 가졌으며, 당대 최고의 지성인으로서 전도자, 신학자, 행정가 등으로 폭넓은 역량을 발휘했다. 바울서신을 고찰해 보면, 바울은 자신의 내면적 갈등을 그대로 고백했고, 자신의 이상과 현실 사이의 갈등을 그대로 표현했다.

> 나의 행하는 것을 내가 알지 못하노니 곧 원하는 이것은 행하지 아니하고 도리어 미워하는 그것을 행함이라 … 내 속 사람으로는 하나님의 법을 즐거워하되 내 지체 속에 있는 죄의 법 아래로 나를 사로잡아 오는 것을 보도다. 오호라 나는 곤고한 사람이로다 이 사망의 몸에서 누가 나를 건져내랴 (롬 7:15, 22-24).

위의 말씀에 보면 바울은 자신이 원하는 것은 행치 않고 미워하는 것을 행하는 모습을 괴로워하고 있다. 그리고 자신을 "곤고한 사람"이라고 표현하고 있다. 바울의 이러한 고백은 현실적 자아와 이상적 자아가 충돌하는 데서 나타나는 실존적인 괴리 현상으로서 현대 정신의학의 관심 분야이기도 하다. 바울은 이러한 자기 고뇌에서 나오는 고통을 체험하면서 상담의 모델을 제시하고 있다. 바울은 그의 선교 사역지를 중심으로 해서 공식적으로 또는 비공식적으로 당면하는 문제들에 대해서 깊은 관심을 가지고 문제 해결을 추구했다.[21]

당시의 그리스도인들은 유대인과 로마 정부의 박해 가운데서 여러 가지 신앙적, 사회적 문제들을 안고 있었다. 재래문화에 대한 갈등, 이교에 대한 문제, 복음과 율법의 문제 등으로 심각한 고통을 겪고 있었다.[22]

이러한 여건 속에서 바울은 성도들의 고통과 고민을 상담하여 올바른 방향을 제시하는 역할을 감당했다. 이것은 곧 초대교회 사람들의 내면적 고통에 대한 바울 자신의 체험을 통한 응답이기도 했다. 바울은 그의 은사론에서 '사랑의 은사'를 강조했다. 이것은 사도 바울이 모든 문제를 풀어나가는 고리였으며, 그가 강조하는 행동원리였다.[23]

바울이 당면한 문제는 매우 광범위했다. 고린도교회의 경우만 해도 가정문제, 도덕문제, 종교적 파벌문제, 우상에게 바쳐진 제물 문제, 방언 문제 등, 산적한 문제들 가운데 있었다. 바울은 이러한 문제들을 '사랑'으로 해결하려 했다. 또한, 다른 사람의 문제를 해결할 때 자기 자신의 문제를 해결하는 자세로 임했다. 그는 함께하는 감정이입, 공감의 영역을 찾았으며, 판단보다는 통찰하는 자세를 취했다.[24]

그는 특히 인간의 성화를 강조했는데, 옛사람을 벗어버리고 새사람을 입는 변화를 교훈했다. 그는 인간이 가지고 있는 죄악성을 지적하면서도 새 사람으로서의 가능성을 주장했다.[25]

바울의 이러한 자세는 초대교회와 지도자들에게 계승되었다. 바울의 동역자들인 바나바, 실라, 디모데, 디도 등도 당시의 그리스도인들에게 전도자와 상담자의 역할을 감당했다. 초대교회 성도들은 당면한 박해 속에서 신앙을 지키며, 그리스도의 재림의 소망 속에서 살았다. 믿음으로 박해를 이겨야만 하는 절박감이 그들 속에 가득 차 있었고, 이것이 그리스도의 재림을 대망하는 신앙의 형태로 발전했다.[26] 죄악 된 옛사람의 인간을 벗어버리고 성령 안에서 새사람을 입는 변화의 가능성을 주장하며, 그리스도의 사랑으로 문제 해결을 하고자 함이 개혁신앙의 모습이기도 하다.

이렇듯 초대교회의 지도자들은 어려움을 겪는 성도들을 위로하고, 병들고 가난한 자들에게 사랑의 손길을 폈다. 이것이 발전하여 사회적 여건을 개선하는 데까지 발전하게 되었다.[27] 이러한 전통이 교회의 교직제도가 정비된 후에도 계승되어 교회의 성직자들이 상담자의 역할을 감당하게 되었다.[28]

4) 중세기의 상담

중세기는 학문적으로 상담학의 체계가 정립된 것이 아니라 당대 최고의 신학자인 어거스틴(Augustine)과 아퀴나스(Aquinas)에 의하여 상담학 혹은 심리학의 기초가 잡혔다.[29]

어거스틴은 그의 『참회록』(Confessions)[30]에서 그의 심리학적 지식을 잘 나타내고 있다. 그는 자신을 "비천하고 타락하고 영혼이 병들고 파손되고 수치와 공포로 가득한 사람"이라고 고백하고 있다. 이러한 인간들은 하나님의 은총으로 인도함을 받아야 한다고 했다.[31] 여기서 하나님의 은총이 필요한 인간을 강조한 부분이 개혁신앙의 모습이다.

어거스틴은 신플라톤주의(Neo-Platonism) 철학을 기독교적으로 소화하여 일종의 능력 심리학(faculty psychology)의 형태를 발전시켰다. 그는 인간을 영혼과 육체로 구성되었다는 이분설을 주장했다.[32] 이러한 이분설은 개혁신학의 입장과 일치한다.

이 시대의 대표적인 또 다른 신학자는 토마스 아퀴나스이다. 그는 도미니칸 수도사로서 신학과 윤리학을 조직적으로 조화시켜 가톨릭신학과 심리학의 기초를 놓았다. 그는 아리스토텔레스의 사상에 기초하여 어거스틴의 사상과 연결했다.[33]

아리스토텔레스는 정신(nous)은 불멸이나 사랑이지만 사랑이나 기억은 육체와 정신 사이에서 생겨났기 때문에 소멸된다고 보았다. 그래서 아퀴나스는 어거스틴과는 달리 인간의 정서와 감정은 정신을 파괴시키기 때문에 견제되어야 한다고 생각했다. 그는 영혼과 육체의 결합을 논함에 있어서 갈등이나 우열의 안목으로 보지 않고, 영혼이 인간의 본성을 완성하고 풍요롭게 한다고 본 것은 초월적인 은총에 의한 인간 치유의 가능성을 합리적인 이성의 자각에 두었기 때문이다. 이렇게 어거스틴은 정서적 치유를 강조했고, 아퀴나스는 영의 치유를 강조했다.[34]

5) 종교개혁 시대 칼빈과 루터의 상담

종교개혁은 신앙의 개혁만이 아니라 교육개혁이요 상담의 개혁이었다. 이 시기에 와서는 로마 가톨릭교회에서 중요시했던 고백과 참회가 거의 폐지되었다. 고백은 성직자와 교인 사이의 강제적 요소가 아니라 자유롭고 선택적인 것이 되었다. 목사에게 고백하기 전에 하나님께 먼저 고백하도록 했다. 이것이 종교개혁의 상담 원리가 되었다.[35]

위대한 개혁자 루터와 칼빈은 그리스도인의 실제적 생활 문제에도 깊은 관심을 가졌다. 또한, 하나님의 말씀을 중심으로 하는 삶의 원리와 방법을 추구하고, 기독교적 상담의 원리를 적용함으로 기독교적 상담을 발전시켰다.[36] 여기서 하나님의 말씀을 중심으로 삶의 원리와 방법을 추구했다는 점이 개혁신앙의 모습이다.

(1) 칼빈의 상담

위대한 개혁자 칼빈은 신학자요 주석가요 설교가인 동시에 교육자로서 위대한 자취를 남겼다. 『기독교 강요』를 비롯하여 그가 남긴 많은 저작물은 신학사상사의 거봉으로서 더욱 빛나게 한다. 칼빈신학의 특징은 하나님 중심의 신학, 성경 중심의 신학, 그리고 교회 중심의 신학이라고 할 수 있다.[37] 이점은 개혁신학의 요지이다.

칼빈의 인간관을 고찰하는 것은 매우 의미 있는 것이다. 칼빈의 인간관은 세속적 인간관과 다르다. 그는 인간에 대하여 논할지라도 항상 하나님에 관한 지식으로부터 시작한다.[38] 칼빈의 인간관에 관한 지식은 이중적 구조이다.

첫째, '인간이 처음 창조되었을 때에는 어떤 상태에 있었는가?'라는 지식이다.

둘째, '아담의 타락 이후 인간이 어떤 상태에서 시작했는가?'라는 지식이다.[39]

칼빈은 인간을 하나님의 형상으로 지음 받은 피조물로 보았다. 인간의 창조는 하나님의 창조 사역의 왕관이다. 하나님의 형상으로 지음 받은 인간은 만물의 영장이며, 이성적 존재다. 칼빈의 인간관을 이해하는 다른 측면은 하나님의 형상으로 지음 받은 본래의 위치에서 타락하여 범죄자가 되었다는 점이다. 타락은 하나님에 대한 적극적인 반역이며, 불순종의 결과이다. 이것은 불신앙에서 연유했다.[40] 타락한 이후 인간은 완전히 부패했다. 이것은 개혁신학에 근거를 둔 성경적 목회상담의 인간관과 일치 하는 것이다.

칼빈의 인간관의 또 다른 측면은 범죄 한 인간도 하나님께서 버리지 아니하시고 구속하셔서 창세 전에 그리스도 안에서 자기백성으로 선택하시고 새로운 생명을 부여하여 주셨다는 구속 받은 자로서의 인간이다.[41] 하나님이 인간을 선택하시고 자기 백성으로 삼으시기 위하여 영원한 계획을 수립하시고, 이것을 실행하셨다. 이것은 하나님의 독생자이신 예수 그리스도께서 이 땅에 오셔서 중보자의 역할을 담당하신 것이다. 그러므로 인간은 비록 타락하여 범죄했을지라도 '구속 받은 죄인'으로서 삶을 영위하며 승리의 삶을 살아가게 된다고 칼빈은 주장한다.[42]

칼빈의 이러한 인간 이해는 그의 목회 사역을 통해서 하나님의 절대주권과 성경의 권위를 강조했다. 칼빈은 상담 사역에서도 하나님과 하나님의 말씀을 의지하는 것을 강조했다.[43] 이점이 개혁신앙의 핵심이다.

칼빈은 인간이 고통을 겪을 때 오직 하나님만을 의지할 것을 가르친다.[44] 신앙의 사람은 환란과 시련을 당할 때 불신자와 전혀 다른 태도를 취한다. 환란을 당할 때 믿음이 없고 불경건한 자들은 더욱더 완악해지나 신앙인은 환란을 당할 때 하나님께 더 가까이 나아가는 경향이 있다.[45] 칼빈은 하나님의 말씀을 분명하게 가르치므로 역경 중에 있는 자들이 말씀 위에 굳게 서서 하나님 앞에 서며, 바른 삶으로 변화하게 되는 것을 가르쳤다.[46] 이렇게 칼빈은 오늘의 성경적 목회상담의 형태를 사용했으며 철저히 개혁신앙을 견지했다.

칼빈의 하나님 중심의 신학 원리는 그의 목회와 교육, 상담 사역에서 하나님의 말씀을 강조했다. 이와 연역한 인간의 모습을 대조하고 있다. 그렇게 함으로써 고통과 역경 중에 있는 성도가 변화의 삶을 위해서 하나님 앞에 자신의 연약함을 고백하고, 말씀에 더욱 의지해야 할 것을 가르치고 있다.[47] 이것이 개혁신앙의 모습이다.

(2) 루터의 상담

루터의 종교개혁은 다양한 측면에서 그 의미를 가지고 있다. 종교개혁의 본질을 요약하면 다음과 같다.

첫째, 종교의 부흥(Revival of Religion)이었다. 로마 가톨릭교회의 절대주의 아래 교회내외의 모든 문제는 교황의 개인적 입장에 의하여 이루어졌다. 종교개혁은 이렇게 종교 없는 상태에서 새롭게 종교를 부흥하려는 운동이었다.
둘째, 종교개혁의 발단과 근본 동기는 영적 만족을 갈망하는 인간의 영적 고민과 투쟁이었다.[48]
셋째, 종교개혁은 순수한 기독교를 재발견하려는 운동이었다. 종교개혁은 교회의 외형적 번창과 기독교의 기본교리에 대한 오해를 극복하는 계기였다.
넷째, 종교개혁은 신학 운동이었다. 성경의 바른 해석 원리와 방법이 제시되었고, 성경을 바탕으로 한 신학의 정립이 이루어졌다.[49] 이것이 개혁신학의 출발이다.

이러한 의미로 종교개혁을 일으켰던 루터는 상담에 대하여 어떤 태도를 취했을까?
그의 인간 이해를 이해할 필요가 있다.[50]

첫째, 인간은 하나님의 피조물이다. 이것은 인간이 죄와 부패에도 불구하고 여전히 하나님의 피조물이며, 또 전체적 인간의 몸과 영혼이 그리스도에 의하여 구속받고, 성령에 의하여 성화되는 것을 의미한다.[51]

둘째, 인간은 타락한 존재다. 인간이 타락함으로 본래 소유했던 하나님의 형상을 상실하게 되었다. 타락한 인간은 하나님에게서 멀어지고 본래 주어진 하나님의 형상은 상실되고 말았다. 심지어 하나님을 아는 지식마저 상실하게 되었다.[52]

루터의 인간관은 이렇게 인간은 하나님의 피조물이며, 죄로 타락한 존재라는 두 가지 점으로 요약된다. 이러한 인간을 구원하기 위해서는 그리스도의 대속의 은혜가 필요하다. 루터는 이러한 인간 이해를 바탕으로 상담 사역을 했다. 병든 자, 유혹에 빠진 자, 슬픔에 젖은 자, 실수한 자, 방황하는 자 등이 그의 관심의 대상이 되었다. 루터는 목양 적 관점에서 위로의 목회를 했다.[53] 이러한 점이 개혁신앙의 모습이다.

루터는 인간을 전인적으로 이해했다. 인간의 질병은 육체적인 원인에서만이 아니라 영적인 원인에서도 복합적으로 작용하는 것으로 보았다. 대체로 육체적 질병은 영적인 질병이 원인이 되어서 생기는 경우가 많다고 보았다. 그러므로 영적 충고자로서의 목사의 심방을 의사의 심방과 같이 중요한 것으로 보았다.[54]

루터는 '귀신에 사로잡히는' 현상도 당시의 의학적 견해와 같이 인정하고 기도와 믿음이 의약보다 효과적인 약이라 했다. 유혹을 당한 자가 유혹을 물리치기 위해서는 하나님의 말씀을 묵상하라고 했다.[55] 이렇게 그는 여러 서신을 통하여 영혼의 두려움을 극복하도록 격려하는 "위로의 사역"을 했다.

6) 청교도 시대의 상담

청교도들은 성도의 신앙과 교회의 예배를 정결케 하는 것에 중점을 두었다. 이들은 하나님의 영광만을 위해 살겠다는 각오를 가지고 있었다. 상담은 단지 이해해서 기분 좋게만 해 주는 것이 아니다. 잘못을 지적하여 회개케 해야 한다. 청교도 시대의 상담은 다음 세 가지 특징을 가지고 있다.[56]

첫째, 성경의 절대적 권위이다.

청교도 운동은 성경 운동이다. 하나님을 바로 경외하는 것은 말씀에 순종하는 것이다. 상담의 모든 권위는 성경이다. 인간의 심리적 필요가 성경에 의해 충족된다. 설교는 집단상담의 역할을 하며 예방상담에 해당된다.[57] 이것이 개혁신앙의 핵심적 부분이다.

둘째, 하나님에 대한 신뢰이다.

인간의 도덕적 문제, 심리적 문제는 하나님에 대한 경외심 부족에서 나오는 것이다. 인간이 하나님 앞에 살아갈 때 문제를 직시할 수 있다. 현대인들은 피조물을 너무 사랑하지만 청교도는 하나님을 지극히 사랑했다. 요즈음 상담은 욕구 충족에 초점을 맞추고 있다. 이것은 나 중심적 삶을 만든다. 이렇게 되면 더 많은 욕구충족을 원한다. 성경적 목회상담은 하나님 앞에서 우리 자신을 돌아보고 삶이 변하게 될 때 문제가 해결되는 것을 말한다.[58]

셋째, 죄에 대한 바른 이해이다.

청교도들은 양심의 중요성을 강조한다. 선한 양심은 또 다른 하나님의 음성으로서 나의 잘못을 지적한다. 하나님의 뜻에 비추어 보게 만들며 죄를 지적한다. 오늘날 상담은 책임을 회피하게 만들고 죄를 병으로 만들어 치료하려 한다. 그 죄를 고치게 만들려고 하지 않는다. 죄를 무속에서처럼 귀신들린 것으로, 심리학에서처럼 중독으로 접근하는 것은 자신의 책임을 회피하게 만드는 것이다. 회개가 없게 만듦으로 위험한 것이다.[59]

이렇듯 청교도들은 성경의 절대적 권위, 하나님에 대한 신뢰, 죄에 대한 바른 이해를 중시하는 상담이었다. 이것이 정확히 개혁신앙과 일치한다.

7) 심리학의 발전과 흐름

심리학의 역사는 희랍의 철학에서부터 시작된다.[60] 그러나 엄격한 의미에서 보면 심리학이 하나의 독립된 학문으로 틀을 잡은 것은 19세기와 20세기의 산물이다.[61]

빌헬름 분트(Wilhelem Wundt)가 1879년에 라이프치히에서 최초의 심리학 연구실을 세운 것을 효시로 하여 윌리엄 제임스[62](William James)가 심리학에 관한 저서들을 출판하여 현대 심리학의 선구자가 되었다. 그의 심리학적 이론들은 성직자들의 관심을 끌었다. 그는 '의식의 흐름'(stream of consciousness)이라는 이론을 통하여 인간은 제한성에도 불구하고 자신을 초월할 수 있는 능력을 가지고 있으며, 집중력을 통해서 강력한 정서적 힘을 발휘할 수 있다고 보았다.[63]

계몽주의의 발달과 함께 심리학이 발전했다. 이성이 말씀 위에 군림하여 역사비평을 하게 되었다. 하나님 중심에서 나 중심으로, 천국을 소망하던 것에서 이 땅의 유토피아를 꿈꾸는 것으로 바뀌었다. 그래서 인간의 심리와 행동연구가 종교를 대치했으며 메시야 적 위치를 차지하게 되었다.[64]

현대 심리학의 삼대 주류로 꼽히는 것은 정신 분석학, 행동주의 심리학, 인본주의 심리학이다.[65] 정신 분석학의 대표적 학자는 지그문트 프로이트(Sigmund Freud, 1856-1939)[66]라 할 수 있다. 행동주의 심리학에는 버허스 프레드릭 스키너(Burrhus Frederic Skinner, 1904-1990)[67]가 등장했다. 스키너는 행동 요법자들이 이 땅에 천국을 건설하고 있다고 말하며 심리학은 종교를 대치할 것이라고 믿었다.

그 후 칼 로저스(Carl Ransom Rogers, 1902-1987)[68]가 등장하여 인본주의적 상담법을 창안해 내었다. 본 장에서는 각 심리학적 요법에 대한 자세한 내용은 지면상 생략하겠다.

8) 심리학의 물결과 목회상담

사람들의 문제를 전문가의 입장에서 돌보아 주는 일은 점차적으로 교회의 목사들로부터 여러 가지 의학이나 전문가들로 옮겨갔다. 그래서 과거에 목사들이 가졌던 권위는 점차 사라지고, 심리학자들이나 정신의학자들이 새로운 권위를 가지고 등장하여 영혼의 치료를 대신하게 되었다. 정신분석학자들은 자신들이 '세속의 목회 사역자'라고 주장했다. 기독교를 대신해서 인간의 모든 문제를 해결해 주는 메시야적 위치에 스스로 올라간 것이다.

한때는 하나님과 이웃에 대한 탈선으로서 영혼의 병으로 간주되었던 것들이 이제는 환자의 정신적, 정서적 질병으로 간주되게 되었다. 근심, 걱정, 불만, 불신앙, 무정함, 악한 습관, 거짓과 기만 등을 이제 신경증, 우울증, 열등감, 소외감, 사회 부적응, 중독, 무의식적 자기 방어 등 다른 시각으로 보게 되었다. 정신병원과 심리치료 상담소가 교회를 대신하게 되었다.[69]

자유주의 교회들은 자연스럽게 심리학 원리들을 받아들여서 활발한 목회상담을 시작했다. 즉 자유주의 종교심리학이 발전하게 되었다. 처음에 시작한 사람이 안톤 보이슨(Anton T. Boisen, 1876-1966)[70]이다. 보이슨은 심리치료이론을 받아들여서 목회신학을 발전시켰다. 자유주의 장로교인 부모를 둔 그는 7살 때 아버지의 죽음에 충격을 받았다. 보이슨은 유니온 신학교를 나왔으며 최초의 심리학적 목회상담가가 되었다.[71]

그다음 목회상담을 발달시킨 사람은 레슬리 웨더헤드(Leslie Weatherhead, 1893-1976)[72]이다. 그는 감리교 목사이며 성적 욕구가 모든 사람의 문제의 근원이라고 생각했다. 그리고 내담자의 문제는 80%가 성적인 문제에 그 근원이 있다고 주장했다. 그는 인간의 죄성을 부인했으며 예수 그리스도의 십자가의 죽음을 부인했다. 이와 같이 전반적인 심리학의 확산에 힘입어서 목회상담학이 심리학적으로 발달하기 시작했다. 그래서 '십자가의 대속에 의한 구원과 회개' 대신에 심리학적인 자기성취와 치유에 역점을 두었다.⁷³ 이러한 점이 개혁신앙과 배치되는 부분이다.

또한 교회 밖에서도 심리학이 인간 문제의 해결책이라고 여겨 급속하게 발달하게 되었다. 1960년대에는 미국에서 이미 7만 명이 넘는 전문 상담가들이 나왔다. 개신교의 주류를 이루고 있던 자유주의 신학자들은 정신의학자, 심리학자들과 연합을 이루어 상호보완 관계를 발달시켰다.

그러나 실제로는 현대 심리학에 대한 교회의 종속을 이루게 되었다. 교회는 점점 인간 이해에 대한 심리학자들의 이론과 전문적 지식을 따라가게 되었다. 개신교 주류의 목회자들은 자신들의 전문성과 고유한 위치를 확보하기 위해서, "진단을 위해서는 심리학자들의 전문적 지식을 따르지만 문제해결은 우리들의 종교적인 자원들이 도움이 된다"고 주장했다. 그러나 이런 주장이 효과적이 되기에는 이미 너무 많이 양보하고 있었다. 그래서 결국 목회상담학은 심리치료학의 하위 분야로 전락하고 말았다.⁷⁴

그 후에 심리학적인 목회상담이 발전했는데 노만 빈센트 필(Norman Vincent Phill)의 신념의 마력이나 로버트 슐러의 적극적 사고방식 등이 칼 로저스의 영향을 받았다.⁷⁵

이런 가운데서 복음주의 교회들은 목회상담을 외면하고 있었다. 그 당시 기독교에서는 심리학에 대한 두 가지 반응이 있었다. 하나는 무조건 성경 읽고 기도하면 문제가 해결된다는 것이다. 문제가 생기는 이유는 성경 안 읽고 기도 안 했기 때문이라는 것이다. 또 하나는 성령집회로 방향을 잡은 것이다. 성령집회를 통해서 모든 문제가 해결된다는 것이다. 그러므로 상담은 필요 없다는 것이다.⁷⁶

그러나 복음주의적인 교회에도 나중에는 너무도 강한 필요 때문에 상담에 관심을 갖지 않을 수 없었다. 1950년대에 복음주의적인 개신교도들이 심리학과 정신의학에 대한 개발을 시작 했는데, 목회자들이 아닌 심리치료학자들에 의하여 시작되었다.⁷⁷

복음주의 학자들이 심리학을 받아들인 것을 근거로 복음주의심리학회 (CAPS-Christian Association for Psychological Studies)를 형성했다. 소위 CAPS 에는 두 학파가 있는데 1950년대에는 클라이드 나라모어(Clyde Narramore)

가 나라모어기독교재단(Narramore Christian Foundation)을 만들었고, 그것이 현재의 바이올라대학교 내의 로즈미드심리학대학원(Rosemead School of Psychology)이 되었다. 그는 프로이트의 심리학에 복음주의적인 용어와 도덕 개념을 함께 포장하여 복음주의 개신교 안에서 전국적인 명성을 얻게 되었다.

1965년에는 풀러신학교를 중심으로 심리학대학원(Graduate School of Psychology)이 시작되었다. 여기에서 심리학과 신학을 조화시켜서 기독교적인 심리치료학자들을 배출하는 것이 그 목적이었다. 그래서 통합주의(Integrationism)라는 새로운 심리상담 영역이 발전했다. 비록 통합이라는 말이 논란의 대상이 되었지만, 개신교인 심리치료자로서 신학과 심리학을 반반씩 취하겠다는 새로운 전문 분야가 나타난 것은 확실했다.[78] 이것은 개혁신앙이 도전받을 수 있는 매우 위험한 생각이다.

9) 반 심리치료학의 물결

심리학의 물결이 범람할 때에 기독교가 심리치료 요법을 기독교상담에 비판 없이 받아들이는 것을 우려하고 비판하는 물결이 일어나기 시작했다. 먼저, 호바트 모우러(Hobart Mowrer, 1907-1982)는 일리노이대학교의 교수였다. 그는 소위 신 행동주의 학파이다.

이들은 프로이트를 심리적 해방자로 여기는 사람들에 대하여 비판했다. 또한, 프로이트가 인류의 죄라는 개념에서 풀려나게 했다고 비판했다. 모우러는 프로이트가 값싼 은혜를 이야기한다고 했다. 즉, 회개가 없고 용서 없는 심리적 안정감을 준다는 것이다. 모우러는 기독교인은 아니었으나 심리학에 대하여 반대하고 죄의 문제와 책임의 문제를 강하게 주장했다. 그는 제이 아담스에게 많은 영향을 주었다.[79]

폴 비츠(Paul Vitz)는 뉴욕대 심리학과 부교수로서 심리학의 위험성을 경고했다. 그는 『종교로서의 심리학: 자기 경배의 우상』(*Psychology as Religion: The Cult of Self-worship*)이라는 책을 썼다. 그는 인본주의 심리학이 하나님 대신 인간 자신을 예배케 하는 것임을 지적했다. 모우러가 주로 프로이트를 공격했다면 폴 비츠는 주로 인본주의와 실존주의 심리학자들인 에리히 프롬, 칼 로저스, 롤로 메이 등을 비판했다.

비츠는 심리학이 하나의 종교가 되었다고 주장했다. 심리학의 초점이 나의 쾌락이라는 것이다. 즉, 자신의 편안함을 추구하고 하나님과의 관계를 무시한다고 지적했다. 그는 "인간은 자기 욕구를 채우려 하면 할수록 계속 만족감이 없다. 인간이 자기욕망에서 벗어날 수 있는 것은 하나님에 대한 사랑과 헌신이 있을 때 가능하다"라고 했다. 또한, 심리학은 구약 거짓 선지자의 특성을 가지고 있다고 지적했다. 즉, 헌신이나 싸움이나 노력을 하지 않게 한다는 것이다. 인본주의가 당장에는 평안한 것 같고 좋아 보이지만 오랜 기간을 보면 해라는 것을 알게 될 것이라고 주장했다.[80]

윌리엄 커크패트릭(William Kirpatrick)은 교육심리학자이며 『심리학적인 유혹: 현대 심리학의 실패』라는 저서가 있다. 그는 기독교가 심리학이 줄 수 없는 더 우월한 것을 줄 수 있다고 했다. 세속적인 심리학에서 정통기독교 교리로 돌아와야 한다고 했다. 인간의 진정한 필요는 자기외적인 필요충족이 아니라 성화와 영화라는 것이다. 우울증에 걸린 사람은 봉사를 시키면 자기 의미를 되찾아 회복될 수 있다고 했다.[81]

제이 아담스(Jay E. Adams)는 목회자로서 심리학의 위험성을 지적했다. 아담스의 아버지는 경찰이었고 어머니는 비서인 불신가정에서 자랐다. 그는 친구의 초청으로 초등학교 때 자유주의 감리교에 출석했다. 그런데 그 교회의 교사는 성경을 집어던지고 연애에 대하여 이야기했다.[82]

아담스는 15세 때 성경이 진리인가를 친구들과 토론하다가 성경의 진리성을 반박하기 위해 신약을 읽는 중에 거듭남의 체험을 했다. 그는 개혁성공회 신학교에 입학했다. 그 후 그는 칼빈주의에 심취했으며 성경에 심취했다.

아담스는 존스홉킨스대학에서 헬라어를 전공했고 심리학 과목을 택하여 공부했다. 이때 교수가 이 세상의 모든 문제는 심리학만이 해결할 소망이 있다고 주장했다. 아담스는 이에 동의할 수가 없었다. 아담스는 템플대학교에서 신학 석사를 받았다. 템플대학교 재학 시절, 심리학 교수가 죄를 거론하지 않는 데 대해서 실망했다. 그는 상담에서 죄 문제를 반드시 다루어야 한다고 생각했다. 아담스는 미주리대학교에서 설교학 박사 과정을 밟았으며, 후에 웨스트민스터신학교에서 실천신학 교수가 되었다.[83]

아담스는 모든 상담은 성경에 기초를 둬야 한다는 성경적 목회상담학을 발전시키게 되었다.[84] 이것이 개혁신학에 근거를 둔 성경적 상담학의 출발이었다.

아담스는 1970년에 *Competent to Counsel*을 출판했는데, 상담학계에 획기적인 영향을 주었다. 그는 목회자들에게 상담 사역이 교회에 주어진 사명임을 깨닫게 하고 적극적인 상담 사역을 감당하도록 자극하는 책을 쓰려고 한 것이었다. 이 책은 출판되자마자 베스트셀러가 되었다.[85] 그것은 그동안 심리학의 물결에 해답을 얻지 못하던 사람들이 인생의 근본적인 문제를 해결해 줄 다른 해답을 기다리고 있었던 것이다.

10) 기독교상담의 새로운 흐름

(1) 1970-1979년 사이의 성경적 상담학 역사

이 시기는 기독교상담이 자리매김하는 시기이다. 1970년에 *Competent to Counsel*이 출간되었다. 이 책은 출간 전에 복음주의 상담 기관의 평가를 받았다. 복음주의 상담 기관의 사람들은 이 책이 인간의 심리를 이해하는 데 실패했다고 평가했다. 게리 콜린스는 이 책이 잘 팔리지 않을 것이라고 예측했다. 하지만 그의 예측은 빗나갔다.[86]

이 책에서 아담스는 "상담 사역이 하나님께서 교회에 주신 사명이며 목회자의 사명"이라고 했다.[87] 또한 심리학을 비판했고 영혼을 책임지는 사역은 목회자에게 주신 것이므로 복음주의 심리학자들이 평신도로서 영혼을 책임지는 사역자의 주류를 이루는 것은 곤란하다고 비판했다.[88] 제이 아담스는 심리학이 기독교 정통성을 침해함으로 대적했으며, 기독교상담의 방향과 흐름을 바꾸는 역할을 감당한 점을 높이 평가할 수 있을 것이다. 그는 개혁신학과 신앙을 가진 실천신학자였던 것이다.

(2) 1970-1979년 사이에 일어난 기독교상담자들과 단체[89]

게리 콜린스(Gary R. Collins)는 폴 투르니에의 영향을 받은 학자로서 아담스가 공격적이라면 이 사람은 부드러운 상담 스타일을 가지고 있었다. 그는 성경이나 성령을 강조하는 점에서 높이 평가되어야 한다. 하지만 인간 문제에는 민감하지 못했다. 그는 1969년 트리니티복음주의신학교(Trinity Evangelical Divinity School)에서 심리학 교수로 재직했으며 복음주의적 심리학회를 이끄는 인물이 되었다. 그는 상담자가 아니고 이론가였다. 『다시 세우는 심리학』(Rebuilding of Psychology)이 그의 대표적 저술이다.

로즈미드심리학대학원(Rosemead Graduate School of Professional Psychology)은 브루스 나라모어가 세운 학교로서 바이올라대학교(Biola University)에 소속되어 있다. 풀러신학교(Fuller Theological Seminary)보다 복음적이다. 여기서 『심리학과 신학의 저널』(Journal of Psychology and Theology)를 발행했다.

Christian Association for Psychological Studies(CAPS)는 1952년에 세워진 단체로서 1970년대 중반에 급성장했다. 『심리학과 기독교의 저널』(The Journal of Psychology and Christianity)를 발행했다.

제임스 돕슨(James Dobson)은 가정문제 상담자로서 USC(University of Southern California)의대의 아동심리학 교수였다. 그의 *Dare to Discipline*은 베스트셀러가 되었다. 그는 복음주의 신앙과 행동 요법을 결합시켰다. 그의 가정 사역인 Focus on the Family는 구체적인 방법론을 제공해 주었다.

래리 크랩(Larry Crabb)은 한국에 많이 알려진 학자로서 임상심리상담자로서 활동했다. 교회에서 저녁예배 특강을 하다가 교인들이 그의 강의를 좋아하므로 기독교상담자가 되었다고 한다. 그는 덴버신학교에서 교수했으며, 성경을 도구로 하여 상담을 하려고 노력했다.

프랭크 미너스(Frank Minirth)와 폴 마이어(Paul Meier)은 정신과 의사였다. 이들이 달라스 신학교의 교수로 오면서 기독교상담을 하게 되었다. 그들 두 사람은 병원을 세웠으며 기독교적 색채를 포함하여 정신과적 문제를 치료했다. 그리고 전국에 지병원을 세웠다. 이 시대의 기독교상담학자들은 주로 임상심리학을 연구한 기독교인들로서 개혁신앙을 소유했다고 할 수 없다.

11) CCEF(기독교상담교육재단)와 성경적 상담

제이 아담스는 1966년, 상담훈련을 위한 기구의 필요성을 느끼고 존 베틀러(John Bettler)와 함께 CCEC(Christian Counseling Educational Center)라는 기구를 설립하고 운영하게 되었다. 그로 부터 2년 후 오늘날의 CCEF(Christian Counseling and Educational Foundation)로 이름을 바꾸었다.[90] 그들은 네 가지 목표를 세웠다.

첫째, 지역교회와 연결하여 목회자가 할 수 없는 목회상담을 제공하는 것이다.
둘째, 목회자와 선교사와 사역자와 평신도를 훈련시키는 것이다.
셋째, 성경적 상담에 관한 출판 사역을 하는 것이다.
넷째, 양로원과 장기입원 환자를 위한 시설을 운영하고 수양관을 운영하는 것이다.

CCEF의 첫 번째 졸업생이 존 베틀러(John Bettler)였다.[91] 이 CCEF가 설립 이후 지금까지 미국 웨스트민스터신학교(Westminster Theological Seminary)의 상담학 과정 학생들을 교육하고 있다. 또한, 최근에는 미국 남침례교 신학교(Southern Baptist Seminary)에서 성경적 상담학을 교육하기로 하고 여러 과정의 프로그램을 만들었다. 이 신학교에도 CCEF의 교수들이 외래 교수로 출강하고 있다.[92]

아담스가 새로운 사역을 위해 CCEF를 떠난 후 제2대 원장에 존 베틀러가 취임 했다. 그리고 베틀러와 여러 젊은 교수들이 CCEF의 사역과 성경적 상담학을 발전시켰다. 처음에 제이 아담스가 기초를 쌓았지만 그가 미처 하지 못했던 점들을 보완하고 새롭게 발전시켰다. 특히, 마음의 문제를 다루는 데에 초점을 맞추게 된 것은 획기적인 발전으로 볼 수 있다. 상담학의 명칭도 권면적 상담(Nouthetic Counseling)에서 성경적 상담(Biblical Counseling)으로 바뀌게 되었다. 그것은 성경에는 상담에 관한 말씀이 풍부하여 '권면'이라는 용어가 상담의 모든 것을 대표할 수 없기 때문이다.[93]

CCEF는 웨스트민스터신학교의 반대쪽 건물을 구입하여 상담 사역에 더욱 정진했다. CCEF의 교수인 데이비드 파울리슨(David Pawlison)은 이론가로서 아담스의 이론을 발전시켰다. 그는 성경적 상담의 흐름에 관심이 많은 사람이다. 에드워드 웰치(Edward T. Welch) 교수는 뇌 작용과 성경적 상담에 대한 연구를 했다. 폴 데이비드 트립(Paul D. Tripp) 교수는 목회 경험이 있는 실제적 상담가요 저술가로서 활동하고 있다.[94] 이들은 철저히 개혁신학과 개혁신앙을 근거로 성경적 목회상담학을 추구한다.

2. 목회상담의 역사에 나타난 개혁신앙

지금까지 목회상담의 역사를 살펴봄에 있어서 성경적 상담의 관점으로 개괄적으로 살펴보았다. 이러한 역사적 고찰을 통하여 목회상담이 개혁신학과 개혁신앙의 영향을 받았다는 점이 명백하게 발견된다.

첫째, 구약 시대의 상담에서 하나님이 주신 말씀의 지혜를 활용하여 족장들과 사사들, 왕들, 그리고 선지자들이 인간의 문제를 해결하는 상담자의 역할을 한 것은 "오직 성경으로"라는 개혁신앙의 모토와 깊이 연결된다.

둘째, 신약 시대에 와서 하늘보좌를 버리시고 성육신하신 예수 그리스도께서는 상담자로서 "큰 무리를 보시고 그 목자 없는 양 같음을 인하여 불쌍히 여기사"(막 6:34)라는 마가의 기록에서 보는 것처럼 선한 목자의 역할을 담당하셨다. 예수 그리스도께서 복음을 전하셨고, 그 자신이 복음이라는 점에서 "성경의 복음"만을 "성경적 복음"으로 본 개혁신앙과 연결된다고 볼 수 있다.

셋째, 사도 시대와 초대교회에서 바울은 자신의 내면적 갈등을 그대로 고백하면서 예수 그리스도의 사랑으로 해결하고자 했다. 개혁주의가 예수 그리스도의 주 되심에 전 생애를 복종시키는 것[95]이란 점에서 개혁신앙과 연결점을 보게 된다. 또한, 바울은 인간의 죄악성을 지적하면서도 새사람의 가능성을 주장했다는 점에서 전적 타락과 전적 은혜를 강조하는 개혁신앙이 나타난다.

넷째, 중세기의 어거스틴은 『참회록』을 통하여 인간이 영혼과 육체로 구성되었다는 이분설을 주장하면서 정서적 치유를 강조했고, 아퀴나스는 영의 치유를 강조했는데, 이분설의 입장은 개혁신앙과 일치한다.

다섯째, 종교개혁 시대 칼빈은 성경적 인간관을 가지고 고통 속에 하나님만 의지하는 하나님 중심의 신학, 성경 중심의 신학, 교회 중심의 신학을 견지했고, 루터는 성경적 인간관 아래, 구원을 위하여 그리스도의 대속의 은혜가 필요하다고 보았다. 이러한 사상은 개혁신앙을 잘 보여 주는 것이라 하겠다.

여섯째, 청교도 시대의 상담에서 성경의 절대권위와 하나님에 대한 신뢰, 그리고 죄에 대한 바른 이해를 원리로 한 것은 개혁 신앙적 전통을 명확히 보여 주는 것이다.

일곱째, 정신 분석학, 행동주의 심리학, 인본주의 심리학이 발전하는 시대 상황 속에서 기독교가 심리치료 요법을 목회상담에 비판 없이 받아들이는 것을 우려하고 비판하는 반 심리치료학의 물결이 폴 비츠, 윌리엄 킬패트릭, 제이 아담스를 중심으로 일어난 것은 개혁신앙과 미국장로교회의 영향이었다고 말할 수 있다.

여덟째, 미국의 웨스트민스터신학교의 실천신학 교수들을 중심으로 개혁신학과 개혁신앙을 바탕으로 한 성경적 상담 운동이 전개되고 있는 것과 개혁신앙의 원리에 따른 상담 사역을 전개하는 기독교상담 교육재단(CCEF)의 사역들은 개혁신앙의 영향을 분명하게 보여 준다고 할 수 있다.

닫는 말

지금까지 목회상담의 역사에 나타난 개혁신앙의 특징을 살펴보았다. 먼저, 목회상담의 역사 가운데, 구약 시대와 신약 시대의 상담을 살펴보았고, 사도 시대와 초대교회의 상담, 중세기의 상담, 종교개혁 시대의 칼빈과 루터의 상담, 청교도 시대의 상담, 심리학이 발전하는 가운데 반 심리치료학의 흐름, 성경적 상담 운동을 살펴보았다. 이러한 역사적 고찰 가운데 개혁신학과 개혁신앙의 특징들이 명백히 나타나고 있는 것을 확인했다.

첫째, 구약 시대의 상담에서 하나님이 주신 말씀의 지혜를 활용하여 상담한 것은 "오직 성경으로"라는 개혁신앙의 모토와 깊이 연결된다.

둘째, 신약 시대에 와서 하늘보좌를 버리시고 성육신하신 예수 그리스도께서는 상담자로서 목자의 역할을 담당하시며 복음을 전하셨고, 그 자신이 복음이라는 점에서 개혁신앙과 연결된다고 볼 수 있다.

셋째, 사도 시대와 초대교회에서 바울은 예수 그리스도의 주 되심에 전 생애를 복종시키는 것이란 점과 인간의 죄악성을 지적하면서도 새사람의 가능성을 주장했다는 점에서 전적 타락과 전적 은혜를 강조하는 개혁신앙이 나타난다.

넷째, 중세기의 어거스틴은 『참회록』을 통하여 인간이 영혼과 육체로 구성되었다는 이분설의 입장은 개혁신앙과 일치한다.

다섯째, 종교개혁 시대 칼빈은 성경적 인간관을 가지고 고통 속에 하나님만 의지하는 하나님 중심의 신학, 성경 중심의 신학, 교회 중심의 신학을 견지했고, 루터는 성경적 인간관 아래, 구원을 위하여 그리스도의 대속의 은혜가 필요하다고 보았다. 이러한 사상은 개혁신앙을 잘 보여 주는 것이라 하겠다.

여섯째, 청교도 시대의 상담에서 성경의 절대권위와 하나님에 대한 신뢰, 그리고 죄에 대한 바른 이해를 원리로 한 것은 개혁 신앙적 전통을 명확히 보여 주는 것이다.

일곱째, 다양한 심리학이 발전하는 시대 상황 속에서 반 심리치료학의 물결이 일어난 것은 개혁신앙의 영향이었다고 말할 수 있다. 여덟째, 미국의 웨스트민스터신학교의 실천신학 교수들을 중심으로 개혁신학과 개혁신앙을 바탕으로 한 성경적 상담 운동이 활발히 전개되고 있는 것은 개혁신앙의 영향을 분명하게 보여 준다고 할 수 있다.

향후에 목회상담학의 연구와 목회에의 적용에 있어서도 성경에 근거한 개혁주의 신학의 원리와 개혁신앙의 바탕에서 전개되어야 할 것이다.

제7부

종교개혁자 존 칼빈과 성경적 목회상담

제13장 목회상담자로서의 칼빈 재조명

제13장

목회상담자로서의 칼빈 재조명

여는 말

정성구는 존 칼빈(John Calvin, 1509-1564)에 관해 다음과 같이 평가했다.

> 칼빈은 종교개혁의 제2세대로서 기왕에 있었던 종교개혁자들, 예컨대 루터와 쯔빙글리 등의 사상과 그의 동료들의 신학을 체계적으로 완벽하게 정리해서 개혁주의 신학과 신앙의 기초를 놓은 사람이다.[1]

이러한 표현은 적절한 것이라고 본다. 칼빈은 지난 천년 기에 있어서 인류의 역사를 바꾸었던 가장 위대한 인물이었다. 16세기 교회의 어두운 시대 가운데 하나님은 루터와 함께 칼빈을 사용하셔서 교회를 교회 되게, 말씀을 말씀 되게 했다.[2]

칼빈은 하나님께 대한 분명하고 확실한 소명을 가진 자였으며, 성경에 대한 해박한 지식을 가진 자였다. 그는 한마디로 말씀의 사람이요, 기도의 사람이며 경건한 사람이었다. 그뿐만 아니라, 칼빈은 법학도로서의 논리적 사고, 수사학적인 뛰어난 말솜씨와 글솜씨를 지닌 종교개혁자요, 교의신학자, 성경주석가이며 목회자이며, 강해설교자로서의 사명을 감당한 인물이었다.

지금까지의 칼빈에 대한 대부분의 연구는 주로 조직신학이나 교회사에서 이루어졌으며, 최근에 설교자로서의 칼빈에 관한 연구가 일부 있었다. 그러나 목회상담가로서의 칼빈에 관한 연구는 거의 없었다. 이에 필자는 종교개혁 500주년을 기념하는 해를 맞아 목회상담자로서의 칼빈을 재조명해 보고자 한다. 특히, 목회상담자로서의 칼빈을 재조명함에 있어서 오직 성경을 강조한 칼빈의 성경적 상담자로서의 이미지를 살펴보고자 한다.

칼빈을 연구하는 데 있어서 일차 자료는 크게 다섯 가지로 나눌 수 있다.

첫째, 『기독교 강요』.
둘째, 성경주석.
셋째, 설교집.
넷째, 편지.
다섯째, 신학 논문.[3]

이 가운데 본 장에서는 다음 세 가지의 연구 과제를 선정하여 연구하고자 한다.

첫째, 칼빈의 『기독교 강요』에 성경적 상담의 원리가 어떻게 나타나고 있는가?
둘째, 칼빈의 설교에 성경적 상담과의 상관성이 어떻게 나타나고 있는가?
셋째, 칼빈의 목회적 돌봄 사역에서 목회상담자로서의 모습이 어떻게 나타나고 있는가?

이러한 연구 과제를 수행함에 있어서 칼빈의 『기독교 강요』와 성경주석, 그리고 설교집과 칼빈에 관한 연구 논문들을 활용하여 연구하고자 한다. 칼빈은 신학과 정치, 경제, 사회, 문화, 교육 등, 삶의 모든 영역에 광범위하게 영향을 미쳤으며, 현대 사상과 자유민주주의 체계와 경제 시스템에 결정적 영향을 미쳤다. 본 장에서는 목회상담자로서의 칼빈을 살펴보면서 성경적 상담의 관점으로 성경적 상담자 칼빈을 조명해 보고자 한다.

펴는 말

목회상담자로서의 칼빈을 재조명하면서 다음의 작업을 하고자 한다.

첫째, 『기독교 강요』에 나타난 성경적 상담 원리를 알아본다.
둘째, 칼빈의 설교에 나타난 성경적 상담과의 상관성을 밝힐 것이다.
셋째, 목회 돌봄 사역에 나타난 목회상담자 칼빈의 모습을 조명해 보고자 한다.

1. 『기독교 강요』에 나타난 성경적 상담 원리

칼빈의 『기독교 강요』를 살펴보면 성경적 상담의 원리와 깊은 상관성을 가지고 있다는 것을 발견할 수 있다.

1) 인간은 하나님의 형상대로 지음 받았다

칼빈은 『기독교 강요』 제1권 제15장에서 "하나님의 형상대로 창조된 인간"에 관하여 다음과 같이 말하고 있다.

> 이 문제에 관한 믿을만한 증거는 역시 인간이 하나님의 형상대로 지음 받았다는 사실에서 얻을 수 있다(창 1:27). 왜냐하면, 하나님의 영광이 인간의 외형에서 빛나고 있지만 그러나 그 형상의 본래의 좌소가 영혼에 자리 잡

고 있음은 의심할 여지가 없기 때문이다. 실로 나는 인간의 외형이 우리를 동물과 구별하고 분리시키며 동시에 우리를 하나님과 더욱 가까이 결합시켜 준다는 사실을 부정하지 않는다.[4]

위의 내용에서 알 수 있는 것처럼 칼빈은 인간이 하나님의 형상대로 지음 받은 존재라는 사실을 강조하고 있다. 하나님의 영광이 인간의 외형에서 빛나고 있으며, 그 형상의 본래의 자리는 인간의 영혼에 자리 잡고 있음을 강조하면서 인간이 영적인 존재임을 말하고 있는 것이다. 이것이 인간이 동물과 구별되는 점이며, 영이신 하나님과 결합할 수 있는 근거임을 주장하는 것이다.

성경적 상담학자 폴 트립(Paul David Tripp)은 "인간이 하나님의 형상대로 지음 받았다"라는 원리에는 "인간은 하나님을 떠나서는 살 수 없다"라는 의미가 포함되어 있다고 했다.[5]

인간이 하나님의 형상을 입은자로 산다는 것은 하나님의 임재 가운데서 즐거워하는 것이요, 그분을 사랑하는 것이며, 우리 자신의 영광이 아닌 하나님의 영광을 위해서 사는 것을 의미한다. 그러므로 인간 존재의 가장 기본적 질문은 "하나님이 어떻게 나의 심리적 필요를 채워 주실까" 하는 것이 아니라 "내가 어떻게 하나님께 영광을 돌릴 수 있을까?" 하는 것이다.[6]

이처럼 칼빈은 『기독교 강요』에서 성경적 상담의 첫 번째 원리가 되는 하나님의 형상대로 지음 받은 존재에 관하여 강조하고 있다.

2) 인간은 죄로 인하여 타락한 존재다

칼빈은 『기독교 강요』 제2권 제1장에서 "아담의 타락과 배반으로 인류 전체가 저주에 넘겨졌고 그 원상태가 부패했다"라고 했다. 칼빈은 "인간이 자기 자신을 알면 자기 신뢰가 없어진다"라고 하면서 "사람의 본성은 망상적인 자기도취에 빠지는 경향이 있다는 점"과 "아담이 타락한 이야기는 죄가 무엇인가를 우리에게 가르쳐 준다(창 3장): 그것은 배신이다"라고 했다. "최초의 죄가 원죄이며, 죄는 유전되며, 죄는 인간 전체를 전복 시킨다"라는 점을 강조했다.[7] 칼빈은 『기독교 강요』 제2권 제3장에서 로마서 3장이 사람의 부패를 증언한다고 강조했다.[8]

에드워드 웰치(Edward Welch)는 인본주의 심리학에서 인간이 본질적으로 선하다고 하는 주장을 강하게 비판했다. 즉, 심리학에서 인간은 스스로 성장과 적응과 자립을 위해 움직이며, 자기구현이 인간 속에 기본 동기를 부여한다는 것이다. 여기서 자기구현이란 자기 속에 선한 것, 좋은 것을 실현하고 가시화하려는 경향을 말하는데 이 경향을 마음껏 발휘하도록 해주면 밖으로 열매를 맺고 훌륭한 사람이 되며, 문제를 스스로 해결한다는 이론이다. 이것은 인간이 하나님의 말씀에 불순종하여 죄를 범하여 타락한 존재가 되었다는 성경적 인간관을 정면 부정하는 이론이다.[9]

인간이 죄로 인하여 타락한 존재가 되었으므로 구세주가 필요한 존재가 된 것이다. 칼빈의 『기독교 강요』의 인간 타락에 관한 메시지는 성경적 상담의 두 번째 원리와 상관관계를 가지고 있는 것이다.

3) 인간의 문제는 마음의 문제다

칼빈은 『기독교 강요』 제1권 제3장에서 "하나님에 관한 지식은 본래부터 인간의 마음속에 뿌리박혀 있었다"[10]고 했다. 또한, 『기독교 강요』 제2권 제4장에서 "하나님은 사람의 마음속에서 어떻게 역사 하시는가"라는 질문을 던지며, "사람은 악마의 세력하에 있으며, 참으로 기꺼이 그를 따른다"라는 점을 지적했다. 칼빈은 "마음이 굳다"라는 의미에 대하여 다음과 같이 설명했다.

> 그의 영이 제거되면 우리의 마음은 돌과 같이 굳어진다. 그의 인도가 없어지면 우리의 마음은 비틀리고 구부러진다. 이와 같이 하나님이 사람에게서 보며, 복종하며, 바르게 따르는 능력을 빼앗으실 때에, 하나님이 그들의 눈이 멀며 마음이 굳고 비뚤게 만드신다는 것은 당연하다.[11]

칼빈이 『기독교 강요』에서 하나님에 관한 지식은 본래부터 인간의 마음속에 뿌리박혀 있었다고 한 것은 매우 의미심장하다. 인간의 마음속에 뿌리박힌 하나님을 아는 지식을 부인함으로써 인간의 마음에 문제가 발생한 것이다. 사람이 하나님의 말씀을 따르며 살아야 하는데 마음이 부패하여 사탄의 세력하에서 악을 행하게 되었다. 그것은 마음이 돌같이 굳어져 하나님을 따르지 않게 되는 것이다. 인간의 돌과 같이 굳어진 마음이 살과 같이 부드러운 마음으로 변화되어 하나님의 은총에 의하여 예수 그리스도에게로 나아가야 한다.

폴 트립은 누가복음 6:43-46을 인용하며 나무의 뿌리에서 생산하는 열매는 유기적인 관계가 있음을 지적하고 있다. 말이란 우리의 마음속에서 발견되는 뿌리의 열매이다. 사람의 말의 문제는 항상 마음의 문제와 관련되어 있다.[12] 더 나아가 마음의 문제는 인간의 행동과 삶의 문제와 깊이 관련되어 있는 것이다. 칼빈은 그의 『기독교 강요』에서 인간의 마음이 부패하여 문제가 되었다는 점을 강조함으로써 성경적 상담의 세 번째 원리와 상관성을 보여 준다.

4) 성경적 상담의 도구는 성경이다

칼빈은 『기독교 강요』 제1권 제6장에서 "성경은 창조주 하나님을 알게 하는 안내자요 교사로서 필요하다"[13]라고 강조했다. 즉, 하나님께서 실제적으로 자신을 알리신 것은 성경에서 뿐이며, 성경은 하나님의 말씀이며, 성경을 떠나면 오류에 빠지게 되는 것과 창조의 계시가 전할 수 없는 것을 성경은 전할 수 있음을 강조했다.[14] 또한, 칼빈은 『기독교 강요』 제1권 제7장에서 다음과 같이 말했다.

> 성경은 반드시 성령의 증거로 확증되어야 한다. 그러면 그 권위는 확실한 것으로 확립될 수 있다. 그리고 성경의 신빙성이 교회의 판단에 의해 좌우된다는 것은 거짓이다.[15]

이것을 설명하면서 성경의 권위는 하나님으로부터 온 것이지 교회에서 온 것이 아님을 강조했고, 교회의 기초는 성경임을 분명히 했다. 또한, 성경은 자증한다고 강조했다.[16] 제1권 제9장에서는 "성경을 떠나 직접 계시로 비약하는 광신자들은 경건의 모든 원리를 파괴한다"[17]라고 했다.

성경의 무오성을 강조한 칼빈의 주장은 옳은 것이다. 성경이 창조주 하나님을 알게 하는 안내자요, 교사가 되는 것이다. 하나님은 자연을 통해 자신을 알리시는 자연계시와 함께 특별계시인 성경을 통하여 자신을 인간에게 알리셨다. 또한, 성경의 권위는 교회에서 온 것이 아니라 하나님께로부터 온 것임을 강조하는 부분도 주목할 만하다. 트립은 성경의 특성에 대하여 다섯 가지로 말하고 있다.

첫째, 성경은 하나님 자신을 계시해 준다.
둘째, 성경은 나 자신이 누구인지를 말해 준다.
셋째, 성경은 인간의 적이 누구인지를 알려 준다.
넷째, 성경은 고난 속에 있는 사람들이 하나님을 붙들어야 함을 가르쳐 준다.
다섯째, 하나님은 성경 말씀을 통해서 우리의 영을 깨끗하게 만드시고 하나님의 양자의 능력을 받게 만드신다.

그러므로 인간은 성경 말씀으로 위로받고 능력을 받고, 권면하고, 상담해야 할 것이다. 성경을 상담의 도구로 사용한다는 것은 단지 성경 구절만을 인용하는 것을 의미하지 않고 상담에 있어서 성경 전체가 무엇을 말씀하는지를 반영하는 것을 의미하는 것이다.[18] 그러므로 성경적 상담의 네 번째 원리로 삼고 있는 상담의 도구는 성경이다라는 원리와 칼빈의 주장은 깊은 상관성을 갖고 있다.

5) 성경적 상담의 본보기는 예수 그리스도시다

칼빈은 『기독교 강요』 제2권 제12장에서 "중보자의 직책을 다하기 위하여 그리스도는 사람이 되셔야 했다"라고 하면서 참 하나님이시며 참사람이신 분만이 하나님과 우리 사이의 깊고 먼 거리를 연결할 수 있었다는 점과 그리스도의 성육신은 우리를 구속하는 것이 유일한 목적이었음을 강조했다.[19]

칼빈은 『기독교 강요』 제2권 제13장에서 "그리스도는 사람의 육신의 진정한 본질을 취했다"라고 하면서 그리스도의 인성을 가조하면서 "그리스도는 참 사람이면서 죄가 없으시고, 참사람이지만 영원한 하나님이다"라고 했다.[20]

또한, 칼빈은 "그리스도께서 자기의 공로로 하나님의 은총과 구원을 우리에게 얻게 하여 주셨다고 하는 것은 정당한 주장이다"[21]라고 하면서 인간은 그리스도의 공로로 하나님이 값없이 주시는 은총을 배제하지 않고 그 은총 앞에 설 뿐이며, 성경이 하나님의 은총과 그리스도의 공로를 연결한다는 점, 그리스도의 죽음은 우리를 구속하기 위한 대가라는 점, 그리스도께서 자기를 위하여 공로를 얻으신 것이 아니라는 점을 강조하고 있다.[22]

칼빈의 『기독교 강요』에서 유일한 중보자요, 구속주로서의 예수 그리스도를 강조한 것을 발견할 수 있다. 오직 예수 그리스도만이 하나님과 인간을 화목케 할 수 있는 분이시며, 참 사람이며, 참 하나님임을 강조하고 있다. 예수님의 죽음만이 죄인 된 인간의 구속을 가능케 하고 하나님의 은총을 누릴 수 있는 길이 됨을 강조했다.

성경에서 예수님은 놀라운 상담자로 사역하셨다. 예수님의 상담을 받은 사람들은 모두 치유받고 회복되었다. 예수께서 사마리아 여인을 상담하셨고, 간음한 여인을 상담하셨으며, 부활을 의심했던 도마를 상담하셨다. 주님을 부인하고 떠난 베드로도 상담하여 주셨다.

신재덕은 "예수님의 상담에 관한 분석과 독특성 연구"에서 예수님의 공생애의 특징을 평생상담이라 명명하고, 시몬 베드로에 대하여 평생상담을 하셨는데, 그것은 부르심의 상담, 세우심의 상담, 회복의 상담, 보내심의 상담이었다고 했다. 그 외에도 야이로에 대하여 믿음으로 구원 받는 구원상담, 니고데모에 대하여 중생의 진리상담, 수가성 여인에 대하여 참 예배에 대한 상담, 도마에 대하여 부활의 진리상담이라 명명하며 예수님의 상담의 독특성을 연구했다.[23]

트립은 성경적 상담자는 "예수 그리스도의 대사"(고후 5:20)임을 강조하면서, 그리스도의 대사의 역할은 그리스도의 말씀을 대언하고, 그의 방법과 그분의 성품을 드러내는 것임을 강조했다.[24] 이처럼 칼빈은 예수 그리스도의 중보자요, 구속주로서의 역할을 강조함으로써 성경적 상담의 다섯 번째 원리와 상관성이 있음을 보여 주고 있다.

6) 인간은 고통당하는 존재다

칼빈은 『기독교 강요』 제2권 제2장에서 "인간은 지금 선택의 자유를 박탈당한 채 비참한 노예의 신분으로 전락해 있다"[25]라고 했다. 또한, 제2권 제3장에서 "사람의 부패한 본성에서 나오는 것은 오직 정죄 받을 일 밖에 없다"[26]라고 하면서 "사람이 선을 행할 수 없다는 것은 무엇보다도 구속 사업에서 나타나며, 이것은 하나님께서 단독으로 행하시는 일이다"[27]고 말하고 있다. 또한, "하나님의 은총을 떠나서는 사람은 단 한 가지 선행도 자기에게 돌릴 수 없다"[28]라고 했다.

칼빈의 주장에서처럼, 인간은 선택의 자유를 빼앗긴 채로 비참한 노예 신분으로 전락해 고통하고 있다. 또한, 사람의 부패한 본성에서 나오는 것은 정죄 받을 일 밖에 없으므로 고통당하고 있다. 사람이 선을 행할 수 없는, 무능과 고통 속에 있으므로 하나님의 구속이 필요한 상태에 있는 것이다. 즉, 인간은 고통당하는 존재이므로 하나님의 은총이 아니고서는 소망이 없다.

데이비드 파울리슨(David A. Powlison)은 "상담자는 인간의 고통을 잘 이해해야 한다"라고 말했다. 특히, 시편 10편은 타인으로부터 고통당하는 사람들을 위하여 쓰여졌다고 말하며, 시편이 고통과 피난처에 대한 메시지임을 강조했다. 고통이라는 현실을 직면하도록 하는 말씀이라는 것이다.[29] 파울리슨은 고통 가운데 참된 도움은 어디로부터 오는 것인지를 깊이 생각하고 그 도움은 하나님께로부터 오는 것임을 강조했다.[30]

트립은 인간은 고통당하는 존재이나, 고통에는 이유가 있으며, 그 고통 속에서도 하나님께서 다스리시는 것임을 강조했다.[31] 이처럼 칼빈의 고통 하는 존재로서의 인간은 성경적 상담의 여섯째 원리와 상관성을 가지고 있다.

7) 인간의 변화는 성령의 역사로 이루어진다

칼빈은 『기독교 강요』 제1권 제7장에서 "성경은 반드시 성령의 증거로 확증되어야 한다. 성령의 증거는 다른 모든 증거보다 강하다"[32]라고 했고, 제2권 제2장에서 "성령의 빛이 없으면 모든 것이 암흑이다"[33]라고 했다. 또한, "성령이 없이 우리의 의지는 선을 사모할 수가 없다"[34]고 했다. 칼빈은 『기독교 강요』 제3권 제1장에서 "그리스도에 대한 말씀이 성령의 신비한 역사에 의해 우리에게 유익을 준다"[35]라고 하면서 우리를 그리스도와 연합시켜 주는 띠로서의 성령을 강조했다. 또한, "믿음은 성령의 역사이다"[36]라고 했다.

칼빈은 성령의 사역을 강조한 신학자이다. 성령과 성경 말씀과의 깊은 관련성을 강조했고, 빛으로 임하는 성령의 역할을 강조했다. 인간이 마음이 새로워져서 선을 사모하게 되는 것도 성령의 역할로 본 것이다. 즉, 성령이 인간을 변화시키는 주체임을 강조한 것이다. 성경 말씀의 변화의 능력이 나타남도 성령을 통하여 이루어짐을 강조함으로써 말씀과 성령을 통하여 인간이 변화된다는 성경적 상담의 관점과 일치하고 있다. 인간이 예수 그리스도와 연합되는 것도 성령의 역할이므로 인간이 믿음을 가지게 되는 것이 성령의 역사임을 강조하고 있다.

제이 아담스(Jay E. Adams)는 상담에서 성령의 역할을 강조했다.

> 성령은 인간의 성화를 포함한 참된 성격의 변화를 가져오게 하는 근원이다. 성령은 멸망할 수밖에 없는 인간에게 생명을 주시는 분이다.[37]

이것은 인간의 성화와 성품의 변화의 주체는 성령임을 강조한 말이다.[38] 상담의 목적은 내담자의 변화이다. 인간은 예수 그리스도의 은총이 필요하며 성령의 거듭나게 하시는 역사가 필요하다. 성경 말씀과 기도를 통하여 성령께서 인간의 마음을 감동하실 때 진정한 변화가 가능한 것이다.[39] 칼빈은 『기독교 강요』에서 인간을 변화시키는 성령의 역할을 강조함으로써 성경적 상담의 일곱째 원리와 깊은 상관관계가 있음을 확인해 주고 있다.

2. 칼빈의 설교에 나타난 성경적 상담과의 상관성

칼빈은 뛰어난 신학자이기도 하지만 칼빈은 자신을 설교자로 부르기를 좋아했다.[40] 칼빈은 개인의 삶과 공동체의 삶 속에서 하나님께서 자신의 뜻을 이루시는 가장 중요한 도구가 설교라고 보았다.[41] 하나님께서 인간 사회를 개혁하고 교회의 삶을 강화시키는 중요한 수단이 설교라고 믿고, 설교를 통해 하나님께서 이루고자 하시는 사명을 이루어 드리는 수종자로 섬기고자 했다. 칼빈은 "성경이 제대로 의도된 청중을 만나는 것은 주석에서가 아니라 설교에서만 가능하다"[42]라고 여겼다.

그런데 그러한 칼빈의 설교에는 목회상담가로서의 칼빈의 모습이 반영되어 있다. 실제로 그의 설교에는 성경적 상담과의 상관성을 보여 주는 상담적 요소들이 많이 포함되어 있음을 발견할 수 있다.

류응렬은 "칼빈의 설교에 나타난 성경 해석 방법론"[43]에서 "칼빈에 대한 연구는 주로 조직신학이나 교회사에서 활발하게 이루어졌지만 칼빈은 자신의 주된 임무를 목회자요 설교자"로 본 것은 바른 지적이다. 그는 칼빈의 설교에 나타난 주해들의 특징을 네 가지로 보았다.

첫째, 칼빈은 본문을 그대로 풀어주는 것을 설교의 목적으로 삼았으며 이런 점에서 중세의 알레고리 해석에서 벗어났다. 칼빈은 저자가 말하는 것을 명확하게 밝히는 것을 설교의 목적으로 삼았다.
둘째, 칼빈은 성경의 저자와 성경의 궁극적인 저자인 성령을 분리하는 것을 거부한다. 저자가 문자를 통해 하는 말씀이 성령이 주는 본래의 의미라는 것이다.
셋째, 칼빈은 모든 설교에서 그리스도 안에서 나타나는 하나님의 주권과 은혜를 강조했다. 하나님의 주권과 절대적인 은혜에 대한 강조는 필연적으로 하나님의 은혜의 통로가 되는 예수 그리스도에게 집중되는 설교로 발전된다.
넷째, 칼빈은 본문을 주해하는 것을 목적으로 삼은 것이 아니라 본문을 청중의 삶으로 적용하는 것을 목적으로 삼았다.

칼빈의 설교에 나타난 성경 해석 방법론은 성경적 상담 이론을 설교와 통합한 성경적 상담설교와 깊은 상관성을 가지고 있다.

첫째, 칼빈이 본문을 그대로 풀어 주는 것을 설교의 목적으로 삼고, 특히 저자가 말하는 것을 설교의 목적으로 삼은 것은 성경적 상담설교의 세 번째 구조인 "하나님의 말씀을 해석하며 하나님의 성품과 예수 그리스도에 초점을 맞추라"⁴⁴는 내용에서 "하나님의 말씀을 해석하며"라는 의미가 본문을 그대로 풀어주는 강해설교를 하라는 내용과 일치하고 있다.
둘째, 칼빈은 성경의 저자와 성경의 궁극적인 저자인 성령을 분리하는 것을 거부하며, 저자가 문자를 통해 하는 말씀이 성령이 주는 본래의 의미라는 것은 성경적 상담설교의 네 번째 구조와 상관성을 가진다. 즉, 성경적 상담설교의 네 번째 구조는 "말씀과 성령을 통해 새로워진 마음의 변화를 인식하라"⁴⁵는 것인데, 이것은 성경적변화의 8단계 로드맵에서 여섯 번째 단계는 말씀과 성령을 통해서 새로워진 마음이다.⁴⁶ 또한, 성경적 상담의 일곱 번째 원리는 인간의 마음의 변화는 성령의 역사로 이루어진다는 것이다.⁴⁷

그러므로 말씀을 듣고 성령께서 변화시키는 역사를 통하여 변화된 새 마음을 확인하는 것이 필요하다. 이처럼 칼빈이 성경의 문자적 기록이 성령의 뜻과 일치한다는 성경 해석 방법과 성경적 상담설교의 말씀과 성령을 통한 마음의 변화를 촉구하는 내용은 깊은 상관성을 가진다.

셋째, 칼빈은 모든 설교에서 그리스도 안에서 나타나는 하나님의 주권과 은혜를 강조했고, 하나님의 주권과 절대적인 은혜에 대한 강조는 필연적으로 하나님의 은혜의 통로가 되는 예수 그리스도에게 집중되는 설교로 발전된다는 점을 강조했다. 이것은 성경적 상담설교의 세 번째 구조에서 "하나님의 말씀을 해석하며 하나님의 성품과 예수 그리스도에 초점을 맞추라"⁴⁸는 내용에서 "하나님의 성품과 예수 그리스도에 초점을 맞추라"라는 내용과 깊은 상관성을 가진다.

즉, 칼빈이 하나님의 주권을 강조하는 부분은 성경적 상담설교에서 "하나님의 성품에 초점을 맞추라"라는 내용과 연결되며, 칼빈의 예수 그리스도에 집중되는 설교를 하라는 것은 성경적 상담설교에서 "예수 그리스도에 초점을 맞추라"는 내용과 정확히 일치하고 있다.

넷째, 칼빈은 본문을 주해하는 것을 목적으로 삼은 것이 아니라 본문을 청중의 삶으로 적용하는 것을 목적으로 삼았는데 이것은 성경적 상담설교의 다섯째 구조인 "변화된 마음으로 어떻게 살아야 할 것을 계획하라"⁴⁹는 내용과 정확히 일치하고 있다. 즉, 설교가 단순히 본문의 주해로 끝나는 것이 아니라, 본문의 메시지와 청중의 삶을 연결하는 것을 중요하게 여겼는데, 이것은 본문의 메시지를 통하여 변화된 마음을 어떻게 적용하여 삶으로 연결할 것인지를 촉구하는 성경적 상담설교의 구조와 정확한 일치를 보여 주고 있는 것이다.

이처럼 칼빈의 설교에 나타난 성경 해석 방법론은 집단상담의 한 형태로서 사람의 마음을 치유하는 설교인 성경적 상담설교의 구조와 정확히 일치하고 있는 것을 확인할 수 있다. 이것은 칼빈의 설교에서 상담적 요소가 깊이 담겨 있는 것을 확인시켜 주는 것이다.

칼빈의 설교신학은 성경적 상담의 원리와 정확하게 일치하고 있다. 칼빈은 설교에 있어서 "절대권위의 말씀으로서의 성경"을 강조했다. 칼빈에게 성경은 하나님이 자신을 계시하는 수단이며 사람들이 하나님을 알 수 있는 진정한 통로라고 확신했다. 그는 강단에 오를 때마다 성경을 전하고자 하는 열망으로 올랐으며 성경을 풀어주는 것을 설교자의 제일 목적으로 삼았다.[50]

성경에 대한 칼빈의 확신은 설교에 대한 확신으로 이어졌다. 성경에 대한 그의 관점은 다음과 같다.

첫째, 칼빈은 모든 성경이 하나님 자신을 드러내는 진리의 말씀으로 믿었다. 칼빈은 "영감된 성경을 개인적으로 읽고 공적으로 해설해 주는 것을 통해 성령의 도움 하에 죄인들에게 하나님을 아는 지식을 전해 준다"[51]고 확신했다. 칼빈이 하나님의 말씀을 생명을 바쳐 담대하게 전할 수 있었던 이유는 성경이 하나님의 말씀이라는 확신을 가진 신학적인 이유에 있었다. 성경은 오류가 없는 하나님의 말씀으로써 성경을 바르게 풀어주는 것을 통해 하나님이 우리에게 자신을 드러내신다고 믿었다.

칼빈은 성경의 권위에 대한 확신에 차서 순수한 말씀의 기초만을 풀어주기 위하여 매번 강단에 올랐다.[52] 칼빈이 성경에 대한 확신을 가진 것이 설교에 대한 확신으로 이어진 것처럼, 성경적 상담은 성경에 대한 확신이 상담으로 이어진 것이다.

둘째, 칼빈은 모든 성경이 하나님의 통일성을 이루고 있다고 믿었다.[53] 성경은 다양한 저자에 의하여 기록되었고, 시대와 상황이 다른 다양한 내용이 공존하지만 칼빈의 성경 해석과 설교의 기반을 이루는 것은 성경이 하나님의 이야기를 담고 있다는 사상이었다. 칼빈이 성경이 하나님의 통일성을 이루고 있다는 것은 성경의 진정한 저자가 성령님이라는 사실에

기인하며, 인류를 향해 들려주는 하나님 자신의 유일한 말씀이라는 사실에서 통일성을 보인다.[54]

구약과 신약이 하나님의 통일성을 이루고 있다는 사상은 그의 설교에서 두드러지게 나타난다. 칼빈은 구약을 설교하면서 신약을 인용하고 신약을 설교하면서 구약을 포함한 다른 성경 구절을 자유자재로 인용한다. 성경의 통일성은 소위 "성경이 성경을 해석한다"는 개혁가의 사상의 기본을 이루고 있다.

칼빈이 평생토록 생명을 바쳐 말씀을 강해하고 설교한 근거는 성경이 구원과 삶의 절대적인 규범이라는 성경적인 성경관을 그대로 받아들인 확신 때문이다.[55] 칼빈의 설교에서 성경적인 성경관이 바탕이 된 것처럼, 성경적 상담은 상담의 주요 도구가 성경이다.[56] 또한, 성경적 상담설교는 성경적인 성경관을 가진 성경적인 설교이다.[57]

칼빈의 설교관은 한마디로 말하면 설교는 하나님의 말씀이라는 확신이다. 설교와 하나님의 말씀을 동일시할 수 있는 근거로는 먼저 설교란 하나님의 말씀을 풀어주고 해석하기 때문에 하나님의 말씀이라는 것이다.[58]

성경이 하나님의 말씀이라는 권위를 지니듯이 하나님의 말씀을 전하는 설교 역시 하나님의 말씀으로서의 권위를 지닌다는 말이다. 설교를 하나님의 말씀인 성경과 같은 위치에 둘 수 있는 것은 설교가 사람의 말이 아니라 하나님의 엄중한 말씀의 중요성을 강조하는 동시에 설교자에게는 말씀을 바르게 전해야 하는 무거운 책임을 요구한다. 설교자는 오직 하나님의 말씀만을 전해야 할 뿐, 어떤 인간적인 생각이나 사상을 삽입시켜서는 안 된다. 그러므로 칼빈에게 있어서 "설교와 성경과의 관계는 분리될 수 없는 것이다."[59]

설교가 하나님의 말씀이 될 수 있는 것은 설교자가 하나님의 대사로서 하나님의 이름으로 권위 있게 말하는 사람이기 때문이다. 설교자의 정체성을 하나님의 말씀을 전달하는 대리인으로 보는 것은 설교자의 특권이 아무에게나 주어지는 것이 아니라는 신념에 근거한다. 모든 설교자는 하하님이 이 땅에서 당신의 말씀을 위탁한 대사라는 사실은 전해야 할 내용의 방향을 보여 준다. 칼빈이 설교자는 하나님의 대사라고 강조한 것은 성경적 상담의 신학적 기초에서 성경적 상담자는 그리스도의 대사라는 내용과 정확히 일치하고 있다.[60] 상담자는 예수 그리스도의 대사이므로 그리스도의 말씀을 대언하고, 그분의 방법을 사용하며, 주님의 성품을 드러내야 하는 것이다.

칼빈의 설교에는 수사학적인 빼어남은 없었을지라도, 그의 사고력, 그의 의지력, 그의 말씨와 우수함, 그리고 무엇보다 하나님의 진리를 자기말로 빛을 내게 했던 그 진지함은 그를 위대한 설교자로 만들었고, 기독교신학의 위대한 진리들을 청중의 마음에 새겨 주었을 것이다.[61]

이와 같은 표현에서 칼빈이 설교를 통하여 "기독교신학의 위대한 진리들을 청중의 마음에 새겨 주었을 것이다"라는 표현이 매우 중요한 것이다. 그것은 성경적 상담의 목표와 칼빈의 설교의 목표에 일치점을 찾을 수 있기 때문이다.

성경적 상담의 세 번째 원리가 "인간의 문제는 마음의 문제"라고 진단하고 있고, 상담의 목표가 인간의 마음을 변화시키는 것이기 때문에 깊은 상관성을 가진다. 파울리슨은 "우리는 진정한 변화란 그 분께로 가서 그를 신뢰하고 그를 두려워하며 그에게 순종하고 그를 기쁘게 하는 삶을 추구하는 것이라고 정의한다"[62]라고 표현한다. 또한, "우리의 목표는 우리와 관계하시는 하나님, 그 분의 형상을 닮도록 변화하는 것이다. 성경은 모든 관계를 철저하게 하나님과의 관계를 통해 바라본다"[63]라고 했다.

칼빈이 "가능하면 좋은 나팔을 가져서 가슴 깊숙이 관통시키도록 주의를 기울이십시오"[64]라고 표현한 것도 설교를 통하여 사람의 가슴 깊숙이 관통시키도록 주의를 기울이며, 마음을 변화시키고자 하는 의도를 명확히 발견할 수 있다.

칼빈은 설교에서 위로의 복음을 전했다는 점에서 상담적 설교를 했음을 알 수 있다. T.H.L. 파커(T.H.L. Parker)가 칼빈이 전한 설교를 표현하기를 "칼빈이 이룩한 종교개혁은 순수한 하나님의 말씀을 선포하는 설교를 통해서 교회를 교회 되게 하고 구원의 복음, 위로의 복음을 증거 하는 것이었다"[65]라고 했다. 이러한 표현에서 알 수 있는 것처럼, 칼빈은 설교를 통하여 구원을 얻게 하는 복음을 선포하면서 회중에게 위로를 주는 복음을 선포했던 것이다.

3. 목회 돌봄 사역에 나타난 목회상담자 칼빈

목회적 돌봄의 어원은 라틴어 *cura animarum*(쿠라 아니마룸)에서 왔다. *cura*는 돌봄(care)이나 치유(cure)로 번역될 수 있다. 그래서 이 단어를 영혼의 돌봄이나 영혼의 치유로 번역할 수 있다. 영어로는 pastoral care이며, 독일어에서는 seelsorge로 번역한다. 권명수는 목사의 기능 가운데 목회적 돌봄이 예배, 목회, 설교 중 목사의 핵심 역할에 해당한다[66]는 주장은 옳은 관점이다. 목회적 돌봄으로서의 예배와 설교와 상담이 제공되어야 한다고 본다.

칼빈은 신자가 개인생활에 허물이나 범죄함이 있으면 주의 만찬에의 참여를 제한하여 성만찬의 올바른 준행과 경건하게 참여토록 하려는 의도를 가지고 있었다. 그렇지만 주의 만찬이 신앙인에게 큰 위로를 주기에 매주일 실시하는 것이 바람직하다고 생각했다. "예수 그리스도의 거룩한 만찬의 참여는 적어도 매주일 거행하도록 하는 것이 좋은 것이다"[67]라고 말하고 있다.

이런 입장은 당시의 스위스 종교개혁자들의 입장과 현실에 큰 차이가 있는 것을 보여 준다. 당시의 현실은 일 년에 3-4회 실시하고 있었는데, 사도행전 2장에서처럼 모일 때마다 떡을 떼었던 것을 예로 들며 강조하고 있다. 그러나 인간의 약함으로 인해 자주 시행하면 경홀히 여길 수 있어 매월 1회씩 이 거룩한 만찬에 참여하는 것이 좋다고 보았다. 이렇듯 칼빈과 개혁자들은 신앙에 큰 위로를 주는 성만찬을 신자들이 존엄하게 다루도록 하는 것이 목회의 중심 과제로 보았다.[68]

칼빈은 예배에서 시편 낭송을 통해 신자의 영혼을 깨우고 하나님께로 향하도록 하는 것이 중요하다고 보았다.[69] 이를 통해 하나님께 기도하고 찬송하며 사람들의 마음을 일깨우고 그분께 일치로 향하게 하는 데 필요하다고 보았다. 여기서 "사람들의 마음을 일깨우고 그분께 일치로 향하게 하는 것"이라는 표현이 곧 성경적 상담의 목적과 정확히 일치하고 있다.

칼빈의 제2차 제네바교회 정치 규정 제출안에 따르면, 교회 규정 서문에 4개의 직제가 다음을 위하여 필요하다고 했다.

① 주의 복음 진리를 순전하게 보존한다.
② 교회를 잘 유지한다.
③ 후대를 담당할 젊은이들을 바르게 교육한다.
④ 가난한 이들을 위한 병원이 적절하게 운영한다.[70]

4직제란 목사, 교사, 장로, 집사이다. 특히, 목사의 직무는 말씀을 선포하고, 가르치며, 권면, 권고, 징계하며, 성례전의 집행과 장로와 동역자와 함께 형제애적인 교화의 조치를 실시해야 한다.[71] 여기서 목사의 직무가 말씀 선포, 교육, 그리고 권면으로 표현된 상담 사역임을 알 수 있다.

시워드 힐트너(Seward Hiltner)는 목회적 돌봄에 대하여 초석을 놓은 인물인데 그는 목회신학의 내용에서 목양이란 이미지로 자신의 관점을 발전시키고 있다. 그는 목회신학을 관점이란 시각에서 조직화하면서 양떼를 돌보는 일, 복음을 소통하는 일, 신자들을 조직화 하는 일로 보았다. 특히, 양을 돌보는 목양의 기능을 크게 3가지로 보았는데, 곧 치유, 지탱, 인도이다.[72]

첫째, 치유의 기능은 상처 입은 영혼을 치유하는 일이다.
둘째, 지탱이란 치유할 수 없는 상황들인 환경적 요인, 신체적으로 만성적인 상황이나 불치의 질병들은 어찌 할 바가 없으므로 고통 중에 있는 영혼들을 위로하고 달래 주어, 계속 믿음 가운데 있도록 도와주는 일이 요청된다.

셋째, 인도는 어려운 문제나 상황에 부딪혔을 때 신자들이 어찌할 바를 몰라 할 때 그 영혼에게 처한 바를 탐색하고 현재의 문제를 명료하도록 도와주는 영혼의 돌봄이 절실하게 필요하다. 그래서 선택 가능한 일들을 살펴보아 결정하고 나가게 하는 일이다. 여기에 영적 지도가 필요하다.

힐트너는 이러한 목회적 돌봄의 3가지 기능에 화해의 기능이 추가되어야 한다고 했다. 여기서 말하는 화해는 깨어진 관계를 회복하는 것을 말한다.[73]

칼빈 초기 교회 규정에 나타난 목회적 돌봄을 살펴보면, 칼빈과 제네바의 종교개혁자들은 무엇보다 영혼의 돌봄과 영혼의 치유에는 무엇보다 하나님의 말씀과 성례전에 대해 진실한 경외심을 가지고 참여토록 하여 "하나님의 말씀에 복종"하는 것이 중요하다고 여겼다. 그들은 이러한 경건하면서도 말씀에 복종하고 순종하는 신앙 태도를 개인의 자발적 의지에 맡긴 것이 아니라 국가의 법률로서 명시했던 것이다.[74]

또한, 칼빈의 교회법 초안의 교회훈련에는 깨진 관계의 두 가지 측면이 다 고려되어 있다. 곧, 예배나 주의 만찬의 불경건한 태도는 하나님과의 관계의 깨어짐을 의미한다. 그리고 결혼, 일상생활의 법률에 어긋나는 행동들은 인간과 인간의 관계를 깨뜨리는 결과를 가져오기에 적절한 매개가 필요하다. 이런 측면에서 칼빈의 교회법 초안은 화해의 기능을 훌륭하게 달성할 수 있도록 의도하고 있다.[75]

이런 점에서 칼빈의 목회적 돌봄을 화해의 수단으로 평가할 수 있다. 칼빈의 목회가 목사 개인의 활동에서 머문 것이 아니라 제네바 도시 전체 거주자를 대상으로 했고, 지역 목회자와 함께, 교리의 순수성을 보존하고 도시민들의 영적, 정신적 건강을 체계적으로 돌보고자 시도했다. 심지어 정치적으로 의회를 통한 입법을 통해서 이루려고 시도했다.[76] 이것은 목회상담 사역이 개인과 가정, 지역 사회와 정치와 경제, 국가로 확산되어야 함을 시사해 준다.

칼빈 연구의 대가인 정성구 박사는 칼빈에 관하여 상담자로 다음과 같이 표현했다.

> 칼빈은 비평가들의 일방적 생각과는 달리 사랑과 화해의 목회자였다. 사람을 평가할 때는 바른 자료를 가지고 정직히 평가해야지 외모를 보고 판단해서는 안 된다. 칼빈은 진실한 목회자요, 설교자일 뿐 아니라 그는 심방과 상담을 잘 했다. 어떻게 그렇게 변약한 몸을 가지고 그토록 바쁜 일정 속에서 목사로서의 사명에 충실했는지 놀라움을 금할 길이 없다.[77]

위의 표현에서 특히, 칼빈에 대하여 "심방과 상담을 잘했다"라는 표현에서 목회상담자로서의 칼빈을 발견할 수 있다. 정성구 박사는 칼빈은 복음의 위로자로 목회상담 사역에 충실했다고 하면서 다음과 같은 일화를 소개했다.

> 1538년, 칼빈이 바젤에 머물고 있을 때, 파렐의 조카가 방금 페스트에 걸렸다는 소식을 접한다. 당시로는 페스트 병은 곧 죽음을 의미하던 시대였다. 그리고 전염병이므로 격리시키던 때였다. 그러나 칼빈은 위험을 무릅쓰고 목사로서 성도를 사랑하는 뜨거운 마음으로 그 환자에게 달려가서 복음의 위로와 기도를 했다. 칼빈의 심방은 위험하기 짝이 없었으나 영혼 사랑에 대한 그의 열정을 아무도 말릴 수가 없었다. 그러나 끝내 그 환자는 회생을 못하고 숨을 거두자 칼빈 목사는 그의 장례비를 부담했다. 또 그가 한창의 나이에 세상을 떠나자 두고 간 자녀들을 전적으로 돌보아 주었다.[78]

위의 일화에서 알 수 있는 것처럼 칼빈은 전염병에 감염될 수 있는 위험을 무릅쓰고 목사로서 성도를 사랑하는 뜨거운 마음으로 환자에게 달려갔고 기꺼이 복음으로 위로하며 기도를 드렸다. 영혼을 사랑하는 목회상담자로서 칼빈은 죽음의 위험에 있는 환자를 상담하며 돌봐주었고, 후에 장례비 부담과 고인의 자녀들을 전적으로 돌봐주는 헌신은 목회자로서의 귀감이 되는 아름다운 모습이다.

이렇듯 칼빈의 헌신과 겸손한 봉사는 칼빈에 대해서 잘 알지 못하고 악랄한 비판을 퍼붓는 사람들의 말과는 전혀 반대였다. 정성구 박사는 칼빈을 섬세하고 아름다운 상담자로 묘사하면서 다음과 같이 표현했다.

> 칼빈은 참 목자로서 사랑과 헌신을 엿볼 수 있다. 그 외에도 칼빈의 편지를 통해서 나타난 것은 목사로서 얼마나 섬세하고 아름다운 상담자였나를 깨닫게 한다.[79]

칼빈 연구의 대가로서 칼빈을 가리켜 "섬세하고 아름다운 상담자"라고 표현한 것은 매우 깊이 의미가 있다.

또한, 정 박사는 "칼빈의 목회적 돌봄은 일반인들이 칼빈을 알고 있는 것과는 매우 다르다. 그는 신학도로서 날카롭고 냉정한 인물일지 몰라도 목사로서는 성도들의 영혼을 사랑하여 우는 자와 함께 울고 고통당하는 자와 고통을 나눌 줄 아는 사람이었다"라고 표현함으로써 칼빈이 영혼을 사랑하는 목사로서 우는 자와 함께 울고, 고통당하는 자와 함께 고통을 나눌 줄 아는 상담목회자였음을 확인할 수 있다.

정 박사는 칼빈에 대하여 다음과 같이 표현했다.

> 이처럼 칼빈은 세인들의 생각과는 달리 가슴이 따뜻하고 여리며, 다른 이의 영혼을 사랑하는 참 목자 상을 보여 주었다. 비평가들은 칼빈의 편지와 설교를 읽어보지도 않고, 오직 칼빈을 극렬히 비방하고 조소하고 악랄하게 저주하던 자들의 문헌을 기초로 해서 칼빈을 평가하고 있다. 그러나 실상 칼빈은 말씀의 종으로서 목사의 사명을 감당했던 신앙과 겸손의 종이었다. 칼빈은 일생 동안 자기를 드러내거나 자기변호를 하지 않았다. 그러나 하나님의 영광이 침해당할 때는 누구든지 용서하지 않았다.[80]

위의 표현에서 알 수 있는 것처럼, "칼빈은 가슴이 따뜻하고 여리며, 다른 이의 영혼을 사랑하는 참 목자 상을 보여 주었고, 말씀의 종으로 목사의 사명을 감당했던 신앙과 겸손의 종이었다"라는 것이다. 가슴이 따뜻하고 영혼을 사랑하는 마음이 목회상담자가 가져야 할 마음이요 자질이다.

정성구 박사는 목회자로서의 칼빈에 관하여 다음과 같이 기술했다.

> 칼빈이 참 목자로서 살려고 애쓴 것은 말씀과 성령으로 살려고 노력한 때문이다. 칼빈은 목사의 자격을 논하면서 목사는 성령의 은사가 있는 사람이어야 하고 날마다 배우며 앞으로 나아갈 수 있는 사람, 그리고 경건의 훈련, 불굴의 용기가 있어야 한다고 했다. 특히, 칼빈은 목사의 덕목으로 경건의 중요성을 강조했다. 특히, 칼빈은 목회를 "영적 전쟁"으로 생각했다. 목사가 부족하고 연약해도 주님께서 감당할 수 있는 은혜와 복을 주신다는 것이다. 칼빈은 우리에게 절실히 요구되는 구체적이고 실제적인 목회의 지침을 주면서 영혼 사랑의 목사의 모습을 친히 보여 주었다.

위의 인용문에서 알 수 있는 것처럼 칼빈은 참 목자로서 말씀과 성령으로 살려고 노력한 인물이다. 성경적 상담에서도 말씀과 기도를 통하여 성령님이 우리의 마음을 감화, 감동하실 때 진정한 변화를 체험하게 된다고 한다.[81]

칼빈이 목사의 자격을 말하면서 성령의 은사를 강조하고, 배우며 앞으로 나아가는 사람, 경건의 훈련과 불굴의 용기가 있어야 한다고 한 것은 의미가 있다. 특히, 경건의 중요성을 강조하면서 영적 전쟁으로서의 목회 사역을 언급하면서 목사 부족하여도 주님께서 감당할 수 있는 은혜와 복을 주신다는 것은 오늘의 목회 사역자들에게 큰 위로를 주는 메시지인 것이다.

닫는 말

본 장에서 필자는 목회상담자로서의 칼빈을 재조명하면서 다음 세 가지 연구 과제를 선정했다.

첫째, 칼빈의 『기독교 강요』에 성경적 상담의 원리가 어떻게 나타나고 있는가?
둘째, 칼빈의 설교에 성경적 상담과의 상관성이 어떻게 나타나고 있는가?
셋째, 칼빈의 목회적 돌봄 사역에서 목회상담자로서의 모습이 어떻게 나타나고 있는가?

본 연구의 결과는 다음과 같다.

첫째, 칼빈의 『기독교 강요』에서 성경적 상담의 일곱 가지 원리가 명확하게 나타나고 있음을 구체적으로 입증했다.

① "인간은 하나님의 형상대로 지음 받았다"라는 원리는 『기독교 강요』 제1부 15장에 근거하고 있다.
② "인간은 죄로 인하여 타락한 존재이다"라는 원리는 『기독교 강요』 제2권 제1장에 근거하고 있다.
③ "인간의 문제는 마음의 문제이다"라는 원리는 『기독교 강요』 제1권 제3장과 제2권 제4장에 근거하고 있다.
④ "상담의 주요 도구는 성경이다"라는 원리는 『기독교 강요』 제1권 제6장과 제1권 제9장에 근거하고 있다.
⑤ "상담의 모델은 예수 그리스도이다"라는 원리는 『기독교 강요』 제2권 제12장과 제2권 제13장에 근거하고 있다.
⑥ "인간은 고통 하는 존재이다"라는 원리는 『기독교 강요』 제2권 제2장과 제2권 제3장에 근거하고 있다.

⑦ "인간의 진정한 변화는 성령님의 역사로 이루어진다"라는 원리는 『기독교 강요』 제1권 제7장과 제2권 제2장에 근거하고 제3권 제1장에 근거하고 있음을 입증했다.

둘째, 칼빈의 설교에 나타난 성경 해석 방법론은 성경적 상담 이론을 설교와 통합한 성경적 상담설교와 깊은 상관성을 가지고 있었다.

① 칼빈이 본문을 그대로 풀어주는 것을 설교의 목적으로 삼고, 특히 저자가 말하는 것을 설교의 목적으로 삼은 것은 성경적 상담설교의 세 번째 구조인 "하나님의 말씀을 해석하며 하나님의 성품과 예수 그리스도에 초점을 맞추라"라는 내용에서 "하나님의 말씀을 해석하며"라는 의미가 본문을 그대로 풀어 주는 강해설교를 하라는 내용과 일치하고 있다.

② 칼빈은 성경의 저자와 성경의 궁극적인 저자인 성령을 분리하는 것을 거부하며, 저자가 문자를 통해 하는 말씀이 성령이 주는 본래의 의미라는 것은 성경적 상담설교의 네 번째 구조인 "말씀과 성령을 통해 새로워진 마음의 변화를 인식하라"와 상관성을 가진다.

③ 칼빈은 모든 설교에서 그리스도 안에서 나타나는 하나님의 주권과 은혜를 강조했고, 하나님의 주권과 절대적인 은혜에 대한 강조는 필연적으로 하나님의 은혜의 통로가 되는 예수 그리스도에게 집중되는 설교로 발전된다는 점을 강조했다. 이것은 성경적 상담설교의 세 번째 구조에서 "하나님의 말씀을 해석하며 하나님의 성품과 예수 그리스도에 초점을 맞추라"내용과 깊은 상관성을 가진다.

④ 칼빈은 본문을 주해하는 것을 목적으로 삼은 것이 아니라 본문을 청중의 삶으로 적용하는 것을 목적으로 삼았는데 이것은 성경적 상담설교의 다섯째 구조인 "변화된 마음으로 어떻게 살아야 할 것을 계획하라" 내용과 정확히 일치하고 있다. 이처럼 칼빈의 설교에 나타난 성경 해석 방법론은 집단상담의 한 형태로서 사람의 마음을 치유하는 설교인

성경적 상담설교의 구조와 정확히 일치하고 있는 것을 확인할 수 있다. 이것은 칼빈의 설교에서 상담적 요소가 깊이 담겨 있는 것을 확인시켜 주는 것이다.

셋째, 목회 돌봄 사역에 나타난 목회상담자 칼빈의 모습을 조명해 보았다. 칼빈은 위로의 복음을 강조함으로써 상담가로서의 모습을 보여 주었고, 말씀과 성례의 시행을 통하여 성도들을 위로하고자 했다. 또한, 칼빈 초기 교회 규정에 나타난 목회적 돌봄을 살펴보면, 칼빈과 제네바의 종교개혁자들은 무엇보다 영혼의 돌봄과 영혼의 치유에 많은 관심을 가졌고 하나님과의 관계, 그리고 인간과의 깨진 관계를 회복게 하는 화해의 사역을 소중하게 여겼다. 더 나아가 칼빈은 심방과 상담을 잘한 따뜻한 목회상담자였음을 확인할 수 있었다.

종교개혁 500주년과 4차 산업 혁명 시대를 맞이하는 한국기독교는 다시 한번 새롭게 거듭나는 제2의 종교개혁이 필요한 시기라고 말할 수 있다. 종교개혁자 칼빈과 같은, 한 영혼을 사랑하고 생명을 다하여 세심히 돌보는 목회상담자로서의 사역자가 지속적으로 배출되어 다시금 말씀과 성령에 따라 개혁되고 부흥되는 한국교회로 거듭나기를 간절히 열망한다.

제8부

강해설교와 성경적 상담의 통합: 성경적 상담설교

제14장 성경적 상담과 설교의 통합 방안
제15장 치료자 예수에 대한 마태의 관심과 성경적 상담설교의 실제

제14장

성경적 상담과 설교의 통합 방안
- 성경적 상담설교의 구조를 중심으로 -

여는 말

오늘날 많은 종류의 상담 이론과 심리치료법이 소개되고 있다. 예를 들면, 정신 분석이론에 근거한 상담, 심리역동적인 심리 요법들, 융의 치료법, 행동 요법, 합리적 감정 요법, 현실 요법, 인간 중심적 요법, 실존주의적 요법, 게슈탈트 요법, 교류분석법, 가족 요법, 기독교적 심리 요법 등이다.[1]

이러한 상담 및 심리치료 이론들은 매우 다양하고 일관성이 결여되어 있다는 약점이 있다. 제이 아담스(Jay Edward Adams)는 성경적 상담의 조직화된 체계를 세우는 일에 깊은 관심을 가졌다.[2] 아담스는 목회상담의 원리와 틀을 항상 하나님 말씀과 성령의 사역에 근거했다.[3] 이것은 매우 의미 있는 진술이다. 지나온 세기의 심리학에 치우친 목회상담의 흐름을 개혁신학에 근거한 성경 중심의 목회상담학으로 방향을 전환해야 한다고 본다. 그것이 곧 개혁신학에 근거하여 하나님 말씀과 성령의 사역을 강조하는 성경적 상담학이다.

오늘날 '성경적 상담학'의 필요성은 점점 더 증대되고 있다. 그 이유는 심리학이 기독교적 관점으로 평가되지 않고 확산되고 있기 때문이다. 상담 이론 가운데는 비기독교적인 사고를 바탕으로 한 것들이 많다. 예를 들면, 프로이트(Sigmund Freud, 1856-1939)는 "종교는 일종의 마취제와 같은 하나의 환상 또는 망상적 신경증의 보편적인 한 형태"[4]라고 말했다. 이러한 프로이트의 주장에서 종교에 대한 편향적이고 왜곡된 생각을 발견할 수 있다. 종교에 대한 왜곡된 생각을 가진 정신 분석학에 근거한 상담을 기독교상담에서 무비판적으로 수용할 수가 없다.

스탠톤 존스(Stanton L. Jones)와 리차드 버트만(Richard E. Butman)은 허딩(R. Hurding)의 말을 인용하여 프로이트의 정신 분석학이 받고 있는 비평을 지적했다. 프로이트는 "학문적인 심리학자들로부터는 비과학적이라는, 인문주의적 심리학자들과 유신론적 심리학자들로부터는 지나치게 환원주의적이라는, 행동주의 학파 사람들로부터는 충분히 환원주의적이 아니라는" 비평을 받고 있다는 것이다.[5]

또한, 존스와 버트만은 정신 분석학을 기독교적 관점에서 비평하면서 종교가 하나의 환상으로 취급되기 때문에 본질적으로는 하나의 불가지론적 또는 무신론적 시스템이라 지적했고, 하나의 치료법으로서 정신 분석학은 몇몇 사람을 제외하고는 모든 사람을 위해서는 부적합하며 비실제적이라 비평했다.[6]

이러한 비평은 적절한 것이라 하겠다. 존스와 버트만은 행동 요법을 기독교적 관점에서 비평하면서 자연주의는 기독교 신앙과는 맞지 않는다고 했고 육체적인 존재만을 강조하면서 몸과 영혼의 상호 작용과 인간 본질의 주요 국면을 간과하고 있음을 지적하고 있다.[7]

성경은 인간의 마음의 문제를 중요시하고 있다. 칼 로저스(Carl Ransom Rogers, 1902-1987)의 인간 중심 상담 또는 내담자 중심 상담은 인간은 본래 선한 존재이며, 이해와 공감을 받으면 자신의 문제를 스스로 해결해 나간다고 했다. 그러나 이러한 주장은 성경적 인간관과 정면으로 배치되는 주장이며 기독교의 진리에 대해 도전하는 것이다.[8]

성경은 인간은 하나님의 형상대로 지음 받았으나 하나님께 불순종한 죄로 인하여 전적으로 타락한 존재이며 자기 자신을 스스로 구원할 수 없는 존재라고 가르치고 있다.

이처럼 성경과 기독교의 진리를 왜곡하는 심리상담 이론들이 성경적 관점으로 재해석됨이 없이 그대로 활용되어서는 안 될 것이다. 그러므로 심리상담 이론들은 성경적으로 비평적 관점에서 재해석하는 일이 필요하다. 그러한 노력의 한 방법으로서 비기독교적인 심리학의 도전에 대한 효과적 대응으로서 철저히 성경에 근거한 상담학인 '성경적 상담학'을 발전시켜 나가야 한다.

성경적 상담은 심리학에 성경을 첨가하는 정도의 것이 아니다. 성경을 모든 학문의 근거로 삼고 성경적 관점으로 모든 문제를 다루는 상담을 의미한다. 따라서 성경적 상담학은 성경의 원리를 기초로 하여 신학적 바탕을 세우는 데서 시작될 수 있는 것이다.[9] 이러한 성경적 기초 위에 성경적 상담학[10]을 발전시켜 나가야 한다. 성경적 상담학은 성경적 세계관을 확산시키는 하나의 영역이기도 하다.[11]

필자가 본 장에서 말하고자 하는 성경적 상담이란 무엇인가?

그것은 기독교와 심리학을 단순히 합쳐 놓은 것을 의미하지 않는다. 그것은 기본적인 기독교의 진리를 개혁신학의 관점으로 해석하여 상담에서 수용하는 성경적 상담[12]을 말하고자 하는 것이다. 이것이 개혁주의 목회상담의 나아갈 방향이라고 믿는다. 특히, 성경적 상담에서 집단상담의 한 형태로서 회중을 향한 설교의 중요성은 점차 증대되고 있다.

그러므로 본 장에서는 성경적 상담 이론과 설교의 통합을 시도하며 새로운 상담설교의 구조를 제안하고자 한다. 이렇게 성경적 상담학 이론과 설교를 통합한 설교 형태를 "성경적 상담설교"(Biblical Counseling Preaching)[13]라고 명명한다.

이것을 연구하는 것은 연구자 자신의 성장뿐 아니라, 한국교회와 세계 교회에 성경적 상담설교의 필요성을 인식하게 하기 위함이다. 인간의 다양한 고통의 문제에 대한 예방과 치료를 통해 마음이 상한 자를 고치고 슬픈 자를 위로함으로써, 하나님 나라를 확장하고 건강한 교회 공동체를 일구어 나가도록 하는 데 미력하나마 도움을 주고자 한다. 더 나아가 성경적 상담설교에 대한 후속 연구를 위한 기초자료를 제공하고자 한다.

1. 성경적 상담의 이론적 이해

성경적 상담은 정신의학 또는 심리치료라는 양자택일의 상황 속에 있었던 1960년대 후반에 교회와 기독교인들을 위한 적절한 상담을 제공하기 위한 성경적 상담 운동(Biblical Counseling Movement)에서 시작되었다. 데이비드 파울리슨(David Powlison)은 *The Biblical Counseling Movement: History and Context*[14]에서 역사적 안목을 가지고 사려 깊은 학자로서, 눈으로 본 증인으로서 성경적 상담 운동에 대한 통찰을 제공 하고 있다.[15]

파울리슨은 이 책에서 성경적 상담은 인간의 마음을 변화시키고 성화를 이루도록 하기 위하여 성경적 원리, 즉 성경적 인간관과 성경적 세계관에 입각하여 성경적으로 상담하는 역동적인 상담 방법으로 보았다.[16]

필자는 성경적 상담을 다음과 같이 정의하고자 한다.

> 상담자가 피상담자와의 대면관계에서 마음의 문제를 발견하고 성경을 도구로 사용하여 마음의 문제를 해결해 주며, 피상담자의 왜곡된 사고와 감정과 행동 그리고 인격을 성령의 역사하심을 의지하여 바람직한 성경적 변화를 가져오도록 돕는 의사소통의 과정이다.

그러한 "인간의 인격과 행동의 성경적 변화를 통하여 마음을 지배하는 우상을 버리고 그리스도 안에서 성숙한 사람으로 세워 그리스도를 주인으로 삼고 오직 하나님의 영광을 위하여 살도록 돕는 것"이 성경적 상담의 목적이라고 할 수 있다.

1) 성경적 상담의 개념

『옥스퍼드 아메리칸 사전』(Oxford American Dictionary)을 참고하여 보면, 'counsel'의 의미는 'advice'(충고하다), 'consultation'(충고를 찾아 주다)로 기록되어 있다.[17] 그러나 'counseling'의 뜻은 "개인적, 사회적, 심리학적 문제들과 어려움들을 해결하기 위해 돕는 행동과 안내하는 행위"(the provision of assistance and guideance in resolving personal, social, or psychological problems and difficulties)로 되어 있다.[18] 이러한 옥스퍼드 사전의 낱말 풀이에서 볼 수 있는 것처럼, counsel은 '충고' 등의 간단한 뜻으로 되어 있고, counseling에는 '개인적, 사회적, 심리학적 문제나 어려움'이라는 한정적인 표현이 들어가게 된 것은, 심리학적 상담의 급격한 발달이 상담에 대한 개념에 영향을 준 것으로 볼 수 있다.

그러나 베이커 사전을 참고하면 'counseling'의 의미가 "도움을 필요로 하는 사람의 변화를 돕기 위해서 말을 듣기도 하고 또 그에 대하여 반응하기도 하는 관계(one person relating to another through listening and responding in such a way as to effect change in the one seeking help)"라고 기록되어 있다.[19] 그렇다면 일반적으로 생각해 볼 때 '상담'이란 것은 특정한 방법을 사용하는 것이 필수 조건이라 할 수 없다. 만약, 심리학적 방법을 사용한다면 심리상담, 또는 심리치료라고 표현하는 것이 보다 더 정확한 명칭이라 할 수 있다.

성경적 상담은 철저히 성경 말씀에 근거하는 상담이어야 한다. 그렇게 상담의 방법을 성경적 원리를 통해서 정립하고 사용하게 되면 그러한 상담을 성경적 상담(Biblical Counseling)이라 부를 수 있는 것이다.[20]

제이 아담스(Jay E. Adams)는 상담이 "성령의 중생케 하시는 사역과 성화시키는 사역의 조화 속에서 이루어져야 한다"[21]고 하면서 "성경적 상담이란 ① 성경에서 동기를 찾고 ② 성경을 그 전제 조건으로 하며 ③ 성경의 목표를 그 뼈대로 삼아 ④ 성경이 모델로 주어지고 명령된 원리와 실천에 따라서 조직적으로 발전 시켜 나가는 것"[22]이라 했다. 이와 같은 아담스의 성경적 상담에 관한 정의는 의미 있는 것으로 상담에서도 성경을 강조하는 개혁신학의 입장을 반영해 주고 있다고 하겠다.

오늘날 기독교인들이 사용하는 상담을 '기독교상담'이라 부른다. 그러나 대부분의 기독교상담은 심리학적 상담의 이론과 방법을 도입하여 이루어졌다. 그러나 본래 심리학은 하나님의 존재를 인정하지 않는 무신론적 바탕에서 형성되고 발전한 것임을 부인할 수 없다. 기독교상담학자들 중에는 심리학과 신학의 통합을 이루어 보려는 시도를 한 학자들이 있다. 심리학에 대한 기독교적 접근 이론들은 크게 네 가지로 나누어진다.[23]

그러나 심리학을 도입하는 심리상담이나 통합 주의적으로 기독교상담을 하고자 하는 시도와는 다르게, 하나님의 말씀인 성경을 토대로 상담 이론과 방법을 정립하려는 상담학자들이 나타났는데, 그들은 이러한 상담학을 '성경적 상담'(Biblical Counseling)이라고 명명했다. 따라서 '성경적 상담'이라는 명칭은 특정 상담학 이론과 그 학파를 지칭하는 이름으로 주로 사용되었다. 즉 성경적 상담은 성경 말씀을 바탕으로 상담 이론과 방법을 정립하여 상담에 사용함으로 내담자에게 성경적 변화를 가져오게 하는 상담 방법이다. 본 장은 성경적 상담의 입장에서 성경적 상담 이론을 설교에 통합하고자 하는 시도임을 밝혀 둔다.

성경적 상담의 사역의 근거는 초대교회 시대로 거슬러 올라간다. 사도 바울이 에베소교회의 장로들과 작별인사를 하면서 "그러므로 여러분이 일깨워 내가 삼 년이나 밤낮 쉬지 않고 눈물로 각 사람을 훈계하던 것을 기억하라"(행 20:31)라고 말했다. 이 말씀에서 볼 수 있는 것처럼 에베소교회에서 그의 주된 사역은 다른 것이 아닌, 개인 상담 사역, 즉 한 사람 한 사람을 붙들고 간곡하게 훈계한 사역이었다. 이 사역을 일종의 성경적 상담이라 부를 수 있다.[24] 즉 사도 바울이 한 지역에 머물면서 많이 사용한 방법이 '권면적' 사역이었다. 그래서 아담스[25]는 이를 '권면적 상담'(Nouthetic Counseling)이라고 불렀다.[26]

그 이후 존 베틀러(John Bettler)[27]와 에드워드 웰치(Edward Welch),[28] 데이비드 파울리슨(David Powlison),[29] 폴 트립(Paul D. Tripp),[30] 티모시 레인(Timothy Lane)[31]이 아담스의 권면적 상담을 성경적 상담으로 발전시켰던 것이다. 즉 성경적 상담은 아담스의 권면적 상담의 한계를 뛰어넘어 성경적 상담의 원리와 성경적 변화의 역동성을 강조했으며 성경적 상담의 방법을 구체적으로 제시했다.

2) 성경적 상담신학의 필요성

성경적 상담이 목적하는 인간의 변화를 가져오기 위해서는 상담의 신학적 근거를 고찰해야 한다. 일반적으로 상담의 기초를 심리학이나 정신 병리학 정도로 생각하는데, 이러한 견해는 눈에 보이는 현상에 집착하면서 인간의 근원에 대하여 무시하는 경향에서 온 것이다.[32]

상담에 관한 기독교적 토대는 성경이다.[33] 성경은 상담의 근거다. 왜냐하면, 성경은 인간이 그리스도로 말미암아 구원을 받는다는 사실을 가르쳐 주기 때문이다. 성경은 인간을 변화시켜서 그리스도를 닮아 가도록 만든다.[34]

상담은 말씀 사역의 영역에 속하는 것이다. 성경이 기독교상담의 토대라는 것은 기독교상담의 본질상 그럴 수밖에 없다. 성경의 가르침을 통하여 인간의 가치관, 사고, 관계, 성품, 행동 등을 바꿀 수 있으며, 이것으로 인간의 삶을 변화시킨다. 이러한 변화의 필요성을 인식하면서 변화의 방법을 추구하고, 그 변화를 통해서 실질적 열매를 추구하는 기독교상담은 성경의 원리에 따라서 고찰해야 한다.[35] 성경에 의하면 인간은 하나님에 의하여 창조된 존재요, 하나님을 의존하며, 하나님의 영광을 위해서 살아가는 존재다(롬 11:36). 그러므로 인간은 자율적 존재가 아니다.[36]

인간은 하나님의 영광을 위한 존재로 지음 받았으나 범죄함으로 인하여 그 영광을 가리게 되었다. 인간은 본래 하나님이 그의 형상대로 만드신 피조물로서 하나님을 예배하고 이웃을 사랑하며 살아야 했으나 죄로 인해 하나님의 형상을 상실하게 되었으므로 그 형상을 회복하도록 변화시켜야 하는데 이것은 성경 말씀과 성령의 역사를 통해서만 가능한 것이다.[37]

그렇다면 "신학과 상담학은 어떤 관계가 있는가?"를 규명할 필요가 있다. 조직 신학이란 여러 가지 주제에 관해서 성경이 가르치는 것을 조직적으로 이해하는 학문이다. 즉 신학이란 어떤 주어진 교리나 가르침에 관하여 성경이 무엇이라고 말하는가를 체계화시키는 작업이다.[38]

목회상담학은 실천신학의 한 분야로서, 성경이 인간과 인간이 가지고 있는 문제에 대하여 무엇이라고 교훈하고 있는가를 규명하고, 하나님이 원하시는 인간으로 변화된 삶을 살아가도록 돕는 학문이다. 그러므로 인간의 궁극적 변화를 도모하려는 상담에서 신학적 이해가 선행되어야 하는 것은 두말할 필요 없이 너무도 마땅한 것이다.[39]

아담스는 신학과 상담학을 연구한 저서로 A Theology of Christian Counseling[40]을 출간했다. 신학과 상담학의 관계는 유기적 관계이다. 성경적 상담은 신학이 없이는 불가능하며, 신학적 연구는 상담학의 연구를 증진시키는 촉진제 역할을 한다는 것을 기억해야 한다.[41]

여기서 필자의 신학적 입장이 개혁주의 신학[42]이라는 점을 전제하고 시도하는 것이요, '개혁주의 신학의 입장에서 연구하는 기독교상담이 바로 성경적 상담이란 점'을 밝혀 둔다. 이것은 개혁주의 인간관과 성경적 상담에서의 인간관이 정확히 일치한다는 점에서 명확히 알 수 있는 것이다.

3) 성경적 상담의 기본 원리

성경적 상담은 하나님의 말씀 안에서 원리와 방법을 찾는 것이다. 성경적 상담이 어떠한 원리를 가지고 있는지를 제안할 필요가 있다. 그 이유는 심리학과 신학의 범주 안에 있다고 해서 어느 것이나 무분별하게 사용할 수는 없기 때문이다. 성경적 상담은 최소한 일곱 가지 원리를 포함한다. 이 원리들이 기독교의 입장을 대변해 주고 있다고 할 수 있다.[43]

첫째, 인간은 하나님의 형상대로 지음 받았다는 것이다(창 1:26-28).[44]
둘째, 인간은 죄로 인하여 타락한 존재라는 것이다(창 3:1-6).[45]
셋째, 인간의 문제는 마음의 문제라는 것이다(눅 6:43-45).[46]
넷째, 상담의 주요 도구는 성경이라는 것이다(히 4:12; 딤후 3:16-17).[47]
다섯째, 성경적 상담의 본보기는 예수 그리스도라는 것이다(히 2:10-18; 요 4:7-26; 요 21:15-23).[48]
여섯째, 인간은 세상에서 고통당하는 존재라는 것이다(시 10:1; 마 27:46; 눅 23:39-43).[49]

일곱째, 인간의 마음의 변화는 성령의 역사로 이루어진다는 것이다 (고후 5:17; 갈 2:20; 롬 12:2; 롬 8:26-27).[50]

성경적 상담의 원리에서 볼 수 있는 것처럼 사람은 하나님의 형상을 따라 지음 받았으나 선악과를 따 먹고 타락한 존재다. 즉 사람은 영적인 존재인 동시에 죄인이다. 그러므로 인간은 예수 그리스도의 구속의 은총이 필요하며, 성령의 거듭나게 하시는 역사가 필요하다. 거듭난 신자라 할지라도 성화의 삶을 살기 위하여, 그리고 하나님의 자녀답게 살기 위해서는 매일 성령님의 도우심을 받아 마음이 변화되어야 하는 것이다. 성경적 상담은 하나님의 말씀과 성령님의 역사를 통하여 전인격적인 변화를 이루고자 상담이다.

4) 성경적 변화의 역동성

성경적 상담의 목표는 내담자의 마음과 행동에 성경적 변화가 이루어지게 하는 것이다.[51] 이것을 성경적 변화의 역동성(Dynamics of Biblical Change)이라 한다. 이 변화의 역동성은 성경적 상담의 기본 원리 위에 놓여 있다. 성경적 변화의 역동성을 이해하기 위해서는 여덟 단계로 이루어진 각각의 의미를 알아야만 한다.

(1) 어려운 상황, 태양 또는 열(Heat)

이것은 피상담자가 처해 있는 상황이다. 뜨거운 태양과 같이 내담자를 괴롭히며 고통을 주고 어렵게 만드는 모든 환경과 형편을 말한다. 육체적 질병이나 영적인 문제들, 사회적 문제, 경제적 문제, 정치적인 어려움들도 모두 이러한 어려운 상황에 해당한다. 중요한 것은 감당할 수 있는 어려움은 'Heat'은 아니다. 감당할 수 없고 괴로움을 자아내는 것이 'Heat'에 해당한다.[52]

(2) 나쁜 열매(Bad Fruit)

사막의 떨기나무는 좋은 열매를 맺지 못한다. 즉 피상담자는 어려운 상황(Heat) 속에서 나쁜 열매(Bad Fruit)를 맺고 있다. 그 상황 속에서 낙심과 좌절, 절망, 의기소침, 분노, 신경질, 짜증, 불평과 원망, 비난 등이 그가 만들고 있는 나쁜 열매(Bad Fruit)이다. 이러한 나쁜 열매는 더욱 가중되어서 세상과 주변 사람들에 대한 원망과 소망의 상실, 자포자기로 인한 자살 충동과 살인, 복수 등 극단적이며 악한 방법을 택하는 것으로 발전된다.[53]

(3) 나쁜 뿌리(Bad Root)

상황에 대한 반응은 마음의 지배자가 누구냐에 따라서 다르게 나온다.[54] 인간은 하나님이 원하시는 삶을 사는 것과 내가 하고 싶은 것을 하는 사이에 긴장이 있다. 나쁜 뿌리는 나쁜 열매(Bad Fruit)을 맺고 있는 피상담자의 마음속에 실제로 있는 기대와 갈망, 욕구 등을 의미한다. 그것은 그의 꿈꾸는 환상이며, 자신의 평안과 명예와 같은 가치이기도 하고, 자신이 가장 소중하게 여기는 물건이기도 하다. 이 모든 것이 그의 우상이 된다. 그것을 추구하고 성취하기 위해서 수단과 방법을 가리지 않았던 것이고 그러다 보니 악한 방법을 사용하고 따랐던 것이다. 하나님을 거부하는 것도 사실은 자신의 은밀한 목적을 채우기 위해서였다.[55]

인간의 마음은 무엇인가를 요구하고 갈망한다. 상황이 열매를 만들어내는 것이 아니다. 사람들은 환경이 그렇게 만든다고 한다. 잘못된 열매가 나는 것은 좋지 못한 환경 때문이라고 말한다. 사람들은 나쁜 행동이 나의 잘못 때문이라고 인정하기를 싫어한다. 부모나 친구나 환경 때문이라고 말한다.

그러나 성경은 나쁜 열매는 나 자신의 책임 때문이라고 말한다. 사람이 무엇을 갈망하는가 하는 것이 중요하다. 인간의 반응은 마음에서 갈망하는 욕구 때문에 일어나는 것이다. 즉 어떠한 일에 대한 나의 반응은 마음이 문제인 것이다. 그러므로 나쁜 열매는 나쁜 뿌리에서 비롯된 것이다.[56]

(4) 결과(Reap)

피상담자의 어리석음과 마음속의 악한 소원으로 인해 나타나는 모든 결과를 의미한다. 모든 일에 있어서 인간은 심은 대로 거두게 되어 있다. 갈라디아서 6:7에 보면 "스스로 속이지 말라 하나님은 만홀히 여김을 받지 아니하시나니 사람이 무엇으로 심든지 그대로 거두리라"라고 말씀한다. 그래서 자신이 심은 모든 악한 일에 대한 악한 결과가 찾아오는 것이다.

스스로 지혜롭게 행하지 못하고 본능적으로 행했을 때 나타나는 모든 결과는 악한 것으로 나타나게 된다. 개인적으로는 낙심, 좌절, 우울증 등을 겪을 수 있고, 인간관계에서는 갈등과 분쟁이 발생하거나 심화될 수 있다.[57]

마치 가시나무처럼 불평, 시기, 원망의 반응을 할 때가 있다. 우리는 생각하고 갈망한다. 우리의 반응에 따라서 상황을 악화시킬 수도 있고 해결할 수도 있다. 이것을 인식하지 못하고 자신의 악의 결과임을 깨닫지 못하면 상황은 계속해서 '어리석음의 악순환'(Vicious Cicle of Folly)이 반복될 수밖에 없다. 그 결과를 직시하고 자신의 잘못을 깨달을 때 비로소 구원과 변화가 일어난다.[58]

(5) 하나님이 보여 주시는 것(Sovereign Speaker)

놀라운 상담자인 예수 그리스도가 있다. 성경은 놀라운 상담자를 통하여 변화가 이루어진다고 말한다. 그분은 십자가에 못 박히신 주님이시다(Crucified Lord). 주님은 모든 고통과 괴로움을 감당하셨다. 주님의 고통을 통해서 우리의 고통은 작은 것임을 깨닫게 된다. 그리고 전능하신 하나님의 말씀에 귀를 기울이게 된다.

하나님은 자신의 독생자를 죽는 데 내어 주셨다. 왜냐하면, 인간을 사랑하시기 때문이다. 그리고 그리스도를 믿는 자마다 구원을 얻게 하셨다. 피상담자는 그 전능하신 하나님의 말씀을 듣게 되고 그에 따르고 순종하게 된다. 또한, 우리가 그리스도를 따를 수 있도록 성령님이 도우신다. 성령은 생명을 주시는 분이시다(Lifegiving Spirit). 이후 계속해서 성령님의 도우심이 임하게 되고 이러한 때 은혜의 물결이 피상담자에게 미치게 된다. 주의 말씀이 들려지는 곳마다 성령의 역사가 나타나는 것이다.[59]

이것은 변화의 가능성을 보여 주는 것이다. 변화는 자기 자신의 부족함을 느끼는 데서 시작되는 것이다. 나에게는 돕는 자가 필요하다는 것을 고백하는 것이다. 하나님이 나를 도와주신다. 하나님은 인간의 정체성을 밝혀 주신다. 나는 피조물이며, 죄인이며, 고통당하는 자이며 하나님의 자녀임을 알게 하신다. 그리고 하나님은 우리 자신에 대하여서만 말씀하는 것이 아니라 하나님에 대하여 말씀한다. 하나님은 창조자이시며, 전지전능하시며 고통당하는 자의 구주가 되심을 말씀한다.

이렇듯 성경의 메시지는 분명하다. 성경적 상담은 어떤 심리학이나 철학에 의존하지 않는다. 진정한 변화를 위하여 한 인격에 의존한다. 성경적 변화의 모델은 성육신 하신 한 인격에 의존한다. 바로 예수 그리스도시다.[60]

(6) 선한 마음(Good Root)

이제까지 악한 소원과 우상숭배로 가득 찼던 마음에 변화가 일어난다. 말씀을 통해서 성령님이 주시는 은혜로 말미암아 자신의 어리석음과 더러움과 부끄러움을 깨닫게 된다. 그리고 악한 마음이 변하여 선을 행하고자 하는 마음으로 바뀌어진다. 이것이 선한 마음(Good Root)이다. 자신의 상황에 대한 이해와 그리스도에 대한 깨달음이 마음을 변하게 만든다. 두려움이 변하여 용기가 되고 절망이 변하여 새로운 삶의 소망을 가진다. 슬픔이 변하여 기쁨이 되고 춤이 되게 하신다.

이러한 일은 그리스도께서 그의 마음과 상황에 임하셔서 깨닫게 하시고 역사하시고 도우시기 때문에 일어난다. 변화된 마음은 이전의 나쁜 열매(Bad Fruit)를 줄여나가기 시작하고 점차 겉으로의 모습에서 선하게 변하기 시작한다. 새로운 마음은 삶 속에서 새로운 열매를 맺게 한다.[61]

(7) 선한 열매(Good Fruit)

여전히 같은 상황에 있더라도 반응이 달라진다. 마음이 변화되었기 때문이다. 이것은 물가에 심은 나무가 풍성한 열매를 맺는 것과 같다. 마음이 바뀌었기 때문에 변화된 행동은 임시적인 것이 아니라, 꾸준히 일어나게 된다. 마음이 변화된 사람은 그리스도의 은혜를 깨달았기 때문에 계속해서 그 은혜를 사모한다. 그리고 그 마음의 변화를 실제적인 삶의 열매들로 나타내려고 한다.

그 선한 열매는 이전에 악한 열매에서 변화하여 선하게 바뀌어지는 것들이다. 이전의 악한 열매를 통해서 변하지 않던 모든 삶이 전혀 새롭고 유익한 방향으로 변화하기 시작한다. 새로운 결심과 노력이 일어나고 그를 통해 구체적인 일들이 실행된다. 그 변화는 은밀한 것이 아니고 실제적인 삶 속에서 일어나기 시작한다. 악한 열매들이 사라지고 성령의 열매를 맺기 시작한다(갈 5:22-23).[62]

(8) 새로운 결과(New Reap)

좋은 열매(Good Fruit)의 결과가 나타난다. 그것은 그리스도 안에서 생명과 평안이다. 삶의 변화는 관계의 변화로 확장된다. 자기 주변의 모든 사람과 충만한 관계를 갖게 된다. 이러한 좋은 열매를 통한 변화는 일시적인 것이 아니다. 그리고 열매만 나타나는 것이 아니라 구체적인 결과로 드러나게 된다. 이것은 악을 뿌렸을 때 그 결과를 거두는 것과 동일한 이치이다. 선을 뿌리므로 그를 통해 분명한 결과를 거둔다.

이와 같은 변화가 일어난다고 해서 전체적인 상황이 변한 것은 아니다. 하지만 오히려 문제 상황이 여전히 존재한다는 것이 하나님께 더 큰 영광을 돌리게 된다. 이제 피상담자는 최초의 문제 상황에 다시 직면해도 흔들리지 않게 되는 것이다. 이로써 그는 구체적인 변화를 이루었고 다음번에 어려운 일이 있더라도 다시 하나님께 의지하고자 함으로써 '지혜의 은혜로운 순환'(Gracious Cicle of Wisdom)을 이룬다(사 1:18). 그 속에서 피상담자는 계속적인 발전을 할 수 있다.[63]

2. 성경적 상담설교의 이해

1) 성경적 상담설교 개념의 독특성

성경적 상담설교를 논하기 전에 '상담설교'와 '상담적 설교' 그리고 '성경적 상담설교'의 구분[64]을 시도해야 한다. '상담설교'(counseling preaching)는 상담 주제를 설교하는 것이며, '상담적 설교'(preaching of counseling)는 상담적 관점으로 성경을 해석하고, 상담 기법을 반영 또는 발휘하여 설교하는 것을 의미한다.[65]

반면, '성경적 상담설교'는 개혁신학에 근거한 목회상담학인 성경적 상담 이론의 관점에서 성경을 해석하고 성경적 상담 기법을 적용하여 설교하는 것을 의미한다. 상담설교는 신자들이 가지고 있는 삶의 문제들을 예방, 치료하기 위해 상담 주제를 가지고 설교하는 것이다. 그리고 설교의 과정을 통해 하나님의 사랑에 감동하게 하는 것이다. 이로 인하여 영적 건강이 촉진되고 다양한 심리적 문제들에 대한 회복이 일어나도록 하는 것이다. 상담적 설교는 상담적 관점으로 성경을 해석하고, 상담 기법을 반영하여 설교하는 것이다.

그렇다면 성경적 상담설교는 무엇인가?

성경적 상담설교는 상담설교라기보다는 상담적 설교에 해당하는 것으로서 상담적 관점으로 성경을 해석하되, 심리상담적 관점이 아닌 성경적 상담의 관점으로 성경을 해석하고 성경적 상담 기법을 설교에 도입, 적용하여 신자들에게 하나님의 사랑을 보다 깊고 분명하게 경험하도록 도우며 마음의 변화를 통하여 삶의 변화를 가져오게 하는 설교이다.

이러한 점에서 성경적 상담설교는 하나님에 대한 이해와 성경적 인간 이해가 병행될 때 회중에게 더욱 깊이 다가갈 수 있다. 이를 위해 회중이 하나님의 사랑과 은혜의 깊이를 깨닫고 느끼게 하며 그 안에서 삶을 돌이켜 하나님께 더욱더 가까이 나아가도록 하는 사랑의 호소가 있는 설교이다.

2) 도날드 캡스의 상담설교와 성경적 상담설교의 구조 비교

도날드 캡스(Donald Capps)는 그의 저서 *Pastoral Counseling and Preaching* 에서 목회상담과 설교의 관계를 다루면서 상담설교의 구조를 제안했다.

첫째, 청중의 문제를 확인하는 것이다. 상담 과정의 첫 번째 단계는 어떠한 문제 때문에 내담자가 상담을 청하게 되었는가를 확인하는 것이다.[66]

둘째, 문제를 탐색하는 것이다. 이 단계는 현재와 같은 상황으로 문제를 일으킨 원인이 무엇이며, 그 문제가 내담자에게 어떤 영향을 주고 있는지를 생각해야 한다.[67]

셋째, 진단적 해석이다. 여기서는 내담자의 문제를 탐색했다면, 이제는 상담자가 문제에 대하여 자신이 이해한 바를 긍정적, 부정적 측면을 말해 주어야 한다. 여기서는 문제의 중심을 면밀히 살피는 성경적, 신학적 이해를 바탕으로 전체의 문제를 분석하여 활용한다.[68]

넷째, 목회적 개입이다. 이 단계에서는 앞서 실시한 해석에 기초하여 문제를 해결하기 위한 계획이나 전략을 수립하여 상담과 기도를 포함한 영적인 요소들을 활용할 수 있다.[69]

이상에서와 같이 캡스는 설교의 구조를 네 단계로 나누었다.

첫째, 청중의 문제를 확인하는 것.
둘째, 문제를 탐색하는 것.
셋째, 진단적 해석.
넷째, 목회적 개입이다.

이러한 구조는 탁월한 것임에 틀림없다. 그러나 이러한 캡스의 상담설교 구조의 약점은 이러한 구조가 설교를 위한 구조로 조직된 것이 아니라 상담을 위한 과정이란 점이다. 그러므로 캡스가 제안한 구조를 적용하여 설교할 때, 취약점이 있다.

첫째, 성경 기록 당시 저자의 의도를 놓칠 수 있다는 점이다. 성경 기록 당시 삶의 정황은 설교에 있어서 매우 중요하다. 왜냐하면, 당시의 상황 속에 저자의 진정한 기록 의도가 담겨 있기 때문이다.
둘째, 성경 본문 자체를 해석하는데 소홀할 수 있다는 점이다. 상담의 주제를 가지고 설교하므로 본문의 의미를 충분히 해석하고 드러내는 데 한계를 드러낼 수 있다는 것이다.

그러므로 상담의 주제와 구조를 곧바로 설교에 가져오는 상담설교보다는 개혁신학의 관점에서 세워진 상담학인 성경적 상담을 설교에 적용한 성경적 상담설교에서 새로운 구조를 제안할 필요가 있다.
캡스는 상담과 설교에는 통합할 수 있는 공통점이 있는가 하면 차이점이 존재한다고 보았는데 그 차이점은 다음과 같다.

첫째, 의사소통의 방법론에서 상담은 상호 대화적이며 간접적 접근을 시도하는 반면에 설교는 일방적인 선포의 방법으로 직접적인 접근을 시도한다.
둘째, 접촉점의 차이이다. 설교는 말씀과 교리에 의존하여 접촉을 시도하는 반면 상담은 심리학적인 이론을 통해 접촉점을 활용한다.
셋째, 방향성의 차이다. 설교는 위로부터 하나님의 말씀에 대하여 인간이 결단하도록 하는 초청인 반면에 상담은 아래로부터 인간의 문제를 제시하고 하나님의 해답을 찾는다.
넷째, 시간과 공간의 차이다. 설교는 일정한 장소에서 정한 시간에 이루어지며 공적이며, 집단적인 선언의 의미를 갖는다. 그러나 상담은 개인적이고, 사적이며, 일대일의 관계 속에서 장소와 시간이 자유로울 수 있다.[70]

이상의 내용을 종합할 때, 상담과 설교는 의사소통의 방법, 접촉점, 방향성, 시간과 공간의 차이가 존재한다. 성경적 상담설교에서는 이 가운데 접촉점과 방향성의 차이가 극복된다.

첫째, 접촉점의 차이가 극복된다는 것은 설교가 말씀과 교리에 의존하여 접촉점을 시도하는 것과 같이 성경적 상담에서는 심리학적 이론을 통해 접촉점을 시도하지 않고 성경 말씀을 통해 접촉점을 시도한다는 것이다.

둘째, 방향성의 차이가 극복된다는 것은 위로부터 하나님의 말씀을 선포하고 결단을 촉구하는 설교의 방향과 달리 일반 상담설교에서는 아래로부터 인간의 문제를 제시하나, 성경적 상담에서는 성경 말씀에 나타난 인간관을 상담의 원리로 삼기 때문에 방향성의 차이가 극복되는 것이다.

그러면 성경적 상담설교의 구조는 무엇인가?
필자는 다음과 같이 성경적 상담설교의 구조를 제안하고자 한다.[71]

첫째, 상황 속에서 진입구를 발견하라. 진입구란 삶의 고통스러운 상황 속에서 개인이 느끼는 갈등이다.[72]
둘째, 마음의 동기를 살피라.[73]
셋째, 하나님의 말씀을 해석하며 하나님의 성품과 예수 그리스도에 초점을 맞추라[74]
넷째, 말씀과 성령을 통해 새로워진 마음의 변화를 인식하라[75]
다섯째, 변화된 마음으로 어떻게 살아야 할 것인가를 계획하라.[76]

3) 성경적 상담설교의 구조

(1) 상황 속에서 진입구를 발견하라

성경적 상담설교의 첫 번째 구조는 상황 속에서 진입구를 발견하라는 것이다. 이것은 회중이 처해 있는 상황이다. 상황은 회중이 처한 압박들이다. 뜨거운 태양과 같이 회중을 괴롭히며 고통을 주고 어렵게 만드는 모든 환경과 형편을 말한다. 회중이 가지고 있는 매일의 책임, 기회, 임무, 유혹, 인간관계, 육체적 질병이나 영적인 문제들, 사회적 문제, 경제적 문제, 정치적인 어려움들도 모두 이러한 어려운 상황에 해당한다. 중요한 것은 감당할 수 있는 어려움을 말하는 것이 아니라 감당할 수 없고 괴로움을 자아내는 것이다.

진입구라는 것은 일반적인 관계에서 상담관계로 들어가는 문이라고 할 수 있다. 진입구는 그 사람이 겪고 있는 문제 자체가 아니다. 그 문제에 대한 그 사람의 특별한 경험, 또는 지배적인 감정(두려움, 분노, 죄의식, 초조함, 절망, 외로움, 질투, 낙심, 복수심 등)이다. 결국 진입구라는 것은 회중이 갈등을 겪고 있는 느낌이 어떤 것인가를 아는 것이다.[77]

즉, 진입구의 의미는 회중의 닫혀진 마음의 문을 열고 회중 각 사람의 마음으로 진입하는 입구라는 뜻이다. 이때 다루어야 하는 요소들은 다음과 같다.

① 상황.
② 반응.
③ 사고.

예를 들면, 민수기 11:4-23에서 이스라엘 백성들의 마음의 진입구는 어려운 광야의 삶 속에서 불만, 불평, 공포, 절망을 느끼고 있다는 것이다. 이렇게 본문의 상황 속에서 진입구를 발견한 후에는 회중을 향하여 "오늘 여러분들도 이스라엘 백성들과 같이 인생에 불평과 불만, 공포와 절망을 경험하고 있지는 않습니까?"라고 질문을 던지면서 설교의 말씀에 귀를 기울이도록 초청하는 것이다.

(2) 마음의 동기를 살피라

성경적 상담설교의 두 번째 구조는 마음의 동기를 살피라는 것이다. 성경적 상담의 세 번째 원리는 인간의 문제는 마음의 문제라는 것임을 밝혔다. 그러므로 성경적 상담설교에서는 인간의 마음의 동기를 살피는 것이 매우 중요하다는 것을 알 수 있다. 여기서 성경적 상담설교의 목적이 인간의 마음의 변화라는 점을 시사해 준다.

성경적 상담에서는 인간의 마음이 중요하다. 행동만을 고치고자 하는 것은 근본적인 변화를 가져오지 못한다. 마음의 변화가 있어야만 인격이 변화되고 삶이 변화되는 것이다.

민수기 11장에서 이스라엘 백성들의 어리석은 행동을 촉발시킨 첫 번째 동기는 음식에 대한 탐욕이다. 민수기 11:4에서도 "무리가 탐욕을 품으매"라는 말씀이 그들의 마음의 동기를 잘 드러내 주고 있다. 그러나 그들의 이러한 동기는 단순히 음식에 대한 그리움으로 귀결되는 것이 아니다. 힘들고 괴로운 광야 생활이 언제까지 계속될 것인가에 대한 불안과 그로 인한 하나님에 대한 불신이 그들로 이러한 행동을 하게 한 것이다.

생각과 원하는 것이 마음의 두 가지 중심된 기능이다. 마음은 언제나 생각하고 행동한다. 그 생각과 동기들이 행동을 결정하는 것이다.

> 오늘 너희가 그의 음성을 듣거든 광야에서 시험하던 날에 거역하던 것같이 너희 마음을 완고하게 하지 말라(히 3:7-8).

> 매일 피차 권면하여 너희 중에 누구든지 죄의 유혹으로 완고하게 되지 않도록 하라(히 3:13).

그들의 불신과 완고함이 그들의 마음을 지배한 것이다.[78]

(3) 성경 말씀을 해석하며 하나님의 성품과 예수 그리스도 초점을 맞추라

성경적 상담설교의 세 번째 구조는 성경 말씀을 해석하며 하나님의 성품에 주목하고 예수 그리스도에 초점을 맞추어 그리스도를 드러내는 것이다. 성경적 상담설교의 특징은 개혁주의 설교이다. 그러므로 성경적인 성경관을 바탕으로 하며 성경적인 설교 신학을 바탕으로 한다. 폴 스캇 윌슨(Paul Scott Wilson)은 다음과 같이 강조한다.

> 설교자는 성경 본문으로부터 하나님은 누구신지에 관해 또는 하나님이 무슨 일을 하셨고 또 지금도 무엇을 하고 계시며 무슨 약속을 하셨는지 선포하여 이를 회중에게 확신을 심어 주는 일을 멈추지 말아야 한다.[79]

또한, 개혁주의 설교신학에 대하여 앨버트 몰러(Albert Mohler)는 다음과 같이 강조한다.

> 설교신학은 사람이 아니라 하나님으로부터 출발해야 하며, 구원하시는 예수님이 설교의 근거가 된다. 모든 설교는 아들이신 예수 그리스도와 필연적인 연관을 지녀야 한다는 점에서 기독론 적이어야 한다.[80]

> 설교신학은 하나님의 자기 계시를 반영한다는 점에서 삼위일체의 성격을 띠게 된다. 말씀하시는 성부, 구원하시는 성자, 조명하시는 성령 하나님을 조명 한다.[81]

즉 개혁주의 설교는 하나님의 성품을 드러내고 예수 그리스도에 초점을 맞추는 설교임을 알 수 있다. 그러므로 이 부분에서는 성경 본문에 나타난 저자의 의도를 중시하며 충실하게 성경을 해석해야 한다. 특히, 하나님의 성품을 드러내고 예수 그리스도에 초점을 맞추며 성령께 온전히 의지하여 설교해야 한다.

(4) 말씀과 성령을 통해 새로워진 마음의 변화를 인식하라

성경적 상담설교의 구조 네 번째는 하나님 말씀과 성령의 역사를 통해 새로워진 마음의 변화를 인식하는 것이다. 하나님 말씀을 충실히 해석하여 증거 하고 하나님의 성품을 묵상하고 나면 회중의 마음에 변화가 일어난다. 성령이 역사하시기 때문이다. 성경적 상담의 원리 가운데 일곱째, 인간의 마음의 변화는 성령의 역사를 통하여 이루어진다는 점을 강조한 바 있다.

상황 속에서 진입구를 발견한 후, 마음의 동기를 살필 때 인간의 마음의 쓴 뿌리, 즉 나쁜 뿌리에 해당하는 상처 입은 마음, 부정적인 마음은 하나님 말씀을 들으므로 변화되어 마음이 치유되고 회복되는 것을 경험하게 된다. 이 단계는 이렇게 새로워진 마음을 깊이 생각하고 인식하는 것이 필요하다. 변화된 새 마음을 확인하는 것이다. 성경적 상담설교에서는 말씀과 성령으로 새로워진 마음의 변화를 인식한 후 새 마음을 구체적으로 표현하는 과정이 필요하다.

(5) 변화된 마음으로 어떻게 살아야 할 것인가를 계획하라

성경적 상담설교의 마지막 단계는 진리를 삶에 적용하는 단계이다. 이 단계에서는 변화를 위한 계획을 명백히 정립하는 것이 필요하다.

이 단계에서는 새롭게 변화된 마음으로 어떻게 살아갈지를 생각하고 방향을 제시하며 구체적 삶에서의 실천사항들을 점검해 보는 것이다. 이때 그리스도 안에서 자신이 누구인가를 정확하게 인식하는 정체성 확립이 매우 중요하다. 이 단계가 곧 적용에 해당한다고 볼 수 있다.

개혁주의 설교에서 성경을 하나님의 말씀으로 인정하는 설교자는 설교에 대한 두 가지의 기본 정의를 유지해야 한다.

첫째, 하나님의 말씀을 바로 해석하는 것이다.
둘째, 해석한 말씀을 청중에게 적절하게 적용하는 것이다.

성경 본문을 해석한다는 의미에서 존 스토트(John Stott)는 모든 설교가 강해설교라야 할 것을 역설한다.[82]

필자 역시 하나님의 말씀을 해석하고 적용하는 것을 설교라고 정의하기 때문에 '강해설교'(expository preaching)라는 용어가 성경적 설교의 의미를 잘 드러낸다고 확신한다. 성경적 상담설교는 개혁신학에 근거한 성경적 상담을 설교와 통합한 것이며, 상담 적 관점으로 성경을 보나 궁극적으로는 하나님의 말씀을 해석하고 적용하기 때문에 성경적 설교이며, 본문에 나타난 예수 그리스도가 강조되므로 그리스도 중심 설교이다. 그러므로 성경적 상담설교는 개혁주의 상담설교, 또는 상담적 강해설교라고 이해할 수 있다.

닫는 말

목회상담학의 역사 속에서 상담과 설교를 통합하고자 하는 다양한 시도가 있어 왔다. 현대에 들어서 상담학 이론을 설교와 통합한 형태의 상담적 설교의 필요성과 가치에 대한 관심은 증대되고 있다. 그러나 지금까지 이 분야에 대한 활발한 논의는 없었으며, 상담을 설교와 통합하고자 하는 대부분의 시도는 심리학적 상담 이론을 근거로 이루어져 왔다.

이에 필자는 본 장에서 다양한 형태의 문제를 안고 있는 현대인들에게 집단상담으로 예방과 치유의 효과가 있는 설교의 한 유형으로서, 성경적 상담 이론과 설교를 통합한 형태인 성경적 상담설교의 필요성을 제기했다. 먼저, 성경적 상담의 이론적 이해에서 상담신학의 필요성과 성경적 상담의 원리, 그리고 성경적 변화의 역동적 과정을 살펴보았고, 이러한 성경적 상담 이론을 설교와 통합한 형태인 성경적 상담설교의 구조를 다섯 가지로 제안했다.

첫째, 상황 속에서 진입 구를 발견하라.
둘째, 마음의 동기를 살피라.
셋째, 성경 말씀을 해석하며 하나님의 성품과 예수 그리스도를 드러내라.
넷째, 말씀과 성령을 통해 새로워진 마음의 변화를 인식하라.
다섯째, 변화된 마음으로 어떻게 살아야 할 것을 계획하라.

이러한 구조로 성경적 상담을 설교와 통합하여 성경의 메시지를 전달할 때, 회중의 마음의 변화를 통하여 삶의 변화를 가져올 수 있다고 확신한다. 왜냐하면, 상담과 설교에서 성경 말씀이 들려질 때, 성령께서 역사하셔서 사람의 마음을 변화시킬 것이 분명하기 때문이다.

오늘날 세계 교회의 위기를 극복하고 새로운 변화와 부흥의 길로 나아가는 길은 하나님의 말씀으로 바르게 상담하고 설교하는 길이라 믿는다. 그러한 점에서 개혁주의 신학에 입각한 성경적 상담을 설교와 통합한 성경적 상담설교를 보급하는 일은 매우 중요하다.

앞으로 성경적 상담설교를 통하여 한국교회의 강단이 새로워지고, 상처 입은 수많은 영혼이 치유, 회복되어 건강한 교회 공동체가 이루어지기를 소망한다. 이 시대 건강한 목회상담자와 설교자들을 통하여 하나님 나라를 위하여 힘 있게 쓰임 받는 건강한 교회를 세워 가고, 성령의 크신 역사로 이 민족과 온 세계에 다시 한번 부흥의 때가 임하길 간절히 기대한다.

제15장

치료자 예수에 대한 마태의 관심과 성경적 상담설교의 실제
- 마태복음 11장 28-30절을 중심으로 -

여는 말

　공관복음의 기자들이 자신이 기록한 복음서를 통해서 증거해 주는 예수의 모습은 조금씩 다르다. 그들은 각자 자신의 관심과 강조점에 따라서 다른 복음서 기자들과는 다른 예수의 모습을 보여 주고 있는 것이다. 마가복음에서는 예수의 모습이 이적 행사자 혹은 신적 인간[1]으로 강조되고 있다. 한편, 누가복음에서는 예수가 불쌍한 사람들의 친구[2] 혹은 기도의 사람[3]으로 소개되고 있다.

　그렇다면 마태복음에 나타난 예수의 모습은 어떤 분인가?

　마태는 예수를 어떤 분으로 소개하고 있는가?

　본 장에서는 지금까지 마태복음 연구에서는 크게 주목받지 못했던 예수의 치료자 모습에 주목하고자 한다. 본 장의 목적은 마태의 관점에서 치료자 예수에 주목한 점을 강조하면서 마태복음에서 기록된 예수님의 치료적 설교에 관한 성경적 상담설교의 모델을 제시하는 데 있다. 이러한 목적을 만족시키기 위해서 본 장에서는 다음의 작업을 할 것이다.

첫째, 치료자 예수에 대한 마태의 관심을 알아볼 것이다.
둘째, 성경적 상담설교의 개념과 근거, 구조를 알아 볼 것이다.
셋째, 마태복음 11:28-30을 중심으로 회중에 대한 집단상담의 효과가 있는 성경적 상담설교의 실제를 제시하고자 한다.

1. 치료자 예수에 대한 마태의 관심

마태복음 연구에서 대표적인 예수상은 설교자(preacher), 또는 교사(teacher)로 알려져 있고, 그래서 마태복음을 가리켜 일반적으로 "교사의 복음서"라고 부르기도 한다.[4] 이런 이해가 마태복음 연구에서 주로 지배적이다. 그러나 마태복음에서 소개되고 있는 예수의 주요 이미지 가운데 하나가 "치료자"(healer)라는 사실을 주목할 필요가 있다. 이러한 사실은 마태가 마태복음 4:23과 9:35에서 예수의 공생애 사역을 거듭해서 가르치시며(teaching), 전파하시며(preaching), 치료하시는 것(healing)으로 표현하고 있다는 사실에서 명백하게 드러나 있다.

> 예수께서 온 갈릴리에 두루 다니사 저희 회당에서 가르치시며, 천국복음을 전파하시며, 백성 중에 모든 병과 모든 약한 것을 고치시니 … (마 4:23).

> 예수께서 모든 성과 촌에 두루 다니사 저희 회당에서 가르치시며, 천국복음을 전파하시며, 모든 병과 모든 약한 것을 고치시니라(마 9:35).

마태는 예수의 공생애 활동에 대한 기사에서 산상수훈(마 5-7장)에 이어서 치료와 관련된 이야기(마 8-9장)을 소개함으로써 예수를 말씀하시는 메시아와 행동하시는 메시아로 표현하고 있다.[5] 이러한 표현은 마태가 예수의 말씀이 주로 설교와 교훈으로 구성되었다면, 그분의 행동은 치료하시는 것으로 보고 있다는 것을 시사해 준다. 예수는 마태에게 있어서 "우리

의 병을 짊어지신 분"이며, "치료하시는 메시아"(the healing Messiah)이다.[6]

마태의 치료자 예수에 대한 관심은 마태복음 기록의 자료로 사용된 마가복음과 비교해 볼 때 더욱 분명히 알 수 있다. 마가복음에서는 예수가 "귀신을 쫓아내는 분"(exorcist)으로 표현되어 있으나, 마태복음에서는 "치료자"(healer)로 묘사되고 있다. 마태복음에서는 "치료하다"라는 의미를 가진 헬라어인 '*therapeuo*'와 '*iaomai*'가 마가복음에서보다 세 배 가까이 더 많이 나타나고 있다. 즉, 마태복음에서는 '*therapeuo*'가 16번 사용되었는데, 마가복음에서는 6번밖에 사용되지 않았다. '*iaomai*'의 경우 마태복음에서는 4번 사용되었는데, 마가복음에서는 오직 한번 나타나고 있다.[7]

마태는 마가복음의 자료들을 다음과 같은 편집 과정을 통해서 예수를 "치료자"로 강조하고 있다고 볼 수 있다.

첫째, 마태는 마가복음에서 "귀신을 쫓아내는 분"(exorcist)으로 묘사된 요소들을 축소 시켜 가면서[8], 일반적인 "치료"(healing) 이야기로 변형시키고 있다. 예를 들면, 마태는 마가복음 7:31-37에 나오는 귀먹은 벙어리를 고친 이적 이야기 가운데 나오는 "손가락을 그의 양귀에 넣고 침 뱉아 그의 혀에 손을 대시며"(33절)와 같은 기적적인 묘사들을 다 생략하고 예수의 치료 사역에 대한 일반적인 내용으로 바꾸었다.

> 큰 무리가 절뚝발이와 불구자와 소경과 벙어리와 기타 여럿을 데리고 와서 예수의 발 앞에 두매 고쳐주시니 (마 15:30).

또한, 마가복음 9:25은 다음과 같이 기록되어 있다.

> 예수께서 무리의 달려 모이는 것을 보시고 그 더러운 귀신을 꾸짖어 가라사대 벙어리 되고 귀먹은 귀신아 내가 네게 명하노니 그 아이에게서 나오고 다시 들어가지 말라 하시매 (막 9:25).

마태는 마가복음이 기록한 귀신에게 명하시는 내용은 생략한 채 "이에 예수께서 꾸짖으시니 귀신이 나가고 아이가 그때부터 나으니라"(마 17:18) 라고 간략히 기록하고 있다. 이 말씀에서 "나으니라"(18절하)는 말씀이 기록되어 있다. 마태의 이러한 기록은 예수를 치료자(healer)로서 강조하려는 의도 때문인 것으로 해석할 수 있다.

둘째, 마태는 예수의 교훈(teaching)에 대한 마가의 설명을 예수가 치료자로서 병을 고쳐 주시는(healing) 것에 대한 설명으로 바꾸어 놓기도 했다. 예를 들면, 마가복음에는 다음과 같이 기록되어 있다.

> 예수께서 나오사 큰 무리를 보시고 그 목자 없는 양 같음을 인하여 불쌍히 여기사 이에 여러 가지로 가르치시더라(막 6:3)

그러나 마태복음 14:14에는 다음과 같이 기록되어 있다.

> 예수께서 나오사 큰 무리를 보시고 불쌍히 여기사 그중에 있는 병인을 고쳐 주시니라(마 14:14).

마가복음의 "가르치시더라"(막 6:34하)는 말씀이 마태복음에는 "고쳐 주시니라"(마 14:14하)로 바뀌어져 있는 것이다. 즉, 예수의 치유 사역(healing ministry)을 강조하고 있는 것을 발견할 수 있다. 또한, 마태는 예수의 성전 정화 사건을 마가와 누가와는 달리 성전 정화 사건에 대한 언급은 아주 간략히 한 후, 성전을 정화시키는 현장에서 치료의 사건이 있었음을 강조하고 있다.

> 소경과 저는 자들이 성전에서 예수께 나아오매 고쳐주시니(마 21:14).

마태는 예수의 성전 정화 사건을 치료의 사건으로 맺고 있는 것이다.[9] 이것이 마태복음에서 예수께서 병을 고치신 치료의 마지막 사건으로 나타나고 있다.[10] 결국 마태는 예수께서 성전으로 들어가시며 성전을 정화하시며 병든 자들을 치료하시는 사건을 강조하고 있다. 이 말씀에서도 마태는 예수를 치료자(healer)로 나타내려는 의도를 엿볼 수 있다.

셋째, 마태는 예수의 공생애의 활동에 관한 마가복음의 표현을 편집하는 데서 치료자로서의 예수를 강조하고 있다.[11] 마가는 예수의 사역을 묘사할 때, 가르치는 것과 귀신을 내어 쫓는 것을 강조하고 있다. 마가복음 1:39에는 다음과 같이 기록되어 있다.

> 이에 온 갈릴리에 다니시며 저희 여러 회당에서 전도하시고 또 귀신들을 내어 쫓으시더라(막 1:39).

그러나 마태는 예수의 치료자로서의 사역을 강조하고 있다. 치료자 예수에 대한 마태의 관심을 보여 주는 성경 구절들은 다음과 같다.

> 예수께서 온 갈릴리에 두루 다니사 저희 회당에서 가르치시며 천국 복음을 전파하시며 백성 중에 모든 병과 모든 약한 것을 고치시니(마 4:23).

> 예수께서 모든 성과 촌에 두루 다니사 저희 회당에서 가르치시며 천국복음을 전파하시며 모든 병과 모든 약한 것을 고치시니라(마 9:35).

> 예수께서 그 열두 제자를 부르사 더러운 귀신을 쫓아내며 모든 병과 모든 약한 것을 고치는 권능을 주시니라(마 10:1).

마태는 마가와는 달리 마태복음 4:23에서 예수께서 모든 병과 약한 자를 고치시는 치료자의 모습을 강조했고, 마태복음 9:35에서도 예수의 가르치심과 전파하시는 사역과 함께 고치시는 치료의 사역을 강조하고 있다. 더 나아가 제자들의 사역과 관련된 묘사에서도 제자들을 부르신 예수께서는 귀신을 쫓아내는 권세와 함께 모든 병과 약한 것을 고치는 권능을 주셨음을 강조하고 있다. 이와 같이 마태는 마가복음의 자료를 편집하면서 예수를 치료자(a healer)로 강조하고 있음을 확인할 수 있다.

2. 성경적 상담설교의 이해

1) 성경적 상담설교의 개념

마태가 치료자로서의 예수에 대한 관심을 가졌던 것 사실을 바탕으로 회중의 마음의 문제를 풀어 주고 건강한 신앙생활을 할 수 있도록 돕기 위하여 성경적 상담설교를 할 수 있다.

성경적 상담설교를 논하기 전에 '상담설교'와 '상담적 설교' 그리고 '성경적 상담설교'의 구분[12]을 시도해야 한다. '상담설교'(counseling preaching)는 상담 주제를 설교하는 것이며, '상담적 설교'(preaching of counseling)는 상담적 관점으로 성경을 해석하고, 상담 기법을 반영 또는 발휘하여 설교하는 것을 의미한다.[13] 여기에서 이론적 바탕은 심리학이다.

반면, '성경적 상담설교'는 개혁신학에 근거한 목회상담학인 성경적 상담학 이론의 관점에서 성경을 해석하고 성경적 상담 기법을 적용하여 설교하는 것을 의미한다. 상담설교는 신자들이 가지고 있는 삶의 문제들을 예방, 치료하기 위해 상담 주제를 가지고 설교하는 것이다. 그리고 설교의 과정을 통해 하나님의 사랑에 감동하게 하는 것이다. 이로 인하여 영적 건강이 촉진되고 다양한 심리적 문제들에 대한 회복이 일어나도록 하는 것이다. 상담적 설교는 상담적 관점으로 성경을 해석하고, 상담 기법을 반영하여 설교하는 것이다.

그렇다면 성경적 상담설교는 무엇인가?

성경적 상담설교는 상담설교라기보다는 상담적 설교에 해당하는 것으로서 상담적 관점으로 성경을 해석하되, 심리상담적 관점이 아닌 성경적 상담의 관점[14]으로 성경을 해석하고 성경적 상담 기법을 설교에 도입, 적용하여 신자들에게 하나님의 사랑을 보다 깊이 더 분명하게 경험하도록 도우며 마음의 변화를 통하여 삶의 변화를 가져오게 하는 설교이다.

전요섭은 상담적 설교의 개념을 설명하면서 "새로운 설교의 유형이라기보다는 종래의 강해설교 형태를 손상시키지 않으면서 적용 점을 풍성하게 이끌어 주는 설교이다"[15]라고 언급했다. 성경적 상담설교 역시 강해설교의 형태를 띠면서 성경적 상담의 원리와 상담 기법을 적용한 설교이다. 이로써 영적인 면뿐만 아니라, 전인적인 건강을 촉진시키고 사회적 적응뿐 아니라 변화된 삶으로 그리스도인의 정체성을 가지고 이 시대를 이끄는 지도자로 세워지는 것을 목적으로 한다.

성경적 상담설교의 목표는 다음과 같다.

첫째, 하나님과의 깊은 사랑의 관계를 맺게 하여 하나님의 형상을 회복하도록 돕는다.
둘째, 하나님 앞에서 살아가는 믿음을 키우는 것이다.
셋째, 인격과 신앙의 전인적인 성장이다. 즉 예수 안에서 완전한 자가 되도록 세우는 것이다.
넷째, 그리스도의 제자로 자신을 드리는 헌신이 있게 하는 것이다.
다섯째, 하나님의 은혜 앞에 겸손히 회개하고 순종 하게 하는 것이다.
여섯째, 그리스도 안에서 정체성을 확립케 하여 변화된 삶을 살게 하는 것이다.[16] 이와 같은 내용들은 일반 설교의 목표와도 유사성이 있다. 그러나 성경적 상담설교의 목표의 독특성은 다음의 내용에 있다.
일곱째, 성경적 상담 이론[17]을 적용하는 설교라는 점이다.
여덟째, 인간의 마음의 변화가 목적인 설교라는 점이다.
아홉째, 인간의 고통과 상처를 치유하는 설교[18]라는 점이다.
열째, 관계 회복을 목적으로 하는 설교라는 점이다.

이러한 점에서 성경적 상담설교는 하나님에 대한 이해와 성경적 인간 이해가 병행될 때 회중에게 더욱 깊이 다가갈 수 있다. 이를 위해 회중이 하나님의 사랑과 은혜의 깊이를 깨닫고 느끼게 하며 그 안에서 삶을 돌이켜 하나님께 더욱더 가까이 나아가도록 하는 사랑의 호소가 있는 설교이다.

2) 성경적 상담설교의 근거

(1) 성경적 근거

성경적 상담설교에 대한 성경적 근거는 어디서 출발하는가?

창세기 3장에서의 타락한 인간에게 찾아오신 하나님께서 인간과 만나 하시는 말씀에서 발견할 수 있다. 아담과 하와가 하나님께서 먹지 말라 하신 선악을 알게 하는 나무의 실과를 따 먹음으로써 하나님께 불순종하여 범죄 하게 되었다. 이로 인하여 이들의 눈이 밝아져 무화과 나뭇잎을 엮어 치마를 만들어 부끄러운 곳을 가리게 되었다. 그러나 이들이 하나님의 낯을 피하여 에덴 동산 나무 사이에 숨어 있었을 때에 하나님께서 아담을 찾아 오셔서 범죄 한 사실을 직시하게 함으로써 상담이 시작되었다.

먼저 하나님께서는 문제의 현장에서 아담과 하와가 스스로 책임을 인식하고 죄를 시인하며 자복함으로써 문제의 해결을 제시해 주는 상담자의 모습을 볼 수 있다. 특히 하나님께서는 아담과 하와와 그들의 모든 후손에게 죄 문제에 대한 해결을 제시해 주셨다. 이것은 하나님께서 아담과 하와가 당면했던 문제에 대한 정확한 진단을 내리고 해결책을 제시해 주신 상담의 모습을 보여 준 사건이다. 이것은 하나님께서 마치 한 사람이 다른 사람에게 오는 것처럼 아담과 하와에게 오신 신적 계시의 최초의 형태라고 말 할 수 있다.[19]

구약성경에 상담자의 개념이 나타난다.

> 이사야 9:6에 보면 한 아기로 우리에게 오실 메시야의 여러 종류의 호칭들이 주어졌다. 이 호칭은 명예로운 별칭과 함께 메시야의 기능을 알려 주고 있다. 그 가운데서 개역 성경에 '모사'로 번역된 יָעַץ(ya'ats)는 어떤 사람에 대

하여 묻고, 고려하고 마련하는 것을 의미한다. 그런데 이때의 조언은 참고 사항이 아니라 지도자의 권위를 가지고 그 능력으로는 전하는 이의 권위와 더불어 듣는 이에게 생명을 보존케 하며 평안케 한다(잠 11:14). 압살롬이 다윗에게 반란을 일으켰을 때 아히도벨이 모사가 יעץ(ya'ats)로 표현되어 있다. 결국 압살롬은 아히도벨의 יעץ(ya'ats)를 무시하여서 다윗에게 패망하게 된다 (삼하 17:4).[20]

이것은 곧 상담자의 역할을 보여 주는 것이다. 고통과 공포, 불안에 떨고 있는 세대를 위하여 생명을 보존케 하고 진정한 평화를 주는 상담자로서 יעץ(ya'ats)의 설교가 요청된다. 결국, 구약성경의 메시야의 호칭과 선지자들의 사명은 백성들을 지도하는 상담자(counselor)의 역할(대하 20:21)이었다고 할 수 있다.

상담자 예수님을 생각해 본다면 그리스도의 3대 사역인 교육, 선포, 치유 가운데 하나인 치유 사역에서 찾아 볼 수 있다. 이것은 성 바울 신학대학의 학장인 던컨 부케넌(Duncun Buchanan)의 책 『예수님은 어떻게 상담하셨는가?』의 편집 서문에서 "예수는 도움을 필요로 하는 사람에게 접근 하셨고 사람들이 겪고 있는 고통의 근원을 드러내셨고, 또 그들에게 도움을 주신 분"이라고 표현함으로써 예수님이 훌륭한 상담자였음을 보여 주고 있다는 것이다.

예수님은 이미 자기에게 모여드는 회중의 일상생활에서 일어나는 모든 일을 알고 있었으며 그들이 처한 영적, 정신적, 정서적, 육신적 형편을 잘 이해하셨다. 또한 그들의 문제가 무엇인지 파악하셨음을 볼 수 있다. 그리고 민감하게 기회를 포착하여 그들의 필요를 채워 주신 것이다.[21] 따라서 이러한 필요를 채워주시는 장면들이 복음서에 다양하게 나타나고 있으며 성경적 상담설교자로서의 본[22]을 보여 주셨다고 할 수 있다.

성경적 상담설교는 예수 그리스도의 사역에 근거하고 있다.

신약에서 주님은 그의 회중의 일상생활에서 일어나는 온갖 문제들을 익히 알고 계셨고 그의 사역은 더욱 명백하다. 주님은 그들이 처한 영적, 정신적, 정서적, 육신적 형편을 잘 이해하셨다. 그들의 문제가 무엇인지 파악하셨다. 그리고 민감하게 기회를 포착하여 그들의 필요를 채워주셨다. 그들의 필요를 채워주시는 방법은 복음서에 아주 다양한 분위기에서 여러 가지 모양으로 나타나고 있다. 거기에는 심방과 친교와 논쟁과 책망과 권면과 가르침과 이적과 설교도 포함되어 있다.[23]

그러므로 성경적 상담설교는 예수 그리스도의 사역에 근거한 것이다. 성육신하신 예수 그리스도의 치유 사역은 복음서에 잘 나타나고 있다.

예수님께서는 첫 설교를 나사렛 회당에 들어가서 이사야서를 인용하셨다. '곧 주의 성령이 내게 임하셨으니 이는 가난한 자에게 복음을 전하게 하시려고 내게 기름을 부으시고 나를 보내사 포로 된 자에게 자유를 눈먼 자에게 다시 보게 함을 전파하며 눌린 자를 자유케 하며 주의 은혜의 해를 전파하려 하심이라'(눅 4:16-21)는 말씀을 읽으시고 이 글이 오늘날 너희 귀에 응했느니라 하셨다. 예수님은 실제로 그의 말씀대로 실천하셨다. '예수님께서 온 갈릴리에 두루 다니사 저희 회당에서 가르치시며 천국 복음을 전파하시며 백성 중에 모든 병과 약한 것을 고치시니'(마 4:23; 9:35)에서 예수님의 3대 사역이 잘 나타나 있다. 즉, 가르치고 전파하고 치료하는 사역이다. 예수님의 이 치유 목회 사역은 열두 제자(눅 9:6)에뿐만 아니라, 70인의 제자(눅 11:20)들에게도 명령하셨다.[24]

이와 같이 예수 그리스도께서는 상담설교가의 모습을 보여 주셨다.

주님은 적절한 기회가 주어질 때, 회중을 향하여 상담설교를 하셨다. 우선 마태복음 5-7장의 산상설교에서 주님은 천국시민의 삶에 관한 방향제시를 하는 가운데 대인관계(마 5:21-26; 38-47), 부부관계(마 5:27-32), 언어생활

(마 5:37), 의식주 생활(마6:19-34) 등 다양한 분야의 상담 주제들을 아주 인상 깊게 다루셨다. 마태복음 18:15-35에서는 회개와 용서에 관하여 말씀하셨다. 19:1-12에서는 이혼문제를 취급하셨다.[25]

예수 그리스도의 사역은 하나님과 이웃을 섬기는 사역으로 나타났다.

예수님의 목회 사역은 먼저 복음을 온 세상에 전파함으로서 하나님께 대한 섬김의 사역에 충실했고, 그다음 인간에 대한 섬김으로서 은총 없는 이들에게 대한 섬김의 사역에 충실하셨다. 정죄 받아 하나님께 끊어진 자들에게 사죄와 치유를 가져다주는 하나님의 사역이다.[26]

더 나아가 초대교회 지도자들이 보낸 회람 서신에서 이러한 성경적 상담설교의 형태를 발견할 수 있다. 각 교회마다 서신서를 읽어가면서 설교의 효과뿐 아니라 치유의 효과도 가져올 수 있었다는 것이다. 또한, 성도들을 격려, 위로, 지지하는 한편 그들의 문제를 정확히 직면하여 드러내고 그에 대한 성경적 해법을 제시하고 있다.

고린도전서에서는 인간관계에 대한 갈등을 다루었고, 에베소서에서는 부부와 부모, 자녀와 노사관계, 그리고 권면과 위로의 내용을 담고 있는 데살로니가 전서 등 상담적인 내용들을 포함한 설교 형태의 글들이 회중으로 하여금 문제의 위기와 갈등, 상처들을 해결하며 극복하도록 하는 데 도움을 제공해 주었다고 할 수 있다.[27]

성경적 상담설교를 하는 설교자는 성경 말씀에 충실하여야 한다.

성경적 상담설교를 하는 목회자는 하나님의 말씀을 근거로 해야 한다. 즉 설교는 반드시 성경적이어야 한다. 아무리 상황을 앞세운 설교라 할지라도 성경의 토대 없이는 뿌리 없는 나무와도같이 살아 있는 설교라고 할 수 없다. 이 말은 설교는 성경에 충실해야 한다는 말이다. 성경을 벗어난 설교란 있을 수 없고 이러한 설교는 설교의 개념을 벗어난 것이다. 이것은 곧 설교

한다는 것은 하나님의 말씀을 전한다는 뜻이기 때문이다.[28]

이처럼 성경적 상담설교는 성경적 근거 위에 세워진 것이다.

(2) 신학적 근거

성경적 상담설교의 신학적 근거는 실천적인 측면에서 고려되어야 할 필요성을 갖고 있다. 특히 설교가 하나님의 말씀에 대한 선포요, 말씀 속에서 그리스도의 구속과 하나님의 위로와 가르침이 있어야 된다는 점에서 성경적 상담설교도 일반적인 설교의 틀 안에서 인식되어야 한다. 이것은 모든 설교들이 그 유형과 내용이 다르다 할지라도 전능하신 삼위일체 하나님이 우리 가운데 오셔서 무엇을 하고 계시고, 우리 인간을 어떠한 사람으로 변화시키시며, 어떠한 진리에 근거하여 어떠한 삶을 살게 하시는지를 선포하는 데서 일치하기 때문이다.[29]

여기에서는 설교에 대한 일반적 의미와 성경적 상담설교의 중요성에 대하여 제시하고자 한다.

첫째, 기독교 신학자들은 설교는 목회 사역에 있어서 중요한 위치에 있다는데 동의 한다는 것이다. 즉 진정한 설교와 하나님의 말씀이 참되게 선포되고 있는 곳에서는 아무리 아니라고 하더라도 이 지구상에서 일어나고 있는 일 중에서 가장 중요한 일이 행해지고 있는 것이다.[30]

따라서 설교자가 설교와 가르침에 충실하게 됨으로써 사도들과 교회와의 연속성을 유지할 수 있으며, 초기 그리스도인들이 전하는 메시지를 증거 할 수 있게 되는 것이다. 결국 설교는 교회생활에 있어서 가장 중심적인 위치에 있으며 설교는 목회 사역에 있어서 가장 중요한 사역으로 신중하게 이행되어져야 하는 것이다.[31]

둘째, 설교자가 추구하는 목적에 있어서 그 중요성을 찾을 수 있다. 설교자는 반드시 회중으로 하여금 하나님을 만나도록 인도해 주어야 한다. 특히 설교의 목적이 하나님의 백성을 개별적으로 세울 뿐 아니라 그리스도와 한 몸을 이루도록 변화를 일으키는 데 있는 것이다. 즉 개인적인 면에서 각 지체의 신앙을 성장시켜 점점 더 성경적인 삶에 가까운 삶을 살도록 돕는 것이다. 교회의 몸을 이룬다는 전체적인 면에서 볼 때는 교회의 부분들이 전체와의 관계를 맺고 전체가 하나님과 세상과의 관계를 맺게 됨으로써 사랑을 느끼는 하나의 몸으로 세워 가게 하는 것이다.[32]

셋째, 성경적인 신학과 설교는 성경적인 신학자와 설교자에게서 시작되어야 한다는 것이다. 류응렬은 "개혁주의 신학과 설교는 개혁주의 신학자와 설교자에게서 시작되어야 한다"고 하면서 "개혁주의 설교자란 성경이 가르치는 것을 그대로 믿고 성경적 바탕에서 설교 신학을 가져오는 사람이다"라고 정의했다. 또한 "성경이 말씀하는 성경관과 인간관 그리고 성경적인 세계관과 내세관을 확신하고 오직 그리스도의 말씀만이 세상을 변화시킬 수 있다는 확신을 가지는 사람이다"[33]고 강조했다.

즉 이것은 개혁주의 설교자는 곧 성경적인 설교자를 말하는 것임을 알 수 있다. 그러므로 개혁주의 신학에 근거한 설교는 철저히 성경적인 설교를 의미하며 그것은 성경적인 설교자 자신에게서부터 시작됨을 알 수 있다. 그러므로 성경적 상담설교는 성경적인 목회상담자에게서 시작된다는 말이 성립될 수 있는 것이다.

이와 같은 설교에 대한 신학적 이해는 성경적 상담설교의 신학적 기초가 된다. 상담적 설교에 있어서도 기본적인 맥락은 치유 그 자체이거나 고난당하는 사람들을 위로하는 사역에 머무는 것이 아니라 전능하신 하나님을 선포하는 것이 최우선적인 과제가 되기 때문이다.

따라서 병든 자에 대한 깊은 관심과 함께 병든 자를 사랑하시며 병을 고치시려고 세상에 오신 예수 그리스도를 선포해야 하며, 오늘 병든 자에게 와서 고치시는 성령 하나님을 선포하는 것이 중심이 되어야 한다. 특히 성경적 상담설교는 단순히 사람의 마음을 위로하고 감싸 주는 상담적 차원을 넘어서 설교가 가지는 신학적 근거에 기초해서 사람에게 위로를 줄 뿐만 아니라, 창조의 주님을 만나게 함으로써 위로를 받고 주 안에서 새로운

미래를 향해 적극적으로 살게 하려는데 그 중요성이 있다.[34]

성경적 상담설교는 상담적 차원과 설교의 신학적 근거를 가지며 상담의 효과를 동시에 가지고 있다고 말할 수 있다.

> 성경적 상담설교란 단순히 사람의 마음을 위로하고 감싸 주는 상담적 차원을 넘어 설교가 가지는 신학적 근거와 동일한 근거를 가지는 것이요 그러면서도 상담의 능력과 효과를 발휘하는 특수성을 내포한다.[35]

제이 아담스(Jay E. Adams)의 기독교상담의 신학에 관한 논증은 성경적 상담설교의 신학에 관하여 시사해 주는 바가 크다. 아담스는 다음과 같이 말했다.

> 상담과 신학과의 관계의 원리 가운데 중요한 한 가지는 기독교상담자(기독교설교자)가 성경을 내담자에게 방향을 제시하는 원리로 사용하여야 하며, 이를 위하여 상담자(설교자)는 성경이 말하는 전체적 방향에 관하여 이해하고 있어야 한다.[36]

이러한 아담스의 입장에서 보는 것처럼, 기독교상담자는 성경의 원리로 상담해야 한다는 것을 보여 준다. 설교자 역시 성경이 말하는 중심 주제에 대하여 이해하고 설교하여야 한다. 그러므로 성경적 상담설교자는 성경의 원리에 따라 상담하고 설교하는 사람이라고 말할 수 있다. 아담스는 다음과 같이 말한다.

> 기독교상담자는 자신의 의견이 아니라 살아 계신 하나님의 명령에 근거하여 말해야 한다. 상담에 있어서의 말씀의 사역은 다른 체계로서의 상담과는 다른 것이다. 왜냐하면, 그것은 저자의 가르침에 기초를 두고 있기 때문이다.[37]

이처럼, 성경적 상담설교자 역시 자신의 의견으로 설교하는 것이 아니라, 철저히 하나님의 말씀대로 설교해야 한다. 그것이 심리상담을 설교에 적용하여 설교하는 일반적 상담설교와 성경 말씀을 상담적 관점으로 해석하되, 성경적 상담을 설교에 적용하여 설교하는 성경적 상담설교의 차별성이다.

3) 성경적 상담설교의 구조

(1) 도날드 캡스의 상담설교와 성경적 상담설교의 구조 비교[38]

도날드 캡스(Donald Capps)는 그의 저서 *Pastoral Counseling and Preaching*에서 목회상담과 설교의 관계를 다루면서 상담설교의 구조를 제안했다.

첫째, 청중의 문제를 확인하는 것이다.[39]
둘째, 문제를 탐색하는 것이다.[40]
셋째, 진단적 해석이다.[41]
넷째, 목회적 개입이다.[42]

이상에서와 같이 캡스는 설교의 구조를 네 단계로 나누었음을 알 수 있다.

첫째, 청중의 문제를 확인하는 것.
둘째, 문제를 탐색하는 것.
셋째, 진단적 해석.
넷째, 목회적 개입.

이러한 구조는 탁월한 것임에 틀림없다. 그러나 이러한 캡스의 상담설교 구조의 약점은 이러한 구조가 설교를 위한 구조로 조직된 것이 아니라 상담을 위한 과정이란 점이다. 그러므로 캡스가 제안한 구조를 적용하여 설교할 때, 취약점이 있다.

첫째, 성경 기록 당시 저자의 의도를 놓칠 수 있다는 점이다. 성경 기록 당시 삶의 정황은 설교에 있어서 매우 중요하다. 왜냐하면, 당시의 상황 속에 저자의 진정한 기록 의도가 담겨 있기 때문이다.

둘째, 성경 본문 자체를 해석하는 데 소홀할 수 있다는 점이다. 상담의 주제를 가지고 설교하므로 본문의 의미를 충분히 해석하고 드러내는데 한계를 드러낼 수 있다는 것이다.

그러므로 상담의 주제와 구조를 곧바로 설교에 가져오는 상담설교보다는 개혁신학의 관점에서 세워진 상담학인 성경적 상담을 설교에 적용한 성경적 상담설교에서 새로운 구조를 제안할 필요가 있다.

캡스는 상담과 설교에는 통합할 수 있는 공통점이 있는가 하면 차이점이 존재한다고 보았는데 그 차이점은 다음과 같다.

첫째, 의사소통의 방법론에서 상담은 상호 대화적이며 간접적 접근을 시도하는 반면에 설교는 일방적인 선포의 방법으로 직접적인 접근을 시도한다.

둘째, 접촉점의 차이이다. 설교는 말씀과 교리에 의존하여 접촉을 시도하는 반면 상담은 심리학적인 이론을 통해 접촉점을 활용한다.

셋째, 방향성의 차이다. 설교는 위로부터 하나님의 말씀에 대하여 인간이 결단하도록 하는 초청인 반면에 상담은 아래로부터 인간의 문제를 제시하고 하나님의 해답을 찾는다.

넷째, 시간과 공간의 차이다. 설교는 일정한 장소에서 정한 시간에 이루어지며 공적이며, 집단적인 선언의 의미를 갖는다. 그러나 상담은 개인적이고, 사적이며, 일대일의 관계 속에서 장소와 시간이 자유로울 수 있다.[43]

이상의 내용을 종합할 때, 상담과 설교는 의사소통의 방법, 접촉점, 방향성, 시간과 공간의 차이가 존재한다. 성경적 상담설교에서는 이 가운데 접촉점과 방향성의 차이가 극복된다.

첫째, 접촉점의 차이가 극복된다는 것은 설교가 말씀과 교리에 의존하여 접촉점을 시도하는 것과 같이 성경적 상담에서는 심리학적 이론을 통해 접촉점을 시도하지 않고 성경 말씀을 통해 접촉점을 시도한다는 것이다.

둘째, 방향성의 차이가 극복된다는 것은 위로부터 하나님의 말씀을 선포하고 결단을 촉구하는 설교의 방향과 달리 일반 상담설교에서는 아래로부터 인간의 문제를 제시하나, 성경적 상담에서는 성경 말씀에 나타난 인간관을 상담의 원리로 삼기 때문에 방향성의 차이가 극복되는 것이다.

그러면 성경적 상담설교의 구조는 무엇인가?
필자는 다음과 같이 성경적 상담설교의 구조를 제안하고자 한다.[44]

첫째, 상황 속에서 진입구를 발견하라. 진입구란 삶의 고통스러운 상황 속에서 개인이 느끼는 갈등이다.[45]
둘째, 마음의 동기를 살피라.[46]
셋째, 하나님의 말씀을 해석하며 하나님의 성품과 예수 그리스도에 초점을 맞추라.[47]
넷째, 말씀과 성령을 통해 새로워진 마음의 변화를 인식하라.[48]
다섯째, 변화된 마음으로 어떻게 살아야 할 것인가를 계획하라.[49]

3. 성경적 상담설교의 구조에 따른 설교 실제

1) 상황 속에서 진입구를 발견하라

성경적 상담설교의 첫 번째 구조는 상황 속에서 진입구를 발견하라는 것이다. 이것은 회중이 처해 있는 상황이다. 상황은 회중이 처한 압박들이다. 뜨거운 태양과 같이 회중을 괴롭히며 고통을 주고 어렵게 만드는 모든 환경과 형편을 말한다. 회중이 가지고 있는 매일의 책임, 기회, 임무, 유혹, 인간관계, 육체적 질병이나 영적인 문제들, 사회적 문제, 경제적 문제, 정치적인 어려움들도 모두 이러한 어려운 상황에 해당한다. 중요한 것은 감당할 수 있는 어려움을 말하는 것이 아니라 감당할 수 없고 괴로움을 자아내는 것이다.

진입구라는 것은 일반적인 관계에서 상담관계로 들어가는 문이라고 할 수 있다. 진입구는 그 사람이 겪고 있는 문제 자체가 아니다. 그 문제에 대한 그 사람의 특별한 경험, 또는 지배적인 감정(두려움, 분노, 죄의식, 초조함, 절망, 외로움, 질투, 낙심, 복수심 등)이다. 결국 진입구라는 것은 회중이 갈등을 겪고 있는 느낌이 어떤 것인가를 아는 것이다.[50] 즉, 진입구의 의미는 회중의 닫혀진 마음의 문을 열고 회중 각 사람의 마음으로 진입하는 입구라는 뜻이다. 이때 다루어야 하는 요소들은 다음과 같다.

첫째, 상황.
둘째, 반응.
셋째, 사고.

마태복음 11:28-30의 내용을 성경적 상담설교의 구조에 따라 설교하면 다음과 같이 할 수 있다. 본문은 다음과 같다.

> 수고하고 무거운 짐 진 자들아 다 내게로 오라 내가 너희를 쉬게 하리라 나는 마음이 온유하고 겸손하니 나의 멍에를 메고 내게 배우라 그리하면 너희 마음이 쉼을 얻으리니 이는 내 멍에는 쉽고 내 짐은 가벼움이라 하시니라(마 11:28-30).

이 말씀에서 예수께서 말씀하신 '수고하고 무거운 짐'은 무게가 많이 나가는 짐을 가리키는 것이 아니라 율법과 율법의 해석을 위해 생겨난 장로들의 유전을 가리킨다고 볼 수 있다. 유대인들은 이런 무거운 율법의 짐을 지고 외식에 빠져 있었다.[51] 핸드릭슨(William Hendrickson)도 '수고하고 무거운 짐진 자들'에 대하여 "서기관과 바리새인에 의해 그들의 어깨에 놓여진 무거운 짐의 율법과 규칙으로 억압된 모든 자"[52]라고 해석했다.

그러므로 당시의 유대인들의 상황은 율법과 장로들의 유전을 지켜야 하는 수고와 무거운 짐을 지고 있었던 것이다. 이러한 짐을 지고 있었던 유대인들의 반응은 바로 외식주의에 빠져 있게 된 것이다. 겉모습은 율법을 지키는 거룩한 모습을 하고 있으나, 그 속사람은 율법을 다 지킬 수 없는 한계에 빠져 썩어 가고 있었던 것이다. 그들의 사고 가운데 율법과 유전을 지키는 것은 매우 어렵고 무거운 짐이라고 생각하고 있었던 것이다.

또한, 인간이 가진 무거운 짐에는 수치심이나 죄책감의 짐도 있다.[53] 또한, 인생의 불안이라는 짐도 있다.[54] 노년기에 찾아오는 분노의 문제도 심각하다.[55] 그러므로 그러한 사람들의 마음의 진입구로 들어가려면 이렇게 설교를 시작할 수 있을 것이다.

> 오늘 여러분들에게 안식이 필요하지 않습니까?
> 인생의 많은 수고 가운데 지쳐 있지 않습니까?
> 율법을 지키려고 애쓰며 수고하고 있지 않습니까?
> 혹은 여러분들의 행위로 의롭게 되려고 수고 하고 있지는 않습니까?
> 또한, 무거운 짐을 지고 오늘 이 자리에 나오지 않았습니까?
> 율법의 말씀을 반드시 지켜야 한다는 무거운 짐, 말씀대로 살지 못했을 때에 느끼는 죄와 죄책감의 짐, 막연한 공포와 과거의 실수에 대한 후회의 짐, 사망에 관한 두려움의 짐, 질병에 관한 두려움의 짐을 가지고 이곳에 오지 않았습니까?
> 그 가운데 그리스도인으로서 어떻게 살아야 하는가에 관한 갈등을 겪고 있지 않습니까?

결국, 당시 유대인들의 마음의 진입구는 율법과 장로의 유전을 지켜야 하는 삶속에서 불안과 불평, 공포, 절망을 느끼고 있다는 것이다. 이렇게 본문의 상황 속에서 진입구를 발견한 후에는 회중을 향하여 "오늘 여러분들도 유대인들과 같이 인생에 불안과 불평, 공포와 절망을 경험하고 있지는 않습니까?"라고 질문을 던지면서 설교의 말씀에 귀를 기울이도록 초청하는 것이다.

2) 마음의 동기를 살피라

성경적 상담설교의 구조 두 번째는 마음의 동기를 살피라는 것이다. 성경적 상담의 원리에서 세 번째, 인간의 문제는 마음의 문제라는 원리가 있다. 그러므로 성경적 상담설교에서는 인간의 마음의 동기를 살피는 것이 매우 중요하다는 것을 알 수 있다. 여기서 성경적 상담설교의 한 방향이 인간의 마음의 변화가 목적이란 점을 시사해 준다.

성경적 상담에서는 인간의 마음이 중요하다. 행동만을 고치고자 하는 것은 근본적인 변화를 가져오지 못한다. 마음의 변화가 있어야만 인격이 변화되고 삶이 변화되는 것이다.

마태복음 11:28에서 예수께서 무리들을 향하여 "수고하고 무거운 짐진 자들아"라고 부르신 것은 유대인들이 율법을 지키는 행위로 구원받고자 하는 마음의 동기가 있었으므로 수고한 것이다.

율법과 장로의 유전의 수많은 조항을 어떻게 지켜야 하는가?

생각했기 때문에 마음에 무거운 짐이 된 것이다. 그로 인해 유대인들은 절망과 낙심에 빠졌을 것이다. 그러므로 그들은 겉모습만을 단장하는 외식으로 반응을 보이게 되었던 것이다.

생각과 원하는 것이 마음의 두 가지 중심된 기능이다. 마음은 언제나 생각하고 행동한다. 그 생각과 동기들이 행동을 결정하는 것이다. 그들이 율법을 온전히 지킬 수 없는 현실이 절망을 가져왔을 것이고 남에게 거룩해 보이려는 외식이 그들의 마음을 지배한 것이다.

본문에서 마음의 동기를 살피는 부분을 설교한다면 다음과 같다.

> 세상의 많은 사람이 자신의 의로 구원을 이루고자 합니다. 율법을 행함으로 의롭게 된다고 생각합니다. 바로 유대인들이 그러했습니다. 그들이 율법을 지키고자 하면 할수록 절망과 낙심에 빠졌습니다. 그것은 그들이 율법을 온전히 지킬 수 없다는 사실을 깨닫게 되었기 때문입니다. 그래서 그들은 사람을 의식했습니다. 사람들이 보는 데서는 기도하는 거룩한 사람처럼 행동했습니다. 그러나 홀로 있을 때 그들은 죄를 범했습니다. 그들은 외식하는 사람이 되었습니다. 그럴수록 그들의 마음은 날로 고통스러워져 갔습니다. 근심과 걱정이 떠나지 않았고 무거운 중압감으로 절망에 빠지게 되었습니다.
> 이러한 사람들에게 오늘 예수님께서는 무엇이라 말씀하십니까?
> 오늘날 이 시대 가운데서도 유대인들과 같이 온갖 수고와 무거운 짐을 가지고 고통하며 번민하는 자들을 향해 말씀하시는 주님의 초청의 말씀에 귀를 기울이시기 바랍니다. 본문에서 예수께서는 무엇이라 말씀하시나요?

3) 성경 말씀을 해석하며 하나님의 성품과 예수 그리스도에 초점을 맞추라

성경적 상담설교의 구조 세 번째는 성경 말씀을 해석하며 하나님의 성품에 주목하고 예수 그리스도에 초점을 맞추어 그리스도를 드러내는 것이다. 성경적 상담설교의 특징은 개혁주의 설교이다.

그러므로 성경적인 성경관을 바탕으로 하며 성경적인 설교 신학을 바탕으로 한다. 그래서 이 부분에서는 성경 본문에 나타난 저자의 의도를 중시하며 충실하게 성경을 해석해야 한다. 특히, 구속사적인 관점으로 성경을 해석하며 성경의 인물을 강조하는 것이 아니라 하나님의 구속의 역사와 그분의 성품을 드러내야 한다. 또한, 예수 그리스도를 강조하며 성령께 온전히 의지하여 설교해야 한다. 이때 하나님 말씀인 성경을 개혁신학의 관점에서 바로 해석하고 하나님의 성품, 예수 그리스도의 성품에 초점을 맞추어야 한다.

마태복음 11:28-30의 경우는 어떤 해석이 바람직할까?

다음의 내용을 보라.

> 예수께서 수고하고 무거운 짐을 지고 있는 사람들을 향하여 초청하십니다. "다 내게로 오라"(28절).
> 수고와 무거운 짐에 대하여 쉼과 안식을 주실 주께로 오라는 것입니다.
> 그에게로 나아가면 무엇을 얻을 수 있습니까?
> "내가 너희를 쉬게 하리라"(28절하)라고 하십니다. 안식과 평안입니다.
> 주님은 어떤 분이십니까?
> "나는 마음이 온유하고 겸손하니"(29절).
> 주께서는 온유하신 분이요, 겸손하신 분입니다. 그분은 하나님이시나 인간이 되시고 하나님의 뜻에 죽기까지 복종하시고 인류의 구원을 완성하셨습니다. 주님께서 우리에게 주신 명령이 있습니다. 그것은 "나의 멍에를 메고 내게 배우라"(29절)는 것입니다. 멍에 홀로 지는 것이 아니라 주님과 내가 함께 집니다. 주님께 나아가 우리는 배워야 합니다. 그분의 온유와 겸손을 배워야 할 것입니다. 주님의 멍에를 지는 것을 두려워 할 필요가 없습니다. 왜냐하면, 주님의 멍에는 쉽고 가볍기 때문입니다(30절). 율법의 멍에는 어렵고 무거운 것이나 예수님의 멍에는 쉽고 가벼운 것입니다. 왜냐하면, 우리는 그분을 믿음으로 구원을 얻기 때문입니다. 주님 안에서 안식과 마음의 평안, 인생의 만족과 기쁨이 있습니다.

4) 말씀과 성령을 통해 새로워진 마음의 변화를 인식하라

성경적 상담설교의 구조 네 번째는 하나님 말씀과 성령의 역사를 통해 새로워진 마음의 변화를 인식하는 것이다. 하나님 말씀을 충실히 해석하여 증거 하고 하나님의 성품을 묵상하고 나면 회중의 마음에 변화가 일어난다. 성령이 역사하시기 때문이다. 성경적 상담의 원리 가운데 일곱째, 인간의 마음의 변화는 성령의 역사를 통하여 이루어진다는 것이다.

상황 속에서 진입구를 발견한 후, 마음의 동기를 살필 때 인간의 마음의 쓴 뿌리, 즉 나쁜 뿌리에 해당하는 상처 입은 마음, 부정적인 마음은 하나님 말씀을 들으므로 변화되어 마음이 치유되고 회복되는 변화를 경험하게 된다. 이 단계는 이렇게 새로워진 마음을 깊이 생각하고 인식하는 것이 필요하다. 변화된 새 마음을 확인하는 것이다.

성경적 상담설교에서는 말씀과 성령으로 새로워진 마음의 변화를 인식한 후 새 마음을 구체적으로 표현하는 과정이 필요하다.

마태복음 11:28-30의 경우는 다음과 같이 표현할 수 있다.

> 사랑하는 여러분!
> 오늘 말씀을 통하여 여러분들의 마음이 새로워졌을 것입니다. 율법의 행위로 구원을 얻고자 했던 무거운 마음이 예수님에게로 가서 예수님과 함께 가벼운 멍에를 메고 그에게서 배우고자 하는 마음으로 바뀌었을 것입니다. 우리의 거칠고 교만한 마음이 예수님처럼 온유하고 겸손한 마음으로 바꾸어 주시는 성령의 은혜를 체험하셨을 것입니다. 우리의 인생의 절망과 근심이 오직 주안에서 안식과 쉼을 얻는 평안과 기쁨으로 바뀌었을 것입니다.

5) 변화된 마음으로 어떻게 살아야 할 것인가를 계획하라

성경적 상담설교의 마지막 단계는 진리를 삶에 적용하는 단계이다. 이 단계에서는 새롭게 변화된 마음으로 어떻게 살아갈지를 생각하고 방향을 제시하며 구체적 삶에서의 실천사항들을 점검해 보는 것이다. 이때 그리스도 안에서 자신이 누구인가를 정확하게 인식하는 정체성 확립이 매우 중요하다. 이 단계가 곧 적용에 해당한다고 볼 수 있다.

본문의 경우 다음과 같이 적용할 수 있을 것이다.

사랑하는 여러분!

오늘 우리는 새 마음을 주신 주님께 감사하면서 어떻게 살아가야 할지를 깨닫게 됩니다.

첫째는 주께서는 우리의 인생의 수고와 짐을 깊이 이해하시고 우리를 초청하시는 분임을 믿어야 하겠습니다.

둘째는 내게로 오라고 초청하시는 주님께로 달려가야 하겠습니다. 예배의 자리로, 말씀의 자리로. 기도의 자리로 믿음으로 기쁘게 달려가야 하겠습니다.

셋째로 예수님에게서 배워야 하겠습니다. 주님의 온유하고 겸손한 마음을 배우고, 주님의 삶을 배우고, 주님의 사역을 우리도 감당해야 하겠습니다. 바로 예수님의 제자의 길을 걷는 것입니다.

끝으로 주께서 베푸시는 참다운 쉼과 안식을 누려야 하겠습니다. 인생의 수 많은 수고와 무거운 짐을 지고 고통당하고 계시지 않습니까? 오늘 여러분의 고통은 무엇입니까?

이제 예수님의 말씀을 마음에 깊이 새기며 인생의 절망과 탄식을 내려놓고 주님께서 베푸시는 죄 사함과 구원의 즐거움을 누리며 감사와 기쁨으로 살아야 하겠습니다. 성령의 도우심으로 이제 수고와 무거운 짐을 십자가 앞에 내려놓고 참 안식과 평안을 소유하시는 성도님들이 되시길 소원합니다.

닫는 말

마태는 그의 복음서를 통하여 예수를 치료자로 소개하려고 했다는 사실이 분명하다. 본 장에서 치료자 예수에 대한 마태의 관심을 입증했다.

첫째, 마태는 마가복음에서 "귀신을 쫓아내는 분"으로 묘사된 요소들을 축소 시켜 가면서, 일반적인 "치료" 이야기로 변형시키고 있다.

둘째, 마태는 예수의 교훈에 대한 마가의 설명을 예수가 치료자로서 병을 고쳐주시는 것에 대한 설명으로 바꾸어 놓기도 했다.
셋째, 마태는 예수의 공생애의 활동에 관한 마가복음의 표현을 편집하는데서 치료자로서의 예수를 강조하고 있다.

이러한 마태의 치료자로서의 예수에 대한 관심을 바탕으로 회중의 마음을 치유하는 치료적 설교인 성경적 상담설교의 실제를 제시했다. 특히, 성경적 상담설교의 다섯 가지 구조는 다음과 같다.

첫째, 상황 속에서 진입구를 발견하라.
둘째, 마음의 동기를 살피라.
셋째, 성경 말씀을 해석하며 하나님의 성품과 예수 그리스도에 초점을 맞추라.
넷째, 말씀과 성령을 통해 새로워진 마음의 변화를 인식하라.
다섯째, 변화된 마음으로 어떻게 살아야 할 것인가를 계획하라.

이에 따라서 마태복음 11:28-30 말씀의 성경적 상담설교의 실제를 제시했다.

본 연구에 이은 후속 연구에서는 치료자로서의 예수의 모습을 나타내는 다양한 본문의 연구와 설교의 실제를 제시하는 것이 필요하다고 하겠다.

미주

제1장 한국교회와 성경적 상담의 이해와 과제

1 김영한, "한국 복음주의 신학의 정체성," 한국복음주의신학회, 「성경과 신학」 제 47권, (2008): 61.; 참고. 주제: 『서양신학을 향한 한국복음주의 신학의 제언』 (서울: 생명의말씀사, 2001); *Bible & Theology*, vol. XXXI, *The Direction of World Evangelical Theology in the 21st Century* (Seoul: Word of Life press, 2002); 「성경과 신학」 제39권: 『21세기 교회를 위한 복음주의 신학의 사명』 (서울: 도서출판 영성, 2006).
2 김영한, "한국 복음주의 신학의 정체성," 한국복음주의신학회, 「성경과 신학」 제47권 (2008): 61-86.
3 한철하, "새 천년과 복음주의 신학의 과제," 『21세기 인류의 살길』 (양평: 아세아연합신학대학교 출판부, 2003), 50.
4 한철하, "새 천년과 복음주의 신학의 과제," 55.
5 한철하, "새 천년과 복음주의 신학의 과제," 56.
6 한철하, "새 천년과 복음주의 신학의 과제," 57.
7 한철하, "새 천년과 복음주의 신학의 과제," 57.
8 박형룡, 『박형룡 저작전집 XIII』 (서울: 한국기독교교육연구원, 1983), 304.
9 한철하, "새 천년과 복음주의 신학의 과제," 58.
10 김영한, "한국 복음주의 신학의 정체성," 63.
11 박형룡, 『박형룡 저작전집 XIII』, 304.
12 김영한, "한국 복음주의 신학의 정체성," 64.
13 김영한, "한국 복음주의 신학의 정체성," 81.
14 김의환, "한국복음주의 신학의 정체성과 과제," 제51차 한국복음주의신학회 논문발표회 자료집, (2008년 5월): 34-35.
15 김영한, "한국 복음주의 신학의 정체성," 81-84.
16 김영한, 『21세기 한국기독교 문화와 개혁신앙』 (서울: 예영 커뮤니케이션, 2008), 8.
17 김준수, "성경적 인간 이해," 한국성경적상담연구원, 「성경과 상담」 Vol. 2, (2003): 41-42.
18 Stanton L. Jones, Richard E. Butman, *Modern Psychotherapies*, 이관직 역, 『현대심리치료법』 (서울: 총신대학교출판부, 1995), 261.
19 J. P. Moreland & David M. Ciocchi, *Christian perspectives on Being Human* (Grands Rap-

ids, Mi.: Baker Books, 1993), 153.
20 Jones & Butman, *Modern Psychotherapies*, 103. 재인용; R. Hurding, *Roots and Shoots* (London: Hodder and Stoughton, 1985), 70.
21 전형준, 『성경적 상담학』 (서울: 도서출판 대서, 2012), 203.
22 K. O'Leary and G. Wilson, *Behavior Therapy: Application and Outcome* (2nd ed.) (Englewood Cliffs, NJ.: Prentice-Hall, 1987), 1.
23 Jones & Butman, *Modern Psychotherapies*, 203-224.
24 전형준, 『성경적 상담학』, 200.
25 David Basinger, Randall Basingger, *Predestination & Free Will* (Downers Grove, Il.: InterVarsity Press, 1986), 7-15.
26 Jones & Butman, *Modern Psychotherapies*, 337-338.
27 Jones & Butman, *Modern Psychotherapies*, 363.
28 Jones & Butman, *Modern Psychotherapies*, 345-346.
29 Jones & Butman, *Modern Psychotherapies*, 348-349.
30 Basinger & Basingger, *Predestination & Free Will*, 7-16.
31 전형준, 『성경적 상담학』, 204-205.
32 김준수, "성경적 인간 이해," 46-56.
33 이 빈 공간은 롬 16:8과 엡 3:19에도 나타난다.
34 Lawrence J. Crabb, Jr. *Understanding People* (Grands Rapids, Mi.: Zondervan Publishing House, 1987), 97-121.
35 Crabb, Jr. *Understanding People*, 135-138.
36 Larry Crabb, *Understanding Who You Are*, 한재희 외 역, 『그리스도인을 위한 인간 이해』 (서울: 이레서원, 2002), 65-86.
37 Crabb, *Understanding Who You Are*, 87-110.
38 Jones & Butman, *Modern Psychotherapies*, 244. 인간의 기본적인 필요 가운데 관계적인 욕구는 에릭 프롬의 주장과 동일하고, 존재의 의미와 가치 확인은 알프레도 아들러의 인간의 근본적인 욕구와 일치한다.
39 김준수, "성경적 인간 이해," 49.
40 David Powlison, "What is Larry Crabb's contribution to Biblical Counseling?" 미간행 논문.
41 Jay E. Adams, *A Theology of Christian Counseling* (Grands Rapids, Mi.: Zondervan Publishing House, 1979), 1-4.
42 Adams, *A Theology of Christian Counseling*, 140-141.
43 Adams, *A Theology of Christian Counseling*, 140-143.
44 Adams, *A Theology of Christian Counseling*, 233-248.
45 Edward Welch, "How Theology shapes Ministry: Jay Adams View of The Flesh and an Alternative," *The Journal of Biblical Counseling*, CCEF (Spring 2002): 16-25.
46 Welch, "How Theology shapes Ministry: Jay Adams View of The Flesh and an Alternative," 22-23.
47 성경적 상담의 7대 원리는 첫째, 인간은 하나님의 형상대로 지음 받았다. 둘째, 인간은 죄로 인하여 타락한 존재다. 셋째, 인간의 문제는 마음의 문제이다. 넷째, 상담의 도구는 성경이다. 다섯째, 상담의 모델은 예수 그리스도이다. 여섯째, 인간은 이 세상

에서 고통당하는 존재다. 일곱째, 인간의 변화는 성령의 역사로 이루어진다는 것이다.
48 Paul D. Tripp, *Instruments in the Redeemer's Hands* (Phillipsburg, NJ.: Presbyterian & Reformed Publishing Company, 2002), 41-46.
49 Edward Welch, *When People Are Big and God is Small* (Phillipsburg, NJ.: Presbyterian & Reformed Publishing Company, 1997), 70-164.; David Powlison, *Seeing with New Eyes* (Phillipsburg, NJ.: Presbyterian & Reformed Publishing Company, 2003), 41-42.
50 Tripp, *Instruments in the Redeemer's Hands*, 65-71.
51 Michael R. Emlet, "Understanding the Influences on the Human Heart," *The Journal of Biblical Counseling*, CCEF (Winter 2002): 48.
52 김준수, "성경적 인간 이해," 54-55.
53 Powlison, *Seeing with New Eyes*, 95-106.
54 Timothy Lane & Paul D. Tripp, *How People Change* (Greensboro, NC.: New Growth press, 2006), 66-172.
55 본 장에서 열거한 목회상담학과 관련된 학회와 협회 외에도 더 많은 학회와 협회들이 창립되어 활동하고 있으나 여기서는 한국의 대표적인 학회와 협회만을 기록했다.
56 전형준, "한국 장로교회 100년의 역사에 나타난 목회상담학의 흐름과 전망," 개혁신학회, 「개혁논총」 제22권 (2012): 343-345.
57 김준수, "기독교상담의 역사," 『복음주의 기독교상담학』(서울: 한국가정상담연구소, 2004), 27-28.
58 전형준, "한국 장로교회 100년의 역사에 나타난 목회상담학의 흐름과 전망," 340-343.
59 Jay E. Adams, *Competent to Counsel*, 정정숙 역, 『목회상담학』(서울: 총신대학교 출판부, 2001).
60 황규명, 『성경적 상담의 원리와 방법』(서울: 바이블 리더스, 2008), 44-45.
61 전형준, 『성경적 상담과 설교』(서울: CLC, 2011).
62 성경적 상담설교는 백석학원 건학 35주년 기념으로 개최된 국제학술대회인, 한국복음주의신학회 제58회 및 개혁주의 생명신학회 제5회 정기학술대회에서(2011년 10월) "성경적 상담과 설교의 통합 방안 -성경적 상담설교의 구조를 중심으로-,"라는 제목으로 처음 학계에 발표되었으며, 2012년 가을(2012년 10월) 개혁신학회 정기학술대회 발표를 통해서 "치료자 예수에 대한 마태의 관심과 성경적 상담설교의 실제 -마태복음 11장 28-30절을 중심으로-"라는 제목으로 구체적인 성경적 상담설교의 방법이 제시되었다.
63 안경승, "복음주의 신학과 신앙의 확립을 통한 한국 복음주의 목회상담학의 과제," 한국 복음주의 신학회, 「성경과 신학」 제32권, (2002): 227-250.
64 Adams, *A Theology of Christian Counseling*, 3-4.
65 오성춘, "새 시대의 한국 교회와 목회상담의 과제에 관한 연구," 장로회신학대학교, 「장신 논단」 제18권, (2002): 401-423.
66 전형준, 『성경적 상담학』, 16-17.
67 Tripp, *Instruments in the Redeemer's Hands*, 41-46.
68 Powlison, *Seeing with New Eyes,* 41-42.
69 강경미, "청소년 학교 폭력의 예방과 기독교상담," 한국복음주의기독교상담학회, 「복음과 상담」 제16권, (2011): 64-92.; 황규명, "학교 폭력에 나타나는 마음의 문제: 성경

적 상담의 관점," 한국복음주의기독교상담학회, 「복음과 상담」 제 16권 (2012): 37-63.
70 한숙자, "한국의 다문화 가정에 대한 기독교상담 전략의 모색," 한국복음주의기독교상담학회, 「복음과 상담」 제17권 (2011): 9-43.
71 오윤선, "성 폭력 피해 청소년의 기독교상담학적 접근," 한국복음주의기독교상담학회, 「복음과 상담」 제 16권 (2011): 151-170.
72 최광현, "가족 체계이론을 중심으로 한 위기가족을 위한 목회적 돌봄," 한국복음주의기독교상담학회, 「복음과 상담」 제17권 (2011): 179-202.
73 원효식, "성경적 가정 사역과 목회상담에 대한 고찰," 한국복음주의기독교상담학회, 「복음과 상담」 제7권 (2006): 79-114.
74 강연정, "목회자 자녀의 건강한 자아형성을 위한 상담의 과제," 한국복음주의기독교상담학회, 「한국기독교상담학회지」 제9권 (2005): 113-144.
75 김영희, "중독자녀의 부모에 대한 동반의존 치료를 위한 돌봄," 한국복음주의기독교상담학회, 「복음과 상담」 제15권 (2010): 9-35.
76 김영희, "중독자녀의 부모에 대한 동반의존 치료를 위한 돌봄," 23-32.
77 Ann Wilson Schaef, *When Society Becomes an Addict* (San Francisco, CA.: Haper & Row, 1987), 20-24.
78 강경미, "청소년 약물 남용과 기독교 치유 상담," 한국복음주의기독교상담학회, 「복음과 상담」 제15권 (2010): 79-104..
79 강연정, "도박 중독의 예방 및 치유를 위한 기독교상담학적 접근," 한국복음주의기독교상담학회, 「복음과 상담」 제15권 (2010): 39-75..
80 Edward Welch, *Blame It on the Brain*, 한성진 역, 『뇌 책임인가 내 책임인가?』 (서울: CLC, 2003), 187-210.
81 안경승, "중독과 신앙 공동체," 한국복음주의기독교상담학회, 「복음과 상담」 제15권 (2010): 105-133.
82 Dallas Willard, "Spiritual formation in Christ: A Perspective on What It is and How It might be Done," *Journal of Psychology and theology* 28 (2000): 254-258.
83 안경승, "복음주의 신학과 신앙의 확립을 통한 한국 복음주의 목회상담학의 과제," 247-249.
84 이은규, "복음주의 상담을 위한 영성에 대한 고찰," 한국복음주의기독교상담학회, 「복음과 상담」 제11권 (2008): 9-44.

제2장 한국 장로교회 100년의 역사에 나타난 목회상담학의 흐름과 전망

1 본 논문은 총신대학교에서 개최된 2012년 봄 개혁신학회 정기학술대회(2012년 4월 14일)에서 발표한 후, 한국연구재단의 등재(후보)지인 「개혁논총」 제22권(2012년 6월 30일)에 게재된 것이다.
2 양낙홍, 『한국장로교회사』(서울: 생명의 말씀사, 2008), 31.
3 양낙홍, 『한국장로교회사』, 32.

4   양낙흥, 『한국장로교회사』, 32-33.
5   양낙흥, 『한국장로교회사』, 33-34.
6   양낙흥, 『한국장로교회사』, 36-37.
7   손운산, "한국목회돌봄과 목회상담의 역사와 과제," 「목회와 상담」 Vol. 17. (서울: 한국목회상담협회, 2011), 21.
8   손운산, "한국 목회돌봄과 목회상담의 역사와 과제," 21.
9   처음 이 책은 이환신에 의하여 1962년 『목회문의학』이란 제목으로 대한기독교서회에서 출판되었다가, 1965년에 김태묵에 의해 『목회상담』이란 제목으로 대한 예수교 장로회 총회 교육부에서 번역 출판되었다.
10 Paul Johnson, *Psychology of Pastoral Care*, 김관석 역, 『종교심리학』(서울: 대한기독교서회, 1964).
11 Seward Hiltner, *The Preface to Pastoral Theology*, 민경배 역, 『목회신학원론』(서울: 대한기독교서회, 1968).
12 Carl Rogers, *Counseling and Psychotherapy*, 한승호 역, 『상담과 심리치료』(서울: 지문각, 1963).
13 Seward Hiltner, *Pastoral Counseling*, 마경일 역, 『목회카운셀링』(서울: 대한기독교서회, 1976).
14 한국에서의 목회상담학의 역사를 살펴보기 위해서는 다음의 책과 논문들을 참고하라. 안석모 외, 『목회상담 이론입문』(서울: 학지사, 2009), 3-8.; 권수영 외, "한국교회 목회적 돌봄과 상담의 자취와 전망," 「한국기독교신학논총」 50(2007), 205-248.; 유영권, "한국기독교상담학의 역사와 전망," 「신학논단」 60(2010), 93-111.; 손운산, "한국 목회 돌봄과 목회상담의 역사와 과제," 「목회와 상담」 17(2011), 7-39.; 참고. 「신학사상」은 97호(1997)에서 "새 차원을 열어가는 한국교회의 목회상담"이란 제목으로 한국교회의 목회상담 특집을 다루기도했다.
15 Howard Clinebell, *Basic Types of Pastoral Counseling*, 박근원 역, 『현대목회상담』(서울: 전망사, 1979); Howard Clinebell, *Basic Types of Pastoral Counseling*, 박근원 역, 『목회상담신론』(서울: 한국장로교출판사, 1987). 이 책은 원저자의 개정판을 번역 출판한 것이다.
16 손운산, "한국 목회돌봄과 목회상담의 역사와 과제," 22.
17 황의영, 『목회상담원론』(서울: 생명의 말씀사, 1970).
18 반피득, 『목회상담학 개론』(서울: 대한기독교서회, 1978).
19 유영권, "한국기독교상담학의 역사와 전망," 「신학논단」 60(2010): 94-95.
20 유영권, "한국기독교상담학의 역사와 전망," 95.
21 손운산, "한국 목회돌봄과 목회상담의 역사와 과제," 22.
22 손운산, "한국 목회돌봄과 목회상담의 역사와 과제," 23.
23 손운산, "한국 목회돌봄과 목회상담의 역사와 과제," 23.
24 유영권, "한국기독교상담학의 역사와 전망," 96.
25 김준수, "기독교상담의 역사," 『복음주의 기독교상담학』(서울: 한국가정상담연구소, 2004), 27-28.
26 Jay E. Adams, *Competent to Counsel*, 정정숙 역, 『목회상담학』(서울: 총신대학교 출판부, 2001).
27 황규명, 『성경적 상담의 원리와 방법』(서울: 바이블 리더스, 2008), 44-45.

28 전형준, "웨스트민스터 신앙고백서에 나타난 성경적 상담 원리," 「개혁논총」 제14권 (2010년 6월), 9-50.
29 참고: 전형준, 『성경적 상담과 설교』(서울: CLC, 2011).; 전형준, "성경적 상담과 설교의 통합 방안 -성경적 상담설교의 구조를 중심으로-," 백석학원 건학 35주년 기념 공동 국제학술대회 개혁주의 생명신학회 제5회 및 한국복음주의신학회 제58회 정기 학술대회 논문집: 265-288.
30 본 장에서 열거한 목회상담학과 관련된 학회와 협회 외에도 더 많은 학회와 협회들이 창립되어 활동하고 있으나 여기서는 한국의 대표적인 학회와 협회만을 기록했다.
31 유영권, "한국기독교상담학의 역사와 전망," 101-103.
32 전형준, 『성경적 상담과 설교』(서울: CLC, 2011), 187-188.
33 유영권, "한국기독교상담학의 역사와 전망," 97-98.
34 유영권, "한국기독교상담학의 역사와 전망," 97.
35 전형준, 『성경적 상담과 설교』(서울: CLC, 2011), 190-192.
36 손운산, "한국 목회돌봄과 목회상담의 역사와 과제," 30-32.
37 고대 상목회는 고려대학교에서 상담심리학을 전공한 목회자들의 연구 모임이다. 이 모임은 한국 사회에 목회자로서 목회상담학을 처음 소개한 한승호 목사의 아들인 한성렬 교수가 고려대학교 심리학과 교수로 재직하면서 고려대학교 대학원에 상담심리학 전공 석사과정을 통해서 수많은 상담목회자들을 배출했다. 이들 가운데 대표적인 목회자는 지구촌교회 이동원 목사, 창훈대교회 한명수 목사, 과천약수교회 설동주 목사, 구리성광교회 김희수 목사, 하이패밀리 송길원 목사, 한밀교회 심수명 목사, 동산교회 남서호 목사 등이 있고, 필자도 상목회원으로서 2008년 회장으로 섬겼다.
38 손운산, "한국 목회돌봄과 목회상담의 역사와 과제," 28-29.
39 손운산, "한국 목회돌봄과 목회상담의 역사와 과제," 26.
40 이재훈은 대상관계이론의 입장에서 한의 문제를 다루었고, 손운산과 안석모는 이야기이론의 입장에서, 김영애는 한국여성의 관점에서 한의 문제를 다루었다. Jae Hoon Lee, "The Exploration of the Inner Woods Han" (Ph.D. Dissertation, Union Theological Seminary, New York, 1990); Woon San Soon, "Telling and Retelling Life Stories: A narrative Approach to Pastoral Care" (Ph.D. Dissertation, Vanderbilt University, 1990); Suk Mo Ahn, "Toward a Local pastoral Care and Pastoral Theology: The Basis, Model, and the Text of Han in Light of Charles Gerkin's Pastoral Hermeneutics" (Ph.D. Dissertation, Emory University, 1991); Young Ae Kim, "From Brokenness to Wholeness: A Theology Analysis Korean women's Han and a Contextualized Healing Methodology" (Ph.D. Dissertation, School of Claremont, 1991).
41 오규훈은 정의 문제를 다루었고 이희철은 수치심의 문제를 다루었다. Kyou Hoon Oh, "Dimensions of Chong in korean Christians" (Ph.D. Dissertation, Northwestern University, 2000); Jacob Hee Cheol Lee, "Exploring shame: Re-articulation through the Lens Social Psychology and Korean Theology" (Ph.D. Dissertation, Graduate Theological University, 2007).
42 김진영은 부자지간의 문제를 다루었고 홍영택은 한국가족의 문제를 다루었다. Jin Young Kim, "A Son's Search for Identity through Relationship" (Ph.D. Dissertation, Drew University, 1998); Young Taek Hong, "A Social Cultural Analysis and family Therapy Approach to the Korean Family in Transition" (Ph.D. dissertation, Iliff School of

Theology and The University of Denver, 1993).
43 최재락은 자아실현에 대한 비판적 고찰과 함께 그것을 한국적 돌봄 문화와 관련시켰고, 정석환은 생산성의 개념을 가지고 한국 중년 남성의 경험을 분석했다. Jae Rack Choi, "Etical Critique of Self Actualization in Humanistic Psychology: Validation for a 'Culture of Care' among Korean People" (Ph.D. Dissertation, Drew University, 1991); Suk hwan Jueng, "Generativity in the Midlife Experiences of Korean First Generation Immigrants: Implications for Pastoral Care" (Ph.D. Dissertation, Northwestern University, 1997).
44 상담설교를 한국에서 처음 언급한 사람은 김만풍 목사이다. 그는 남서울교회에 시무하면서 합동신학교에서 상담설교를 강의했다. 참고: 김만풍, 『상담설교』(서울: 크리스천서적, 1995).
45 상담적 설교에 대해서는 전요섭과 심수명이 연구했다. 참고: 전요섭, "상담적 설교를 위한 상담과 설교의 통합 방안" (교육학 박사학위, 단국대학교, 2005); 심수명, 『상담적 설교의 이론과 실제』(서울: 도서출판 다 세움).
46 성경적 상담설교는 필자가 최초로 제안한 설교로서 성경적 상담과 설교를 통합한 설교이다. 성경적 상담설교의 구조는 다섯 단계로 나뉘는데 첫째, 상황 속에서 진입구를 발견하라. 둘째, 마음의 동기를 살피라. 셋째, 하나님의 말씀을 해석하며 하나님의 성품과 예수 그리스도에 초점을 맞추라. 넷째, 말씀과 성령을 통해 새로워진 마음의 변화를 인식하라. 다섯째, 변화된 마음으로 어떻게 살아야 할 것인가를 계획하라이다. 참고: 전형준, "성경적 상담설교의 분석과 방향" (철학 박사학위, 총신대학교, 2011); 전형준, 『성경적 상담과 설교』(서울: CLC, 2011); 전형준, "성경적 상담과 설교의 통합방안 -성경적 상담설교의 구조를 중심으로-," (개혁주의 생명신학회 제5회 및 한국복음주의신학회 제58회 정기학술대회 발표 논문집(2011): 265-288.; Hyung Joon Jun, "A Study on The Effect of Counseling Preaching in Relation to The Pastoral Context in The Twenty First Century," (Doctor Dissertation, Westminster Theological Seminary, 2006).
47 전요섭, "상담적 설교를 위한 상담과 설교의 통합 방안," 9-11.
48 전형준, 『성경적 상담과 설교』, 208-209.

제3장 기독교상담의 통합 모델에 관한 성경적 상담학적 조명

1 H. Vande Kemp, "Historical Perspective: religion and clinical psychology in America," In E. P. Shafranske (Ed.), *Religion and clinical practice of psychology*, (Washington D. C.: American psychological Association, 1996), 77.
2 R. F. Hurding, *The tree of bealing: psychological and biblical foundations for counseling and pastoral care*, (Grand rapids: Zondervan Publishing House, Ministry Resources Library, 1985), 98-121.
3 David A. Powlison, "Competent to Counsel? The History of a Conservertive Protestant Anti-psychiatry Movement" (Ph.D. Dissertation, University of Pennsylvania, 1996), 53-57.
4 Vande Kemp, "Historical Perspective: religion and clinical psychology in America,"

71-112.
5   김용태, 『통합의 관점에서 본 기독교상담학』 (서울; 학지사, 2006), 37-38.
6   Vande Kemp, "Historical Perspective: religion and clinical psychology in America," 77.
7   Vande Kemp, "Historical Perspective: religion and clinical psychology in America," 80.
8   Vande Kemp, "Historical Perspective: religion and clinical psychology in America," 82.
9   R. K. Bufford, "Consecrated counseling: reflections on the distinctive of Christian Counseling," *The Journal of Psychology and Theology* 25, (1997): 112-113.
10 Bufford, "Consecrated counseling: reflections on the distinctive of Christian Counseling," 113.
11 김용태, "기독교상담의 통합에 관한 모델과 영역에 관한 개요: 서구사회를 중심으로," 「한국기독교상담학회지」, 제16호, (2008): 21-22.
12 Gary R. Collins, "Moving through the jungle: A decade of integration," *Journal of psychology and Theology, 11*(1) (1983): 3-7.
13 Everett L. Worthington, Jr., "A blueprint for intradisciplinary integration," *Journal of psychology and Theology, 22*, (1994): 81.
14 Roger K. Bufford, "Consecrated counseling: reflections on the distintives of Christian Counseling," *Journal of psychology and Theology, 25*, (1997): 111-122.
15 전형준, "한국교회와 성경적 상담의 이해와 과제," 「복음과 상담」 제19권, 한국복음주의기독교상담학회, (2012년11월): 20-27.
16 Jay E. Adams, *Competent to Counsel* (Nutley, NJ: Presbyterian and Reformed Publishing Co., 1970), 45-50.
17 Adams, *Competent to Counsel*, 54-55.
18 Adams, *Competent to Counsel*, 92-153.
19 Jay E. Adams, *The Christian Counselors manual*, 『상담학개론』, 정정숙 역 (서울: 도서출판 베다니, 1992), 300-346.
20 Paul D. Tripp, *Instruments in the Redeemer's Hands*, 『치유와 회복의 동반자』, 황규명 역 (서울: 디모데, 2007), 37-163.: 성경적 상담의 기본원리를 이해하기 위해서는 다음 책들을 참조 하라. David Powlison, *Seeing with New Eyes*, (Phillipsburg, NJ.: Presbyterian & Reformed Publishing Co., 2003); Timothy Lane & Paul D. Tripp, *How People Change* (New York: New Groth Press, 2006); Edward Welch, When People *Are Big and God is Small* (Phillipsburg, NJ.: Presbyterian & Reformed Publishing Co., 1997).
21 Timothy Lane & Paul D. Tripp, *How People Change* (New York: New Groth Press, 2006), 156-365.
22 Tripp, *Instruments in the Redeemer's Hands*, 110-261.
23 Lawrence J. Crabb, *Effective Biblical Counseling*, 『성경적 상담학』, 정정숙 역 (서울: 총신대학교 출판부, 1982), 23.
24 Crabb, *Effective Biblical Counseling*, 23-24.
25 Crabb, *Effective Biblical Counseling*, 63-122.
26 Crabb, *Effective Biblical Counseling*, 125-154.
27 Crabb, *Effective Biblical Counseling*, 167-184.
28 Crabb, *Effective Biblical Counseling*, 187-223.
29 김용태, 『통합의 관점에서 본 기독교상담학』, 116.

30 Gary R. Collins, *New Christian Counseling (3rd edition)*, 한국기독교상담·심리치료학회 역 (서울: 두란노, 2008).
31 M. E. L. Hall & T. W. Hall, "Integration in the therapy room: An overview of the literature," *Journal of psychology and Theology, 25* (1997): 88-96.
32 N. C. Howard, M. R. Mcminn, L. D. Bissel, S. R. Faries, J. B. VanMeter, "Spiritual directors and clinical psychologists: A comparison of mental health and spiritual values," *Journal of psychology and Theology, 28* (2000): 308-320.
33 W. Slater, T. W. Hall & K. J. Edwards, "Mesuring religion and spirituality: Where are we and where are we going?," *Journal of psychology and Christianity, 29* (2001): 4-21.
34 E. E. Jr. Decker, & E. Edward, "The Holy spirit in counseling: A review o Christian Counseling journal articles (1985-1999)," *Journal of psychology and Christianity, 29* (2002): 21-28.
35 G. T. Eliason, C. Hanley, M. Leventis, "The role of spirituality in counseling: Four theoletical orientations," *Pastoral Psychology, 50* (2001): 77-89.
36 L. Sperry, & E. P. Shafranske, *Spirituality oriented Psychotherapy*, (Washington, DC: American Psychology Association, 2005).
37 G. W. Moon, "Training tomorrow's investigators in today's busy intersection: Better look four ways before crossing," *Journal of psychology and Theology, 25* (1997): 284-293.
38 E. M. Rose, J. S. Westefeld, & T. N. Ansley, "Spiritual issues in counseling: Clients' belief and preferences," *Journal of Counseling psychology and Theology, 48* (2001): 61-71.
39 J. H. Boyd, "Compared to the 'self of Kokut," *Journal of psychology and Christianity, 19*(3) (2001): 219-231.
40 R. E. Butman, "The Sin & Psychotherapy debates: Seven guidelines that may promote discussion," *Christian Counseling today, 10* (2002): 16-19.
41 R. S. Anderson, "Sin: The third dimension of human spirituality: Examine a more radical, axial dimension to the concept of sin," *Christian Counseling today, 10* (2002): 26-29.
42 M. R. McMinn, "A Psychology of sin and a sin of Psychology: Exploring sinfulness, sinful choices, and consequences of sin," *Christian Counseling today, 10* (2002): 12-14.
43 C. W. Ellison, "From Eden to the couch: Discover the goals and dynamics of the psychospiritual counselor," *Christian Counseling today, 10* (2002): 30-34.
44 R. S. Hughes, "Is the devil in the details of psychopathology? Training futures Christian therapists through a discussion of sin," *Christian Counseling today, 10* (2002): 36-39.
45 D. B. Allender, "The mark of evil: Excerpted from God and the victim," *Christian Counseling today, 10* (2002): 44-46.
46 K. J. Edwards, "No simple answers in the counseling room: Consider the polarities within Christian Counseling". *Christian Counseling today, 10* (2002): 40-43.
47 M. R. McMinn, *Psychology, Theology, and spirituality in Christian Counseling* (Wheaton: Tyndale House Publishers, Inc, 1996).
48 D. G. Benner, *Care of souls: Revisioning Christian nurture and counsel* (Grands rapids: Baker Book, 1998).
49 S. Y. Tan, "Religion in clinical practice: Implicit and explicit integration," In E. P. Shafranske (Ed.), *Religion and clinical practice of psychology* (Washington DC: American psy-

chological association, 1996), 365-387.
50 김용태, "기독교상담의 통합에 관한 모델과 영역에 관한 개요: 서구사회를 중심으로," 24.
51 Crabb, *Effective Biblical Counseling*, 33-57.
52 Crabb, *Effective Biblical Counseling*, 43-51.
53 Gary R. Collins, *Psychology and Theology: Prospects for Integration* (Nashiville: Abingdon, 1981), 20-37.
54 J. D. Carter & B. Narramore, *The Integration of Psychology and Theology: An introduction* (Grand Rapids: Academi Books, Zondervan publishing House, 1979), 71-115.
55 Carter & Narramore, *The Integration of Psychology and Theology: An introduction*, 81.
56 Carter & Narramore, *The Integration of Psychology and Theology: An introduction*, 82-89.
57 Carter & Narramore, *The Integration of Psychology and Theology: An introduction*, 103-115.
58 W. T. Kirwan, *Biblical Concepts for Christian Counseling: A case for Integrating Psychology and Theology* (Grands rapids: baker book house, 1984), 27-31.
59 K. E. Famsworth, "The conduct of integration," *Journal of Psychology and Theology, 10*, (1982): 308-319.
60 Moon, "Training tomorrow's investigators in today's busy intersection: better look four ways before crossing," 284-293.
61 David Powlison, *Seeing with New Eyes*, 『성경적 관점으로본 상담과 사람』, 김준 역 (서울: 그리심, 2009), 10.
62 Paul D. Tripp, *Age of Opportunity*, 『위기의 십대 기회의 십대』, 황규명 역 (서울: 디모데, 2004), 295-321.
63 개혁신학은 하나님 주권 사상을 나타내며, 특별계시인 정확 무오한 성경 말씀의 권위를 높이고, 일반은총의 영역에 대해서도 무시하지 않으며, 적극적인 관점을 갖는 신학이다.
64 Powlison, *Seeing with New Eyes*, 10-11.
65 Paul D. Tripp, *Instruments in the Redeemer's Hands*, 8-11.
66 Powlison, *Seeing with New Eyes*, 10.
67 Powlison, *Seeing with New Eyes*, 13-14.
68 Powlison, *Seeing with New Eyes*, 14.
69 Powlison, *Seeing with New Eyes*, 6.
70 Powlison, *Seeing with New Eyes*, 14-15.
71 Powlison, *Seeing with New Eyes*, 345-366.
72 Powlison, *Seeing with New Eyes*, 25.

제4장 웨스트민스터 신앙고백서에 나타난 성경적 상담 원리

1   전형준, 『인간의 마음의 문제를 풀어 주는 성경적 상담』(서울: 쿰란 출판사, 2009), 9.
2   D. Powlison, *Seeing With New Eyes*, 김준 역, 『성경적 관점으로 본 상담과 사람』(서울: 그리심, 2009), 17.
3   전형준, 『인간의 마음의 문제를 풀어 주는 성경적 상담』, 10-11.
4   Powlison, 『성경적 관점으로 본 상담과 사람』, 17.
5   데이비드 파울리슨(David Powlison)은 하버드대학교에서 심리학(B.A.)을 공부하고 웨스트민스터신학교에서 신학(M.Div.)을 공부 했으며 펜실베니아대학교에서 박사학위(Ph.D.)를 받았다. 현재 필라델피아의 기독교상담 교육재단(CCEF)에서 교수와 카운슬러로 활동하며 웨스트민스터신학교에서 상담학을 가르치고 있다.
6   Powlison, 『성경적 관점으로 본 상담과 사람』, 6.
7   Powlison, 『성경적 관점으로 본 상담과 사람』, 8-9.
8   Powlison, 『성경적 관점으로 본 상담과 사람』, 9.
9   Powlison, 『성경적 관점으로 본 상담과 사람』, 9.
10 Powlison, 『성경적 관점으로 본 상담과 사람』, 10.
11 Powlison, 『성경적 관점으로 본 상담과 사람』, 10.
12 로렌스 크랩(Lawrence Crabb)박사는 미국 얼시너스대학(Ursinus College)에서 심리학을 전공 했고, 일리노이대학교(The University of Illinois)에서 임상심리학(Clinical Psychology)을 전공하여 문학 석사와 철학 박사학위를 받았다. 크랩 박사는 일리노이대학교 심리학 조교수와 플로리다아틀란틱대학교(Florida Atlantic University)의 심리상담센터 소장(Psychology Counseling Center)을 역임했다. 그는 독자적인 상담소를 운영 하기도 했으며, 현재 미국의 유수한 신학교들에서 상담학을 강의하고 있다.
13 Lawrence J. Crabb, Jr., *The Effective Biblical Counseling*, 정정숙 역, 『성경적 상담학』(서울: 총신대학교 출판부, 1982; 재 인쇄, 1996), 19-20.
14 황규명, 『성경적 상담의 원리와 방법』(서울: 바이블 리더스, 2008), 48.
15 미국 펜실베니아주 필라델피아에 소재한 Westminster Theological Seminary를 말한다. 개혁신학의 산실이라 할 수 있다. 웨스트민스터신학교의 상담학 교수들이 주축이 되어 성경적 상담 학파를 이루고 있다.
16 Christian Counseling Educational Foundation. 기독교상담교육 재단이다. 웨스트민스터신학교의 상담학 교수들이 카운슬러로 활동하며, 성경적 상담 원리로 일반인들에게 상담 사역을 하고 있다.
17 A. A. Hodge, *The Confession of Faith*, -A Handbook of Christian Doctrine Expounding The Westminster Confession-, 김종흡 역, 『웨스트민스터 신앙고백해설』(서울: 크리스챤 다이제스트, 1996), 108-121.
18 Hodge, 『웨스트민스터 신앙고백해설』, 114.
19 A. A. 하지는 유명한 조직 신학자 찰스 하지의 아들로 인도에서 3년 동안 선교사 생활과 14년 동안 목회 사역을 했으며, 엘리게니 신학교와 프린스턴 신학교에서 조직신학을 가르쳤다. 저서로 *Outlines of Theology; Evangelical Theology; The Confession of Faith* 등이 있다.
20 Hodge, 『웨스트민스터 신앙고백해설』, 117.

21　역자 주: "의와 진정한 거룩함"이 1611년 영역 성경에 있는 엡 4:24의 어구이며, 다른 영어 성경들도 이 해석을 따른다. 우리의 개역 성경은 "의와 진리의 거룩함"이라 한다.
22　Hodge, 『웨스트민스터 신앙고백해설』, 117.
23　Hodge, 『웨스트민스터 신앙고백해설』, 117.
24　Hodge, 『웨스트민스터 신앙고백해설』, 118.
25　폴 트립(Paul D. Tripp) 박사는 필라델피아신학교과 콜럼비아국제대학교를 졸업했으며, 웨스트민스터신학교에서 목회상담학 박사학위를 받았다. 그는 펜실베니아 글렌사이드에 있는 기독교상담 교육재단(CCEF)의 카운슬러로 활동하고 있으며, 웨스트민스터신학교의 실천신학 교수로 사역하고 있다. 저서로는 *War of Words; Age of Opportunity: A Biblical Guide to Parenting Teens; Instruments in the Redeemer's Hands* 등이 있다.
26　Paul D. Tripp, *Instruments in the Redeemer's Hands* (Phillipsburg New Jersey: P&R Publishing Company, 2002), 41.
27　Tripp, *Instruments in the Redeemer's Hands*, 41.
28　Tripp, *Instruments in the Redeemer's Hands*, 44-46.
29　Edward Welch, *When People Are Big and God is Small* (Phillipsburg N.J.: Presbyterian & Reformed Publishing Co., 1997), 156-157.
30　Hodge, 『웨스트민스터 신앙고백해설』, 140-159.
31　Hodge, 『웨스트민스터 신앙고백해설』, 141.
32　에드워드 웰치(Edward Welch) 박사는 University of Delaware를 졸업한 후, 비블리칼신학교에서 목회학 석사를, 유타대학교에서 Ph.D.를 받았다. 그는 웨스트민스터신학교의 상담학 교수로서 성경적 상담에 관한 명 강의로 유명하다. 저서로 *When People Are Big and God is Small, Blame It on The Brain, Addictions: A Banquet in The Grave, Depression: A Stubborn Darkness, Running Scared: Fear, Worry and the God of Rest*가 있다.
33　Welch, *When People Are Big and God is Small*, 78.
34　Welch, *When People Are Big and God is Small*, 79-81.
35　Welch, *When People Are Big and God is Small*, 88.
36　Welch, *When People Are Big and God is Small*, 162-164.
37　Hodge, 『웨스트민스터 신앙고백해설』, 113-114.
38　Hodge, 『웨스트민스터 신앙고백해설』, 119.
39　Hodge, 『웨스트민스터 신앙고백해설』, 220-233.
40　Hodge, 『웨스트민스터 신앙고백해설』, 222-223.
41　Paul D. Tripp, *War of Words*, 윤홍식 역, 『영혼을 살리는 말 죽이는 말』(서울: 도서출판 디모데, 2003), 76-78.
42　'인간의 언어'에도 적용된다는 뜻이다.
43　Tripp, 『영혼을 살리는 말 죽이는 말』, 77.
44　Hodge, 『웨스트민스터 신앙고백해설』, 37-63.
45　Hodge, 『웨스트민스터 신앙고백해설』, 38.
46　Hodge, 『웨스트민스터 신앙고백해설』, 45.
47　Hodge, 『웨스트민스터 신앙고백해설』, 51.
48　Hodge, 『웨스트민스터 신앙고백해설』, 51.
49　Hodge, 『웨스트민스터 신앙고백해설』, 52.

50 제이 아담스(Jay E. Adams) 박사는 존스스킨스대학교(John Hopkins University)에서 헬라어를 전공했고, 리폼드감독교회신학교(Reformed Episcopal Seminary)와 템플대학교(Temple University)에서 각각 신학 석사학위를 받았으며, 미주리대학교(University of Missouri)에서 철학 박사학위를 받았다. 아담스 박사는 미조리대학교 교수를 역임했고, 웨스트민스터신학교 교수로 봉직했으며, "권면적 상담"이라는 성경적 모델을 제시했다. 그는 상담학과 설교학 등의 실천신학 분야에 관한 30여 권 이상의 책을 저술했다.
51 Jay E. Adams, *Competant to Counseling*, 정정숙 역, 『목회상담학』 (서울: 총신대학교출판부, 2001; 재인쇄, 2004), 8.
52 황규명, 『성경적 상담의 원리와 방법』, 91-92.
53 Tripp, *Instruments in the Redeemer's Hands*, 24-27.
54 Timothy Lane & Paul D. Tripp, *How People Change*(Greensboro: New Growth Press, 2006), 12-13.
55 Hodge, 『웨스트민스터 신앙고백해설』, 176-208.
56 Hodge, 『웨스트민스터 신앙고백해설』, 177.
57 Tripp, *Instruments in the Redeemer's Hands*, 107-108.
58 Hodge, 『웨스트민스터 신앙고백해설』, 152-153.
59 Hodge, 『웨스트민스터 신앙고백해설』, 153.
60 Hodge, 『웨스트민스터 신앙고백해설』, 153-154.
61 Hodge, 『웨스트민스터 신앙고백해설』, 154.
62 David Powlison, *Seeing with New Eyes* (Phillipsburg, New Jersey: Presbyterian and Reformed Publishing Company, 2003), 95.
63 Powlison, 『성경적 관점으로 본 상담과 사람』, 138.
64 Powlison, 『성경적 관점으로 본 상담과 사람』, 142-156.
65 Powlison, 『성경적 관점으로 본 상담과 사람』, 156-162.
66 Paul D. Tripp, *Instruments in the Redeemer's Hands*, 황규명 역, 『치유와 회복의 동반자』 (서울: 디모데, 2007), 210-212.
67 Hodge, 『웨스트민스터 신앙고백해설』, 254-263.
68 Hodge, 『웨스트민스터 신앙고백해설』, 220-221.
69 전형준, 『인간의 마음의 문제를 풀어 주는 성경적 상담』, 34.
70 Adams, 『목회상담학』, 56.
71 Adams, 『목회상담학』, 59.
72 Timothy Lane & Paul D. Tripp, *How People Change*, 66.

제5장 동성애에 대한 복음주의 상담적 접근

* 본 연구는 백석대학교의 교내 연구비 지원으로 이루어진 것임을 밝힌다. 또한, 기독교학술원에서 발표 후, 김영한 외, 『동성애, 21세기문화충돌』 (서울: 킹덤북스, 2016)에 실렸던 논문을 전면 수정한 내용임을 밝힌다.
1 김영한 외, 『동성애, 21세기문화충돌』 (서울: 킹덤북스, 2016), 11.

2   김영한 외, 『동성애, 21세기문화충돌』, 11-12.
3   Jeffrey Satrnover, *Homosexualty and the Politics of Truth* (Grands Rapids: Baker, 1996), 18.
4   D. H. Hamer, S. Hu, V. L. Magunuson, N. Hu, and A. M. L. Pattatucci, "A linkage between DNA makers on the X-chromosome and male sexual orientation," *Science 261* (1993): 321.
5   G. Rice, C. Anderson, N. Risch, and G. Eber, "Male: Homosexuality: absence of linkage to microsatelite makers at Xq28," *Science 284* (1999): 665.
6   B. S. Mutanski, M. G. Dufree, C. M. Nivergelt, S. Bocklandt, N. J. Schork, D. H. Hamer, "A genome-wide scan of male sexual orientation," *Journal of Human Genetics 55* (2005): 277.
7   S. V. Ramagoparan, D. A. Dyment, L. Handunnetthi, G. P. Rice, and C. G. Ebers, "A genome-wide scan of male sexual orientation," *Journal of Human Genetics 55* (2010): 135.
8   E. M. Drabant, A. K. Kiefer, N. Eriksson, J. L. Mountain, U. Francke, J. Y. Tung, D. A. Hinds, and C. B. Do, "Genome wide Association study of sexual orientation in a large, web based cohort," Presented at American Socity of Human Genetics annual meeting Nov. 6-10, San Francisco. (2012):
9   S. Levey, "A different of Hypotalamus structure between heterosexual and homosexual men," *Science 253* (1991): 1034.
10 W. Byne, S. Tobet, L. A. Mattiace, M. S. Lasco, E. Kemeter, M. A. Edgar, S. Mogello, M. S. Bucksbaum, and L. B. Johnes, "The interstitial nuclei of the human anterial hypertalamus: an investgation of Sex, Sexual orientation and HIV Status," *Homones and Behavior 40*. (2001): 86.
11 H. F. L. Meyer-Bahlburg, "Psychoendoctrine research on sexual orientation: currant status and future options," *Progress and Brain Research 61.* (1984): 375.
12 T. F. Murphy, "Redirecting sexual orientation: techniques and justifications," *Journal of Sex Research 29.* (1992): 501.
13 M. Kwan, W. J. Greenleaf, J. Mann, L. Grapo and J. N. Davidson, "The nature of androgen action on male sexuality- a combined laboratory self report study hypergonadal men," *Journal of Clinical Endocrinology and Metabolism.* (1983): 577.
14 R. Balanchard, and A. F. Bogaert, "Homosexuality in men and number of old brothers," *American Journal of Psychiatry 153.* (1996): 27
15 G. Sanders, and M. Wright, "Sexual orientation differences in cerebral asymmetry and in the performance of sexually dimorphic cognitive and motor tasks," *Archives of Sexual Behavior 26.* (1997): 463.
16 P. Cameron, T. Lendess, and K. Cameron, "Homosexual sex as harmful as drug abuse, prostitution or smoking," *Psychological Reports 95.* (2005): 915.
17 E. O. Laumann, J. H. Gagnon, R. T. Michael, S. Michaels, The Social Organization of Sexuality (Chicago: University of Chicago, 1994). 61.
18 J. M. Bailey, and R. Phillard, "A genetic study of male sexual orientation," *Archives of Sexual Behavior 48.* (1991): 1089.
19 S. L. Jones, M. A. Yarhouse "Science and Ecclesiastical Homosexuality Debates," *Christian Scholar's Review 26(4).* (1997): 446.

20 K. S. Kendler, L. M. Thornton, S. E. Gilman, and R. C. Kessler, "Sexual orientation in a US national sample of twin and non-twin sibling pairs," *American Journal of Psychiatry* 157. (2000): 1843.
21 N. Langstrom, Q. Rahman, E. Carlstrom, P Lichtenstein, "Genetic and Environmental Effects on same-sex Sexual Behvior: A Population Study of Twin in Sweden," *Archives of Sexual Behavior 39*. (2010): 75.
22 윤가현, 『동성애의 심리학』 (서울: 학지사, 2001), 43-72.
23 APA, *Diagnostic and statistical Manual of mental disorder* Ⅱ (Washington, D. C.: American Psychiatric Association), 44.
24 S. Gordon & C. Snyder, *Personal Issues in Human Sexuality* (Boston: Allyn & bacon, 1986). 지금은 많은 전문가들이 미국 정신 의학회에서 택해진 입장을 지지하고 있다. 유럽의 여러 나라들과 미국 25개 주에서는 성인들 간에 동의하에 발생하는 동성애 행위를 범죄로 규정하던 법을 폐지 했다.
25 백석대학교 백석정신아카데미 편, 『조각하늘 동성애바로알기』 (서울: 기독교연합신문사, 2015), 12-13.
26 백석대학교 백석정신아카데미 편, 『조각하늘 동성애바로알기』, 19-21.
27 E. Wilson, *Counseling & Homosexuality*, 남상인 역, 『동성연애상담』 (서울: 두란노, 1996), 233.
28 Wilson, 『동성연애상담』, 233-234.
29 Richard B. Hays, "Relations Natural and Unnatural: A Responce to John Boswell's Exegesis of Romans 1," *Journal of Religious Ethics* 14/1 (Spring 1986): 202.
30 James A. Kleist, in *Ancient Christian Writers*, vol 6. ed. Johannes Quasten and Joseph C. Plumpe (New York: Paulist Press, 1948), 19.4.
31 John Boswell, *Christianity: Social Tolerance and Homosexuality: Gay People in Western Europe from the Begginning of the Christian Era to the Fourteenth Century* (Chicago: University of Chicago Press, 1980), 179.
32 Stanley J. Grants, *Welcomming but not Affirming*, 김대중 역, 『환영과 거절 사이에서』 (서울: 새물결플러스, 2016), 114.
33 Grants, 『환영과 거절 사이에서』, 115.
34 David F. Wright, "Homosexuals or Prostitutes? The Meaning of Arsenokoitai (1 Cor. 6:9; 1 Tim 1:10)," *Vigiliae Christianae 38/2 (June 1984): 127-128*.
35 Grants, 『환영과 거절 사이에서』, 117-118.
36 David F. Greenberg, *The Construction of Homosexuality* (Chicago: University of Chicago Press, 1988), 265.
37 Boswell, *Christianity, 177-178*.
38 Greenberg, *The Construction of Homosexuality, 280-292*.
39 Thomas Aquinas, *Summa Theologica*, trans Fathers of the English Dominican Province (Westminster, Md.: Christian Classics, 1981), Ⅱ-ⅡQQ: 153.2-3, 154.1, 154.11.
40 Grants, 『환영과 거절 사이에서』, 122-123.
41 Martin Luther, *Lectures on Genesis: Chapters* 15-20, Luther's Works vol. 3. ed. Jaroslav Pelikan, trans, George V. Schick (St. Louis: Concordia, 1961), 3:225.
42 Grants, 『환영과 거절 사이에서』, 122.

43 John Cotton, An Abstract or the Laus of New England (1641), 11.
44 Peter Coleman, *Gay Christian: A Moral Dilemma* (London: SCM Press, 1989), 2-3, 126-128.
45 Arno Karlen, *Homosexuality: A New View* (New York: W. W. Norton, 1971) 134-138.
46 Kevin DeYoung, *What does the Bible really teach about homosexuality?*, 조계광 역, 『성경이 동성애에 답하다』(서울: 지평서원, 2015), 31-40.
47 DeYoung, 『성경이 동성애에 답하다』, 31-32.
48 DeYoung, 『성경이 동성애에 답하다』, 31-40.
49 C. Wenham, "The Old Testament Attitude to Homosexuality," *The Expository Times*, 102, (1991): 360-362.
50 DeYoung, 『성경이 동성애에 답하다』, 43-50.
51 DeYoung, 『성경이 동성애에 답하다』, 54-56.
52 DeYoung, 『성경이 동성애에 답하다』, 57-63.
53 John Murry, *The Epistle to the Romans* (Grand Rapids: Eerdmans, 1987), 47-48.
54 Greg L. Bahnsen, *Homosexuality: a biblical view*, 최희영 역, 『성경이 가르치는 동성애』 (서울: 베다니출판사, 2000), 54.
55 DeYoung, 『성경이 동성애에 답하다』, 65-76.
56 DeYoung, 『성경이 동성애에 답하다』, 77-88.
57 DeYoung, 『성경이 동성애에 답하다』, 79-80.
58 최양희, "동성애자에게로의 접근 -목회상담적 입장에서-" (신학 석사학위, 이화여자대학교 신학대학원, 2002), 48.
59 Gary R. Collins, *Christian Counseling*, 피현희·이혜련 역, 『크리스챤 카운슬링』 (서울: 두란노서원, 1984), 460-462.
60 오윤선, "행복감 증진을 위한 집단상담 프로그램이 기독교청소년의 행복감과 우울 및 불안에 미치는 영향" 한국복음주의상담학회, 「복음과 상담」 제22권 2호(2014): 213-246.
61 P. Wyden & B. Wyden, *Growing up Straight* (New York: Stein and Day, 1968). 본서는 동성애를 예방할 수 있는 부모의 영향에 대하여 재미있게 쓰여진 책이다.
62 윤가현, 『동성애의 심리학』, 131-132.
63 John Stott, *Issues Facing Christians Today*, 박영호 역, 『현대 사회문제와 기독교적 답변』 (서울: CLC, 1997), 440. 국제엑소더스는 동성애로부터의 자유를 목적으로 남녀 모두를 지원하는 기독교 컨소시엄 단체이다.
64 Elizabeth R. Moberly, *Homosexuality: A new Christian Ethic* (James Clarke, 1983), 2.
65 Moberly, *Homosexuality: A new Christian Ethic*, 35-36.
66 전형준, 『성경적 상담학』 (서울: 대서, 2012), 27.
67 전형준, 『성경적 상담학』, 175-176.
68 전형준, 『성경적 상담학』, 164-165.
69 이요나 목사는 1948년 김포에서 태어나 43년간 동성애자로 생활했다. 청년 시절부터 연극, 뷰티살롱, 칵테일하우스를 경영하며 사회 진출을 꾀했으나 성적 갈등으로 도산 후 승려가 되려고 할 때, 아들이 동성애자임을 아신 어머니의 자살로 폐인처럼 살았다. 서른 살에 리애마마라는 이름으로 커밍아웃하여 한국최초로 트랜스젠더클럽인 '열애클럽'을 열어 사업상 성공했으나 어머니를 향한 죄의식으로 고통하던 중 지인의 전도

로 예수를 영접했다. 88 올림픽 이후 범죄와의 전쟁으로 운영하던 4개 클럽이 폐쇄되자 동경으로 들어가 다시 열애클럽을 시작하던 중 죽음에 이르는 영적 고통으로 ACGI신학교에 들어갔다. 그곳에서 갈보리채플 교수를 만나 성경에 심취되어 말씀 생활로 헌신하던 중, 43살 7월 4일 신학교 강의시간에 성경 말씀을 듣는 중에 성령을 체험하고 탈동성애했다. 현재는 성경적 상담 운동과 탈동성애기독교인권 운동에 앞장서고 있다.

70 이요나, 『리애마마 동성애탈출』(서울: KINEMA iN Books, 2015).
71 이요나, 『리애마마 동성애탈출』, 123.
72 Paul D. Tripp, *War of Words* (Phillipsburg, NJ: Presbyterian Reformed Publishing Co., 2000), 251.
73 성경 말씀을 도구로 하여 마음을 새롭게 하고 변화된 삶을 살도록 돕는 것에 관한 연구로 다음의 연구를 참고할 수 있다. 전형준, "자살에 대한 목회상담학적 대책," 한국복음주의상담학회, 「복음과 상담」 제22권 2호(2014): 275-300.
74 David Powlison, *Speaking truth in love* (Winston-Salem: Punch, 2005), 25.
75 Paul D. Tripp, *Instruments in the Redeemer's Hands* (Phillipsburg, NJ: Presbyterian Reformed Publishing Co., 2002), 168-170.
76 Tripp, *Instruments in the Redeemer's Hands*, 200.
77 이요나, 『리애마마 동성애탈출』, 120-121.
78 Tripp, *Instruments in the Redeemer's Hands*, 242-261.
79 Edward T. Welch, *Addiction: A Banquet in The Grave*, 김준 역, 『중독의 성경적 이해』 (서울: 국제제자훈련원, 2013), 165.
80 Welch, *Addiction*, 166-177.
81 Welch, *Addiction*, 177-190.
82 Welch, *Addiction*, 331-380.

제6장 자살에 대한 목회상담학적 대책

1 통계청 www.kostat.go.kr. 2014년 2월 23일 오후 6:30분 방문.
2 오윤선, "PTSD 청소년의 기독교집단교육상담효과," 한국복음주의기독교상담학회, 「복음과 상담」 제22권 1호(2014): 137-165.
3 이상원, "자살과 교회의 대책," 「신학지남」 280호(2004년 가을호): 105.
4 안석모, "현대신학과 목회실천: 자살의 이해와 목회적 대응," 「신학과 세계」 제47권 (감리교신학대학교, 2003), 55. 재인용: 어거스틴, 『신국론』 제1권 17, 105.
5 안석모, "현대신학과 목회실천: 자살의 이해와 목회적 대응," 55.
6 안석모, "현대신학과 목회실천: 자살의 이해와 목회적 대응," 56.
7 마르탱모네스티에, *Suicides*, 이시진 역, 『자살: 자살의 역사와 기술, 기이한 자살이야기』 (서울: 새움, 2003), 506.
8 마르탱모네스티에, 『자살: 자살의 역사와 기술, 기이한 자살이야기』, 511-512.
9 Andrew D. Lester, *Hope in Pastoral care and Counseling*, 신현복 역, 『희망의 목회상담』 (서울: 한국심리치료연구소, 1997), 134-151.
10 Merie R. Jordan, *Taking on the Task of Pastoral Counseling* (Nashville: Abingdon Press,

1985), 참조.
11 정석환, "자살의 문제와 목회상담," 「한국기독교상담학회지」 (2004년 7월), 272-273.
12 R.C. Rosenberg, M.C. Kesselman, *The Therapeutic alliance and the psychiatric emergency room Hosp Community Psychiatry* (1993, 44), 78-86.
13 기타 정신분열증 10%, 치매 도는 섬망 상태가 5%이다. 그러나 이들 중 25%는 알코올 문제를 같이 갖고 있으며, 그 외에도 여러 불안 장애들, 약물 의존 등이 있다. 자살자의 5%에서는 심각한 신체 장애도 동반되어 있는 것으로 나타났다. J. Beskow, "Dpression and suicide," *Phamacopsychiatry* (1990, 23), 3.
14 Martha Manning, *Undercurrents* (San Francisco: Harper & Row, 1995), 25.
15 William Styron, *Darkness Visible* (New York: Random House, 1990), 62.
16 Edward T. Welch, *Blame It on the Brain*, 한성진 역, 『뇌 책임인가? 내 책임인가?』 (서울: CLC, 2003), 113.
17 American Psychiatric Association, *Diagnostic and Statistical Manual of Mental Disorders* DSM-Ⅳ Fourth Ediition (Text Revision) (Washington: American psychiatric Association, 2000), 345-346.
18 American Psychiatric Association, *Diagnostic and Statistical Manual of Mental Disorders*, 347-351.
19 김예식, 『생각 바꾸기를 통한 우울증 치료』 (서울: 한국장로교출판사, 1998), 27-47.
20 Archibald D. Hart, *Counseling the Depressed* by Gary R. Collins general editor (Waco: Word Books, 1987), 56-72.
21 도파민(dopamine)은 등뼈 동물과 무척추 동물을 포함하는 다양한 동물들의 중추신경계에서 발견되는 호르몬이나 신경전달물질이다. 뇌신경 세포들 간에 어떠한 신호를 전달하기 위해 분비되는 신경전달 물질중에 하나이며, 중뇌의 북측에 위치해 있는 흑질 부위에서 생성된다. Reber & Reber, *Dictionary of Psychology*, 214.
22 세로토닌(serotonin)은 두뇌 화학 물질중의 하나이다. 최근 우울증 또는 공황장애나 섭식 장애등을 겪고 있는 사람들이 많아지고 있으며, 더 나아가 문제행동을 보이는 학생들, 폭행, 살인과 자살 소식들이 하루가 멀다하고 들려오고 있다. 이러한 현상들은 세로토닌 신경과 깊은 관련이 있는 경우가 많다. Reber & Reber, *Dictionary of Psychology*, 671.
23 Welch, *Blame It on the Brain*, 113.
24 Welch, *Blame It on the Brain*, 113-114.
25 Welch, *Blame It on the Brain*, 114.
26 유영권, "자살 이해와 대처 방안," 「목회와 상담」 제9호 (2007): 169-193.
27 김상인, "우울증으로 인한 자살과 목회상담학적 접근," 「한국개혁신학」 제33호 (2012): 313-339.
28 김충렬, "기독교인의 자살과 그 대책 -목회상담의 관점에서-," 「신학과 실천」 제16권 (2008): 63-98.
29 정석환, "자살의 문제와 목회상담," 「한국기독교상담학회지」 제7권 (2004년 7월): 258-285.
30 H. Norman Wright, *The New Guide to Crisis & Trauma Counseling*, 금병달, 구혜선 역, 『트라우마 상담법』 (서울: 두란노, 2010), 337-361.
31 H. Norman Wright, *Crisis Counseling*, 전요섭, 황동현 역, 『위기상담학』 (서울: 쿰란출

판사, 1998), 166-174.
32 Wright, *Crisis Counseling*, 174.
33 Wright, *The New Guide to Crisis & Trauma Counseling*, 353.
34 Eric Marcus, *Why Suicide?* (San Francisco: harper and Row, 1996), 134.
35 Marcus, *Why Suicide?*, 137.
36 Marcus, *Why Suicide?*, 139.
37 Wright, *The New Guide to Crisis & Trauma Counseling*, 358.
38 Wright, *The New Guide to Crisis & Trauma Counseling*, 359-361.
39 G. Brillenburg Wurth, *Christian Counseling* (Phillipsburg, NJ.: The Presbyterian and Reform Publishing Co., 1962), 6.
40 정정숙, 『기독교상담학』 (서울: 도서출판베다니, 2008), 118-119.
41 전형준, 『성경적 상담설교』 (서울: CLC, 2013), 72.
42 Jay E. Adams, "Reflection on the History of Biblical Counseling," *Practical Theology and the Ministry of the Church 1952-1984: Essay in the Honor of Edmund P. Cloney*. ed. Harvie M. Conn. (Phillipsburg, NJ.: The Presbyterian and Reform Publishing Co., 1990), 204
43 정정숙, 『종교개혁자들의 교육사상』 (서울: 총신대학교출판부, 1983), 172-174.
44 정정숙, 『기독교상담학』, 130.
45 전형준, 『성경적 상담과 설교』 (서울: CLC, 2011), 137-140.

제7장 이단자들의 심리 이해와 목회상담학적 대책

1 국제종교문제연구소, 『한국의 종교단체 실태조사 연구』 (서울: 국제문제연구소·월간 현대종교사, 2001), IV-ix. 국제종교문제연구소에서는 한국의 이단 사이비 신흥종교를 다음과 같이 분류 했다. 성락교회, 레마선교, 한국예루살렘교회(땅끝예수전도단), 부활의교회, 산해원부활의 교회, 변화산교회, 부산제일교회, 서초제일교회, 힐렐루야기도원, 세계신유복음선교회, 대한수도원, 용문산기도원, 강북제일교회, 대복기도원, 대구밀알기도원, 민중앙교회, 대방주교회, 주현교회, 아가동산, 중앙예루살렘심정교회, 해성교회, 승광교회, 시온교회, 에덴원공동, 천국중앙교회, 칠사도교회, 하나님인장교회, 한님교, 샛별남원교회, 명인교회, 전도관분파인 한국천부교전도관, 생교, 장막성전 분파로 이삭교회, 신천지예수교 증거장막성전, 통일교, 새일중앙교회, 다미선교회, 제칠일안식일예수재림교회, 엘리야복음서원, 말일성도 예수 그리스도의교회, 여호와증인, 기독교과학교회, 기독교복음침례회 등이있다. 그 외에도 더 많은 이단 및 사이비 종교가 있다.
2 탁명환, 『기독교이단연구』 (서울: 한국종교문제연구소·국제문제연구소, 1986), 162.
3 탁명환, 『기독교이단연구』, 342.
4 탁명환, 『기독교이단연구』, 126.
5 이대복, 『한국교회 100주년 기념 이단 종합연구』 (서울: 기독교이단문제연구소, 2000), 142.
6 이대복, 『한국교회 100주년 기념 이단 종합연구』, 539.
7 American Psychiatric Association, DSM IV, 『정신장애의 진단 및 통계편람 제4판』 (서울: 하나의학사,1994), 843-847. 자기애성 성격장애의 진단 기준은 DSM IV에 의하면

다음과 같은 내용이다. 1. 과대망상적 느낌 2. 끝없는 성공과 이상적 사랑에 집착한다. 3. 자신이 특별한 사람이라고 인식하고 높은 지위의 사람에게만 이해될 수 있다고 믿는다. 4. 지나친 존경을 요구한다. 5. 특별한 권리가 있다고 믿고 불합리한 기대를 가진다. 6. 자신의 목적을 위하여 타인을 이용한다. 7. 공감이 결핍되어 있다. 8. 타인을 질투하거나 타인들이 자신을 질투한다고 믿는다. 거만하고 도도한 행동이나 태도를 취한다.

8   유영권, "사이비·이단 교주와 신도들의 심리 이해," 『신학과 실천』 제13권 (2007): 82-83.
9   유영권, "사이비·이단 교주와 신도들의 심리 이해," 83-84.
10 유영권, "사이비·이단 교주와 신도들의 심리 이해," 89-90.
11 유영권, "사이비·이단 교주와 신도들의 심리 이해," 91.
12 노길명, 『한국신흥종교연구』(서울; 경세원, 1996), 244-245. 재인용; Talcott Parsons and Edward Shils, ed., *Toward a general theory of Action* (Cambridge: Harvard University Press, 1951), 13.
13 유영권, "사이비·이단 교주와 신도들의 심리 이해," 92.
14 곽혜원, "한국교회에 대한 한국 사회의 인식," 제7회 샬롬나비 학술대회 논문집(2013년 11월 22일): 35-66.
15 박종삼, "사이비 이단 발생에 대한 사회과학적 접근: 한국 기독교와 사이비 이단 운동," 『한국기독교연구논총』8 (1995): 380.
16 http://blog.empass.com/sdcml/에서 발췌, '이단에서 빠져 나온 사람들' 특별 좌담 중에서.
17 노길명, 『한국신흥종교연구』, 238-239. 재인용; 김광일, "한국 신흥종교의 사회심리학적 고찰," 『월간대화』, 66-67.
18 유영권, "사이비·이단 교주와 신도들의 심리 이해," 101-102.
19 반신환, "신흥종교집단의 개종과정과 상담," 『한국기독교상담학회지』 제23권 (2012): 165-166.
20 반신환, "신흥종교집단의 개종과정과 상담," 167-170.
21 전형준, 『성경적 상담학』(서울: 대서, 2012), 57-61.
22 전형준, 『성경적 상담학』, 76-79.
23 전형준, 『성경적 상담학』, 154-184.

제8장 청소년 자녀교육을 위한 기독교상담학적 조명

1   Paul D. Tripp 박사는 필라델피아신학교에서 목회학 석사, 웨스트민스터신학교에서 목회상담학 박사학위를 받았다. 그는 펜실베니아 글렌사이드에 위치한 CCEF(Christian Counseling and Educational Foundation, 기독교상담 교육재단)에서 상담가로 활동하고 있으며, 같은 기관의 <삶을 변화 시키는 사역>의 총 책임자이다. 그는 웨스트민스터신학교에서 실천신학을 가르치고 있으며, 각종 세미나에서 유명 강사로 활동하고 있다. 저서로 *Age of Opportunity: A Biblical Guide to Parenting Teens, War of Wars, Instruments in the Redeemer's Hands*이 있고, *The Journal of Biblical Counseling*에 많은 기고문을 썼다. 현재, 필라델피아에 살고 있으며, 아내 루엘라 와의 사이에 4명의 자녀를 두고 있다.

2   Paul D. Tripp, *Age of Opportunity: A Biblical Guide to Parenting Teens,* 황규명 역, 『위기의 십대 기회의 십대』(서울: 도서출판 디모데, 2004), 17-18.
3   Tripp, 『위기의 십대 기회의 십대』, 19-20.
4   전형준, 『인간의 마음의 문제를 풀어주는 성경적 상담』(서울: 쿰란출판사, 2009), 173.
5   성경적 상담(Biblical Counseling)은 미국 웨스트민스터신학교의 상담학 교수들로 이루어진 CCEF가 상담 원리로 삼고 있는 상담 방법이다. 이 상담은 한 세대를 풍미했던 미국의 목회상담학이 심리학 중심으로 되어왔던 흐름에 반대하여 비기독교적인 심리학의 확산을 막고 비성경적인 상담학의 범람을 제어하면서 복음의 확산과 인간의 성화를 이루게 하는 신학 중심의 상담학이다. 현재, David Powlison, Edward Welch, Paul D. Tripp, Timothy S. Lane 박사가 '성경적 상담 학파'를 이루어 활동하고 있고, Jay E. Adams, John Bettler 박사가 초석을 놓았다. 참고. David Powlison, *Seeing with New Eyes* (Phillipsburg, New Jersey: Presbyterian and Reformed Publishing Company, 2003). Paul D. Tripp, *Instrument in the Redeemer's Hands* (Phillipsburg, New Jersey: Presbyterian and Reformed Publishing Company, 2002). Timothy S. Lane & Paul D. Tripp, *How People Change* 김준수 외 역, 『사람은 어떻게 변화 되는가』(서울: 생명의 말씀사, 2009). 최근에 '2010년 봄 개혁신학회 학술대회'에서 개혁신학의 기초를 세운 웨스트민스터 신앙고백서의 내용과 성경적 상담 원리가 서로 깊이 관련이 있다는 사실이 입증되었다. 즉, 성경적 상담 원리는 웨스트민스터 신앙고백서에 나타난 인간관과 신학사상을 반영하고 있다. 참고. 전형준, "웨스트민스터 신앙고백서에 나타난 성경적 상담 원리," 개혁신학회 학술대회: 웨스트민스터 신앙고백서 재조명(2010년 4월 10일): 39-55.
6   Haim Ginott 박사는 미국심리학회, 미국집단정신요법학회, 국제Pen협회의 회원이다. 기노트 박사는 부모와 자녀에 대한 저술로서 유명하며, 그의 저서는 18개국의 언어로 번역, 출판되었다.
7   곽덕영, 김미화, 『부모 교육론』(서울: 형설출판사, 1994), 14-18.
8   곽덕영, 『부모교육의 이론과 실제』(서울: 백록출판사, 1985), 322-323.
9   부모연구회(Parent's study group)는 8-12명으로 구성된다. 부부가 함께 참석하는 것이 이상적이며, 부모연구회의 부모교육은 8-12주간, 매주 1회에 2시간씩 시행한다. 이 모임에서는 드라이커스의 저서에 기록된 양육원칙이 다루어지고 개개인의 문제도 토의한다. 프린트를 배부하고, 숙제를 내주어 배운 개념들을 확실히 기억하게 한다. 늘 인도자가 있으나 전문가로서의 역할보다는 중개자, 촉진자, 안내자의 기능을 한다.
10 곽덕영, 김미화, 『부모 교육론』, 14-33.
11 김형태, 『21세기 자녀교육』(대전: 한남대학교출판부, 2002).
12 김형태, 『21세기 자녀교육』, 91-115.
13 정원식 외, 『이 시대의 자녀교육』(서울: 교육과학사, 1996).
14 박성수, "청소년기 자녀교육의 새로운 방향," 『이 시대의 자녀교육』(서울: 교육과학사, 1996), 299-377.
15 박성수, "청소년기 자녀교육의 새로운 방향," 299-315.
16 박성수, "청소년기 자녀교육의 새로운 방향," 316-377.
17 박영신, 김의철, 『한국인의 부모 자녀 관계』(서울: 교육과학사, 2004).
18 박영신, 김의철, "한국 아동과 청소년의 부모에 대한 지각," 『한국인의 부모 자녀 관계』(서울: 교육과학사, 2004), 231-305.
19 박영신, 김의철, "한국 아동과 청소년의 부모에 대한 지각," 239-240.

20 박영신, 김의철, "한국 아동과 청소년의 부모에 대한 지각," 241-244.
21 박영신, 김의철, "한국인의 가족 역할 인식을 통해본 부모자녀관계,"『한국인의 부모자녀 관계』(서울: 교육과학사, 2004), 309-350.
22 G. Elder, "Structural variations in the childbearing relationship," *Sociometry* (New York: Norton, 1962), 25.
23 경연숙,『가족심리학』(서울: 박영사, 1995), 240.
24 J. J. Bigner, *Parent-Child Relation: An Introduction to Parenting* (3rd. ed.)(New York: Macmillan, 1989), 9.
25 경연숙,『가족심리학』, 240.
26 조옥라, "전통사회에서의 부모의 역할," 한국교육학회 유아교육위원회 편,『부모 교육 프로그램 탐색』(서울: 창지사, 1988), 21-30.
27 이동원, "현대 사회의 부모의 역할," 한국교육학회 유아교육위원회 편,『부모 교육 프로그램 탐색』(서울: 창지사, 1988), 39-49.
28 정정숙,『성경적 가정 사역』(서울: 도서출판 베다니, 2004).
29 정정숙, "기독교가정에서의 부모의 역할,"『성경적 가정 사역』(서울: 도서출판 베다니, 2004), 217-234.
30 정정숙, "기독교가정에서의 부모의 역할," 229-230.
31 정정숙, "기독교가정에서의 부모의 역할," 230-233.
32 정정숙,『기독교상담학』(서울: 도서출판 베다니, 2002), 64-66.
33 Rich Van Pelt, *Intensive Care Helping Teenagers in Crisis*, 오성춘, 오규훈 역,『사춘기 청소년들의 위기상담』(서울: 한국장로교출판사, 1997).
34 Rich Van Pelt,『사춘기 청소년들의 위기상담』, 207-250.
35 Merton P. Strommen, *Five Cries of Youth* (San Francisco: Harper & Row Pub, 1988).
36 홍인종,『청소년 위기상담 어떻게 할까요?』(서울: 장로회신학대학교, 2004), 17.
37 오윤선,『청소년 세대 진단과 이상행동 치료』(서울: 예영 B&P, 2010).
38 오윤선,『청소년 세대 진단과 이상행동 치료』, 17-45.
39 Armand M. Nicholi, Jr.,ed., *The Harvard Guide to Modern Psychiatry* (Cambridge, MA: The Belknap Press of Harvard University Press, 1978), 519.
40 Gary R. Collins, *Christian Counseling*, rev. 3d ed., 한국기독교상담, 심리치료학회 역,『크리스천 카운슬링』(서울: 두란노, 2008), 269.
41 스탠리 홀은 미국 심리학의 선구자이며 미국심리학회의 초대 회장이었다. 그는 청소년의 시기를 폭풍과 스트레스의 시기라고 묘사했는데, 그의 작업들은 십대들을 이해하고 상담하도록 돕기 위한 많은 다른 연구 조사들을 유발시킨 기폭제가 되었다.
42 Collins,『크리스천 카운슬링』, 269. Joseph Adelson, "Adolescence and the Generalization Gap," *Psychology Today 12* (Febrary 1979): 33-37. 재인용., 콜린스는 이러한 아델슨의 결론은 20-30년 이후에도 여전히 적용된다고 지적함으로써 21세기에도 그대로 적용된다는 점을 강조했다.
43 S. I. Powers, S. T. Hauser & L. A. Kilner, "Adolescent Mental Health," *American Psychologist 44* (1989): 200-208., G. I. Welton, "Adolescene," *Baker Encyclopedia of Psychology and Counseling*, ed. D. G. Benner & Peter C. Hill rev. 2d ed. (Grand rapids, MI: baker, 1999), 46-48., D. L. Evans, E. B. FOA, R. E. Gur, H. Hendin, C. P. O'Brien M. E. Seligman, B. T. Walsh, *Treating and Preventing Adolescent Mental Health Disorder* (New

York: Oxford University, 2005), 497-527.
44 Gary R. Collins 박사는 퍼듀대학교에서 임상심리학 박사학위를 취득한 상담심리학자이다. 일찍이 *Psychotherapy Networker*에서는 그를 "기독교상담의 아버지"라고 불렀고, 월간 *Moody*에서는 "하나님께서 복음주의 상담학계에 내려 주신 선물"이라고 소개 했다. 콜린스 박사는 미국 트리 니티 복음주의 신학교에서 20년 동안 기독교상담학을 강의한 교수이다. 미국기독교상담자협회(AACC)의 창설자이자, 월간 *Christian Counseling*의 초대 편집자이며 크리스천 코칭을 비롯한 50권이 넘는 책의 저자이다. 시카고 근교에 살면서 전 세계를 다니며 기독교상담에 대하여 강연 활동을 하고 있으며, 현재 애틀 란타에 있는 심리학연구대학원의 교수이다.
45 Collins, 『크리스천 카운슬링』, 269-271.
46 Collins, 『크리스천 카운슬링』, 270. G. Barna, *Real Teens: A Contemporary Snapshot of Youth Culture* (Ventura, CA: Regal Books, 2001). 재인용.
47 한국의 청소년의 경우는 자동차와 운전기술에 대하여 많은 관심을 갖지 않으나, 미국의 청소년의 경우, 고등학생이 되면 자동차와 운전면허 취득에 큰 관심을 가지며, 실제로 많은 고등학생이 자신의 차를 스스로 운전하여 학교에 통학하고 있다. 이러한 미국 청소년들의 문화를 고려하여 표현한 내용이다.
48 Collins, 『크리스천 카운슬링』, 270.
49 Collins, 『크리스천 카운슬링』, 270-271. www.barna.org, October 8, 2001. 재인용.
50 Collins, 『크리스천 카운슬링』, 271.
51 에릭슨은 1902년 독일에서, 덴마크인 부모에게서 태어났다. 그가 태어나기 전 그의 아버지는 그의 어머니를 버렸다. 그리고 3년 후 그의 어머니는 유대인 내과 의사 세도어 홈 버거와 결혼 했다. 에릭슨은 수년 동안 홈 버거가 그의 친 아버지라고 생각했는데, 후에 이것을 '사랑의 기만' 행위라고 말했다. 청소년기에 그는 자신의 입양 사실을 알게 되었다. 그의 정체감 혼란은 자신의 조상이 독일인이 아니고 덴마크 인이라는 사실 때문에 더욱 복잡해졌다. 20대 초반에 유럽에서 방황했을 때, 정체감 결여의 느낌은 깊어 갔다. 그는 비엔나에 있는, 프로이트 환자들과 친구의 자녀들을 위해 세워진 학교에서 교사직을 얻었다. 그곳에서 안타 프로이트를 포함한 정신 분석가들과 친해졌다. 1933년에 홈버거는 미국으로 이주하여 아동분석가로서 개업을 했다. 1939년 미국시민이 되었다. 그 당시 에릭슨으로 이름을 바꾸었다. 그는 심리사회적 발달이론을 주창했고, 정체감의 획득과 유지를 성장을 위한 중대한 과제로 삼았다.
52 Charles S. Carver & Michael F. Scheier, *Perspectives on Personality*, 김교헌 외 역, 『성격심리학』(서울: 학지사, 2005; 재 인쇄, 2009), 434-435. E. H. Erickson, *Identity: Youth and Crisis* (New York: Norton, 1968). 참조.
53 Collins, 『크리스천 카운슬링』, 272.
54 Paul D. Tripp, *Instruments in the Redeemer's Hands* (Phillipsburg, New Jersey: Presbyterian and Reformed Publishing Company, 2003), 24-27.
55 David Powlison은 하버드대학교에서 심리학(B.A.)을 공부했고, 웨스트민스터신학교에서 신학(M.Div.)을 공부하고 펜실베니아 주립대학에서 박사학위(Ph.D.)를 받았다. 현재 CCEF에서 교수와 카운슬러로 활동하고 있으며, 미국의 웨스트민스터신학교에서 상담학을 가르치고 있다. *Journal of Biblical Counseling*의 편집인이기도한 그의 저서로 *Speaking Truth in Love, Power Encounter, Competant to Counsel*? 등이 있다. 그는 저술가일 뿐 아니라, 미국과 유럽 등에 잘 알려진 성경적 상담학 강연자이다.

56 David Powlison, *Seeing with New Eyes* (Phillipsburg, New Jersey: Presbyterian and Reformed Publishing Company, 2003), 9.
57 Tripp, 『위기의 십대 기회의 십대』, 57.
58 Tripp, 『위기의 십대 기회의 십대』, 58.
59 Tripp, 『위기의 십대 기회의 십대』, 59.
60 전형준, 『인간의 마음의 문제를 풀어주는 성경적 상담』, 157-158.
61 Tripp, 『위기의 십대 기회의 십대』, 77-78.
62 Tripp, 『위기의 십대 기회의 십대』, 79-88.
63 전형준, 『인간의 마음의 문제를 풀어주는 성경적 상담』, 159-160.
64 Tripp, 『위기의 십대 기회의 십대』, 90.
65 Tripp, 『위기의 십대 기회의 십대』, 88-92.
66 전형준, 『인간의 마음의 문제를 풀어 주는 성경적 상담』, 161-162.
67 Tripp, 『위기의 십대 기회의 십대』, 93-94.
68 Tripp, 『위기의 십대 기회의 십대』, 94-95.
69 Tripp, 『위기의 십대 기회의 십대』, 96.
70 전형준, 『인간의 마음의 문제를 풀어 주는 성경적 상담』, 162-163.
71 Collins, 『크리스천 카운슬링』, 273-274.
72 Tripp, 『위기의 십대 기회의 십대』, 105-129.
73 Tripp, 『위기의 십대 기회의 십대』, 295-321.
74 Tripp, 『위기의 십대 기회의 십대』, 298-308.
75 Tripp, 『위기의 십대 기회의 십대』, 308-314.
76 Tripp, 『위기의 십대 기회의 십대』, 314-321.
77 Collins, 『크리스챤 카운슬링』, 274-288.
78 전형준, 『인간의 마음의 문제를 풀어주는 성경적 상담』, 173-175.
79 Paul D. Tripp, *Instruments in the Redeemer's Hands,* 황규명 역, 『치유와 회복의 동반자』 (서울: 디모데, 2005), 160.

제9장 다문화 가정의 청소년 자녀를 위한 개혁주의 목회상담 방안

1 외국인주민: 체류기간이 90일을 초과한 장기체류외국인과 대한민국 국적을 취득한 외국인 및 그 자녀.
2 행정안전부, 외국인 주민 1,409,577명, 2012., http:// www.mopas.go.kr/gpms/srch/search.jsp.
3 J. M. Chin, & S. C. Yu, "School adjustment among children of immigrant mother in Taiwan," *Social Behavior & Personality: An International Journal, 36*(8): 1141-1150.
4 교육인적자원부, "다문화 가정의 자녀교육 실태 조사," 2006.
5 강경미, "다문화 가정의 가정폭력 예방과 기독교상담,"「복음과 상담」제17권 (2011): 44-73.
6 통계청, 2010년 이혼통계, http:// www.kostat.go.kr 20.
7 한숙자, "한국 다문화 가정에 대한 기독교상담전략의 모색,"「복음과 상담」제17권

(2011): 9-43.
8   한숙자, "한국 다문화 가정에 대한 기독교상담전략의 모색," 17.
9   조한숙, "다문화 가정 초등학교 아동의 자아정체감 연구," (박사학위논문, 가톨릭대학교 대학원, 2010), 13-14.
10 조영달 외, 『다문화 가정의 자녀교육 실태조사』(서울: 교육인적자원부, 2006), 1.
11 한숙자, "한국 다문화 가정에 대한 기독교상담전략의 모색," 18.
12 한숙자, "한국 다문화 가정에 대한 기독교상담전략의 모색," 20-24.
13 조영달 외, 『다문화 가정의 자녀교육 실태조사』, 8.
14 손현숙·박세정, "다문화 가정의 현황과 개선 방안에 관한 연구," 영남이공대학, 「論文集」제36집 (2007,8): 131.
15 오태균, "다문화 사회 속에서의 기독교 교육적 과제," 한국기독교교육정보학회, 「기독교교육정보」(2006, 12): 193.
16 성서아카데미, 『그랜드종합주석 1』(서울: 제자원, 1999), 314.
17 오태균, "다문화 사회 속에서의 기독교 교육적 과제," 193.
18 성서아카데미, 『그랜드종합주석 2』, 309.
19 곽희주, "공동체 형성을 통한 다문화 가족을 세우는 목회 사역에 관한 연구," (박사학위논문, 장신대학교 대학원, 2010), 40.
20 김재중, "성경적 관점에서 본 다문화 가정 여성의 한국생활 적응 과정," (박사학위논문, 백석대학교 대학원, 2010), 26-27.
21 곽희주, "공동체 형성을 통한 다문화 가족을 세우는 목회 사역에 관한 연구," 43.
22 Paul D. Tripp, *Age of Opportunity: A Biblical Guide to Parenting Teens*, 황규명 역, 「위기의 십대 기회의 십대」(서울: 도서출판 디모데, 2004), 105-129.
23 전형준, "청소년자녀교육을 위한 기독교상담학적 조명," 「복음과 상담」제14권 (2010): 37-73.
24 David W. Augsburger, *Pastoral Counseling across Cultures* (Louisville, KY.: Westminster John Knox Press, 1995), 56.
25 김미경, "다문화 가정 청소년의 적응을 위한 기독교상담: 자아탄력성을 중심으로," 「복음과 상담」제17권 (2011): 89.
26 이영주, "국제 결혼한 여성의 자녀에 대한 심리 사회적 적응에 영향을 미치는 보호 요인에 관한 연구," 「한국심리학회지: 여성」제12권2호 (2007): 100-101.
27 김미경, "다문화 가정 청소년의 적응을 위한 기독교상담: 자아탄력성을 중심으로," 90.
28 이관직, 『개혁주의 목회상담학』(서울: 도서출판 대서, 2012), 7.
29 David Powlison, *Seeing with New Eyes*, 김 준 역, 『성경적 관점으로 본 상담과 사람』(서울: 그리심, 2009), 10-11.
30 한숙자, "한국 다문화 가정에 대한 기독교상담전략의 모색," 35-37.
31 양승민, "한국적 다문화상담의 모색을 위한 논촌지역 결혼 이민여성들의 스트레스 요인과 반응에 관한 연구," (박사학위논문, 연세대학교 대학원, 2008), 206-213; 송미경, "결혼이주여성에 대한 다문화상담의 모색," 서울여자대학교 여성연구소, 「여성연구논총」제23집 (2008): 45-48.
32 양승민, "한국적 다문화상담의 모색을 위한 논촌지역 결혼 이민여성들의 스트레스 요인과 반응에 관한 연구, 206-213.

33 한재희, "한국의 가족문화와 다문화상담," 백석대학교, 「진리논단」 제16호(2008): 126-130.
34 서은경, "다문화 가정에 대한 기독교상담학적 접근에 관한 연구,"「성경과 상담」 제9권(2009, 12): 193-198.
35 강경미, "북한이탈주민(새터민)가정의 한국 사회부적응 문제와 기독교상담 전략," 「복음과 상담」 제7권 (2006):129-139.
36 김미경, "다문화 가정 청소년의 적응을 위한 기독교상담: 자아탄력성을 중심으로," 91-94.
37 고유미·이정윤, "다문화 가정 아동의 학교생활 적응과 관련된 요인,"「청소년 상담연구」 제17권(2009): 49-63.
38 한국청소년상담원,『청소년상담연구 140 다문화 가정 부모를 위한 집단상담 프로그램 개발』(서울: 한국청소년상담원, 2008).
39 Tripp, *Age of Opportunity*, 295-321.
40 Tripp, *Age of Opportunity*, 298-308.
41 Tripp, *Age of Opportunity*, 308-314.
42 Tripp, *Age of Opportunity*, 314-321.
43 Paul D. Tripp, *Instruments Redeemer's Hands* (Phillipsburg, NJ.: Presbyterian Reformed Publishing Co. 2002), 110-130.
44 Tripp, *Instruments Redeemer's Hands*, 131.
45 Tripp, *Instruments Redeemer's Hands*, 133-158.
46 전형준,『성경적 상담학』(서울: 도서출판 대서, 2012), 167-173.
47 Tripp, *Instruments Redeemer's Hands*, 200.
48 Tripp, *Instruments Redeemer's Hands*, 242-261.

제10장 노년기의 분노에 대한 성경적 상담 방안

1 본 논문 한국복음주의기독상담학회의 학술지이며, 한국연구재단 등재후보지인「복음과 상담」 제18권(2012년 5월30일)에 게재된 주제 논문이다.
2 UN의 발표에 의하면, 고령화 사회(Aging Society)는 65세 이상 노인이 전체 인구의 7% 이상이 될 경우, 고령 사회(Aged Society)는 14% 이상, 전체 인구의 21% 이상이면 초 고령화 사회로 규정하고 있다.
3 통계청,『장래 인구 추계』, (서울; 통계청, 2004).
4 최광현, "노인상담과 기독교복지: 고령화속에서의 한국교회의 위기와 대응,"「한국기독교상담학회지」(2005년10월): 282.
5 최광현, "노년기 분노현상과 노인상담,"「한국기독교상담학회지」11호, (2006.11): 169-189.
6 최광현, "노인상담과 기독교복지: 고령화속에서의 한국교회의 위기와 대응," 278-302.
7 임경수, "노년기의 심리와 상담,"「복지상담학연구」 제3권 제1호, (2008): 41-53.
8 이기양, "노인 목회와 상담: 임종 노인과 돌보는 가족의 문제점,"「개혁신학」, Vol 17(2005): 259-282.

9   이상복, "총체적 복음 사역에 근거한 노인 목회상담," 「총체적 복음 사역의 신학과 실천」, (총체적복음사역연구소 연구지 3호): 35-77.
10   이정우·이수용, "독일오인복지상담의 현황과 전망," 「복지상담학연구」Vol. 3.(2008): 89-99.
11   Robert D. Enright·Richard P. Fitzgibbons, *Helping Clients Forgive*, 방기연 역, 『용서심리학: 내담자의 분노 해결하기』(서울: 시그마프레스, 2011).
12   최광현, "노인상담과 기독교복지: 고령화속에서의 한국교회의 위기와 대응," 279.
13   J. E. Birren, *Principle of Research on Aging in Handbook of Aging and the Individual* (Chicago: University of Chicago Press, 1959), 3.
14   Birren, *Principle of Research on Aging*, 13-15.
15   이상복, "총체적 복음 사역에 근거한 노인 목회상담," 37.
16   윤진, 『성인 노인심리학』(서울: 중앙적성출판사, 1992), 181-189.
17   L. F. Jarvik, "Aging and Depression: Some unanswered question," *Journal of Gerontology* 31: 324-326.
18   B. L. Neugarten, "Personality and patterns of aging," *Middle age and aging* (Chicago: University of Chicago Press, 1968), 173-177.
19   M. F. Lowenthal, "Psychological variation across the adult life course: Frontiers for research and policy," *The Gerontoloist*, 15: 6-12.
20   K. W. Schaie, "Rigidity-flexibility and intelligence: A cross-sectional study of the adult life span from 20 to 70 years," *Psychological Monographs: General and Applied*, 72(9), (462): 1-26.
21   J. Botwinick, *Drives, expectancies, and emotions. in Handbook of aging and the individual: Psychological and social aspects*. (Chicago: University of Chicago Press, 1959), 739-768.
22   윤진, 『성인·노인심리학』, 187-189.
23   정경희 외, 『2004년도전국 노인 생활 실태 및 복지욕구조사』(서울: 한국보건사회연구원, 2005).
24   최광현, "노년기 분노현상과 노인상담," 171.
25   정경희 외, 『2004년도전국 노인 생활 실태 및 복지욕구조사』, 36-40.
26   최광현, "노년기 분노현상과 노인상담," 171-172.
27   배지연 외, "노인의 우울 및 자살 생각에 있어서 사회적 지지의 완충 효과," 「한국노년학」25(3), (2005): 60-73.
28   D. O. Cowgil, Aging and Modernization: A Revision of the Theory, in: J. A. Gubrin(Eds.), *Later Life,* (Springfield: Charles C. Thomas, 1974), 123-146.
29   S. Booth-Kewley & H. S. Friedman, "Psychological predictors of heart disease: A quantitative review," *Psychological Bulletin*, 101, (1987): 343-362.
30   최광현, "노년기 분노현상과 노인상담," 173-174.
31   C. D. Spielberger, *State-trait anger expression inventory: research edition*. (Florida: Pschological Assessment Resources Inc., 1988), 88-95.
32   장대숙, 『노인학의 이론과 적용』(서울: 한국장로교출판사, 1998), 114-122.
33   임경수, "노년기의 심리와 상담," 42-53.
34   Harold Geist, *The Psychological Aspects of the Aging Process* (New York: Robert E. Kriefer Publishing Company, 1981), 4.

35 임경수, "노년기의 심리와 상담," 42.
36 임경수, "노년기의 심리와 상담," 43.
37 Geist, *The Psychological Aspects of the Aging Process*, 40.
38 임경수, "노년기의 심리와 상담," 43-44.
39 David F. Hltsch & Fransin Dutisch, *Adulthood and Aging* (New York: McGrawHill Book Company, 1981), 317.
40 Bert Hayslip Jr. & Paul E. Paneck, *Adult development and Aging* (SanFrancisco: Harper Collins College Publishers, 1982), 506.
41 Hltsch & Dutisch, *Adulthood and Aging*, 317.
42 O. F. Kernberg, 『내면세계와 외부현실』, 이재훈 역 (서울: 한국심리치료연구소, 2001), 125-136.
43 E. H. Erickson, *Identitaet und lebenszyklus* (Suhrkamp: Frankfurt, 1979), 211-220.
44 Jay E. Adams, *More Than Redemption : A Theology of Christian Counseling* (Phillipsburg, NJ.: Presbyterian and Reformed Publishing Company, 1979), 13.
45 Adams, *More Than Redemption: A Theology of Christian Counseling*, 13. 성경이 인간을 변화시키는 근거가 되는 구절은 딤후 3:16-17에서 찾을 수 있다. 하나님은 인간을 변화시키기 위해서 말씀을 도구로 사용하시고, 성령을 통해 변하도록 역사 하신다. 하나님께서 말씀으로 사람을 변화시키는 일을 하나님의 사람들에게 맡기셨다.
46 정정숙, 『기독교상담학』(서울: 도서출판 베다니, 2008), 78.
47 정정숙, 『기독교상담학』, 78.
48 칼 로저스(Carl Rogers) 학파에서 추구하는 '자율적 존재'는 성경적 인간관이 아니다. 성경은 인간이 하나님께 의존하는 존재(행 17:28)이며, 하나님을 위하여(계 4:11) 피조 된 존재임을 강조 한다. 그러므로 인간이 '자율적 존재'라 주장하며, 그것을 추구하는 것은 하나님에 대한 도전이라 말할 수 있다.
49 정정숙, 『기독교상담학』, 78.
50 정정숙, 『기독교상담학』, 78.
51 Jay E. Adams는 이 세상에 두 종류의 상담이 존재하고 있다고 했다. 하나는 하나님의 상담이며, 다른 하나는 사단의 상담이다. 사단의 상담은 거짓된 상담으로서 진실된 하나님의 상담을 거스른다. 그는 계시적이 아니거나 계시에 근거하지 않는 상담을 거절했다.
52 필자는 상담의 신학을 전개함에 있어서 심리학을 무시하거나 주변 학문들을 배격하는 것은 아니다. 다만 이러한 학문들이 상담신학의 원리가 될 수는 없다는 것이다. 상담신학은 철저히 성경에 근거를 두어야 하는 것이다. 이것이 곧 개혁신학의 관점이요, 상담신학도 역시 개혁신학의 관점에서 연구되어야 한다는 점이다. 최근에 개혁신학의 원리가 되는 웨스트민스터 신앙고백서의 신학사상이 성경적 상담의 원리와 일치한다는 것이 논리적으로 입증되었다. 참고. 전형준, "웨스트민스터 신앙고백서에 나타난 성경적 상담 원리,"「개혁신학회 학술대회 논문집」(2010년 4월 10일), 39-55;「개혁논총」제14권 (2010년 6월 30일), 9-50.
53 Adams, *More Than Redemption: A Theology of Christian Counseling*, 11.
54 Samuel Southhard, *Theology and Therapy, The Wisdom of God in a Context Friendship* (Dallas: Word Publishing Co., 1989), 11. 상담의 신학적 접근에 대해서는 본 책을 참조하라.

55 정정숙, 『기독교상담학』, 80.
56 정정숙, 『기독교상담학』, 81. 기독교상담신학의 연구는 Jay E. Adams의 일련의 연구들과 Samuel Southhard의 연구, 그리고 William T. Kirwan의 *Biblical Concepts for Christian Counseling: A Case for Integrating Psychology and Theology*(Grand Rapids: Baker Book House, 1984) 등을 참고하라.
57 Adams, *More Than Redemption: A Theology of Christian Counseling*, 15. 아담스는 이 문제에 대하여 "신학이 없는 상담은 죽은 것이다"라고 했다. 그의 이러한 표현은 신학과 상담의 관계를 가장 정확하게 묘사하고 있는 것이다.
58 전형준, "서신서에 나타난 분노에 관한 말씀들," 「그말씀」(서울: 두란노, 2011년 7월호), 84.
59 Timothy Lane & Paul D. Tripp, *How People Change*, 김준수 외 역, 『사람은 어떻게 변화 되는가』(서울: 생명의 말씀사, 2009), 190-396.; 성경적 변화의 역동적 과정은 1. 어려운 상황, 태양 또는 열, 2. 나쁜열매, 3. 나쁜 뿌리, 4. 결과, 5. 하나님이 보여 주시는 것, 6. 선한뿌리, 7. 선한열매, 8. 새로운 결과이다.
60 Lane & Tripp, *How People Change*, 247-280.
61 전형준, "서신서에 나타난 분노에 관한 말씀들," 86-87.
62 전형준, "서신서에 나타난 분노에 관한 말씀들," 87.
63 전형준, "서신서에 나타난 분노에 관한 말씀들," 88.
64 전형준, "서신서에 나타난 분노에 관한 말씀들," 89.
65 Paul D. Tripp, *Instruments in the Redeemer's Hands* (Phillipsburg, NJ.: Presbyterian & Reformed Co., 2002), 110-261.
66 전형준, "서신서에 나타난 분노에 관한 말씀들," 89-90.
67 전형준, "분노를 극복하는 길," 「그말씀」(서울: 두란노, 2011년 7월호), 161.
68 전형준, "분노를 극복하는 길," 161-162.

제11장 성경적 상담 운동과 개혁주의 생명신학과의 상관성

1 David A. Powlison, *Competent to Counsel*, 전형준 역, 『정신의학과 기독교』(서울: 대서, 2013), 19.
2 Powlison, 『정신의학과 기독교』, 22-47.
3 전형준, 『성경적 상담학』(서울: 대서, 2018), 208-219.
4 Powlison, 『정신의학과 기독교』, 273-252.
5 Powlison, 『정신의학과 기독교』, 349-396.
6 Kathryn Joyce, "The Rise of Biblical Counseling," acceessed 1. 25. 2016. available from http://www.psmag.com.
7 장종현, 「제9회 개혁주의 생명신학 포럼」(천안: 백석정신아카데미, 2016), 8.
8 장종현, 「제9회 개혁주의 생명신학 포럼」, 8.
9 David Powlison, *Seeing with New Eyes: counseling and The Human Condition through the lense of Scripture* (Phillipsburg, New Jersey: Presbyterian and Reformed Publishing Company, 2003).

10 David Powlison, *Seeing with New Eyes: Counseling and The Human Condition through the Lense of Scripture* 김준 역, 『성경적 관점으로 본 상담과 사람』(서울: 그리심, 2009), 6.
11 Powlison, 『성경적 관점으로 본 상담과 사람』, 9.
12 Powlison, 『성경적 관점으로 본 상담과 사람』, 9.
13 Powlison, 『성경적 관점으로 본 상담과 사람』, 9-10.
14 Powlison, 『성경적 관점으로 본 상담과 사람』, 11.
15 Paul D. Tripp, *War of Words* (Phillipsburg NJ.: P & R Publishing Company, 2000).
16 Paul D. Tripp, *Instruments in the Redeemer's Hands* (Phillipsburg NJ.: P & R Publishing Company, 2002).
17 Paul D. Tripp, *Age of Opportunity* (Phillipsburg NJ.: P & R Publishing Company, 2001).
18 Paul D. Tripp, *War of Words* 윤홍식 역, 『영혼을 살리는 말 죽이는 말』(서울: 디모데, 2002), 9.
19 Tripp, 『영혼을 살리는 말 죽이는 말』, 15.
20 Tripp, 『영혼을 살리는 말 죽이는 말』, 16.
21 Tripp, 『영혼을 살리는 말 죽이는 말』, 232-236.
22 Tripp, 『영혼을 살리는 말 죽이는 말』, 236-255.
23 Paul D. Tripp, *Instruments in the Redeemer's Hands*, 황규명 역, 『치유와 회복의 동반자』(서울: 디모데, 2005), 149-150.
24 Tripp, 『치유와 회복의 동반자』, 389-396.
25 Edward T. Welch, *Addictions: A Banquet in The Grave*, 김준 역, 『중독의 성경적 이해』(서울: 국제제자훈련원, 2013), 12.
26 Welch, 『중독의 성경적 이해』, 17.
27 Welch, 『중독의 성경적 이해』, 17-18.
28 Welch, 『중독의 성경적 이해』, 18.
29 Welch, 『중독의 성경적 이해』, 32.
30 Edward T. Welch, *Blame It on the Brain*, 한성진 역, 『뇌 책임인가 내 책임인가?』(서울: CLC, 2003).
31 Welch, 『뇌 책임인가 내 책임인가?』, 48.
32 Welch, 『뇌 책임인가 내 책임인가?』, 184-185.
33 Welch, 『뇌 책임인가 내 책임인가?』, 185.
34 Welch, 『뇌 책임인가 내 책임인가?』, 185.

제12장 목회상담의 역사에 나타난 개혁신앙

1 문병호, "개혁주의란 무엇인가?: 신학과 신앙의 요체," 「개혁논총」 제27권(2013): 61-93.
2 상담의 역사를 다룬 것으로는 몇 편의 논문이 있다. Jay E. Adams, "Reflect on the History of Biblical Counseling," *Practical Theology and the Ministry of the Church 1592-1984: Essay in Honor of Edmund P. Clowney*, ed. Harvie M. Conn (Phillipsburg, NJ.: Presbyterian

and Reformed Publishing Co., 1990)과 David Powlison, "Competent to Counsel? The History of a Conservative Protestant Anti-psychiatry Movement" (Ph.D. Dissertation, University of Pennsylvania, 1996)이 있다. 또한, 이기춘 교수가 「현대목회」 1982년 6월호에서 12월호까지 통사 차원의 개략적으로 소개한 것이 있다.

3   Paul G. Hiebert, *Cultural Anthropology* (Grand Rapids: Baker Book House, 1983), 20-21. 어떤 민족이나 치료자나 무당이 있어서 질병의 치료, 문제들의 상담, 충고와 위로의 기능을 담당해 온 것을 찾아 볼 수 있다. 고대국가에는 공적으로 인간의 참회나 고백을 담당하는 관리가 있었는데 바벨론의 경우에 두드러지게 나타났다.
4   김희보, 『구약의 족장들』 (서울: 총신대학교출판부, 1975), 7.
5   G. Brillenburg Wurth, *Christian Counseling* (Phillipsburg, NJ.: The Presbyterian and Reform Publishing Company, 1962), 4.
6   Wurth, *Christian Counseling*, 5.
7   Jay E. Adams, *More Than Redemption: A Theology of Christian Counseling* (Phillipsburg, NJ: Presbyterian and Reformed Publishing Co., 1979), 158.
8   Wurth, *Christian Counseling*, 5.
9   Wurth, *Christian Counseling*, 6.
10 정정숙, 『기독교상담학』, (서울: 도서출판베다니, 2008), 118-119.
11 정정숙, 『기독교상담학』, 119.
12 정정숙, 『기독교상담학』, 119.
13 Duncan Buchanan, *The Counseling of Jesus* (Downers Grove, IL: Inter Varsity Press, 1985), 108.
14 정정숙, 『기독교상담학』, 120.
15 Buchanan, *The Counseling of Jesus*, 110.
16 정정숙, 『기독교상담학』, 120.
17 Buchanan, *The Counseling of Jesus*, 153.
18 정정숙, 『기독교상담학』, 120-121.
19 Wurth, *Christian Counseling*, 12-13.
20 Wurth, *Christian Counseling*, 16-20.
21 Wurth, *Christian Counseling*, 18.
22 G. Taisen, *Studien Zur Soziologie des Urchristendums*, 김명수 역, 『원시 그리스도교에 대한 사회학적 연구』, (서울: 대한기독교출판부, 1986), 18.
23 정정숙, 『기독교상담학』, 122.
24 정정숙, 『기독교상담학』, 122-123.
25 Adams, *Competant to Counsel*, 125. 로저스(C. Rogers)는 이것을 "완전히 기능하는 인간"(fully functional person)이라 부르며, 인간의 자 의식적 변화를 추구한다. 그러나 아담스는 이러한 변화는 성령의 역사로만 가능하다고 주장한다. 이것이 '성경적 상담'의 입장이다.
26 정정숙, 『기독교상담학』, 123.
27 정정숙, 『기독교상담학』, 123.
28 초대교회의 감독 중에서 암브로시우스(Ambrossius)와 크리 소스톰(Chrysostom)등은 존경받는 목자요 상담자였다.
29 정정숙, 『기독교상담학』, 126.

30 어거스틴의 대표적인 저작으로 한국에는 여러 역본들이 나와 있다.
31 St. Augustine, *Augustine's The Confession*, 정정숙 역, 『어거스틴의 참회록』, (서울: 세종문화사, 1975), 15.
32 Philip Schaff, *History of Christian Church*, vol.Ⅲ (Grand Rapids: Wm. B. Eerdmans, 1981), 809ff. 그는 비물질적인 구체적인 형태가 육체라고 했다. 인간은 육체적인 실존에서 영혼을 내면적으로 이해할 수 있다고 했다. 영혼은 사고, 의지 및 기억으로 그 기능을 나타낸다고 보았다.
33 Schaff, *History of Christian Church*, vol.Ⅲ, 809ff.
34 이기춘, "중세기의 목회상담," 「현대목회」, 제3호(1982년7월), 168.
35 정정숙, 『기독교상담학』, 128.
36 Jay E. Adams, "Reflection on the History of Biblical Counseling," *Practical Theology and the Ministry of the Church 1952-1984*, 204.
37 정정숙, 『종교개혁자들의 교육사상』(서울: 총신대학교출판부, 1983), 150-155.
38 정정숙, 『종교개혁자들의 교육사상』, 152.
39 『기독교 강요』 I . ⅩⅤ. 1.
40 James Mackinon, *Calvin and Refomation* (New York: Rusell & Russell Inc., 1962), 231.
41 정정숙, 『기독교상담학』, 132.
42 정정숙, 『종교개혁자들의 교육사상』, 28.
43 Wurth, *Christian Counseling*, 28.
44 John H. Leith, *John Calvin's of the Christian Life* (Louisville: Westminster/John Knox Press, 1989), 103ff.
45 『기독교 강요』 Ⅲ. 8: 6.
46 Adams, "Reflection on the History of Biblical Counseling," *Practical Theology and the Ministry of the Church 1952-1984*, 205.
47 정정숙, 『종교개혁자들의 교육사상』, 172-174.
48 정정숙, 『기독교상담학』, 128. 루터는 "내가 어떻게 하여야 거룩하신 하나님을 우러러 볼 수 있을까"라고 고민하는 죄인의 외침과 호소에서 성경을 통하여 최후의 해결책을 찾았다.
49 지원용, 『루터의 종교개혁』(서울: 컨콜디아사, 1959), 12-18.
50 정정숙, 『종교개혁자들의 교육사상』, 18.
51 정정숙, 『종교개혁자들의 교육사상』, 20.
52 정정숙, 『종교개혁자들의 교육사상』, 21.
53 정정숙, 『기독교상담학』, 130.
54 정정숙. 『기독교상담학』, 130. 루터는 그의 사역을 통하여 어려움을 당하는 자들을 돌보았다. 1527, 1535, 1539년에 창궐했던 흑사병의 고통 속에서 그는 "위로의 목회" 사역을 했다. 그는 흑사병 자체보다도 흑사병으로부터 오는 불안 때문에 사람들이 죽었다고 생각했다. 이것은 루터의 심층적인 인간 이해를 입증한다고 볼 수 있다.
55 정정숙, 『기독교상담학』, 130. 육체의 유혹이 올 때는 더러운 느낌이나 생각을 떨쳐버리고, 영적 유혹이 올 때는 유혹의 반대편에 있는 것에 생각을 집중하라고 했다. 특히, 유혹을 이기려면 홀로 있지 말고, 죄의 두려움을 극복해야 한다고 했다.
56 전형준, 『성경적 상담설교』, (서울: CLC, 2013), 81-82.
57 전형준, 『성경적 상담설교』, 81.

58 전형준, 『성경적 상담설교』, 81-82.
59 전형준, 『성경적 상담설교』, 82.
60 이의길, 『심리학사』 (서울: 서울대학교출판부, 1971), 6.
61 정정숙, 『기독교상담학』, 138.
62 그는 의학을 전공했고, 생리학과 신경조직에 관심이 많았으나 실제로 의료생활을 하지는 않았다. 그는 1890년에 『심리학의 원리』(Principles of Psychology)를 출간했다. 그는 이 책에서 심리학을 소설처럼 재미있게 전개하여 심리학의 대중적 관심을 유발했다. 그 후 Psychology Briefer Course(1892); Talks to Teachers on Psychology, and to students on Life's Ideals(1899); Varieties of Religious Experience(1902) 등을 저술했다.
63 정정숙, 『기독교상담학』, 138. 그가 의학을 전공하고서도 의사가 되지 못한 것은 건강 때문이었다. 그는 척추통증, 불면증, 안질, 우울증 등으로 젊은 날을 고통 속에 보내었고, 자살을 기도하기도 했다. 그러나 그는 학문 연구를 통해서 자유의지에 대한 확신을 가지게 되었다.
64 전형준, 『성경적 상담설교』, 83.
65 이형득 외, 『상담의 이론적 접근』 (서울: 형설출판사, 1992), 47.
66 프로이트(1856-1939)는 1856년에 지금의 체코슬로바키아 지역에 속하는 모라비아의 프라이부르크 지방의 유댕인 가정에서 태어났다. 그는 후에 비엔나에 옮겨왔고 1881년에 비엔나대학교에서 M.D. 학위를 받았다. 유대인 배척 운동의 여파로 병원의 인턴생활을 거쳐서 정신 분석학 연구에 그의 전 생애를 바쳤다.
67 스키너는 1950년대 중반에 들어서서 조작적 조건형성 이론을 주창하며 프로이트의 정신 분석 이론에 대한 비판을 가했다. 이때는 '행동치료'라는 용어가 사용되어 행동주의적 접근에 많은 발전을 가져온 시기였다.
68 로저스는 1902년에 미국 시카고에서 태어났다. 그의 가정은 철저한 정통신앙을 지키며, 종교적 규율을 엄격히 했다. 로저스는 1919년에 위스콘신대학교에 입학했고, 교회활동에 적극적으로 가담했다. 대학 2학년 때에 "우리 세대에 세계를 복음화하자"라는 주제 아래 개최된 기독교 청년 협의회에 참석한 것을 계기로 목사가 되고자 했다. 1922년 기독학생 대표로 6개월간 북경을 방문했고, 그 후에 Union Theological Seminary에서 공부했다. 1931년 컬럼비아대학교에서 박사학위를 받고 많은 저술과 대학 강의와 연구를 계속했다. 저서로 『내담자 중심치료』(Client-Centered Therapy)가 있다. 1974년부터 로저스와 그의 동료들이 내담자 중심치료라는 용어대신 '인간 중심상담' 이란 용어를 즐겨 사용했다.
69 David Powlison, "Competent to Counsel? The History of a Conservative Protestant Anti-psychiatry Movement" (Ph.D. Dissertation, University of Pennsylvania, 1996), 1-42.
70 안톤 보이슨은 종교적 체험과 정신질환과의 상관관계를 하버드대학교에서 공부했으며, 특히, 프로이트와 융을 비롯한 심리학을 공부한 후에 워세스터주립병원(Worcester State Hospital) 원목으로 일했다.
71 전형준, 『인간의 마음의 문제를 풀어주는 성경적 상담』, (서울: 쿰란출판사, 2009), 130.
72 웨더 헤드는 1916년에 인도 선교사가 되었다. 그 후에 인도에서 영국군목으로 지원해서 메소포타미아 사막에서 주둔하게 되었을 때, 그곳에서 신앙적인 회의에 빠졌다. 그는 어릴 때부터 어머니의 철저한 신앙 교육 속에 자란 것에 대한 강한 반발을 하게 된다. 그래서 자기의 일기에 목사는 성도들에게 잘못을 지적하는 말을 해서는 안 되며, 각자의 신앙에 맡겨야 한다고 쓰기에 이르렀다. 심리분석학에 심취하게 된 그는 군대

병원에서 꿈의 분석, 자유연상, 최면술 등을 사용했다.
73   황규명, 『성경적 상담의 원리와 방법』, (서울: 바이블 리더스, 2008), 34.
74   Powlison, "Competent to Counsel? The History of a Conservative Protestant Anti-psychiatry Movement," 46.
75   전형준, 『인간의 마음의 문제를 풀어주는 성경적 상담』, 130-131.
76   황규명, 『성경적 상담의 원리와 방법』, 35.
77   황규명, 『성경적 상담의 원리와 방법』, 35.
78   Powlison, "Competent to Counsel? The History of a Conservative Protestant Anti-psychiatry Movement," 53-55.
79   황규명, 『성경적 상담의 원리와 방법』, 37.
80   전형준, 『인간의 마음의 문제를 풀어 주는 성경적 상담』, 132.
81   전형준, 『인간의 마음의 문제를 풀어 주는 성경적 상담』, 132-133.
82   전형준, 『인간의 마음의 문제를 풀어 주는 성경적 상담』, 133.
83   전형준, 『인간의 마음의 문제를 풀어 주는 성경적 상담』, 134.
84   Powlison, "Competent to Counsel? The History of a Conservative Protestant Anti-psychiatry Movement," 69-75.
85   황규명, 『성경적 상담의 원리와 방법』, 39.
86   전형준, 『인간의 마음의 문제를 풀어주는 성경적 상담』, 136.
87   Adams, *Competent to Counsel*, xi.
88   Adams, *Competent to Counsel*, xii.
89   전형준, 『인간의 마음의 문제를 풀어주는 성경적 상담』, 137-138.
90   황규명, 『성경적 상담의 원리와 방법』, 40.
91   전형준, 『인간의 마음의 문제를 풀어 주는 성경적 상담』, 138.
92   황규명, 『성경적 상담의 원리와 방법』, 40.
93   황규명, 『성경적 상담의 원리와 방법』, 40-41.
94   전형준, 『인간의 마음의 문제를 풀어 주는 성경적 상담』, 139.
95   M. Eugene Osterhaven, *The Faith of Church: A Reformed Perspective on Its Historical Development* (Grand Rapids: Eerdmans, 1982), xii.

제13장 목회상담자로서의 칼빈 재조명

1   정성구, 『교회의 개혁자 요한 칼빈』(서울: 하늘기획, 2009), 13-14.
2   정성구, 『교회의 개혁자 요한 칼빈』, 14.
3   정성구, 『교회의 개혁자 요한 칼빈』, 15-16.
4   John Calvin, *Institutes of the Christian Religion*, 신복윤 외 공역, 『기독교 강요』(서울: 생명의말씀사, 1988), 290-291.
5   Paul D. Tripp, *Instruments in the Redeemers's Hands* (Phillipsburg: Presbyterian and Reformed Publishing Company, 2002), 41.
6   Edward Welch, *When People Are Big and God is Small* (Phillipsburg: Presbyterian and Reformed Publishing Company, 1997), 156-157.
7   Calvin, 『기독교 강요』, 363-379.

8   Calvin, 『기독교 강요』, 425-426.
9   Welch, *When People Are Big and God is Small*, 72.
10 Calvin, 『기독교 강요』, 89-94.
11 Calvin, 『기독교 강요』, 450-459.
12 Paul D. Tripp, *War of Words*, 윤홍식 역, 『영혼을 살리는 말 죽이는 말』 (서울: 디모데, 2003), 76-78.
13 Calvin, 『기독교 강요』, 127.
14 Calvin, 『기독교 강요』, 127-133.
15 Calvin, 『기독교 강요』, 134-144.
16 Calvin, 『기독교 강요』, 134-142.
17 Calvin, 『기독교 강요』, 161-165.
18 Tripp, *Instruments in the Redeemers's Hands*, 24-27.
19 Calvin, 『기독교 강요』, 644-650.
20 Calvin, 『기독교 강요』, 657-666.
21 Calvin, 『기독교 강요』, 726.
22 Calvin, 『기독교 강요』, 726-735.
23 신재덕, "예수님의 상담에 관한 분석과 독특성 연구 -성경적 상담 관점으로-" (철학박사학위, 총신대학교, 2017), 1-271.
24 Tripp, *Instruments in the Redeemers's Hands*, 107-108.
25 Calvin, 『기독교 강요』, 380.
26 Calvin, 『기독교 강요』, 423.
27 Calvin, 『기독교 강요』, 433-435.
28 Calvin, 『기독교 강요』, 445-446.
29 David Powlison, *Seeing With New Eyes* (Phillipsburg: Presbyterian and Reformed Publishing Company, 1997), 95.
30 Powlison, *Seeing With New Eyes*, 156-162.
31 Tripp, *Instruments in the Redeemers's Hands*, 210-212.
32 Calvin, 『기독교 강요』, 134-142.
33 Calvin, 『기독교 강요』, 411-422.
34 Calvin, 『기독교 강요』, 419-422.
35 Calvin, 『기독교 강요』, 중권, 7-12.
36 Calvin, 『기독교 강요』, 중권, 12-14.
37 Jay E. Adams, *Competent to Counsel*, 정정숙 역, 『목회상담학』 (서울: 총신대학교 출판부, 2004), 8.
38 Adams, *Competent to Counsel*, 59.
39 Timothy Lane & Paul D. Tripp, *How People Change* (Greensboro: New Growth Press, 2006), 66.
40 James Montgomery Boice, "Foreword to John Calvin," *Sermons on Psalm 119* by John Calvin (Audubon, NJ.: Old Paths Publications, 1580, 1996), viii.
41 John H. Leith, "Calvin's Doctrine of Proclamation of the Word and Its Significance for Today" *John Calvin and the Church: A Prism of Reform,* (ed.) Timothy George (Louisville: Westminster/ John Know, 1990), 206.
42 Randall C. Zachman, John Calvin As Teacher, *Pastor and Theologian: The Shaping of His*

Writings and Thought (Grabd Rapids: Baker, 2006), 206.
43 류응렬, "칼빈의 설교에 나타난 성경 해석 방법론," 한국설교학회, 「설교한국」 제1권 (2009년 가을): 226-265.
44 전형준, 『성경적 상담설교』 (서울: CLC, 2013), 224.
45 전형준, 『성경적 상담설교』, 224.
46 전형준, 『성경적 상담학』 (서울: 대서, 2002), 91-92.
47 전형준, 『성경적 상담학』, 76-79.
48 전형준, 『성경적 상담설교』, 224.
49 전형준, 『성경적 상담설교』, 225.
50 류응렬, "칼빈의 설교에 나타난 성경 해석 방법론," 231.
51 J. I. packer, "Calvin the Theologian," *John Calvin* (Appleford: Sutton Courtenay, 1966), (trs.) G. S. R. Cox, 167.
52 Steven J. Lawson, *The Expository Genius of John Calvin*, (Orlando: Reformation Trust Publishing, 2007), 25.
53 Charles Partee, *The Theology of John Calvin*, (Louisville: Westminster/John Knox, 2008), 53.
54 T. H. L. Parker, *Calvin's Preaching*, (Louisville: Westminster/John Knox, 1992), 93.
55 류응렬, "칼빈의 설교에 나타난 성경 해석 방법론," 233.
56 전형준, 『성경적 상담학』, 61-64.
57 전형준, 『성경적 상담학』, 273-275.
58 T. H. L. Parker, *The Oracle of God: An Introduction to the Preaching of John Calvin*, (Cambridge: James Clarke & Co., 2002), 50.
59 Parker, *The Oracle of God: An Introduction to the Preaching of John Calvin*, 50.
60 전형준, 『성경적 상담학』, 20-29.
61 Edwin C. Dargan, *A History of Preaching, Vol. 1 A.D. 70-1572* (Hodder & Stoughton and G.H. Doran, 1905), 449.
62 David Powlison, *Seeing With New Eyes*, 김준 역, 『성경적 관점으로 본 상담과 사람』 (서울: 그리심, 2012), 10-11.
63 Powlison, 『성경적 관점으로 본 상담과 사람』, 11.
64 P. Vollmer, "Calvin, The Preacher and Pastor," *John Calvin-Theologian, Preacher, Educator, Statesman* (Cleveland: Central Publishing, 1909), 124.
65 T.H.L. Parker, *The Oracles of God* (London: Lutterworth Press, 1947), 39f.
66 권명수, "루돌프 보렌과 박근원의 실천신학 분야의 이해에 대한 비교연구," 「신학과 실천」 19-1호(2009): 32-33.
67 John Calvin, "Articles concerning the Organization of the Church and of Worship at Geneva proposed by the Ministries at the Council January 16. 1537," *Calvin: Theological Treatise*, J. K. S. Reid translated with Introduction and Notes (Philadelphia: The Westminster Press, 1954), 49.
68 Calvin, "Articles concerning the Organization of the Church and of Worship at Geneva proposed by the Ministries at the Council January 16. 1537," 51.
69 Calvin, "Articles concerning the Organization of the Church and of Worship at Geneva proposed by the Ministries at the Council January 16. 1537," 54.

70 R. N. Caswell, "Calvin's View of Ecclesastical Discipline," *John Calvin*, ed. by G. E. Duffield (Michigan: Grand Rapids, 1966), 222.
71 Caswell, "Calvin's View of Ecclesastical Discipline," 224.
72 Seward Hiltner, *Preface to Pastoral Theology* (Nashiville: Abinggdon Press, 1958), 89-172.
73 William A. Clebsh & Charles R. Jaekle, *Pastoral Care in Historical Perspective* (Northvale, New Jersey & London: Jason Aronson Inc., 1975), 60.
74 권명수, "칼빈의 목회훈련 연구,"「신학과 실천」19-2(2009): 66.
75 Akira Demura, "Calvin's and Oecolampadius' concept of Church Discipline," *Articles on Calvin and Calvinism: Calvin's Ecclesiology: Sacraments and Deacons*, Vol 10. edited by Richard C. Gamble (New York & London: Garland Pub., Inc, 1992), 303.
76 C. V. Gerkin, *Introduction to The Pastoral Care*, 유영권 역,『목회적 돌봄의 개론』(서울: 은성, 1999), 49.
77 정성구,『교회의 개혁자 요한 칼빈』, 172.
78 정성구,『교회의 개혁자 요한 칼빈』, 172-173.
79 정성구,『교회의 개혁자 요한 칼빈』, 173.
80 정성구,『교회의 개혁자 요한 칼빈』, 175.
81 황규명,『성경적 상담의 원리와 방법』(서울: 바이블 리더스, 2008), 113-117.

제14장 성경적 상담과 설교의 통합 방안

1 현대의 심리치료 이론이 갖고 있는 철학적 전제를 기독교적인 관점에서 평가하는 책으로는 Stanton L. Jones. Richard E. Butman, *Modern Psychotherapies: A Comprehensive Christian Appraisal*, 이관직 역,『현대 심리치료법: 기독교적인 평가』(서울: 총신대학교출판부, 1995)이 있다.
2 Jay E. Adams, *Competent to Counsel*, 정정숙 역,『목회상담학』(서울: 총신대학교출판부, 2001), 17-30.
3 전형준,『성경적 상담과 설교』(서울: CLC, 2011), 5. 수년 전 정 성구 박사가 제이 아담스를 만나 담화할 때에 제이 아담스가 목회상담의 원리와 틀을 항상 말씀과 성령의 사역에 두고 있음을 역설했다는 사실을 증언하고 있다. 이 담화에서 오늘날의 설교가 심리학에 깊이 물들었고, 상담 이론에 있어서도 프로이트나 칼 융, 칼 로저스 같은 학자들의 이론을 그대로 수용하고 있는 형편임을 지적하고 있다.
4 Gary R. Collins, *Christian Counseling*, 정석환 역,『그리스도인을 위한 카운슬링 가이드』(서울: 기독지혜사, 1988), 23.
5 Stanton L. Jones. Richard E. Butman, *Modern Psychotherapies: A Comprehensive Christian Appraisal*, 이관직 역,『현대 심리치료법: 기독교적인 평가』(서울: 총신대학교출판부, 1995), 103. 재인용; R. Hurding, *Roots and Shoots* (London: Hodder and Stoughton, 1985), 70.
6 Jones. Butman, *Modern Psychotherapies: A Comprehensive Christian Appraisal*, 104-20.
7 Jones. Butman, *Modern Psychotherapies: A Comprehensive Christian Appraisal*, 203-4.
8 Adams, *Competent to Counsel*, 121.

9　정정숙, 『기독교상담학』, (서울: 도서출판 베다니, 2008), 41-42.
10　성경이 상담 이론을 제시하기 위한 목적으로 쓰여진 것은 아니다. 그러나 심리상담 이론들은 성경적 관점으로 재해석 되어야 하고, 성경적 세계관을 충실히 반영한 성경적 상담 운동이 활발히 전개되어야 한다는 점을 강조한 것이다.
11　정정숙, "기독교상담의 신학적 이해," 「신학지남」 제59권 2집(1992년 여름호), 188-89.
12　성경적 상담은 미국의 Westminster Theological Seminary를 중심으로 개혁주의 신학을 바탕으로 상담 이론을 정립한 학파로서 Jay E. Adams를 시작으로 John Bettler, Edward T. Welch, David A. Powlison, Paul D. Tripp, Timothy Lane등이 대표적인 성경적 상담학자들이다.
13　1920년대부터 2010년 현재까지 사용해 왔던 "상담설교"라는 말은 단지 심리상담과 설교를 통합하고자 하는 의미에서 사용해 왔다. 그러나 본 논문에서 최초로 말하는 "성경적 상담설교"는 성경적 상담과 설교를 통합한 설교이다.
14　David Powlison, *The Biblical Counseling Movement: History and Context* (Greensboro, NC.: New Growth Press, 2010). 본 저서는 성경적 상담 운동의 역사와 내용을 알 수 있는 최근(2010)의 자료이다.
15　Powlison, *The Biblical Counseling Movement: History and Context*, 332.
16　Powlison, *The Biblical Counseling Movement: History and Context*, 258.
17　Erin Mckean, *The New Oxford American Dictionary* 2nd ed. (New York: Oxford University Press, 2005), 386.
18　Mckean, *The New Oxford American Dictionary* 2nd ed., 386.
19　황규명, 『성경적 상담의 원리와 방법』(서울: 바이블리더스, 2008), 16. 재인용; David G. Benner and Peter C. Hill, "Counseling and Psychotherapy: Biblical themes," in *Baker Encyclopedia of Psychology and Counseling,* second edition (Grand Rapids, MI.: Baker Book House, 1999), 12.
20　황규명, 『성경적 상담의 원리와 방법』, 17.
21　Adams, *Competent to Counsel*, 55.
22　Jay E. Adams, *The Use of the Scriptures in Counseling* (Philipsburg, NJ.: Presbyterian and Reformed Publishing Co., 1975), 181-82.
23　awrence J. Crabb, *The Effective of Biblical Counseling*, 정정숙 역, 『성경적 상담학』(서울: 총신대학교출판부, 1999), 34-47. 크랩은 심리학에 대한 기독교적 접근 이론들을 네 가지로 설명하고 있다. 첫째, 분리적 접근이다. 이 주장은 성경은 크리스천의 신앙과 생활을 포함은 영적 이고 신학적인 문제들을 취급하고 있기 때문에 상담은 전문가들에 맡겨야 한다고 주장한다. 왜냐하면, 상담이란 성경과 무관한 심리학적 문제로 보기 때문이다. 이들은 성경과 심리학 사이에는 넘을 수 없는 벽이 가로 놓여 있는 것으로 보고, 성경과 심리학을 분리된 것으로 보며, 서로 다른 문제들을 다루고 있다고 본다. 둘째, 혼합적 접근이다. 이 접근 방법은 성경적 상담을 하기 위하여 성경과 심리학을 혼합하는 절충주의적 방법이다. 이들은 통찰과 심리학의 지혜가 담겨 있는 성경 자료들을 심리학에 통합함으로 세련되고 효과적인 "크리스천적 방법"을 찾으려고 한다. 이들은 신학과 심리학의 원리들을 제휴시키려 하고, 두 영역을 혼합하여 조화된 원리들을 찾으려고 한다. 그러나 이들의 주장은 심리학적 사고에 성경적 개념을 첨가하는 주장이다. 그러므로 이 방법은 기독교적 전제에 비추어서 심리학의 세속적 개념들을 주의

깊게 분석하지 못하는 문제점이 있다. 셋째, 영적, 신앙적 접근이다. 이 방법은 심리학을 무시하고 성경만을 강조함으로써 통합의 문제를 다루고 있다. 이 입장의 기본적 주장은 오직 은혜, 오직 예수, 오직 믿음, 오직 말씀이다. 이 주장은 우리가 올바르게 살기 위해서 필요한 모든 것은 성경 안에 있으며, 성경은 하나님의 죄에 대한 취급과 거룩한 삶을 사는 원칙에 대한 하나님의 계시를 포함하고 있기 때문에 상담자는 모든 비유기체적인 문제들을 효과적으로 다루기 위하여 성경만을 알 필요가 있다고 주장한다. 이 입장에서는 인간은 자기 행동에 대하여 책임을 져야 한다고 주장한다. 넷째, 통합적 접근은 성경과 심리학의 통합을 시도하는 접근 방법으로서, 심리학이 성경의 권위 아래 있는 것에 동의하고 있고, 성경은 정확 무오한 영감 된 계시이며 성경의 내용에 진지한 관심을 가져야 한다는 입장이다. 이 견해는 성경의 조명 아래서 심리학의 학문적 결과들을 취급하고, 성경에 맞지 않는 요소들을 제거해 감으로써 성경과 심리학의 통합을 이룰 수 있으며, 이것을 상담에 적용할 수 있다는 것이다. 크랩은 통합적 접근을 "Spoiling The Egyptians"(애굽의 약탈물)라 불렀다. 필자의 입장은 영적 신앙적 입장과 통합적 접근을 보완하는 입장이다. 즉 성경을 중심으로 상담을 진행하되 심리학을 무시하는 것은 아니다. 또한, 통합적 입장에서 말하는 것에서 심리학이 성경의 권위 아래 있는 것에 동의하나 성경과 심리학을 통합한다는 용어에 동의하지 않으며 성경의 절대 권위 아래서 성경에 위배되지 않는 심리학의 원리를 사용 할 수 있다고 본다. 다만 성경과 심리학 간에 무리한 통합의 시도로 인하여 성경의 권위가 조금이라도 훼손되는 것을 반대하는 입장이다. 이것이 성경적 상담의 입장이라고 믿는다.

24 황규명, 『성경적 상담의 원리와 방법』, 17.
25 Jay E. Adams는 존스홉킨스대학에서 헬라어를 전공했고 심리학과목을 택하여 공부했다. 템플대학교에서 신학 석사를 마치고, 미주리대학교에서 박사학위를 받았다. 그리고 웨스트민스터신학교의 실천신학 교수가 되었다. 그는 기독교상담학 분야에서 성경적 원리를 제시함으로써 새로운 방향전환을 가능케 한 코페르니쿠스적 인물이다. 즉 비기독교적인 전제를 바탕으로 한 심리학적 상담 접근법을 성경적인 상담접근법으로 상담 이론을 개발함으로써 상담학계의 일대 방향전환을 가져온 인물이다. 특히, CCEF(Christian Counseling Educational Foundation)를 설립한 초대 원장으로서 이 상담소를 통하여 상담 이론을 체계화하고 확산시키는데 기여했다. 그는 자신이 개발한 상담 이론을 권면적 상담이라 불렀다. *Competent to Counsel, The Use of the Scriptures in Counseling* 외에 많은 저서를 남겼다.
26 Jay E. Adams, *Competent to Counsel* (Grand Rapids: Zondervan, 1986), 43.
27 John Bettler는 CCEF의 2대 원장으로서 Philadelphia College of Bible를 졸업하고 웨스트민스터신학교에서 신학을 공부하고 시카고신학교에서 박사학위를 받았다. 대표적 article로 "Jesus Way of Caring"과 "Farast the Curse is Found: Human Suffer"가 있다. 아담스가 영적 코치나 교사와 같은 상담가 이미지라고 한다면, 그는 친구나 조언자 같은 상담가 이미지를 가지고 있으며, 복음주의심리학자들과 대화를 시도했다. 일대일 상담에 중점을 두었으며 상담가로 여자나 평신도를 포함시켰다. 부드러운 성경적 상담을 주장했으며 그리스도의 사랑으로 피상담자와 관계를 만드는 것에 대해서 관심을 두었다. 사랑의 표현으로 경청, 공감, 이해를 중시했다.
28 Edward Welch는 University of Delaware를 졸업한 후, 비블리칼 신학교에서 목회학 석사를, 유타대학교에서 Ph.D.를 받았다. 그는 웨스트민스터신학교의 상담학 교수로서 성경 적 상담에 관한 명 강의로 유명하다. 저서로 *When People Are Big and God is*

*Small, Blame It on the Brain, Addictions: A Banquet in the Grave, Depression: A Stubborn Darkness, Running Scared: Fear, Worry and the God of Rest*가 있다.

29   David Powlison는 하버드대에서 심리학, 웨스트민스터신학교에서 신학을 공부하고 펜실베니아대학교에서 철학 박사학위를 받았다. 현재, CCEF의 교수와 상담사로 활동하고 있으며 웨스트민스터신학교에서 상담학을 가르치고 있다. *The Journal of Biblical Counseling*의 편집인이며, 저서로 *Speaking Truth in Love, Power Encounter, Competent to Counsel, Seeing With New Eyes* 등이 있다.

30   Paul D. Tripp은 필라델피아신학교에서 석사, 웨스트민스터신학교에서 목회상담학 박사학위를 받았다. 그는 CCEF의 상담사와 웨스트민스터신학교의 실천신학 교수로 활동하고 있다. 저서로는 *Age of Opportunity: A Biblical Guide to Parenting Teens, War of Words, Instruments in the Redeemer's Hands*가 있다.

31   Timothy Lane은 현재 CCEF의 3대 원장이다. 그는 University of Georgia를 졸업한 후 웨스트민스터신학교에서 목회학 석사학위를 받았으며, 같은 신학교에서 목회상담학 전공으로 박사학위를 받았다. 저서로 *How People Change, Relationship: A Mess Worth Making, Forgiving Others: Joining Wisdom and Love, Conflict: A Redemptive Opportunity* 등이 있다.

32   정정숙, 『기독교상담학』, 77.

33   Jay E. Adams, *More Than Redemption : A Theology of Christian Counseling*(Phillipsburg, NJ.: Presbyterian and Reformed Publishing Company, 1979), 13.

34   Adams, *More Than Redemption: A Theology of Christian Counseling*, 13. 성경이 인간을 변화시키는 근거가 되는 구절은 딤후 3:16-17에서 찾을 수 있다. 하나님은 인간을 변화시키기 위해서 말씀을 도구로 사용하시고, 성령을 통해 변하도록 역사 하신다. 하나님께서 말씀으로 사람을 변화시키는 일을 하나님의 사람들에게 맡기셨다.

35   정정숙, 『기독교상담학』, 78.

36   칼 로저스(Carl Rogers) 학파에서 추구하는 '자율적 존재'는 성경적 인간관이 아니다. 성경은 인간이 하나님께 의존하는 존재(행 17:28)이며, 하나님을 위하여(계 4:11) 피조 된 존재임을 강조 한다. 그러므로 인간이 '자율적 존재'라 주장하며, 그것을 추구하는 것은 하나님에 대한 도전이라 말할 수 있다.

37   아담스(Jay E. Adams)는 이 세상에 두 종류의 상담이 존재하고 있다고 했다. 하나는 하나님의 상담이며, 다른 하나는 사단의 상담이다. 사단의 상담은 거짓된 상담으로서 진실된 하나님의 상담을 거스른다. 그는 계시적이 아니거나 계시에 근거하지 않는 상담은 모두 마귀적이라 했다. 필자는 두 종류의 상담이 존재하는 부분은 동의하나 계시에 근거하지 않는 상담이 모두 마귀적이라는 표현은 지나친 면이 있다고 본다. 왜냐하면, 하나님께서는 기독교상담자의 선한 인격과 학문을 통해서도 역사하시는 분이기 때문이다.

38   Adams, *More Than Redemption: A Theology of Christian Counseling*, 11.

39   Samuel Southhard, *Theology and Therapy, The Wisdom of God in a Context Friendship* (Dallas: Word Publishing Co., 1989), 11. 상담의 신학적 접근에 대해서 알 수 있는 책이다.

40   Jay E. Adams, *A Theology of Christian Counseling* (Grand Rapids, Mi.: Zondervan, 1979).

41   Adams, *More Than Redemption: A Theology of Christian Counseling*, 15. 아담스는 이 문제에 대하여 "신학이 없는 상담은 죽은 것이다"라고 했다. 그의 이러한 표현은 신학과 상담의 관계를 가장 정확하게 묘사하고 있는 것이다.

42 개혁신학은 하나님의 주권을 강조하며, 특별계시인 정확 무오한 성경 말씀의 권위를 철저히 인정하는 신학이며, 일반계시, 일반은총의 영역을 무시하지 않고 적극적인 관점을 견지하는 신학이다.
43 성경적 상담의 기본 원리를 이해하기 위해서는 다음 서적들을 참조하라. Paul D. Tripp, *Instruments in the Redeemer's Hands* (Phillipsburg, NJ.: Presbyterian & Reformed Co., 2002)., Paul David Tripp, *War of Words* (Phillipsburg, NJ.: Presbyterian & Reformed Co., 2000)., Edward Welch, *When People Are Big and God is Small* (Phillipsburg, NJ.: Presbyterian & Reformed Co., 1997).,Timothy Lane & Paul D. Tripp, *How People Change* (New York: New Groth Press, 2006)., David Powlison, *Seeing with New Eyes* (Phillipsburg, NJ.: Presbyterian & Reformed Publishing Co., 2003)., 전형준, 『인간의 마음의 문제를 풀어 주는 성경적 상담』(서울: 쿰란출판사, 2009)., 황규명, 『성경적 상담의 원리와 방법』(서울: 바이블 리더스, 2008).
44 Tripp, *Instruments in the Redeemer's Hands*, 37-46.
45 Tripp, *Instruments in the Redeemer's Hands*, 46-55.
46 Tripp, *Instruments in the Redeemer's Hands*, 57-65.
47 전형준, 『인간의 마음의 문제를 풀어 주는 성경적 상담』, 31.
48 Tripp, *Instruments in the Redeemer's Hands*, 95-108.
49 Tripp, *Instruments in the Redeemer's Hands*, 141-59.
50 Timothy Lane & Paul D. Tripp, *How People Change*, 김준수 외 역, 『사람은 어떻게 변화 되는가』(서울: 생명의 말씀사, 2009). 296-322.
51 Lane & Tripp, *How People Change*, 164-365. 티모티 레인과 폴 트립의 저서에 성경적 변화의 역동성이 구체적으로 설명되어 있다.
52 Lane & Tripp, *How People Change*, 190-224.
53 Lane & Tripp, *How People Change*, 225-42.
54 황규명, 『성경적 상담의 원리와 방법』, 153.
55 전형준, 『인간의 마음의 문제를 풀어주는 성경적 상담』, 38-39.
56 Lane & Tripp, *How People Change*, 247-80.
57 황규명, 『성경적 상담의 원리와 방법』, 153.
58 전형준, 『인간의 마음의 문제를 풀어주는 성경적 상담』, 39-40.
59 전형준, 『인간의 마음의 문제를 풀어주는 성경적 상담』, 40. 누가복음 24:32에는 "저희가 서로 말하되 길에서 우리에게 말씀하시고 우리에게 성경을 풀어 주실 때에 우리 속에서 마음이 뜨겁지 아니하더냐 하고"라고 기록 되었다. 말씀을 들을 때 마음이 뜨거워지게 하시는 분이 성령이시다.
60 Lane & Tripp, *How People Change*, 281-322.
61 Lane & Tripp, *How People Change*, 323-42. 참조. 전형준, 『인간의 마음의 문제를 풀어주는 성경적 상담』, 42. 누가복음 19:8에 "삭개오가 서서 주께 여짜 오되 주여 보시옵소서 내 소유의 절반을 가난한 자들에게 주겠사오며 만일 뉘 것을 토색한 일이 있으면 사 배나 갚겠나이다" 한 것처럼 마음이 바뀌면 새로운 행동의 열매가 나타난다.
62 Lane & Tripp, *How People Change*, 343-65.
63 Lane & Tripp, *How People Change*, 94-96.
64 전요섭 "상담적 설교를 위한 상담과 설교의 통합 방안" (교육학 박사학위, 단국대학교, 2005), 123. 상담과 설교의 통합은 많은 논란이 있다. 근본적으로는 상담과 설교

란 서로의 개념을 손상시킨다는 이유로 통합을 반대하는 입장도 있다. 설교학적 견해로는 설교의 순수성을 훼손할 수 있으며 설교의 본질에 치명적인 손상을 주는 가능성을 두려워하여 통합적 사고에 대해 거부하거나 적극적 제동을 거는 반론도 있다. 이것은 '강단치유'를 비성경적이거나 비학문적인 것으로 단정 짓고 치료는 개인상담의 방식을 취하는 것이 바람직할 뿐, 설교를 그렇게 이용하는 것은 그 가치를 하락시키는 것으로 보는 경향이다. Illion T. Johns, 『설교의 원리와 실제』, 정장복 역(서울: 생명의 말씀사, 1986). 이러한 상담과 설교의 관계를 복음주의 전통에서 이해하고자 시도한 학자는 드루대학의 토마스 오든이다. 오든은 이 두 학문이 표면상으로는 다르게 보이지만 그 속에는 유사성이 숨어 있으며 하나의 목회에 이 두 가지가 서로 모순 없이 체험될 수 있을 것이라 제안했다. 상담과 설교의 통합은 대부분의 목사들에게 목회의 갈등요소가 아닐 수 없다. 빌 위태이커는 상담과 설교 사이의 우선권 문제를 놓고 갈등한 후에 이 두 가지 영역은 상호 경쟁적이라기보다 상호보완적이라는 결론에 이르게 되었다고 진술했다. 신학과 심리학의 관계성에 관한 연구는 활발히 진행되어 왔다. 그러나 상담과 설교가 상호보완적 관계라는 점과 신학과 심리학의 관계는 그 성격상 매우 상이한 것이다. 왜냐하면, 심리학과 신학은 상호보완적이라고 말할 수는 없기 때문이다. 신학이 심리학을 보완할 수는 있겠으나 심리학이 신학을 보완한다고 할 수는 없다고 본다. 개혁주의 신학의 입장에서 상담과 설교의 관계를 언급한 학자는 웨스트민스터신학교의 데이비드 파울리슨과 에드워드 웰치, 그리고 폴 트립이다. 그들은 집단상담의 한 형태로서의 성경적 상담설교의 가능성에 대하여 언급하며, 성경적 상담설교의 모델을 제시하고 있다. 본고에서는 성경적 상담설교의 구조를 제안하고자 한다.

65 전요섭 "상담적 설교를 위한 상담과 설교의 통합 방안," 10.
66 Donald Capps, *Pastoral Counseling and Preaching: A Quest for an Integrated Ministry* (Philadelphia PN.: The Westminster Press, 1980), 37-38.
67 Capps, *Pastoral Counseling and Preaching: A Quest for an Integrated Ministry*, 38.
68 Capps, *Pastoral Counseling and Preaching: A Quest for an Integrated Ministry*, 38-39.
69 Capps, *Pastoral Counseling and Preaching: A Quest for an Integrated Ministry*, 39-41.
70 Donald Capps, *Pastoral Counseling and Preaching: A Quest for an Integrated Ministry*, 전요섭 역, 『목회상담과 설교』(서울: 도서출판 솔로몬, 1996), 65-66.
71 성경적 상담설교의 구조에 대한 제안의 근거는 성경적 상담 이론 가운데 성경적 상담의 원리와 성경적 변화의 로드맵 그리고 성경적 변화의 방법인 성경적 상담법을 종합적으로 설교의 구조에 적용한 형태이다.
72 성경적 상담의 로드맵에서 첫 번째가 상황이 무엇인가? 하는 것이다. 즉 설교자는 청중이 어떤 고통스러운 상황 속에 있는가를 살펴야 한다는 것이다. 그리고 성경적 상담의 방법에서 첫째가 사랑하라이다. 사랑하라에서는 상담자와 내담자와의 신뢰관계가 중요하다. 이를 통해서 내담자인 청중을 하나님께로 인도하는 하나님과의 관계 회복을 도모해야 한다. 이때 가장 중요한 것은 내담자, 즉 청중의 마음으로 들어가는 것이다. 그것이 진입구를 여는 것이다. 여기서 진입구는 곧 청중이 느끼는 고통스러운 상황 속에서 느끼는 갈등인 것이다.
73 성경적 상담설교의 두 번째 구조는 마음의 동기를 살피라는 것이다. 성경적 상담의 7대 원리 가운데 세 번째 원리가 인간의 문제는 마음의 문제라는 것이다. 성경적 상담은 인간의 마음의 문제를 진단하고 그 마음을 말씀과 성령의 역사로 새롭게 함으로서 변화를 가져오는 것이다. 그러므로 성경적 상담설교에서도 역시 청중의 마음의 동기

를 살피는 것이 중요하다.
74 성경적 상담설교의 세 번째 구조는 성경 말씀을 해석하며 하나님의 성품과 예수 그리스도에 초점을 맞추는 것이다. 이것은 해석의 단계이다. 청중의 고통스러운 상황과 마음의 동기를 살핀 후에는 성경 본분 말씀을 해석하는 것이다. 성경적 상담의 원리 가운데 다섯 번째 원리가 성경적 상담의 모델은 예수 그리스도라는 것이다. 성경적 변화의 로드맵 다섯 번째 과정은 하나님은 무엇이라 마르씀 하시는가 하는 것이다. 그러므로 이 단계에서는 하나님의 성품과 예수 그리스도에 초점을 맞추면서 상담적 관점으로 성경을 해석하는 단계이다.
75 성경적 상담설교의 구조의 네 번째 단계는 말씀과 성령을 통해 새로워진 마음의 변화를 인식하는 것이다. 성경적 변화의 로드맵 여섯 번째 단계는 말씀과 성령을 통해 새로워진 마음이다. 이것은 부정적 반응을 하게 했던 나쁜 마음이 아니라, 성령의 열매를 맺는 새마음이다. 성경적 상담의 일곱 번째 원리는 인간의 마음의 변화는 성령의 역사로 이루어진다는 것이다. 그러므로 말씀을 듣고 성령께서 변화시키는 역사를 통하여 변화된 새 마음을 확인하는 일이 필요하다.
76 성경적 상담설교의 다섯 번째 구조는 변화된 마음으로 어떻게 살아야 할 것인가를 계획하는 것이다. 이것은 적용의 단계이다. 성경적 변화의 로드맵에서 일곱 번째 단계는 새로운 반응이다. 즉 새로워진 마음으로 성령의 열매를 맺는 선한 반응을 보이는 것이다. 또한 로드맵의 마지막 단계는 새로운 결과이다. 믿음과 순종 가운데 나타나는 새로워진 결과를 나타내는 것이다. 이 단계에서는 말씀 속에 나타난 메시지들을 구체적인 삶과 연결하여 새로운 삶의 결단을 촉구하는 적용에 관한 부분이다.
77 황규명,『성경적 상담의 원리와 방법』, 214.
78 황규명,『성경적 상담의 원리와 방법』, 260.
79 Paul Scott Wilson, *God Sense* (Nashville: Abingdon Press, 2001), 55.
80 R. Albert Mohler, Jr., "A Theology of Preaching," in *Handbook of Contemporary Preaching*, Michael Duduit, ed. (Nashiville: Broadman Press, 1994), 16.
81 Mohler, Jr., "A Theology of Preaching," 14.
82 John Stott, *Between Two Worlds: The Art of Preaching in the Twentieth Century* (Grand Rapids: Zondervan, 1982), 125.

제15장 치료자 예수에 대한 마태의 관심과 성경적 상담설교의 실제

1 H. D. Betz, "Jesus as divine Man," *Jesus and the Historian*, Edited by Thomas Troffer(Philadelphia: Westminster Press, 1968), 114-133; Otto Betz, "The Concept of the So-Called Divine man in mark's Christology," in *Festschrift Allen P. Wikgren, Supp/ NT*, 33(1972): 229-240.
2 J. T. Sanders, *The Jews in Luke-Acts* (London: SCM Press, 1987), 132.
3 F. Bovon, *Luke the Theologian: Thirty-Three Years of Research (1950-1983)* (Pennsylvania: Pickwick Pulication, 1987), 402.
4 Paul S. Minear, *Matthew: The Teacher's Gospel* (New York: The Pilgrims Press, 1982), 8-9.
5 Peter F. Ellis, *Matthew: His Mind and His message* (Minnesota: The Litergical Press, 1974), 31-40.

6   Ulrich Luz, *The Theology of the Gospel of Matthew* (London: Cambridge University Press, 1993), 117.
7   김득중, "마태복음의 치료자 예수상,"「신학과 세계」vol 45.(2002): 26.
8   G. Bornkamm, G. Barth and H. J. Held, *Tradition and Interpretation in Matthew* (Philadelphia: The Westminster Press, 1963), 168.
9   누가복음의 경우는 예수의 성전 정화 사건을 언급한(눅 19:45-46) 후에, 오히려 "예수께서 날마다 성전에서 가르치시니-"(눅 19:47)라고 표현함으로서 예수의 teaching ministry를 강조하고 있다.
10 김득중, "마태복음의 치료자 예수상," 27-28.
11 김득중, "마태복음의 치료자 예수상," 28-29.
12 전요섭 "상담적 설교를 위한 상담과 설교의 통합 방안" (교육학 박사학위, 단국대학교, 2005), 123. 상담과 설교의 통합은 많은 논란이 있다. 근본적으로는 상담과 설교란 서로의 개념을 손상시킨다는 이유로 통합을 반대하는 입장도 있다. 설교학적 견해로는 설교의 순수성을 훼손할 수 있으며 설교의 본질에 치명적인 손상을 주는 가능성을 두려워하여 통합적 사고에 대해 거부하거나 적극적 제동을 거는 반론도 있다. 이것은 '강단치유'를 비성경적이거나 비학문적인 것으로 단정 짓고 치료는 개인상담의 방식을 취하는 것이 바람직할 뿐, 설교를 그렇게 이용하는 것은 그 가치를 하락시키는 것으로 보는 경향이다. Illion T. Johns,『설교의 원리와 실제』, 정장복 역(서울: 생명의말씀사, 1986). 이러한 상담과 설교의 관계를 복음주의 전통에서 이해하고자 시도한 학자는 드류대학교의 토마스 오든이다. 오든은 이 두 학문이 표면상으로는 다르게 보이지만 그 속에는 유사성이 숨어 있으며 하나의 목회에 이 두 가지가 서로 모순 없이 체험될 수 있을 것이라 제안했다. 상담과 설교의 통합은 대부분의 목사들에게 목회의 갈등요소가 아닐 수 없다. 빌 위태이커는 상담과 설교 사이의 우선권 문제를 놓고 갈등한 후에 이 두 가지 영역은 상호 경쟁적이라기보다 상호보완적이라는 결론에 이르게 되었다고 진술했다. 신학과 심리학의 관계성에 관한 연구는 활발히 진행되어 왔다. 그러나 상담과 설교가 상호보완적 관계라는 점과 신학과 심리학의 관계는 그 성격상 매우 상이한 것이다. 왜냐하면, 심리학과 신학은 상호보완적이라고 말할 수는 없기 때문이다. 신학이 심리학을 보완할 수는 있겠으나 심리학이 신학을 보완한다고 할 수는 없다고 본다. 개혁주의 신학의 입장에서 상담과 설교의 관계를 언급한 학자는 웨스트민스터신학교의 데이비드 파울리슨과 에드워드 웰치, 그리고 폴 트립이다. 그들은 집단상담의 한 형태로서의 성경적 상담설교의 가능성에 대하여 언급하며, 성경적 상담설교의 모델을 제시하고 있다. 본고에서는 치료자로서의 예수에 대한 관심을 가졌던 마태복음에서 상담설교의 실제를 제시하고자 한다.
13 전요섭 "상담적 설교를 위한 상담과 설교의 통합 방안," 10.
14 한국교회 역사에 나타난 목회상담학의 흐름과 성경적 상담의 관점에 관하여 이해하기 위해서는 다음 논문을 참조하라: 전형준, "한국 장로교회 100년의 역사에 나타난 목회상담학의 흐름과 전망,"「개혁논총」제22권, 개혁신학회 논문집 (2012년 6월 30일): 331-360.
15 전요섭 "상담적 설교를 위한 상담과 설교의 통합 방안," 9-11.
16 심수명,『상담적 설교의 이론과 실제』(서울: 도서출판다세움, 2008), 36-37.
17 성경적 상담 이론에 대하여는 다음의 책을 참조하라: 전형준,『성경적 상담학』(서울: 도서출판대서, 2012).

18 성경적 상담설교가 인간의고통과 상처를 치유하는 설교라는 점이 강조되어 있다.
19 심수명, 『상담적 설교의 이론과 실제』, 37-38.
20 전형준, 『성경적 상담과 설교』 (서울: CLC, 2011), 212-213.
21 심수명, 『상담적 설교의 이론과 실제』, 38.
22 예수께서는 위로부터 보고들은 것을 설교하셨으므로 예수께서 하신 설교가 반드시 상담설교였다고 단정할 수는 없으나 예수님의 설교가 청중의 마음과 상황을 헤아린 설교로서 상담적 요소가 있었다는 점을 지적할 수 있다고 본다.
23 김만풍, "상담설교의 주제와 내용," 『그 말씀』(1994년 11월호), 119.
24 John Turner, *Healing Church*, 김선도 역, 『치유하는 교회』 (서울: 광림, 1990), 17.
25 전형준, 『성경적 상담과 설교』, 215.
26 R. S. Anderson, *The Praxcis of Pentacost*, 조수역 역, 『오순절의 프락시스』 (서울: 아세아 신학사, 1992), 53.
27 김만풍, 『상담설교』 (서울: 크리스챤서적, 1995), 44.
28 Daniel. J. Baumann, *An Introduction to Contemporary Preaching*, 정장복 역, 『현대 설교학 입문』 (서울: 양지각, 1986), 126.
29 오성춘, 『목회상담과 상담 목회』, (서울: 쿰란출판사, 2003), 148.
30 Clyde Reid, *The Crisis of Preaching*, 정장복 역, 『설교의 위기』 (서울: 대한기독교출판, 1991), 32.
31 심수명, 『상담적 설교의 이론과 실제』, 39.
32 J. E. Adams, *Competent to Counsel*, (Nutley: Presbyterian and Reformed publishing Co., 1970), 26.
33 류응렬, "한국 교회 개혁주의 설교의 정착을 위한 8가지 제언," (한국개혁신학회 제26회 정기학술심포지엄, 2009), 135.
34 오성춘, "치유와 상담설교," 『그 말씀』(서울: 도서출판 두란노, 1994), 148-49.
35 전형준, 『성경적 상담과 설교』, 219.
36 Jay E. Adams, *A Theology of Christian Counseling -More Than Redemption-*, (Grand Rapids MI.: Zondervan, 1979), 12.
37 Adams, *A Theology of Christian Counseling*, 17.
38 전형준, "성경적 상담과 설교의 통합 방안," 『성경과 신학』 제61권, 한국복음주의신학회 논문집, (2012년 4월): 123-156.
39 Donald Capps, *Pastoral Counseling and Preaching: A Quest for an Integrated Ministry* (Philadelphia PN.: The Westminster Press, 1980), 37-38.
40 Capps, *Pastoral Counseling and Preaching: A Quest for an Integrated Ministry*, 38.
41 Capps, *Pastoral Counseling and Preaching: A Quest for an Integrated Ministry*, 38-39.
42 Capps, *Pastoral Counseling and Preaching: A Quest for an Integrated Ministry*, 39-41.
43 Donald Capps, *Pastoral Counseling and Preaching: A Quest for an Integrated Ministry*, 전요섭 역, 『목회상담과 설교』 (서울: 도서출판 솔로몬, 1996), 65-66.
44 성경적 상담설교의 구조에 대한 제안의 근거는 성경적 상담 이론 가운데 성경적 상담의 원리와 성경적 변화의 로드맵 그리고 성경적 변화의 방법인 성경적 상담법을 종합적으로 설교의 구조에 적용한 형태이다.
45 성경적 상담의 로드맵에서 첫 번째가 상황이 무엇인가? 하는 것이다. 즉 설교자는 청중이 어떤 고통스러운 상황 속에 있는가를 살펴야 한다는 것이다. 그리고 성경적 상담

의 방법에서 첫째가 사랑하라이다. 사랑하라에서는 상담자와 내담자와의 신뢰관계가 중요하다. 이를 통해서 내담자인 청중을 하나님께로 인도하는 하나님과의 관계 회복을 도모해야 한다. 이때 가장 중요한 것은 내담자, 즉 청중의 마음으로 들어가는 것이다. 그것이 진입구를 여는 것이다. 여기서 진입구는 곧 청중이 느끼는 고통스러운 상황 속에서 느끼는 갈등인 것이다.

46 성경적 상담설교의 두 번째 구조는 마음의 동기를 살피라는 것이다. 성경적 상담의 7대 원리 가운데 세 번째 원리가 인간의 문제는 마음의 문제라는 것이다. 성경적 상담은 인간의 마음의 문제를 진단하고 그 마음을 말씀과 성령의 역사로 새롭게 함으로서 변화를 가져오는 것이다. 그러므로 성경적 상담설교에서도 역시 청중의 마음의 동기를 살피는 것이 중요하다.

47 성경적 상담설교의 세 번째 구조는 성경 말씀을 해석하며 하나님의 성품과 예수 그리스도에 초점을 맞추는 것이다. 이것은 해석의 단계이다. 청중의 고통스러운 상황과 마음의 동기를 살핀 후에는 성경 본문 말씀을 해석하는 것이다. 성경적 상담의 원리 가운데 다섯 번째 원리가 성경적 상담의 모델은 예수 그리스도라는 것이다. 성경적 변화의 로드맵 다섯 번째 과정은 하나님은 무엇이라 말씀하시는가 하는 것이다. 그러므로 이 단계에서는 하나님의 성품과 예수 그리스도에 초점을 맞추면서 상담적 관점으로 성경을 해석하는 단계이다.

48 성경적 상담설교의 구조의 네 번째 단계는 말씀과 성령을 통해 새로워진 마음의 변화를 인식하는 것이다. 성경적 변화의 로드맵 여섯 번째 단계는 말씀과 성령을 통해 새로워진 마음이다. 이것은 부정적 반응을 하게 했던 나쁜 마음이 아니라, 성령의 열매를 맺는 새 마음이다. 성경적 상담의 일곱 번째 원리는 인간의 마음의 변화는 성령의 역사로 이루어진다는 것이다. 그러므로 말씀을 듣고 성령께서 변화시키는 역사를 통하여 변화된 새 마음을 확인하는 일이 필요하다.

49 성경적 상담설교의 다섯 번째 구조는 변화된 마음으로 어떻게 살아야 할 것인가를 계획하는 것이다. 이것은 적용의 단계이다. 성경적 변화의 로드맵에서 일곱 번째 단계는 새로운 반응이다. 즉 새로워진 마음으로 성령의 열매를 맺는 선한 반응을 보이는 것이다. 또한 로드맵의 마지막 단계는 새로운 결과이다. 믿음과 순종 가운데 나타나는 새로워진 결과를 나타내는 것이다. 이 단계에서는 말씀 속에 나타난 메시지들을 구체적인 삶과 연결하여 새로운 삶의 결단을 촉구하는 적용에 관한 부분이다.

50 황규명, 『성경적 상담의 원리와 방법』(서울: 바이블리더스, 2008), 214.
51 박용우, 『문화 성경』(서울: 숭실대학교출판부, 2009), 18.
52 William Hendrickson, 『마태복음 (중)』(서울: 아가페출판사, 1988), 214.
53 한숙자, "수치심과 죄책감에 대한 성경적 이해와 치유를 위한 기독교상담적 접근," 「복음과 상담」 제16권, 한국복음주의기독교상담학회 논문집, (2011년 5월): 225-249.
54 오윤선, "청소년 불안 조절을 위한 말씀묵상기도 효과 연구," 「복음과 상담」 제17권, 한국복음주의기독교상담학회 논문집, (2011년 11월): 130-151.
55 전형준, "노년기의 분노에 대한 성경적 상담 방안," 「복음과 상담」 제18권, 한국복음주의기독교상담학회 논문집, (2012년 5월): 9-39.

참고 문헌

제1장 한국교회와 성경적 상담의 이해와 과제

강경미. "청소년 학교 폭력의 예방과 기독교상담." 한국복음주의기독교상담학회. 「복음과 상담」 제16권 (2011): 64-92.
_____. "청소년 약물 남용과 기독교 치유 상담." 한국복음주의기독교상담학회. 「복음과 상담」 제15권 (2010): 79-104..
강연정. "도박 중독의 예방 및 치유를 위한 기독교상담학적 접근." 한국복음주의기독교상담학회. 「복음과 상담」 제15권. (2010): 39-75..
_____. "목회자 자녀의 건강한 자아형성을 위한 상담의 과제." 한국기독교상담학회. 「한국기독교상담학회지」 제 9권 (2005): 113-144.
김만풍. 『상담설교』. 서울: 크리스천서적, 1995.
김영한. 『21세기 한국기독교 문화와 개혁신앙』. 서울: 예영 커뮤니케이션, 2008.
_____. "한국 복음주의 신학의 정체성." 한국복음주의신학회. 「성경과 신학」 제47권 (2008): 61-86.
_____. 『서양신학을 향한 한국복음주의 신학의 제언』. 서울: 생명의 말씀사, 2001.
_____. 『21세기 교회를 위한 복음주의 신학의 사명』. 서울: 도서출판 영성, 2006.
_____. "한국 복음주의 신학의 정체성." 한국복음주의신학회. 「성경과 신학」 제47권 (2008): 61-86.
김영희. "중독자녀의 부모에 대한 동반의존 치료를 위한 돌봄." 한국복음주의기독상담학회. 「복음과 상담」 제15권 (2010): 9-35.
김의환. "한국복음주의 신학의 정체성과 과제." 제 51차 한국복음주의신학회 논문발표회 자료집 (2008년 5월): 34-55.

김준수. "성경적 인간 이해." 한국성경적상담연구원. 「성경과 상담」 제2권 (2003): 41-56..
김준수. "기독교상담의 역사." 『복음주의 기독교상담학』. 서울: 한국가정상담연구소, 2004.
박형룡. 『박형룡 저작전집 XIII』. 서울: 한국기독교교육연구원, 1983.
심수명. 『상담적 설교의 이론과 실제』. 서울: 도서출판다세움, 2008.
안경승. "복음주의 신학과 신앙의 확립을 통한 한국 복음주의 목회상담학의 과제," 한국복음주의신학회. 「성경과 신학」 제32권 (2002): 227-250.
＿＿＿＿. "중독과 신앙 공동체." 한국복음주의기독교상담학회. 「복음과 상담」 제15권 (2010): 105-133.
오성춘. "새 시대의 한국 교회와 목회상담의 과제에 관한 연구." 장로회신학대학교. 「장신 논단」 제18권, (2002): 401-423.
오윤선. "성 폭력 피해 청소년의 기독교상담학적 접근." 한국복음주의기독교상담학회. 「복음과 상담」 제16권, (2011): 151-170.
원효식. "성경적 가정 사역과 목회상담에 대한 고찰." 한국복음주의기독교상담학회. 「복음과 상담」 제7권, (2006): 79-114.
이은규. "복음주의 상담을 위한 영성에 대한 고찰." 한국복음주의기독교상담학회. 「복음과 상담」 제11권, (2008): 9-44.
전요섭. "상담적 설교를 위한 상담과 설교의 통합 방안." 교육학 박사학위. 단국대학교, 2005.
전형준. 『성경적 상담학』. 서울: 도서출판 대서, 2012.
＿＿＿＿. "한국 장로교회 100년의 역사에 나타난 목회상담학의 흐름과 전망." 개혁신학회. 「개혁논총」 제22권, (2012): 331-360.
＿＿＿＿. 『성경적 상담과 설교』. 서울: CLC, 2011.
＿＿＿＿. "성경적 상담과 설교의 통합 방안 -성경적 상담설교의 구조를 중심으로-," 백석학원 건학 35주년 기념 공동 국제학술대회 개혁주의 생명신학회 제5회 및 한국복음주의신학회 제58회 정기학술대회 논문집: 265-288.
최광현. "가족 체계이론을 중심으로 한 위기가족을 위한 목회적 돌봄." 한국복음주의기독교상담학회. 「복음과 상담」 제17권 (2011): 179-202.
한숙자. "한국의 다문화 가정에 대한 기독교상담 전략의 모색." 한국복음주의기독교상담학회. 「복음과 상담」 제17권 (2011): 9-43.
한철하. "새 천년과 복음주의 신학의 과제." 『21세기 인류의 살길』. 양평: 아세아연합신학대학교 출판부, 2003.

황규명. 『성경적 상담의 원리와 방법』. 서울: 바이블 리더스, 2008.
_____. "학교 폭력에 나타나는 마음의 문제: 성경적 상담의 관점." 한국복음주의 기독교상담학회. 「복음과 상담」 제16권 (2012): 37-63.
Adams, Jay E. *A Theology of Christian Counseling*. Grands Rapids, Mi.: Zondervan Publishing House, 1979.
_____. *Competent to Counsel*, 정정숙 역, 『목회상담학』. 서울: 총신대학교 출판부, 2001.
Basinger, David. & Randall Basingger, *Predestination & Free Will*. Downers Grove, Il.: InterVarsity Press, 1986.
Crabb, Lawrence J. Jr. *Understanding People*. Grands Rapids, Mi.: Zondervan Publishing House, 1987.
_____. *Understanding Who You Are*, 한재희 외 역, 『그리스도인을 위한 인간 이해』. 서울: 이레서원, 2002.
Emlet, Michael R. "Understanding the Influences on the Human Heart." *The Journal of Biblical Counseling*, CCEF (Winter 2002): 48-61.
Hurding, R. *Roots and Shoots*. London: Hodder and Stoughton, 1985.
Jones, Stanton L. & Richard E. Butman. *Modern Psychotherapies*. 이관직 역. 『현대 심리치료법』. 서울: 총신대학교출판부, 1995.
Jun, Hyung Joon. "A Studyon The Effect of Counseling Preaching in Relation to The Pastoral Context in The Twenty FirstCentury." Doctor Dissertation. Westminster Theological Seminary, 2006.
Kim Yung Han. *Bible & Theology*, vol. XXXI, *The Direction of World Evangelical Theology in the 21st Century*. Seoul: Word of Life press, (2002): 61-86.
Lane, Timothy & Paul D. Tripp, *How People Change*. Greensboro, NC.: New Growth press, 2006.
Moreland, J. P. & David M. Ciocchi. *Christian perspectives on Being Human*. Grands Rapids, Mi.: Baker Books, 1993.
O'Leary, K. and G. Wilson. *Behavior Therapy: Application and Outcome* (2nd ed.). Englewood Cliffs, NJ.: Prentice-Hall, 1987.
Powlison, David. *Seeing with New Eyes*. Phillipsburg, NJ.: Presbyterian & Reformed Publishing Company, 2003.
_____. "What is Larry Crabb's contribution to Biblical Counseling?," 미간행 논문.

Tripp, Paul D. *Instruments in the Redeemer's Hands*. Phillipsburg, NJ.: Presbyterian & Reformed Publishing Company, 2002.

Welch, Edward. *Blame It on the Brain*. 한성진 역.『뇌 책임인가 내 책임인가?』. 서울: CLC, 2003.

_____. "How Theology shapes Ministry: Jay Adams View of The Flesh and an Alternative." *The Journal of Biblical Counseling*, CCEF (Spring 2002): 16-25.

_____. *When People Are Big and God is Small*. Phillipsburg, NJ.: Presbyterian & Reformed Publishing Company, 1997.

Willard, Dallas. "Spiritual formation in Christ: A Perspective on What It is and How It might be Done." *Journal of Psychology and theology* 28 (2000): 254-258.

제2장 한국 장로교회 100년의 역사에 나타난 목회상담학의 흐름과 전망

김만풍.『상담설교』. 서울: 크리스천서적, 1995.

김준수. "기독교상담의 역사."『복음주의 기독교상담학』. 서울: 한국가정상담연구소, 2004.

반피득.『목회상담학 개론』. 서울: 대한기독교서회, 1978.

손운산. "한국 목회 돌봄과 목회상담의 역사와 과제,"「목회와 상담」Vol. 17. 서울: 한국목회상담협회(2011): 7-39.

심수명.『상담적 설교의 이론과 실제』. 서울: 도서출판 다세움.

양낙흥.『한국장로교회사』. 서울: 생명의 말씀사, 2008.

유영권. "한국기독교상담학의 역사와 전망."「신학논단」60(2010): 93-111.

전요섭. "상담적 설교를 위한 상담과 설교의 통합 방안." 교육학 박사학위, 단국대학교, 2005.

전형준.『성경적 상담과 설교』. 서울: CLC, 2011.

_____. "성경적 상담과 설교의 통합 방안 -성경적 상담설교의 구조를 중심으로-." 백석학원 건학 35주년 기념 공동 국제학술대회 개혁주의 생명신학회 제5회 및 한국복음주의신학회 제58회 정기학술대회 논문집(2011): 265-288..

_____. "성경적 상담설교의 분석과 방향." 철학 박사학위. 총신대학교, 2011.

_____. "웨스트민스터 신앙고백서에 나타난 성경적 상담 원리."「개혁논총」제14권(2010): 9-50.

황규명. 『성경적 상담의 원리와 방법』. 서울: 바이블 리더스, 2008.

황의영. 『목회상담원론』. 서울: 생명의 말씀사, 1970.

Adams, Jay E. *Competent to Counsel*, 정정숙 역, 『목회상담학』. 서울: 총신대학교 출판부, 2001.

Ahn, Suk Mo. "Toward a Local pastoral Care and Pastoral Theology: The Basis, Model, and the Text of Han in Light of Charles Gerkin's Pastoral Hermeneutics." Ph.D. Dissertation. Emory University, 1991.

Choi, Jae Rack. "Etical Critique of Self Actualization in Humanistic Psychology: Validation for a 'Culture of Care' among Korean People," Ph.D. Dissertation. Drew University, 1991.

Clinebell, Howard. *Basic Types of Pastoral Counseling*. 박근원 역, 『현대목회상담』. 서울: 전망사, 1979.

_____. *Basic Types of Pastoral Counseling*. 박근원 역, 『목회상담신론』. 서울: 한국장로교출판사, 1987.

Hiltner, Seward. *Pastoral Counseling*. 마경일 역, 『목회카운셀링』. 서울: 대한기독교서회, 1976.

_____. *The Preface to Pastoral Theology*. 민경배 역, 『목회신학원론』. 서울: 대한기독교서회, 1968.

Hong, Young Taek. "A Social Cultural Analysis and family Therapy Approach to the Korean Family in Transition." Ph.D. dissertation. Iliff School of Theology and The University of Denver, 1993.

Johnson, Paul. *Psychology of Pastoral Care*. 김관석 역. 『종교심리학』. 서울: 대한기독교서회, 1964.

Jueng, Suk hwan. "Generativity in the Midlife Experiences of Korean First Generation Immigrants: Implications for Pastoral Care." Ph.D. Dissertation. Northwestern University, 1997.

Jun, Hyung Joon. "A Study on The Effect of Counseling Preaching in Relation to The Pastoral Context in The Twenty First Century." Doctor Dissertation. Westminster Theological Seminary, 2006.

Kim, Young Ae. "From Brokenness to Wholeness: A Theology Analysis Korean women's Han and a Contextualized Healing Methodology." Ph.D. Dissertation. School of Claremont, 1991.

Kim, Jin Young. "A Son's Search for Identity through Relationship." Ph.D. Dissertation. Drew University, 1998.

Lee, Jae Hoon, "The Exploration of the Inner Woods Han." Ph.D. Dissertation. UnionTheological Seminary. New York, 1990.

Lee, Jacob Hee Cheol, "Exploring shame: Re-articulation through the Lens Social Psychology and Korean Theology." Ph.D. Dissertation. Graduate Theological University, 2007.

Oh, Kyou Hoon, "Dimensions of Chong in korean Christians." Ph.D. Dissertation. Northwestern University, 2000.

Rogers, Carl. *Counseling and Psychotherapy*. 한승호 역, 『상담과 심리치료』. 서울: 지문각, 1963.

Soon, Woon San. "Telling and Retelling Life Stories: A narrative Approach to Pastoral Care." Ph.D. Dissertation. Vanderbilt University, 1990.

제3장 기독교상담의 통합 모델에 관한 성경적 상담학적 조명

김용태. 『통합의 관점에서 본 기독교상담학』. 서울; 학지사, 2006.

_____. "기독교상담의 통합에 관한 모델과 영역에 관한 개요: 서구사회를 중심으로." 「한국기독교상담학회지」. 제16호. (2008): 13-42.

전형준, "한국교회와 성경적 상담의 이해와 과제," 「복음과 상담」 제19권, 한국복음주의기독교상담학회, (2012년 11월): 9-46.

Adams, Jay E. *Competent to Counsel*. Nutley, NJ: Presbyterian and Reformed Publishing Co., 1970.

_____. *The Christian Counselors manual*. 『상담학개론』. 정정숙 역. 서울: 도서출판 베다니, 1992.

Allender, D. B. "The mark of evil: Excerpted from God and the victim." *Christian Counseling today, 10* (2002): 44-46.

Anderson, R. S. "Sin: The third dimension of human spirituality: Examine a more radical, axial dimension to the concept of sin." *Christian Counseling today. 10* (2002): 26-29.

Benner, D. G. *Care of souls: Revisioning Christian nurture and counsel*. Grands rapids: Baker Book, 1998.

Boyd, J. H. "Compared to the "self" of Kokut." *Journal of psychology and Christianity*.

19(3) (2001): 219-231.

Bufford, R. K. "Consecrated counseling: reflections on the distinctive of Christian Counseling." *The Journal of Psychology and Theology 25*. (1997): 111-122.

Butman, R. E. "The Sin & Psychotherapy debates: Seven guidelines that may promote discussion." *Christian Counseling today. 10* (2002): 16-19.

Carter J. D. & Narramore, B. *The Integration of Psychology and Theology: An introduction*. Grand Rapids: Academi Books, Zondervan publishing House, 1979.

Collins, Gary R. *New Christian Counseling (3rd edition)*. 한국기독교상담·심리치료학회 역. 서울: 두란노, 2008.

_____. "Moving through the jungle: A decade of integration." *Journal of psychology and Theology. 11*(1) (1983): 2-7.

_____. *Psychology and Theology: Prospects for Integration*. Nashiville: Abingdon, 1981.

Crabb, Lawrence J. *Effective Biblical Counseling*. 『성경적 상담학』. 정정숙 역. 서울: 총신대학교 출판부, 1982.

Decker, E. E. Jr. & Edward, E. "The Holy spirit in counseling: A review o Christian Counseling journal articles (1985-1999)." *Journal of psychology and Christianity. 29* (2002): 21-28.

Edwards, K. J. "No simple answers in the counseling room: Consider the polarities within Christian Counseling." *Christian Counseling today. 10* (2002): 40-43.

Eliason, G. T., Hanley, C. & Leventis, M. "The role of spirituality in counseling: Four theoletical orientations," *Pastoral Psychology, 50* (2001): 77-89.

Ellison, C. W. "From Eden to the couch: Discover the goals and dynamics of the psychospiritual counselor." *Christian Counseling today. 10* (2002): 30-34.

Famsworth, K. E. "The conduct of integration." *Journal of Psychology and Theology. 10*. (1982): 308-319.

Hall M. E. L. & Hall, T. W. "Integration in the therapy room: An overview of the literature." *Journal of psychology and Theology. 25* (1997): 88-96.

Howard, N. C., Mcminn, M. R. Bissel, L. D. Faries, S. R. & VanMeter, J. B. "Spiritual directors and clinical psychologists: A comparison of mental health and spiritual values." *Journal of psychology and Theology. 28* (2000): 308-320.

Hughes, R. S. "Is the devil in the details of psychopathology? Training futures Christian therapists through a discussion of sin." *Christian Counseling today. 10* (2002): 36-39.

Hurding, R. F. *The tree of bealing: psychological and biblical foundations for counseling and pastoral care.* Grand rapids: Zondervan Publishing House, Ministry Resources Library, 1985.

Kirwan, W. T. *Biblical Concepts for Christian Counseling: A case for Integrating Psychology and Theology.* Grands rapids: baker book house, 1984.

Lane Timothy & Tripp, Paul D. *How People Change.* New York: New Growth Press, 2006.

McMinn, M. R. "A Psychology of sin and a sin of Psychology: Exploring sinfulness, sinful choices, and consequences of sin." *Christian Counseling today.* 10 (2002): 12-14.

McMinn, M. R. *Psychology, Theology, and spirituality in Christian Counseling.* Wheaton: Tyndale House Publishers. Inc, 1996.

Moon, G. W. "Training tomorrow's investigators in today's busy intersection: Better look four ways before crossing." *Journal of psychology and Theology.* 25 (1997): 284-293.

Powlison, David A. "Competent to Counsel? The History of a Conservertive Protestant Anti-psychiatry Movement." Ph.D. Dissertation. University of Pennsylvania, 1996.

_____. *Seeing with New Eyes.* .Phillipsburg, NJ.: Presbyterian & Reformed Publishing Co., 2003.

_____. *Seeing with New Eyes.* 『성경적 관점으로 본 상담과 사람』. 김준 역. 서울: 그리심, 2009.

Rose, E. M., Westefeld, J. S. & Ansley, T. N. "Spiritual issues in counseling: Clients' belief and preferences." *Journal of Counseling psychology and Theology.* 48 (2001): 61-71.

Slater, W., Hall T. W. & Edwards, K. J. "Mesuring religion and spirituality: Where are we and where are we going?." *Journal of psychology and Christianity.* 29 (2001): 4-21.

Sperry, L. & Shafranske, E. P. *Spirituality oriented Psychotherapy.* Washington, DC: American Psychology Association, 2005.

Tan, S. Y. "Religion in clinical practice: Implicit and explicit integration," In E. P. Shafranske (Ed.). *Religion and clinical practice of psychology.* Washington DC: American psychological association, 1996.

Tripp, Paul D. *Age of Opportunity.* 『위기의 십대 기회의 십대』. 황규명 역. 서울: 디

모데, 2004.
_____. *Instruments in the Redeemer's Hands*. 『치유와 회복의 동반자』. 황규명 역. 서울: 디모데, 2007.
Vande Kemp, H. "Historical Perspective: religion and clinical psychology in America." In E. P. Shafranske (Ed.). *Religion and clinical practice of psychology*. Washington D. C.: American Psychological Association, 1996.
Welch, Edward. When People *Are Big and God is Small*. Phillipsburg, NJ.: Presbyterian & Reformed Publishing Co., 1997.
Worthington, Everett L. Jr., "A blueprint for intradisciplinary integration." *Journal of psychology and Theology*. 22. (1994): 79-86.

제4장 웨스트민스터 신앙고백서에 나타난 성경적 상담 원리

전형준. 『인간의 마음의 문제를 풀어 주는 성경적 상담』. 서울: 쿰란 출판사, 2009.
황규명. 『성경적 상담의 원리와 방법』. 서울: 바이블 리더스, 2008.
Adams, Jay E. *Competant to Counseling*. 정정숙 역. 『목회상담학』. 서울: 총신대학교출판부, 2001; 재 인쇄, 2004.
_____. *Christian Living in the home*. Phillipsburg, New Jersey: Presbyterian and Reformed Publishing Company, 1976.
_____. *The Use of the Scriptures in Counseling*. Nutley, New Jersey: Presbyterian and Reformed Publishing Company, 1975.
_____. *More Than Redemption-A Theology of Christian Counseling*. Phillipsburg, New Jersey: Presbyterian and Reformed Publishing Company, 1979.
Crabb, Lawrence J. Jr., *The Effective Biblical Counseling*. 정정숙 역. 『성경적 상담학』. 서울: 총신대학교 출판부, 1982; 재 인쇄, 1996.
_____. *Basic Principles Biblical Counseling*. Grand Rapids: Zondervan Publishing House, 1975.
Hodge, A. A. *The Confession of Faith*. Worcester: Billing and Sons ltd., 1869; reprint, 1983.
_____. *The Confession of Faith*. -A Handbook of Christian Doctrine Expounding The Westminster Confession-. 김종흡 역. 『웨스트민스터 신앙고백 해설』. 서울: 크리스챤 다이제스트, 1996.
Lane, Timothy. and Paul D. Tripp. *How People Change*. Greensboro: New Growth Press,

2006.

_____.*How People Change*. 김준수 외 역.『사람은 어떻게 변화 되는가』. 서울: 생명의 말씀사, 2009.

Powlison, David. *Seeing with New Eyes*. Phillipsburg, New Jersey: Presbyterian and Reformed Publishing Company, 2003.

_____.*Seeing With New Eyes*. 김준 역.『성경적 관점으로 본 상담과 사람』. 서울: 그리심, 2009.

Tripp, Paul D. *Instruments in the Redeemer's Hands*. Phillipsburg New Jersey: Presbyterian and Reformed Publishing Company, 2002.

_____.*Instruments in the Redeemer's Hands*. 황규명 역.『치유와 회복의 동반자』. 서울: 디모데, 2007.

_____.*War of Words*. Phillipsburg New Jersey: Presbyterian and Reformed Publishing Company, 2000.

_____.*War of Words*. 윤홍식 역.『영혼을 살리는 말 죽이는 말』. 서울: 도서출판 디모데, 2003.

_____.*Age of Opportunity*. Phillipsburg New Jersey: Presbyterian and Reformed Publishing Company, 2001.

_____.*Age of Opportunity*. 황규명 역.『위기의 십대 기회의 십대』. 서울: 도서출판 디모데, 2002.

Welch, Edward. *When People Are Big and God is Small*. Phillipsburg N.J.: Presbyterian & Reformed Publishing Co., 1997.

Williamson, G. I. *The Westminster Confession of Faith*. Philadelphia: Presbyterian and Reformed Publishing Company, 1964.

제5장 동성애에 대한 복음주의 상담적 접근

김영한 외.『동성애, 21세기문화충돌』. 서울: 킹덤북스, 2016.

백석대학교 백석정신아카데미 편.『조각하늘 동성애바로알기』. 서울: 기독교연합신문사, 2015.

오윤선. "행복감 증진을 위한 집단상담 프로그램이 기독교청소년의 행복감과 우울 및 불안에 미치는 영향." 한국복음주의상담학회.「복음과 상담」. 제22권 2호(2014):213-246.

윤가현.『동성애의 심리학』. 서울: 학지사, 2001.

이요나. 『리애마마 동성애탈출』. 서울: KINEMA iN Books. 2015.

전형준. 『성경적 상담학』. 서울: 대서, 2012.

전형준. "자살에 대한 목회상담학적 대책." 한국복음주의상담학회. 「복음과 상담」. 제22권 2호 (2014): 275-300.

최양희. "동성애자에게로의접근 -목회상담적 입장에서-." 신학 석사학위, 이화여자대학교 신학대학원, 2002.

APA. *Diagnostic and statistical Manual of mental disorder II*. Washington, D. C.: American Psychiatric Association.

Aquinas, Thomas. *Summa Theologica*, trans Fathers of the English Dominican Province Westminster, Md.: Christian Classics, 1981.

Bahnsen, Greg L. *Homosexuality: a biblical view*. 최희영 역. 『성경이 가르치는 동성애』. 서울: 베다니출판사, 2000.

Balanchard, R., and A. F. Bogaert. "Homosexuality in men and number of old brothers." *American Journal of Psychiatry 153*. (1996): 27-40.

Bailey, J. M., and R. Phillard. "A genetic study of male sexual orientation." *Archives of Sexual Behavior 48*. (1991): 1089-1100.

Boswell, John. *Christianity: Social Tolerance and Homosexuality: Gay People in Western Europe from the Begginning of the Christian Era to the Fourteenth Century*. Chicago: University of Chicago Press, 1980.

Byne, W. S. Tobet, L. A. Mattiace, M. S. Lasco, E. Kemeter, M. A. Edgar, S. Mogello, M. S. Bucksbaum, and L. B. Johnes. "The interstitial nuclei of the human anterial hypertalamus: an investgation of Sex, Sexual orientation and HIV Status." *Homones and Behavior 40*. (2001): 86-97.

Cameron, P., T. Lendess, and K. Cameron. "Homosexual sex as harmful as drug abuse, prostitution or smoking." *Psychological Reports 95*. (2005): 915-936.

Collins, Gary R.. *Christian Counseling*. 피현희·이혜련 역. 『크리스챤 카운슬링』. 서울: 두란노서원, 1984.

Coleman, Peter. *Gay Christian: A Moral Dilemma*. London: SCM Press, 1989.

Cotton, John. An Abstract or the Laus of New England (1641): 10-25.

DeYoung, Kevin. *What does the Bible really teach about homosexuality?*. 조계광 역. 『성경이 동성애에 답하다』. 서울: 지평서원, 2015.

Drabant, E. M. A. K. Kiefer, N. Eriksson, J. L. Mountain, U. Francke, J. Y. Tung, D. A. Hinds, and C. B. Do. "Genome wide Association study of sexual orientation in a large, web based cohort." Presented at American Socity of Human Genetics annual meeting Nov. 6-10, San Francisco.

Gordon, S. & C. Snyder. *Personal Issues in Human Sexuality*. Boston: Allyn & bacon, 1986.

Greenberg, David F. *The Construction of Homosexuality*. Chicago: University of Chicago Press, 1988.

Hamer, D. H., S. Hu, V. L. Magunuson, N. Hu, and A. M. L. Pattatucci. "A linkage between DNA makers on the X-chromosome and male sexual orientation." *Science 261* (1993): 321-350.

Hays, Richard B.. "Relations Natural and Unnatural: A Responce to John Boswell's Exegesis of Romans 1." *Journal of Religious Ethics* 14/1 (Spring 1986): 200-225.

Jones, S. L., M. A. Yarhouse "Science and Ecclesiastical Homosexuality Debates." *Christian Scholar's Review 26(4)*. (1997): 446-465.

Karlen, Arno. *Homosexuality: A New View* (New York: W. W. Norton, 1971).

Kendler, K. S., L. M. Thornton, S. E. Gilman, and R. C. Kessler. "Sexual orientation in a US national sample of twin and non-twin sibling pairs." *American Journal of Psychiatry 157.* (2000): 1843-1865.

Kleist, James A. in *Ancient Christian Writers*, vol 6. ed. Johannes Quasten and Joseph C. Plumpe. New York: Paulist Press, 1948.

Kwan, M., W. J. Greenleaf, J. Mann, L. Grapo and J. N. Davidson, "The nature of androgen action on male sexuality- a combined laboratory self report study hypergonadal men." *Journal of Clinical Endocrinology and Metabolism*. (1983): 577-596.

Langstrom, N., Q. Rahman, E. Carlstrom, P Lichtenstein. "Genetic and Environmental Effects on same-sex Sexual Behvior: A Population Study of Twin in Sweden." *Archives of Sexual Behavior 39.* (2010): 75-92.

Laumann, E. O., J. H. Gagnon, R. T. Michael, S. Michaels. *The Social Organization of Sexuality*. Chicago: University of Chicago, 1994, 61.

Levey, S. "A different of Hypotalamus structure between heterosexual and homosexual men." *Science 253* (1991): 1034-1055.

Luther, Martin. *Lectures on Genesis: Chapters* 15-20, Luther's Works vol. 3. ed. Jaroslav Pelikan, trans, George V. Schick. St. Louis: Concordia, 1961.

Meyer-Bahlburg, H. F. L., "Psychoendoctrine research on sexual orientation: currant status and future options," *Progress and Brain Research 61*. (1984): 375-396.

Moberly, Elizabeth R.. *Homosexuality: A new Christian Ethic*. James Clarke, 1983.

Murphy, T. F., "Redirecting sexual orientation: techniques and justifications," *Journal of Sex Research 29*. (1992): 501-525.

Murry, John. *The Epistle to the Romans*. Grand Rapids: Eerdmans, 1987.

Mutanski, B. S., M. G. Dufree, C. M. Nivergelt, S. Bocklandt, N. J. Schork, D. H. Hamer. "A genome-wide scan of male sexual orientation." *Journal of Human Genetics 55* (2005): 27-47.

Powlison, David A.. *Speaking truth in love*. Winston-Salem: Punch, 2005.

Ramagoparan, S. V., D. A. Dyment, L. Handunnetthi, G. P. Rice, and C. G. Ebers. "A genome-wide scan of male sexual orientation." *Journal of Human Genetics 55* (2010): 135-156.

Rice, G., C. Anderson, N. Risch, and G. Eber. "Male: Homosexuality: absence of linkage to microsatelite makers at Xq28." *Science 284* (1999): 665-685.

Sanders, G., and M. Wright. "Sexual orientation differences in cerebral asymmetry and in the performance of sexually dimorphic cognitive and motor tasks." *Archives of Sexual Behavior 26*. (1997): 463-486.

Satrnover, Jeffrey. *Homosexualty and the Politics of Truth*. Grands Rapids: Baker, 1996.

Stott, John. Issues Facing Christians Today. 박영호 역. 『현대 사회문제와 기독 교적 답변』. 서울: CLC, 1997.

Tripp, Paul D. *Instruments in the Redeemer's Hands*. Phillipsburg, NJ: Presbyterian Reformed Publishing Co., 2002.

_____. *War of Words*. Phillipsburg, NJ: Presbyterian Reformed Publishing Co., 2000.

Welch, Edward T.. *Addiction: A Banquet in The Grave*, 김준 역. 『중독의 성경적 이해』. 서울: 국제제자훈련원, 2013.

Wenham, C.. "The Old Testament Attitude to Homosexuality." *The Expository Times*, 102, (1991): 350-375.

Wright, David F. "Homosexuals or Prostitutes? The Meaning of Arsenokoitai. (1 Cor. 6:9; 1 Tim 1:10)." *Vigiliae Christianae 38/2 (June 1984): 120-135*.

Wyden, P. & B. Wyden. *Growing up Straight*. New York: Stein and Day, 1968.

Grants, Stanley. J.. *Welcomming but not Affirming*, 김대중 역, 『환영과 거절 사이에서』. 서울: 새물결 플러스, 2016.

Wilson, E. *Counseling & Homosexuality*. 남상인 역. 『동성연애상담』. 서울: 두란노, 1996.

제6장 자살에 대한 목회상담학적 대책

김상인. "우울증으로 인한 자살과 목회상담학적 접근."「한국개혁신학」제33호 (2012): 313-339.
김예식.『생각 바꾸기를 통한 우울증 치료』. 서울: 한국장로교출판사, 1998.
김충렬. "기독교인의 자살과 그 대책 -목회상담의 관점에서-."「신학과 실천」제16권 (2008): 63-98.
마르탱모네스티에. Suicides. 이시진 역.『자살: 자살의 역사와 기술, 기이한 자살 이야기』. 서울: 새움, 2003.
안석모. "현대신학과 목회실천: 자살의 이해와 목회적 대응."「신학과 세계」제47권. 감리교 신학대학교, 2003.
오윤선, "PTSD 청소년의 기독교집단교육상담효과," 한국복음주의기독교상담학회,「복음과 상담」제22권 1호(2014): 137-165.
유영권. "자살 이해와 대처 방안."「목회와 상담」제9호. (2007): 169-193.
이상원. "자살과 교회의 대책."「신학지남」280호. (2004년 가을호): 101-135.
전형준.『성경적 상담과 설교』. 서울: CLC, 2011.
_____.『성경적 상담설교』. 서울: CLC, 2013.
정석환. "자살의 문제와 목회상담."「한국기독교상담학회지」제7권. (2004년 7월): 258-285.
정정숙.『기독교상담학』. 서울: 도서출판베다니, 2008.
_____.『종교개혁자들의 교육사상』. 서울: 총신대학교출판부, 1983.
통계청. www.kostat.go.kr 2014년 2월 23일 오후 6:30분 방문.
Adams, Jay E. "Reflection on the History of Biblical Counseling." *Practical Theology and the Ministry of the Church 1952-1984: Essay in the Honor of Edmund P. Cloney.* ed. Harvie M. Conn. Phillipsburg, NJ.: The Presbyterian and Reform Publishing Co., 1990.
American Psychiatric Association. *Diagnostic and Statistical Manual of Mental Disorders*. DSM-IV Fourth Ediition. (Text Revision). Washington: American psychiatric Association, 2000.
Beskow, J. "Dpression and suicide," *Phamacopsychiatry*, 1990.
Hart, Archibald D. *Counseling the Depressed* by Gary R. Collins general editor. Waco: Word Books, 1987.

Jordon, Merie R. *Taking on the Task of Pastoral Counseling*. Nashville: Abingdon Press, 1985.

Lester, Andrew D. *Hope in Pastoral care and Counseling*. 신현복 역. 『희망의 목회상담』. 서울: 한국심리치료연구소, 1997.

Manning, Martha. *Undercurrents*. San Francisco: Harper & Row, 1995.

Marcus, Eric. *Why Suicide?*. San Francisco: harper and Row, 1996.

Rosenberg, R. C. & M. C. Kesselman. *The Therapeutic alliance and the psychiatric emergency room Hosp Community Psychiatry*, 1993.

Styron, William. *Darkness Visible*. New York: Random House, 1990.

Welch, Edward T. *Blame It on the Brain*. 한성진 역. 『뇌 책임인가? 내 책임인가?』. 서울: CLC, 2003.

Wright, H. Norman. *Crisis Counseling*. 전요섭, 황동현 역. 『위기상담학』. 서울: 쿰란출판사, 1998.

_____. *The New Guide to Crisis & Trauma Counseling*. 금병달, 구혜선 역. 『트라우마 상담법』. 서울: 두란노, 2010.

Wurth, G. Brillenburg. *Christian Counseling*. Phillipsburg, NJ.: The Presbyterian and Reform Publishing Co., 1962.

제7장 이단자들의 심리 이해와 목회상담학적 대책

곽혜원. "한국교회에 대한 한국 사회의 인식." 제7회 샬롬나비 학술대회 논문집. (2013년 11월 22일): 35-66.

국제종교문제연구소. 『한국의 종교단체 실태조사 연구』. 서울: 국제문제연구소·월간현대종교사, 2001.

노길명. 『한국신흥종교연구』. 서울; 경세원, 1996.

박종삼. "사이비 이단 발생에 대한 사회과학적 접근: 한국 기독교와 사이비 이단 운동." 『한국기독교연구논총』제13권 (1995): 352-386.

반신환. "신흥종교집단의 개종과정과 상담." 「한국기독교상담학회지」제23권. (2012): 153-174.

유영권. "사이비·이단 교주와 신도들의 심리 이해." 「신학과 실천」제13권. (2007): 79-106.

이대복. 『한국교회 100주년 기념 이단 종합연구』. 서울: 기독교이단문제연구소, 2000.

전형준. 『성경적 상담학』. 서울: 대서, 2012.
탁명환. 『기독교이단연구』. 서울: 한국종교문제연구소·국제문제연구소, 1986.
American Psychiatric Association. DSM IV. 『정신장애의 진단 및 통계편람 제4판』. 서울: 하나의학사, 1994.
Parsons, Talcott and Edward Shils. ed.. *Toward a general theory of Action*. Cambridge: Harvard University Press, 1951.
http://blog.empass.com/sdcml/에서 발췌. 이단에서 빠져나온 사람들 특별 좌담.

제8장 청소년 자녀교육을 위한 기독교상담학적 조명

경연숙. 『가족심리학』. 서울: 박영사, 1995.
곽덕영. 『부모교육의 이론과 실제』. 서울: 백록출판사, 1985.
곽덕영, 김미화. 『부모 교육론』. 서울: 형설출판사, 1994.
김형태. 『21세기 자녀교육』. 대전: 한남대학교출판부, 2002.
박성수. "청소년기 자녀교육의 새로운 방향." 『이 시대의 자녀교육』. 서울: 교육과학사, 1996.
박영신, 김의철. "한국 아동과 청소년의 부모에 대한 지각." 『한국인의 부모 자녀 관계』. 서울: 교육과학사, 2004.
_____. "한국인의 가족 역할 인식을 통해본 부모자녀관계." 『한국인의 부모 자녀 관계』. 서울: 교육과학사, 2004.
_____. 『한국인의 부모 자녀 관계』. 서울: 교육과학사, 2004.
이동원. "현대 사회의 부모의 역할." 한국교육학회 유아교육위원회 편. 『부모 교육 프로그램 탐색』. 서울: 창지사, 1988.
오윤선. 『청소년 세대 진단과 이상행동 치료』. 서울: 예영 B&P, 2010.
_____. "청소년 발달 특성 문제에 관한 기독교 영성과 상담심리의 통합적 접근" 『복음과 상담』. 한국복음주의기독교상담학회 논문집. 2008. 11.
_____. "청소년 자살 예방을 위한 기독교 위기상담." 『복음과 상담』. 한국복음주의기독교상담학회 논문집. 2009. 5.
전형준. 『인간의 마음의 문제를 풀어주는 성경적 상담』. 서울: 쿰란출판사, 2009.
정원식 외. 『이 시대의 자녀교육』. 서울: 교육과학사, 1996.
정정숙. 『성경적 가정 사역』. 서울: 도서출판 베다니, 2004.
_____. "기독교가정에서의 부모의 역할." 『성경적 가정 사역』. 서울: 도서출판 베다니, 2004.

_____. 『기독교상담학』. 서울: 도서출판 베다니, 2002.

조옥라. "전통사회에서의 부모의 역할." 한국교육학회 유아교육위원회 편. 『부모교육 프로그램 탐색』. 서울: 창지사, 1988.

한숙자, 박미하. "청소년 죽음 준비교육을 위한 기독교상담적 접근." 『복음과 상담』. 한국복음주의기독교상담학회 논문집. 2009. 5.

홍인종. 『청소년 위기상담 어떻게 할까요?』. 서울: 장로회신학대학교출판부, 2004.

Adelson, Joseph. "Adolescence and the Generalization Gap," *Psychology Today 12* (Febrary 1979): 33-37.

Barna, G. *Real Teens: A Contemporary Snapshot of Youth Culture*. Ventura, CA: Regal Books, 2001.

Bigner, J. J. *Parent-Child Relation: An Introduction to Parenting* (3rd. ed.)., New York: Macmillan, 1989.

Carver, Charles S. & Scheier, Michael F. *Perspectives on Personality*, 김교헌 외 역. 『성격 심리학』. 서울: 학지사, 2005; 재 인쇄, 2009,

Collins, Gary R. *Christian Counseling*, rev. 3d ed., 한국기독교상담, 심리치료학회 역, 『크리스천 카운슬링』. 서울: 두란노, 2008.

Dreikurs, R. *Coping with Childrens's misbehavior*. New York: Howthorn Books, Inc., 1972.

Elder, G. "Structural variations in the childbearing relationship." *Sociometry*. New York: Norton, 1962.

Erickson, E. H. *Identity: Youth and Crisis* . New York: Norton, 1968.

Evans, D. L. & FOA, E. B. & Gur, R. E. & Hendin, H. & O'Brien, C. P. & Seligman, M. E. & Walsh, B. T. *Treating and Preventing Adolescent Mental Health Disorder* New York: Oxford University, 2005.

Gordon, T. J. *Parent involvement in compensatory education*. Urbana, Ill: University of Ill. Press, 1971.

Lane, Timothy. & Tripp, Paul D. *How People Change*. 김준수 외 역. 『사람은 어떻게 변화되는가』. 서울: 생명의말씀사, 2009.

Nicholi, Armand M. Jr.,ed., *The Harvard Guide to Modern Psychiatry*. Cambridge, MA: The Belknap Press of Harvard University Press, 1978.

Pelt, Rich Van. *Intensive Care Helping Teenagers in Crisis*. 오성춘, 오규훈 역. 『사춘기 청소년들의 위기상담』. 서울: 한국장로교출판사, 1997.

Powers, S. I. & Hauser, S. T. & Kilner, L. A. "Adolescent Mental Health," *American Psychologist 44* (1989): 200-208.

Powlison, David. *Seeing with New Eyes*. Phillipsburg, New Jersey: Presbyterian and Reformed Publishing Company, 2003.

_____. *Seeing with New Eyes*. 김준 역.『성경적 관점으로 본 상담과 사람』. 서울: 그리심, 2009.

Strommen, Merton P. *Five Cries of Youth*. San Francisco: Harper & Row Pub, 1988.

Tripp, Paul D. *Age of Opportunity: A Biblical Guide to Parenting Teens*. 황규명 역.『위기의 십대 기회의 십대』. 서울: 도서출판 디모데, 2004.

_____. *Instruments in the Redeemer's Hands*. Phillipsburg, New Jersey:Presbyterian and Reformed Publishing Company, 2003.

_____. *Instruments in the Redeemer's Hands*. 황규명 역.『치유와 회복의 동반자』. 서울: 디모데, 2007.

Welton, G. I. "Adolescene," *Baker Encyclopedia of Psychology and Counseling*, ed. D. G. Benner & Peter C. Hill rev. 2d ed. Grand rapids, MI: baker, 1999,

제9장 다문화 가정의 청소년 자녀를 위한 개혁주의 목회상담 방안

강경미. "다문화 가정의 가정폭력 예방과 기독교상담."「복음과 상담」제17권 (2011): 44-73.

_____. "북한이탈주민(새터민)가정의 한국 사회부적응 문제와 기독교상담 전략."「복음과 상담」제7권 (2006): 117-144.

김미경. "다문화 가정 청소년의 적응을 위한 기독교상담: 자아탄력성을 중심으로."「복음과 상담」제17권 (2011): 74-100.

곽희주. "공동체 형성을 통한 다문화 가족을 세우는 목회 사역에 관한 연구." 박사학위논문, 장신대학교 대학원, 2010.

김재중. "성경적 관점에서 본 다문화 가정 여성의 한국생활 적응 과정." 박사학위논문, 백석대학교 대학원, 2010.

고유미·이정윤. "다문화 가정 아동의 학교생활 적응과 관련된 요인."「청소년 상담연구」제17권(2009): 49-63.

교육인적자원부. "다문화 가정의 자녀교육 실태 조사." 2006.

서은경. "다문화 가정에 대한 기독교상담학적 접근에 관한 연구."「성경과 상담」제9권 (2009, 12): 174-202.

성서아카데미.『그랜드종합주석 1』. 서울: 제자원, 1999.

손현숙·박세정. "다문화 가정의 현황과 개선 방안에 관한 연구." 영남이공대학,

「論文集」제36집 (2007,8): 121-139.

송미경. "결혼이주여성에 대한 다문화상담의 모색." 서울여자대학교 여성연구소. 「여성연구논총」제23집 (2008): 41-51.

양승민. "한국적 다문화상담의 모색을 위한 농촌지역 결혼 이민여성들의 스트레스 요인과 반응에 관한 연구." 박사학위논문, 연세대학교 대학원, 2008.

오태균. "다문화 사회 속에서의 기독교 교육적 과제." 「기독교교육정보」 (2006): 183-207.

이관직. 『개혁주의 목회상담학』. 서울: 도서출판 대서, 2012.

이영주. "국제 결혼한 여성의 자녀에 대한 심리 사회적 적응에 영향을 미치는 보호 요인에 관한 연구," 「한국심리학회지: 여성」제12권2호 (2007): 83-105.

전형준. 『성경적 상담학』. 서울: 도서출판 대서, 2012.

_____. "청소년자녀교육을 위한 기독교상담학적 조명." 「복음과 상담」제14권 (2010): 37-73.

조영달 외. 『다문화 가정의 자녀교육 실태조사』. 서울: 교육인적자원부, 2006.

조한숙. "다문화 가정 초등학교 아동의 자아정체감 연구." 박사학위논문, 가톨릭대학교 대학원, 2010.

통계청. 2010년 이혼통계, http://www.kostat.go.kr 20.

한국청소년상담원, 『청소년상담연구 140 다문화 가정 부모를 위한 집단상담 프로그램 개발』서울: 한국청소년상담원, 2008.

한숙자. "한국 다문화 가정에 대한 기독교상담전략의 모색." 「복음과 상담」제17권 (2011): 9-43.

한재희. "한국의 가족문화와 다문화상담." 백석대학교, 「진리논단」제16호 (2008): 117-132.

행정안전부. 외국인 주민 1,409,577명, 2012., http://www.mopas.go.kr/gpms/srch/search.jsp.

Augsburger, David W. *Pastoral Counseling across Cultures*. Louisville, KY.: Westminster John Knox Press, 1995.

Chin, J. M. & S. C. Yu. "School adjustment among children of immigrant mother in Taiwan." *Social Behavior & Personality: An International Journal, 36*(8): 1141-1150.

Powlison, David. *Seeing with New Eyes*, 김 준 역, 『성경적 관점으로 본 상담과 사람』서울: 그리심, 2009.

Tripp, Paul D. *Age of Opportunity: A Biblical Guide to Parenting Teens*. 황규명 역. 『위

기의 십대 기회의 십대』 서울: 도서출판 디모데, 2004.
_____. *Instruments Redeemer's Hands*. Phillipsburg, NJ.: Presbyterian Reformed Publishing Co. 2002.

제10장 노년기의 분노에 대한 성경적 상담 방안

배지연 외. "노인의 우울 및 자살 생각에 있어서 사회적 지지의 완충 효과." 「한국노년학」25(3). (2005): 60-73.
윤 진. 『성인 노인심리학』. 서울: 중앙적성출판사, 1992.
이기양. "노인 목회와 상담: 임종 노인과 돌보는 가족의 문제점." 「개혁신학」. Vol. 17(2005): 259-282.
이상복. "총체적 복음 사역에 근거한 노인 목회상담." 「총체적 복음 사역의 신학과 실천」. 총체적복음사역연구소 연구지 3호.(2004): 35-77.
이정우·이수용. "독일오인복지상담의 현황과 전망." 「복지상담학연구」Vol. 3.(2008): 89-99.
임경수. "노년기의 심리와 상담." 「복지상담학연구」. 제3권 제1호. (2008): 41-53.
정정숙. 『기독교상담학』. 서울: 도서출판 베다니, 2008.
장대숙. 『노인학의 이론과 적용』. 서울: 한국장로교출판사, 1998.
전형준. "서신서에 나타난 분노에 관한 말씀들." 「그말씀」. 서울: 두란노, 2011년 7월호.
_____. "분노를 극복하는 길." 「그말씀」. 서울: 두란노, 2011년 7월호.
정경희 외. 『2004년도전국 노인 생활 실태 및 복지욕구조사』. 서울: 한국보건사회연구원, 2005.
최광현. "노인상담과 기독교복지: 고령화속에서의 한국교회의 위기와 대응." 「한국기독교상담학회지」(2005): 278-302.
_____. "노년기 분노현상과 노인상담." 「한국기독교상담학회지」11호. (2006): 169-189.
통계청. 『장래 인구 추계』. 서울: 통계청, 2004.
Adams, Jay E. *More Than Redemption : A Theology of Christian Counseling*. Phillipsburg, NJ.: Presbyterian and Reformed Publishing Company, 1979.
Birren, J. E. *Principle of Research on Aging in Handbook of Aging and the Individual* Chicago: University of Chicago Press, 1959.
Booth-Kewley, S. & H. S. Friedman, "Psychological predictors of heart disease:

Aquantitative review." *Psychological Bulletin*. 101. (1987): 343-362.

Botwinick, J. *Drives, expectancies, and emotions. in Handbook of aging and the individual: Psychological and social aspects*. Chicago: University of Chicago Press, 1959.

Cowgil, D. O. Aging and Modernization: A Revision of the Theory, in: J. A. Gubrin(Eds.), *Later Life*. Springfield: Charles C. Thomas, 1974.

Enright, Robert D., Richard P. Fitzgibbons. *Helping Clients Forgive*. 방기연 역. 『용서심리학: 내담자의 분노 해결하기』. 서울: 시그마프레스, 2011.

Erickson, E. H. *Identitaet und lebenszyklus*. Suhrkamp: Frankfurt, 1979.

Geist, Harold. *The Psychological Aspects of the Aging Process*. New York: Robert E. Kriefer Publishing Company, 1981.

Hayslip, Bert Jr. & Paul E. Paneck, *Adult development and Aging*. SanFrancisco: Harper Collins College Publishers, 1982.

Hltsch, David F. & Fransin Dutisch. *Adulthood and Aging*. New York: McGrawHill Book Company, 1981.

Jarvik, L. F. "Aging and Depression: Some unanswered question." *Journal of Gerontology* 31(1982): 324-326.

Kernberg, O. F. 『내면세계와 외부현실』. 이재훈 역. 서울: 한국심리치료연구소, 2001.

Kirwan, William T. *Biblical Concepts for Christian Counseling: A Case for Integrating Psychology and Theology*. Grand Rapids: Baker Book House, 1984.

Lane, Timothy & Paul D. Tripp. *How People Change*. 김준수 외 역. 『사람은 어떻게 변화 되는가』. 서울: 생명의 말씀사, 2009.

Lowenthal, M. F. "Psychological variation across the adult life course: Frontiers for research and policy." *The Gerontoloist*. 15(1982): 6-12.

Neugarten, B. L. "Personality and patterns of aging." *Middle age and aging*. Chicago: University of Chicago Press. (1968): 173-177.

Schaie, K. W. "Rigidity-flexibility and intelligence: A cross-sectional study of the adult life span from 20 to 70 years." *Psychological Monographs: General and Applied*, 72(9). (462): 1-26.

Southhard, Samuel. *Theology and Therapy, The Wisdom of God in a ContextFriendship*. Dallas: Word Publishing Co., 1989.

Spielberger, C. D. *State-trait anger expression inventory: research edition*. Florida: Psychological Assessment Resources Inc., 1988.

Tripp, Paul D. *Instruments in the Redeemer's Hands*. Phillipsburg, NJ.: Presbyterian & Reformed Co., 2002.

제11장 성경적 상담 운동과 개혁주의 생명신학과의 상관성

장종현. 「제9회 개혁주의 생명신학 포럼」. 천안: 백석정신아카데미, 2016.
전형준. 『성경적 상담학』. 서울: 대서, 2018.
Joyce, Kathryn. "The Rise of Biblical Counseling." accessed 1. 25. 2016.
Powlison, David A. *Competent to Counsel*. 전형준 역. 『정신의학과 기독교』. 서울: 대서, 2013.
_____. *Seeing with New Eyes: counseling and The Human Condition through the lense of Scripture*. Phillipsburg, New Jersey: Presbyterian and Reformed Publishing Company, 2003.
_____. *Seeing with New Eyes: Counseling and The Human Condition through the Lense of Scripture*. 김준 역, 『성경적 관점으로 본 상담과 사람』. 서울: 그리심, 2009.
Tripp, Paul D. *Age of Opportunity*. Phillipsburg NJ.: P & R Publishing Company, 2001.
_____. *Instruments in the Redeemer's Hands*. Phillipsburg NJ.: P & R Publishing Company, 2002.
_____. *Instruments in the Redeemer's Hands*. 황규명 역. 『치유와 회복의 동반자』. 서울: 디모데, 2005.
_____. *War of Words*. Phillipsburg NJ.: P & R Publishing Company, 2000.
_____. *War of Words*. 윤홍식 역. 『영혼을 살리는 말 죽이는 말』. 서울: 디모데, 2002.
Welch, Edward T. *Addictions: A Banquet in The Grave*. 김준 역. 『중독의 성경적 이해』. 서울: 국제제자훈련원, 2013.
_____. *Blame It on the Brain*. 한성진 역. 『뇌 책임인가 내 책임인가?』. 서울: CLC, 2003.

제12장 목회상담의 역사에 나타난 개혁신앙

김희보. 『구약의 족장들』. 서울: 총신대학교출판부, 1975.
문병호. "개혁주의란 무엇인가?: 신학과 신앙의 요체." 「개혁논총」. 제27권(2013):

61-93.

이기춘. "중세기의 목회상담." 「현대목회」. 제3호(1982년7월): 160-185.

이의길. 『심리학사』. 서울: 서울대학교출판부, 1971.

이형득 외. 『상담의 이론적 접근』. 서울: 형설출판사, 1992.

전형준. 『성경적 상담설교』. 서울: CLC, 2013.

_____. 『인간의 마음의 문제를 풀어주는 성경적 상담』. 서울: 쿰란출판사, 2009.

정정숙. 『기독교상담학』. 서울: 도서출판베다니, 2008.

_____. 『종교개혁자들의 교육사상』. 서울: 총신대학교출판부, 1983.

지원용. 『루터의 종교개혁』. 서울: 컨콜디아사, 1959.

황규명. 『성경적 상담의 원리와 방법』. 서울: 바이블 리더스, 2008.

Adams, Jay E. *More Than Redemption: A Theology of Christian Counseling.* Phillipsburg, NJ: Presbyterian and Reformed Publishing Co., 1979.

_____. "Reflect on the History of Biblical Counseling." *Practical Theology and the Ministry of the Church 1592-1984: Essay in Honor of Edmund P. Clowney*, ed. Harvie M. Conn. Phillipsburg, NJ.: Presbyterian and Reformed Publishing Co., 1990.

Augustine, St. *Augustine's The Confession*. 정정숙 역. 『어거스틴의 참회록』. 서울: 세종문화사, 1975.

Buchanan, Duncan. *The Counseling of Jesus*. Downers Grove. IL: Inter VarsityPress, 1985.

Calvin, John. *Institutes of the Christian Religion*. Edited by John T. McNeil. Translated by Ford Lewis Battles. Philadelphia: Westminster Press, 1960.

Hiebert, Paul G. *Cultural Anthropology*. Grand Rapids: Baker Book House, 1983.

Leith, John H. *John Calvin's of the Christian Life*. Louisville: Westminster/John Knox Press, 1989.

Mackinon, James. *Calvin and Refomation*. New York: Rusell & Russell Inc., 1962.

Osterhaven, M. Eugene. *The Faith of Church: A Reformed Perspective on Its Historical Development*. Grand Rapids: Eerdmans, 1982.

Powlison, David. "Competent to Counsel? The History of a Conservative Protestant Anti-psychiatry Movement." Ph.D. Dissertation. University of Pennsylvania, 1996.

Schaff, Philip. *History of Christian Church*, vol.III. Grand Rapids: Wm. B. Eerdmans, 1981.

Taisen, G. *Studien Zur Soziologie des Urchristendums*. 김명수 역. 『원시 그리스도교에 대한 사회학적 연구』. 서울: 대한기독교출판부, 1986.

Wurth, G. Brillenburg. *Christian Counseling*. Phillipsburg, NJ.: The Presbyterian and Reform Publishing Company, 1962.

제13장 목회상담자로서의 칼빈 재조명

권명수. "루돌프 보렌과 박근원의 실천신학 분야의 이해에 대한 비교연구." 「신학과 실천」. 19-1호(2009): 5-38.
_____. "칼빈의 목회훈련 연구." 「신학과 실천」. 19-2(2009): 45-74.
류응렬. "칼빈의 설교에 나타난 성경 해석 방법론." 한국설교학회. 「설교한국」. 제1권 (2009년 가을): 226-265.
신재덕. "예수님의 상담에 관한 분석과 독특성 연구 –성경적 상담 관점으로–." 철학 박사학위. 총신대학교, 2017.
전형준. 『성경적 상담학』. 서울: 대서, 2002.
_____. 『성경적 상담설교』. 서울: CLC, 2013.
정성구. 『교회의 개혁자 요한 칼빈』. 서울: 하늘기획, 2009.
황규명. 『성경적 상담의 원리와 방법』. 서울: 바이블 리더스, 2008.
Adams, Jay E.. *Competent to Counsel*. 정정숙 역. 『목회상담학』. 서울: 총신대학교 출판부, 2004.
Boice, James Montgomery. "Foreword to John Calvin." *Sermonson Psalm 119* by John Calvin. Audubon, NJ.: Old Paths Publications, 1580, 1996.
Calvin, John. "Articles concerning the Organization of the Church and of Worship at Geneva proposed by the Ministries at the Council January 16. 1537." *Calvin: Theological Treatise*, J. K. S. Reid translated with Introduction and Notes Philadelphia: The Westminster Press, 1954.
_____. *Institutes of the Christian Religion*. 신복윤 외 공역. 『기독교 강요』.서울: 생명의말씀사, 1986.
_____. *Institutes of the Christian Religion*. 김종흡·신복윤·이종성·한철하 공 역. 『기독교 강요』. 서울: 생명의말씀사, 1986.
Caswell, R. N. "Calvin's View of Ecclesastical Discipline." *John Calvin*, ed. byG. E. Duffield. Michigan: Grand Rapids, 1966.
Clebsh, William A. & Charles R. Jaekle. *Pastoral Care in Historical Perspective*. Northvale, New Jersey & London: Jason Aronson Inc., 1975.
Dargan, Edwin C. *A History of Preaching. Vol. 1 A.D. 70-1572*. Hodder & Stoughton

and G.H. Doran, 1905.

Demura, Akira. "Calvin's and Oecolampadius.' concept of Church Discipline." *Articles on Calvin and Calvinism: Calvin's Ecclesiology: Sacraments and Deacons,* Vol 10. edited by Richard C. Gamble. New York & London: Garland Pub., Inc, 1992.

Gerkin, C. V. *Introduction to The Pastoral Care*. 유영권 역.『목회적 돌봄의 개론』.서울: 은성, 1999.

Hiltner, Seward. *Preface to Pastoral Theology*. Nashville: Abinggdon Press, 1958.

Lane, Timothy & Paul D. Tripp, *How People Change*. Greensboro: New Growth Press, 2006.

Lawson, Steven J. *The Expository Genius of John Calvin*. Orlando: Reformation Trust Publishing, 2007.

Leith, John H. "Calvin's Doctrine of Proclamation of the Word and Its Significance for Today." *John Calvin and the Church: A Prism of Reform*. (ed.) Timothy-George. Louisville: Westminster/ John Know, 1990.

Packer, J. I. "Calvin the Theologian." *John Calvin*. Appleford: Sutton Courtenay,1966. (trs.) G. S. R. Cox.

Parker, T. H. L. *Calvin's Preaching*. Louisville: Westminster/John Knox, 1992.

_____. *The Oracle of God: An Introduction to the Preaching of JohnCalvin*. Cambridge: James Clarke & Co., 2002.

_____. *The Oracles of God*. London: Lutterworth Press, 1947.

Partee, Charles. *The Theology of John Calvin*. Louisville: Westminster/John Knox, 2008.

Powlison, David. *Seeing With New Eyes*. 김준 역.『성경적 관점으로 본 상담과 사람』.서울: 그리심, 2012.

_____. *Seeing With New Eyes*. Phillipsburg: Presbyterian and ReformedPublishing Company, 1997.

Tripp, Paul D.. *War of Words*. 윤홍식 역.『영혼을 살리는 말 죽이는 말』. 서울: 디모데, 2003.

_____. *Instruments in the Redeemers's Hands*. Phillipsburg: Presbyterian and Reformed Publishing Company, 2002.

Vollmer, P.. "Calvin, The Preacher and Pastor." *John Calvin-Theologian, Preacher. Educator. Statesman*. Cleveland: Central Publishing, 1909.

Welch, Edward. *When People Are Big and God is Small*. Phillipsburg: Presbyterian andReformed Publishing Company, 1997.

Zachman, Randall C.. John Calvin As Teacher. *Pastor and Theologian: The Shaping of His Writings and Thought*. Grabd Rapids: Baker, 2006.

제14장 성경적 상담과 설교의 통합 방안

Adams, Jay E. *Competent to Counsel*. Nutley: Presbyterian and Reformed Publishing Company, 1970.

____. *The Big Umbrella*. Philadelphia: Presbyterian and Reformed Publishing Company, 1972.

____. *The Use of the Scriptures in Counseling*. Nutley: Presbyterian and Reformed Publishing Company, 1975.

____. *A Theology of Christian Counseling: More Than Redemption*. Grand Rapids: Zondervan, 1979.

____. *The Christian Counselor's Manual*. Phillipsburg: Presbyterian and Reformed Publishing Company, 1979.

____. *Competent to Counsel*. Grand Rapids: Zondervan, 1986.

____. *Competent to Counsel*. 정정숙 역.『목회상담학』. 서울: 총신대학교출판부, 1992.

Capps, Donald. *Pastoral Counseling and Preaching: A Quest for an Integrated Ministry*. 전요섭 역.『목회상담과 설교』. 서울: 솔로몬, 1996.

Collins, Gary R. *Christian Counseling*, Revised Edition. Dallas, TX: Word Publishing, 1988.

____. *Christian Counseling: A Comprehensive Guide*. 정석환 역.『그리스도인을 위한 카운슬링 가이드』. 서울: 기독 지혜사, 1988.

Crabb, Lawrence. J. Jr. *The Effective Biblical Counseling*. 정정숙 역.『성경적 상담학』. 서울: 총신대학교출판부, 1999.

Jones, Stanton L.Richard E. Butman, *Modern Psychotherapies: A Comprehensive Christian Appraisal*, 이관직 역,『현대 심리치료법: 기독교적인 평가』. 서울: 총신대학교출판부, 1995.

Jun, Hyung Joon. "A Study on The Effect of Counseling Preaching in Relation to The Pastoral Context Twenty First Century." Doctor Dissertation. Westminster Theological Seminary, 2006.

Lane, Timothy & Paul D. Tripp. *How People Change*. Greensboro: New Growth

Press, 2006.

_____. *How People Change*. 전요섭, 김준수, 윤홍식, 김영희, 안경승, 김준, 오윤선, 김태수, 이은규, 박행렬, 강병문, 심수명 역. 『사람은 어떻게 변화 되는가』. 서울: 생명의 말씀사, 2009.

Mckean, Erin. *The New Oxford American Dictionary*. 2nd ed. New York: Oxford University Press, 2005.

Mohler, R. Albert. Jr. "A Theology of Preaching." in *Handbook of Contemporary Preaching*. Michael Duduit, ed., Nashville: Broadman Press, 1994.

Powlison, David. "Competent to Counsel? The History of a Conservative Protestant Anti-psychiatry Movement." Ph.D. Dissertation. University of Pennsylvania, 1996.

_____. "A Biblical Counseling View." in Erik L. Johnson & Stanton L. Jones. ed. *Psychology & Christianity*. Dowers Grove: Inter Varsity Press, 2000.

_____. *Seeing with New Eyes*. Phillipsburg: Presbyterian & Reformed Publishing Co., 2003.

_____. *Seeing with New Eyes*. 김준 역. 『성경적 관점으로 본 상담과 사람』. 서울: 그리심, 2009.

_____. *Speaking Truth in Love*. Winston-Salem: Punch, 2005.

_____. *The Biblical Counseling Movement: History and Context* Greensboro, NC.: New Growth Press, 2010.

Southhard, Samuel. *Theology and Therapy. The Wisdom of God in a Context Friendship*. Dallas: Word Publishing Co., 1989.

Stott, John. *Between Two Worlds: The Art of Preaching in the Twentieth Century*. Grand Rapids: Zondervan, 1982.

Tripp, Paul D. "*Opening Blind Eyes: Another Look at Data Gathering.*" The Journal of Biblical Counseling vol. 14, no.2, 1996.

_____. *War of Words*. Phillipsburg, NJ.: Presbyterian and Reformed Publishing Company, 2000.

_____. *Age of Opportunity*. Phillipsburg, NJ.: Presbyterian and Reformed Publishing Company, 2001.

_____. *Instruments Redeemer's Hands*. Phillipsburg, NJ.: Presbyterian and Reformed Publishing Company, 2002.

_____. *Instruments in the Redeemer's Hands*. 황규명 역. 『치유와 회복의 동반자』.

서울: 디모데, 2007.

Welch, Edward T. *When People Are Big and God is Small.* Phillipsburg: Presbyterian and Reformed Company, 1997.

Wilson, Paul Scott. *God Sense.* Nashiville: Abingdon Press, 2001.

전요섭. "상담적 설교를 위한 상담과 설교의 통합 방안." 교육학 박사학위. 단국대학교, 2005.

전형준. 『인간의 마음의 문제를 풀어주는 성경적 상담』. 서울: 쿰란 출판사, 2009.

_____. "웨스트민스터 신앙고백서에 나타난 성경적 상담 원리." 「개혁논총」 제14권. 개혁신학회, 2010.

_____. 『성경적 상담과 설교』. 서울: CLC, 2011.

정정숙. 『기독교상담학』. 서울: 도서출판 베다니, 2008.

_____. "기독교상담의 신학적 이해." 「신학지남」. 제59권 2집, 1992년 여름호: 188-89.

황규명. 『성경적 상담의 원리와 방법』. 서울: 바이블리더스, 2008.

제15장 치료자 예수에 대한 마태의 관심과 성경적 상담설교의 실제

김득중. "마태복음의 치료자 예수상." 「신학과 세계」 vol. 45 (2002): 26.

김만풍. 『상담설교』. 서울: 크리스챤 서적, 1995.

_____. "상담설교의 주제와 내용." 『그 말씀』. 1994년 11월호.

류응렬. "한국 교회 개혁주의 설교의 정착을 위한 8가지 제언." 한국개혁신학회 제26회 정기 학술심포지엄, 2009.

박용우. 『문화 성경』. 서울: 숭실대학교출판부, 2009.

심수명. 『상담적 설교의 이론과 실제』. 서울: 도서출판 다세움, 2008.

오성춘. 『목회상담과 상담 목회』. 서울: 쿰란출판사, 2003.

_____. "치유와 상담설교." 「그 말씀」 서울: 도서출판 두란노, 1994.

오윤선. "청소년 불안 조절을 위한 말씀묵상기도 효과 연구." 「복음과 상담」 제17권. 한국복음주의기독교상담학회 논문집. (2011년 11월): 130-151.

전요섭. "상담적 설교를 위한 상담과 설교의 통합 방안." 교육학 박사학위, 단국대학교, 2005.

전형준. 『성경적 상담학』. 서울: 도서출판 대서, 2012.

_____. 『성경적 상담과 설교』. 서울: CLC, 2011.

_____. "한국 장로교회 100년의 역사에 나타난 목회상담학의 흐름과 전망." 「개

혁논총」제22권. 개혁신학회 논문집. (2012년 6월): 331-360.

_____. "성경적 상담과 설교의 통합 방안." 「성경과 신학」제61권. 한국복음주의신학회 논문집, (2012년 4월): 123-156.

_____. "노년기의 분노에 대한 성경적 상담 방안."「복음과 상담」제18권, 한국복음주의기독교상담학회 논문집. (2012년 5월): 9-39.

한숙자. "수치심과 죄책감에 대한 성경적 이해와 치유를 위한 기독교상담적 접근." 「복음과 상담」제16권. 한국복음주의기독교상담학회 논문집. (2011년 5월): 225-249.

황규명. 『성경적 상담의 원리와 방법』. 서울: 바이블 리더스, 2008.

Adams, Jay E. *A Theology of Christian Counseling -More Than Redemption-*. Grand Rapids MI.: Zondervan, 1979.

_____. *Competent to Counsel.* Nutley: Presbyterian and Reformed publishing Co., 1970.

Anderson, R. S. *The Praxcis of Pentacos.*, 조수역 역. 『오순절의 프락시스』. 서울: 아세아 신학사, 1992.

Baumann, Daniel. J. *An Introduction to Contemporary Preachin.*, 정장복 역. 『현대설교학 입문』서울: 양지각, 1986.

Betz, H. D. "Jesus as divine Man." *Jesus and the Historian.* Edited by Thomas Troffer. Philadelphia: Westminster Press. (1968): 114-133.

Betz, Otto. "The Concept of the So-Called Divine man in mark's Christology." in *Festschrift Allen P. Wikgren, Supp/ NT,* 33(1972): 229-240.

Bornkamm, G., G. Barth and H. J. Held, *Tradition and Interpretation in Matthew.* Philadelphia: The Westminster Press, 1963.

Bovon, F. *Luke the Theologian: Thirty-Three Years of Research (1950-1983).* Pennsylvania: Pickwick Pulication, 1987.

Capps, Donald. *Pastoral Counseling and Preaching: A Quest for an Integrated Ministry.* Philadelphia: The Westminster Press, 1980.

_____. *Pastoral Counseling and Preaching: A Quest for an Integrated Ministry,* 전요섭 역, 『목회상담과 설교』. 서울: 도서출판 솔로몬, 1996.

Ellis, Peter F. *Matthew: His Mind and His message.* Minnesota: The Literical Press, 1974.

Hendrickson, William. 『마태복음 (중)』. 서울: 아가페출판사, 1988.

Luz, Ulrich. *The Theology of the Gospel of Matthew.* London: Cambridge University

Press, 1993.

Minear, Paul S. *Matthew: The Teacher's Gospel*. New York: The Pilgrims Press, 1982.

Reid, Clyde. *The Crisis of Preaching*. 정장복 역. 『설교의 위기』. 서울: 대한기독교출판사, 1991.

Sanders, J. T. *The Jews in Luke-Acts*. London: SCM Press, 1987.

Turner, John. *Healing Church*. 김선도 역. 『치유하는 교회』. 서울: 광림, 1990.